白澤政和

ケアマネジメント
の本質

生活支援のあり方と実践方法

中央法規

はじめに

　早いもので，ケアマネジメントに関する研究を始めて約30年が過ぎた。私の人生の約半分は，ケアマネジメントの研究に費やしてきたことになる。初めて「老人に対するケース・マネージメント」（『大阪市社会福祉研究』第8号，pp.24-40）という論文を執筆したのが1985（昭和60）年である。それをもとに，日本の土壌に適応すべくケアマネジメントを現場の方々と一緒に実験的に実施し，それを論文にしたのが，1988（昭和63）年の「地域福祉の推進とケース・マネージメントの実際」（『社会福祉研究』第42号，pp.42-47）であった。これは，大阪市の実験的・開拓的補助事業を得て，大阪市阿倍野区老人福祉センターで初めてケアマネジメントを実施したものであった。これらの論文から，ケアマネジメントの枠組みを示し，日本的ケアマネジメントを提唱したのが，1992（平成4）年の『ケースマネージメントの理論と実際：生活を支える援助システム』（中央法規出版）であった。ケアマネジメントの黎明期であったが，実践志向の研究者として，ケアマネジメントを日本に定着させるうえで，一定の先導的役割を果たすことができたことはうれしい限りである。これも，多くの皆さまからのご指導やご支援の賜物であり，感謝の念に堪えない。

　これ以降の二十数年間，ケアマネジメントに関する研究を継続してきた。1992年の著書では，日本にケアマネジメントを紹介することや，その必要性を強調する側面が強かったが，その後は実際にどのようにケアマネジメントを理論化し，日本社会にいかに定着させていくのかに焦点を当てた研究が中心であった。具体的には，ケアマネジメントの本質的な考え方や，多様な利用者にどのように展開していくのかということであった。また，ケアマネジメント実践が広がっていくなかで，その効果を捉えるための評価研究も行ってきた。

　その後の研究成果を整理してみると，いずれの論文や報告書も，高齢者を問わず，地域社会での人々の「生活」をいかに支援していくべきかを常に問うていることで一貫している。『ケースマネージメントの理論と実際：生活を支える援助システム』の副題である「生活を支える援助システム」への思いが，研

究の中核を形成し，今も継続していることになる。そのため，本著の副題についても，「生活支援のあり方と実践方法」とした。

　ケアマネジメント研究の契機になったのは，たしかに1983年から1984年にかけてアメリカのミシガン大学老年学研究所への留学であったが，当時の日本での相談支援の実態の悲惨さを何とか打開したいという思いが引き金であった。例えば，1980年代の措置制度の時代の福祉事務所でのヘルパー派遣担当者の相談支援といえば，被相談者がホームヘルパー派遣要件（eligibility）を満たしているか否かをアセスメントし，派遣決定のみを業務としている状況にあった。利用者の生活ニーズを捉えることをせず，サービス提供主体の視点からの相談業務であり，利用者本位でないことに，研究・教育者としていら立ちを感じていた。縦割りで多様な機関が相談を行っている状況下で，利用者や利用者のニーズをもとにした横割りでの総合的な相談支援を実施するためには，サービス利用の仕組みを変えることと，相談をする人材の養成が重要だとおぼろげながらに感じていた。また，当時児童養護施設では，中学校を卒業し，子どもが退所していくとき，子どもが困った際に相談にのり，多様な人々がその子どもを支えていく仕組みがないことで，悪の道に入っていってしまったある一人の子どもを救えなかった事例に出会い，研究者としてむなしさを感じていた。当時は，一人ひとりの子どもにさまざまな役割をもった「つっかい棒」づくりが必要だと感じていたが，これは今流でいえば，利用者のニーズに合わせて「つっかい棒」である社会資源と結びつけることであり，そうした社会資源がなければ開発することである。そのため，ケアマネジメントを円滑に進めるために，ケアマネジメントと連動させてどのように社会資源を生み出していくのかも重要な課題であると認識をしていた。

　こうした事態の多くは，日本にケアマネジメントが導入されて以降，徐々には改善されてきた。高齢者領域では，1989（昭和64）年に創設された在宅介護支援センターで試験的に実施され，2000（平成12）年からの介護保険制度で，ケアマネジメントは介護支援専門員により本格的に展開されてきた。障害者領域では，2006（平成18）年の「障害者自立支援法」で相談支援専門員がケアマネジメントを担うことになり，「障害者総合支援法」のもとで2015（平成27）年3月末までにすべての障害福祉サービスを利用している障害児者に

対してケアマネジメントを実施していくことで，本格的な導入となった。また，司法領域でも，刑を終えた人々の社会復帰支援としてのケアマネジメントの実践が蓄積されつつある。同時に，2015（平成27）年4月1日に「生活困窮者自立支援法」が施行され，各市町村の生活困窮者自立支援センターで，本格的にケアマネジメントが推進されるようになった。さらには，ライフステージごとの縦割り相談から，利用者の生活を家族まで拡げた生活の空間的な連続性のもとで捉える相談体制の構築を目指す『我が事・丸ごと』地域共生社会実現本部が2016（平成28）年7月16日に立ち上がった。

　このようにケアマネジメントに関する制度面での整備が進みつつある。そして，私が初めて論文を書いた時期と比べれば，制度面での広がりは隔世の感があるが，現状のケアマネジメント実践が真に利用者のニーズに応え，人々が地域で安心・安全で，自立した快適な生活が送れるためのものになっているのかを問われると，不安のほうが大きい。

　こうした日本でのケアマネジメントの30年の歴史を振り返ってみると，二つの観点から捉えることができる。第一の観点は，ケアマネジメントが個人と地域に焦点を当てることについてである。個々の要援護者の在宅生活を支えることに焦点を当てて支援を実施していくインディビジュアルベースドアプローチ（individual-based approach）の流れが一方である。もう一つは，中学校区に1カ所の在宅介護支援センターの創設により日本で初めてケアマネジメントが導入され，その後，介護保険制度のなかに包摂され，その一部が地域包括支援センターの機能となっていく，一定の地域をベースとしてケアマネジメントを展開していくコミュニティベースドアプローチ（community-based approach）の流れである。日本におけるケアマネジメントは，こうした二つの要素が錯綜するなかで展開してきたといえる。

　インディビジュアルベースドケアマネジメントは，現状では主に介護保険制度における居宅介護支援事業者のケアマネジャーが相当するが，従来の個々の要介護者等の在宅での生活をいかにして支えるかという個別支援の観点から，利用者のニーズと社会資源をつなぐことに重点が置かれている。一方，コミュニティベースドケアマネジメントは，地域包括支援センターの場合であり，そこでは日常生活圏域を基盤に，一人ひとりの要介護者の生活を支えていく地域

の仕組みづくりがケアマネジャーの最終的な役割となる。

　そうしたなか，今後の日本におけるケアマネジメントの将来像として，そうした“個人”と“地域”という二つの視点をどのようにして発展させ，結合していくのかが問われることになる。たしかに，個々人が暮らす生活圏域のなかで質の高い生活を続けていけるよう支援していくことは重要であるが，それをふまえたうえで，ケアマネジャーの本来的な業務が地域を巻き込んだものであるのか，あるいは地域のネットワークの構築は他の専門職に委ねたうえで，そうした仕組みをつくり上げていくのかといったことが問われている。このような課題について，いかに考えていくべきなのか，本書では，一つのテーマとして取り上げていきたい。

　二つ目の観点は，ケアマネジメントが日本に導入される際，私を含めたその導入論者の多くは，次の二つの点を強調してきた。それは当時から世界の国々でいわれていたことではあるが，ケアマネジメントが利用者の QOL（Quality of Life）を高めるという点，また，それと同時に，逼迫している社会保障財源を抑制する長所をもっている点である。つまり，本来なら両立することが難しく，トレードオフの関係にあるこれら二つの課題を同時に解決することができると強調してきたのである。この 30 年の歴史を振り返ってみると，在宅介護支援センターの時代や介護保険制度が導入されたころのケアマネジメントは，利用者の QOL を高めることに主眼が置かれていたが，昨今の介護保険制度を含め，社会保障財源が逼迫している時代にあって，ある意味で財源の抑制をケアマネジメントに担わせようとしている側面が強くなりつつあるようにみえる。

　たしかに，ケアマネジメントには前述したような二つの機能がある。すなわち，利用者の QOL を高める機能に重点が置かれることもあれば，財源を抑制する機能に重点が置かれることもある。そして，その二つの機能は，いわば“時計の振り子”のように揺れ動いている。財源の抑制は必要不可欠な課題ではあるが，ケアマネジメントの本来的な意義である利用者の QOL を高める方向で捉え，結果として財源の抑制に寄与できるものにしていくことが，今後に向けてのケアマネジメントの重要なテーマであると思っている。

　本書では，以上の二つの観点から，日本におけるケアマネジメントの捉え方

を概観してきた。こうした二つの課題に応えていくためには，現在，ケアマネジャーとしての仕事に従事する方々には，専門職としてもたなければならない利用者観，あるいはケアマネジメントを必要としている人とはどういう人なのかを見極める眼力，などの能力を身につけることが求められている。現場で活躍されているケアマネジャーの皆さまには，そうした視点を日々の実践をとおして理解し，自らを問い直しながら，新たな方向に向けて試行錯誤を続けていっていただきたいと願っている。さらにいえば，こうした実践の積み重ねは，日本におけるケアマネジメントの新しい展開を切り開くことにもつながっていくと思っている。

　ケアマネジメントは，人々が地域でのいきいきとした生活を取り戻すことをめざすものであり，今までの私の研究は，それを実現するために，時には，ケアマネジャーから学んだり，ケアマネジャーと協働したり，ケアマネジャーにそのあり方を訴えたり，時には，そうしたケアマネジメントを可能にするために社会のあり方を問うたり，施策の改正を求めるといったものであった。

　以上のような研究であったため，本著のタイトルを『ケアマネジメントの本質』とし，本質である「生活支援」について理念的・方法論的に提示することとした。ここから，読書の皆さまには，高齢者を問わず，すべての住民が安全・安心で，快適な自立した生活が過ごせることを支援の目標にして，その実現に向けて，さまざまな立場から一層活躍していただくことを願っている。私も，研究者の立場からではあるが，残された人生をこうしたことにエネルギーを注いでいきたいと思っている。

平成 29 年 12 月吉日
桜美林大学大学院老年学研究科
白澤政和

目　次

はじめに……………………………………………………………………… i

第1編　ケアマネジメントの基本

第1章　ケアマネジメントとは………………………………………… 2

第1節　ケアマネジメントの起こりと展開……………………… 2
第2節　ケアマネジメントの実際………………………………… 11

第2章　ケアマネジメントの定義とケアマネジメントに求められること … 18

第1節　定義からみるケアマネジメントの特徴………………… 18
第2節　日本で法的にケアマネジメントに求められること…… 22

第3章　ケアマネジメントの目的と焦点……………………………… 27

第1節　ケアマネジメントの目的………………………………… 27
第2節　ケアマネジメントでの焦点……………………………… 34
　コラム1　利用者の在宅生活を維持・促進するのには，どうすればよいか？……… 36

第4章　ケアマネジメントの構造……………………………………… 41

第1節　ケアマネジメントの構成要素…………………………… 41
第2節　利用者……………………………………………………… 42
第3節　社会資源…………………………………………………… 43
第4節　ケアマネジャー…………………………………………… 44
第5節　利用者や家族成員の位置づけの検討…………………… 47
　コラム2　サービス担当者会議はケアマネジメントのどのような機能を果たすのか？ … 50

第5章　ケアマネジメントの過程……………………………………… 57

第1節　ケアマネジメントの過程………………………………… 57

第6章　ケアマネジメントを可能にする地域のネットワークづくり……… 75

第1節　地域のネットワークの内容 ……………………………………………… 76
第2節　地域のネットワークの条件 ……………………………………………… 81
第3節　地域のネットワークのモデル…………………………………………… 82

第7章　ケアマネジメントにおける価値と倫理的対応 ………………… 85

第1節　ケアマネジメントの価値 ………………………………………………… 85
第2節　ケアマネジメントにおける倫理的な姿勢 …………………………… 86
第3節　倫理的ジレンマへの対応 ………………………………………………… 91
第4節　介護支援専門員の離職と倫理的ジレンマ …………………………… 94
　　　コラム3　介護支援専門員のケアプラン作成でのジレンマとその対応とは？ ……… 97

第2編　ケアマネジメントの中核

第1章　自立の支援とQOLの促進 …………………………………………… 106

第1節　自立支援とは何か ………………………………………………………… 106
第2節　精神的自立と身辺的自立の関係 ……………………………………… 112
第3節　介護保険制度での自立概念矮小化の危惧 …………………………… 115
第4節　QOLの向上 ………………………………………………………………… 118
　　　コラム4　介護支援専門員は「自立」をどのように捉えているのか？ ……………… 122

第2章　生活の連続性への支援 ……………………………………………… 128

第1節　ケアにおける分断化の諸相とケアマネジメントの対応………………… 128
第2節　生活者の生活の連続性の特徴 ………………………………………… 130
第3節　ケア提供側での分断化の諸相 ………………………………………… 132
第4節　ケアの分断化への対応―ケアマネジメントの登場 ………………… 135
第5節　空間的な生活の連続性支援におけるケアマネジメントの要件 …… 136
第6節　時間的な生活の連続性支援におけるケアマネジメントの要件 …… 141
第7節　地域レベルでのケアの連続性の確保―「地域包括ケア」の推進 …… 147
第8節　地域レベルでのケアの連続性における分断化の諸相 ……………… 148

第3章　支援する利用者を捉える―医学モデルから生活モデルへ ……… 152

第1節　WHOによる障害概念の転換 …………………………………………… 152

目　次　vii

第2節	医学モデルと生活モデル	157
第3節	医学モデルから生活モデルへ	163
第4節	利用者の捉え方からみる医療と介護の違いと連携	167

第4章 生活ニーズを考える … 170

第1節 生活ニーズとは … 170
第2節 サービスニーズについて … 177
第3節 生活ニーズの具体的な把握の過程 … 180
第4節 ケアマネジメントへのAI（人工知能）の活用 … 193
コラム5 ケアマネジャーはサービスの利用決定に際して，どのようなアセスメント情報を根拠にしているのか？ … 199

第5章 社会資源について考える … 202

第1節 社会資源についての検討の必要性 … 202
第2節 社会資源とは … 204
第3節 新しい総合事業でのフォーマルセクターとインフォーマルセクターの関係 … 214
第4節 社会資源の調整（コーディネーション）および開発機能 … 217

第6章 ケアマネジメントが捉える家族 … 222

第1節 ケアマネジメントにおける家族の位置づけ … 222
第2節 ケアマネジメントでの介護者の負担軽減への支援 … 227

第7章 ケアマネジメントが捉える地域社会
―地域包括ケアシステムでのケアマネジメントの位置 … 243

第1節 地域福祉の推進 … 243
第2節 地域づくりの意義と要件 … 247
第3節 ネットワーキングの意味と展開 … 263
第4節 地域包括ケアシステムとケアマネジメントの課題 … 280
コラム6 地域での活動を進めていくためには，どのような業務を行うことが必要か？ … 285

第3編　ケアマネジメントの展開

第1章　ストレングスを活用したケアマネジメント ……………………………… 292

第1節　ストレングスモデルの考え方 ……………………………………………… 292
第2節　ストレングスモデルを活用したアセスメントとケアプラン …… 300
第3節　ストレングスモデルでのケアマネジメントのケアプラン作成 … 304

第2章　認知症のある人へのケアマネジメント ………………………………… 321

第1節　ケアプラン作成での自己決定・選択支援 ……………………………… 322
第2節　認知症のある人のストレングスを引き出す支援 …………………… 326
第3節　認知症のある人のBPSDに対する支援 ………………………………… 329
第4節　認知症のある人の権利擁護への支援 …………………………………… 335
第5節　若年性認知症のある人への支援 …………………………………………… 342
　　コラム7　個々の利用者のストレングスをアセスメントし支援することは，高齢者
　　　　　　　ケアの水準を高めるか？ …………………………………………… 347

第3章　障害者ケアマネジメントの方向性 ……………………………………… 351

第1節　日本の障害者ケアマネジメントの実態 ………………………………… 352
第2節　相談支援専門員の特徴 ……………………………………………………… 355
第3節　障害者領域と介護保険領域でのケアマネジメントの相違 ……… 361
第4節　高齢障害者についてのケアマネジメントの連続性の確保 ……… 373

第4章　ケアマネジメントにおける予防の意味と方法 ……………………… 381

第1節　介護予防ケアマネジメントの意義 ……………………………………… 381
第2節　介護予防ケアマネジメントの具体的展開 …………………………… 390
第3節　リスク予防のケアマネジメント ………………………………………… 394

第5章　施設のケアプランを考える ……………………………………………… 398

第1節　施設のケアプラン作成での四つの疑問 ……………………………… 399
第2節　施設のケアプラン作成の視点 …………………………………………… 402
第3節　施設のケアプランの今後のあり方 …………………………………… 420

第 6 章　ケアマネジメントの評価と将来への提案……………………… 427

第 1 節　ケアマネジメントの現状の点検……………………………………… 427

第 2 節　ケアマネジメントの評価……………………………………………… 428

第 3 節　ケアマネジメント改革の提案………………………………………… 437

　コラム 8　利用者が在宅生活を継続する自信は，どのような要因から生じるのか？… 446

　コラム 9　利用者の QOL 変化について，利用者とケアマネジャーでどの程度評価が
　　　　　　一致するのか？…………………………………………………… 452

　コラム 10　ケアマネジメント過程では継続的にモニタリングがなされるが，ケアマネ
　　　　　　ジャーは利用者についての理解が深まっていくのであろうか？………… 455

　　おわりに……………………………………………………………………… 459

　　索引…………………………………………………………………………… 465

第1編

ケアマネジメントの基本

第1章

ケアマネジメントとは

第1節 ケアマネジメントの起こりと展開

欧米でのケアマネジメントの起こりと展開

　利用者の地域生活を支援する「ケアマネジメント」は，1970年代後半のアメリカで出現した。具体的には，精神科病院に入院している精神障害者の半数が社会的入院であり，そうした人々のコミュニティケアを推進するため，州立の精神科病院のベッド数を半分閉鎖するという手段がとられたことに始まった。これにより，多くの精神障害者にとって，在宅生活を継続していくためには，以下の二つの条件が必要不可欠であるということが，コミュニティケアを進める過程で明らかになっていった。

　一つは，住宅施策の必要性である。障害者が在宅生活を営める福祉住宅（アフォーダブルハウジング）をいかに整備するかが，コミュニティケアを推進する鍵であることが明らかになった。住むべき住宅の保障なきところに，コミュニティケアは成立しないということである。

　もう一つは，一つの相談窓口ですべての生活上のニーズを充足できるワンストップでのサービス提供体制の必要性である。精神障害者が在宅生活をするためには，多様なサービスが必要となり，そのためにさまざまな窓口まで赴かなければならないが，精神障害者にはそうしたサービス利用にたどりつくことが難しく，地域生活をしていくうえで必要な生活ニーズに合致するサービスを利用できないで終わってしまう，といったことが生じていた。この問題に対しては，地域精神保健センター（community mental health center）をつくり，その相談窓口で一人ひとりの障害者のすべての生活ニーズを明らかにし，それらの

2　　第1編　ケアマネジメントの基本

ニーズに合致するさまざまなサービスを一度で利用できるよう体系化していった。ここでの相談支援が，「ケースマネジメント」とよばれ，その後，アメリカ国内において，単に精神障害者へのアプローチだけでなく，長期にケアを必要とする高齢者，身体障害者や知的障害者，被虐待児童，さらにはエイズ患者〔HIV（Human Immunodeficiency Virus）キャリア〕等に対する地域生活支援方法として拡大していった。

同時に，このケースマネジメントの考え方や方法は，アメリカからイギリス，カナダ，オーストラリアへ，最近ではドイツといった国々，さらには日本や台湾においても導入され，世界の多くの国々で普及していった。特に日本では，長期にケアを必要とする高齢者の地域生活を支援する方法として定着していき，その後障害者施策にも導入されていった。イギリス，オーストラリア，カナダといった英国系の国々では，州政府や自治体が，ケアマネジメントを実施することでの特徴を有している。

イギリスでは，1998年にすべての居住者のコミュニティケアを進めていく方向性を示した『コミュニティ・ケア：行動のための指針（グリフィス報告）』が提出され，それに基づき1990年に制定された「国民保健サービス及びコミュニティケア法」〔コミュニティケア法：NHS（National Health Service）and Community Care Act〕のなかで，ケアマネジメントの仕組みを制度化していった。このときに初めてケースマネジメントではなく，「ケアマネジメント」という用語が使われた。その根拠となった理由の一つは，「ケース」という言葉には冷たい響きがあるが，それに比べて「ケア」はあたたかいニュアンスをもっているということであった。もう一つの理由として，マネジメントするのは，「ケース」（事例，利用者）ではなく，「ケア」であるということからケアマネジメントという用語を採用することにしたとされている。

現在も，地方自治体のソーシャルサービス部（Social Services Department：SSD）でケアマネジメントは実施され，時には，退院を支援するため，SSDから病院にもケアマネジャーが派遣されている。ここでは，ケアマネジャーとしてほとんどソーシャルワーカーが雇用され，障害者と高齢者のケアプランを作成し，必要なサービスと結びつけている。

このイギリスの流れは，日本での用語の使われ方として，介護保険制度前ま

で一般に使われていたケースマネジメントという言葉から，介護保険制度創設後のケアマネジメントという言葉が普及していく大きな契機になったといえる。しかしながら，ケースマネジメントもケアマネジメントも，その意味することは基本的に同じ内容であり，利用者の地域生活を支援することを目的にしている。

オーストラリアについては，1985年に制定された連邦政府のHACC（Home and Community Care Act）のもと，従来の在宅関連の法律を統合し，施設ケアから在宅ケアへの大転換を図った。この法律の下，在宅ケアを推進するために，コミュニティオプションプログラム（Community Option Program；COP）とよばれるケースマネジメントを行う仕組みが各州で導入された。これは1987年にモデル・プログラムとして国内の175カ所で実施され，成功を収め，その後全国規模で展開していった。このサービスは州政府，市町村，非営利組織が設置運営しており，ニューサウスウェールズ州では「コミュニティオプション」，ビクトリア州では「リンケージサービス」とよばれている。このようにしてケアマネジメント機関がつくられ，利用者のアセスメント，ケアプランの作成でもって，在宅生活を支援することになった。

その後，オーストラリアで施設入所判定を含めた高齢者ケアニーズを評価する高齢者ケア評価チーム（Aged Care Assessment Team；ACAT）で，重度であり施設入所に該当するが，在宅生活を希望する高齢者に限定したケアマネジメントが始まった。1992年には，ホステル入居レベル（ローレベル）とされる高齢者を対象にケースマネジメントを行う，コミュニティエイジド・ケアパッケージ（Community Aged Care Packages；CACP）がスタートし，ケアマネジメント対象者を拡大してきている。2000年には，ナーシングホーム入所レベルと判定された高齢者の在宅生活を支援する重度高齢者在宅ケアプログラム（Extended Aged Care at Home；EACH）が実験的に行われ，2002年から本格実施となっている。さらに，2006年よりナーシングホーム入所レベルに加えて行動障害の著しい認知症高齢者に対する在宅支援のケアマネジメントが，重度認知症在宅ケアプログラム（Extended Aged Care at Home Dementia；EACH-D）という名称で進められている[1]。

カナダでも，1990年代に医療制度の改革を行い，各州で「マネージドケア」

4　　第1編　ケアマネジメントの基本

を導入したが，それに合わせてケアマネジメントが導入されていった。とりわけ，マニトバ州は，一早くケースマネジメントの仕組みを取り入れ，1974 年に州内で 8 カ所の継続ケア課（continue care division）を設置し，ケアマネジャーを配置した。当初は，ソーシャルワーカーと登録看護師が一緒にケアマネジメントのインテーク部門を実施する方式を取り入れていた。一方，オンタリオ州では，1997 年にコミュニティケアアセスメントセンター（Community Care Assessment Centre；CCAC）を 43 カ所設置し（2007 年には 14 カ所に統合されている），そこでは病院や地域からの照会で，ケアマネジメントが始まった。また，ケベック州では地域保健福祉センター（Centres Locaux de Services Communautaires；CLSC）や長期療養施設などさまざまな施設がそれぞれ高齢者ケアを行っていたが，2004 年からの組織再編成で健康・社会サービスセンター（Centre de sante et de services sociaux；CSSS＝centre for health and social services）に窓口が統合され，そこでケアマネジメントが行われている。当初 54 カ所あったが，その後 12 カ所に統合されている。

　ドイツは世界で最も早い 1994 年に介護保険制度を始めたが，当初は現金給付を中核にしていたこともあり，ケアマネジメントは導入されていなかった。2005 年選挙で社会民主党とキリスト教民主同盟 / 社会同盟によるメルケル連立政権が樹立された際に，介護保険制度の今後の方針として，「施設よりも在宅を優先する」方向が連立協定の一つの柱となり，その実現に向けて個々人のニーズに応じた在宅支援を強化する方策として，身近な地域に介護支援拠点を創設し，そこにケアマネジメントを導入することが，連立与党間で同意された。なお，イギリスではケアマネジメントとよんでいるが，ドイツではアメリカで使われているケースマネジメントという用語で進められている。

　実際のところ，現金給付のみの利用者割合は，創設された 1996 年には 60.4％であったが，2012 年には 43.9％まで落ち込み，現物サービス利用者が増加傾向にあり，そうした介護サービス利用者から，どのようなサービスを利用してよいかわからない，どこの事業者のサービスを利用したらよいかわからないという声が上がり，ケアマネジメントを導入するに至った。1994 年の介護保険制度創設以降初めての大改革が実施され，2008 年には「介護保険改革継続発展法」（Pflege-Weiterentwicklungsgesetz）が施行された。その改正内容

第 1 章　ケアマネジメントとは　　5

に，①ケースマネジメント（Fallmanagement）およびカウンセリングの導入，②介護支援拠点（Pflegestützpunkt）の設置があった。

ケースマネジャーは介護支援拠点に配置され，ドイツの保険者である介護金庫が実施主体となり，実施されることになった。財源は，介護金庫だけでなく，疾病金庫，州，市町村等からも拠出される。ケースマネジャーは，法律上は利用者のニーズをアセスメントし，個人のケアプランを作成し，介護保険サービスだけでなく，他の社会保障等のサービスを利用支援することにもなっている。ケアマネジャーになる前の職種として，法的には老人介護士，看護師，小児看護師などで，かつ一定の実習を経験した者とされているが，実際には多様な職種の者が従事している。

北東アジアでのケアマネジメントの展開

北東アジアでは，韓国が2008年に長期療養保険制度をスタートさせたが，日本のようなケアマネジメントの導入について議論はされたが，最終的に導入されることはなかった。ただ，保険者である国民健康保険公団の看護師や社会福祉士が要介護認定の調査項目に社会面の調査項目を追加した94項目をもとに，標準長期療養利用計画書を机上で作成し，1回限りではあるが，要介護者に渡している。また，近年訪問介護やデイサービスの介護サービス事業者に対して，ケアマネジャー雇用の加算が試験的に新規実施されており，介護サービス事業者がケアマネジャーを雇用し，サービス利用者に対してアセスメントをもとにケアプランの作成・実施を行っている。さらには，公的機関である住民センターで，生活保護世帯に対して，社会福祉士によるケアマネジメントがモデル的に実施されており，これは2017年度には韓国全体で実施されることになっている。そのため，国民健康保険公団，介護サービス事業者，住民センター等の選択肢から，どの機関が長期療養保険の対象者のケアマネジメントを担っていくのかの議論がなされている最中にある。その際に，地方分権や住民データの一括管理システムとの連動といったことが課題となっている。

一方，介護保険法の法制化をめざしていた台湾では，「長期介護サービス法」が台湾立法院で可決され，2017年から実行予定であったが，2016年の総統選で，民進党の蔡英文政権に移行することになり，税財源で介護を進めていくこ

とに方向転換した。ただし，すでにケアマネジメントの仕組みは始まっており，政権交代がこれに影響を与えることはないだろうといわれている。2003年に全国の 25 の県や大都市（台北市のような直轄市）で「介護管理ステーション」が設置され，2005 年に「長期介護管理センター」と改称された。そして，2008 年から実施された「長期介護十カ年計画」では，ケアマネジメントを強化し，各県市で「長期介護管理センター」をケアマネジメントの執行機関として位置づけ，要介護高齢者やその家族へのケアサービス提供の窓口にすることになった。

「長期介護管理センター」のケアマネジャーの要件として社会福祉士，看護師，作業療法士，理学療法士，医師，栄養士，薬剤師などの資格を有し，介護関連で 2 年以上の経験が必要であるとされている。ケアマネジャーの担当業務は，ケアアセスメント（要介護認定），サービスの資格確認，ケアプランの作成，介護サービスとの連携，介護サービスの質の監督，および要介護者への定期訪問などである。実際，ケアマネジャーは公務員であり，ソーシャルワーカーと看護師がほとんどを占めている。

ケアマネジャーは要介護状態により 3 段階に要介護認定を行い，サービス利用の限度と自己負担額を意識し，ケアプランの作成を実施していく。台湾衛生局の資料では，ケアマネジャーの業務は，①ケース発見と送致，②アセスメント，③サービス利用認定，④ケアプラン作成，⑤介護サービス間の調整，⑥再アセスメント，⑦終結，⑧家族への助言・指導，⑨利用者からの苦情対応，⑩介護サービスの質の管理，⑪その他，となっている。ケアマネジャーは200 〜 300 ケースを担当しており，モニタリングは要介護度が変更された場合，病院から退院する場合，利用者から苦情があった場合のみであり，通常のモニタリングは介護サービス事業者に委ねられている。

中国では，高齢者の在宅ケアサービスは，個々の地域でのコミュニティ・センターである社区で実施されているが，サービスをパッケージして提供するケアマネジメントといった発想には至っていない。ただ，山東省青島市で，その後安徽省合肥市や上海市等で長期医療介護保険制度が試験的に実施されている。これは医療保険の給付サービスに介護サービスも加えたものであるが，全国的な制度になるまでには至っていない。現状では，そのなかにケアマネジメン

トは包含されていないが，当然医療と介護の連携が今後求められることが予想され，その過程でケアマネジメント体制についても検討される可能性はある。

日本でのケアマネジメントの展開

　日本でのケアマネジメントの普及については，高齢者領域では，1990（平成2）年に創設された「在宅介護支援センター」が，ケアマネジメントの担い手として先導的役割を果たしてきた。本センターが日本で最初につくられたケアマネジメント機関であるといえる。在宅介護支援センターは厚生労働省が1989（平成元）年に出した「高齢者保健福祉十カ年戦略（ゴールドプラン）」に明記されたサービスの一つで，10年間に各中学校区に1カ所配置し，全国1万カ所を創設する計画であった。この高齢者に対するケアマネジメントは，2000（平成12）年に施行された「介護保険法」によって，介護保険で要介護者・要支援者と認定された者に限定してではあるが，在宅介護支援センターから居宅介護支援事業者にケアマネジメント機能が肩代わりされた。

　この間での介護保険制度の改正に伴い，ケアマネジメントも大きく変化してきた。現状では，要支援1や2の軽度者は地域包括支援センターで，一方，要介護1〜5の要介護者は居宅介護支援事業者の介護支援専門員とよばれるケアマネジャーが原則対応している。

　在宅介護支援センターで始まったケアマネジメントは障害者領域にも普及し，さらには生活困窮者の自立支援や刑を終えた人々の社会復帰支援においても活用されるようになってきた。

　障害者領域におけるケアマネジメントは，1995（平成7）年に公益財団法人日本障害者リハビリテーション協会が，当時の厚生省からの委託事業として，「障害者に係る介護サービス等の提供方法及び評価に関する検討会」を立ち上げたのがはじまりである。その後1996（平成8）年度以降，身体・知的・精神の障害別にケアマネジメントのガイドラインを作成し（この間，市町村身体障害者生活支援事業・市町村知的障害者療育等支援事業が実施され，市町村精神障害者生活支援センターが設置された），1998（平成10）年度には「ケアマネジメント指導者養成研修会」を開始し，ケアマネジメント人材の養成を始めた（都道府県や政令指定都市・中核市が主催）。その後，2000（平成12）年度

8　　　第1編　ケアマネジメントの基本

に「障害者ケアマネジメント体制整備検討委員会」が発足し，三障害（身体障害，知的障害，精神障害）共通の『障害者ケアガイドライン』（2002 年）が作成され，障害別ではなく障害者全体に共通するケアマネジメントの枠組みが提示された。

　2000（平成 12）年に成立した「社会福祉法」により，利用者の自己選択・決定で福祉サービスを利用するという理念を確立し，2003（平成 15）年の支援費制度により，利用者はサービス事業者との契約のもとでサービスを利用することになり，ケアマネジメントを制度化する準備が整っていった。2005（平成 17）年の「障害者自立支援法」でケアマネジメントが制度化され，2006（平成 18）年から利用者が自ら福祉サービスを選択できる仕組みができた。ただ，ケアマネジメントを利用できる者が，①重度障害者等包括支援の対象者の要件に該当する者のうちで，重度訪問介護等他の福祉サービスの支援決定を受けた者，②入所・入院から地域生活に移行するため，一定期間，集中的な支援を必要とする者，③単身であり，自ら福祉サービスの利用に関する調整を行うことが困難であり，計画的な支援を必要とする者に限定された。そのため，ケアマネジメントの利用者数は伸びず，障害者が全体で約 650 万人いるなかで，5 万人程度しか利用していなかった。そこで，2010（平成 22）年の障害者自立支援法（現，障害者総合支援法）改正では，2012（平成 24）年 4 月から順次対象者を拡大していき，2015（平成 27）年 3 月末までの 3 年間で，すべての障害福祉サービス利用者に対してケアプランを作成することとなった。このようにして，本格的な障害者ケアマネジメントが始まった。

　結果として，すべての障害福祉サービスを利用している障害者には相談支援専門員というケアマネジャーが対応することになっており，その障害者が 65 歳になり，介護保険制度優先のもとで，相談支援専門員から介護支援専門員に移行していくなかで，両ケアマネジャーが連携しながら，利用者の生活の連続性を確保していくことが，大きな課題となってきた。

　これ以外に，ケアマネジメントという用語を使ってはいないが，さまざまな領域で，ケアマネジメントの仕組みや方法が制度的に活用されるようになっている。法務省での刑務所出所者の支援においては，矯正施設入所中から就職後の職場定着まで，継続的かつきめ細かな支援等を行っている。高齢または障害

第 1 章　ケアマネジメントとは　　9

により自立が困難な矯正施設退所者に対し，退所後直ちに福祉サービス等につなげ，地域生活に定着を図るため，各都道府県の「地域生活定着支援センター」と保護観察所が協働して進める「地域生活定着支援事業」を 2009（平成 21）年度から開始し，現在も「地域生活定着促進事業」として支援が行われている。地域生活定着支援センターでは，刑務所入所中から帰住地調整を行うコーディネート業務を行っており，これはケアマネジメントにほかならない。

　また，生活保護受給リスクのある生活困窮者に対する「生活困窮者自立支援法」が 2015（平成 27）年 4 月 1 日から施行された。ここでは自立相談支援事業として，主任相談支援員や相談支援員が生活困窮者からの相談を受け，生活困窮者の抱えている課題を総合的にアセスメントし，そのニーズを把握し，ニーズに応じた支援を計画的・継続的に行う自立支援計画を作成・実施することになっている。ここでは，ニーズに応じてハローワーク，就労準備事業・就労訓練事業，家計相談等のサービスにつなぐことで，ケアマネジメントを実施し，生活困窮状態からの脱却を図っていくことになる。

　児童領域でのケアマネジメントとしては，児童虐待について，児童相談所をケアマネジメント機関とし，1996（平成 8）年度に「児童虐待ケースマネージメントモデル事業」が全国 8 道府県市で行われたが，継続して実施されずに終わっている。一方，児童虐待や子育て世代の子育て不安が急増しており，かつ深刻化していることに反して，ケアマネジメントが他領域に比べて進まない理由には，児童虐待への対応が児童相談所という都道府県行政に委ねられているために，身近な市町村を中心にしたケアマネジメントの仕組みがつくりにくいことが考えられる。一方，子育て支援については，市町村業務であるが，委託されている保育所等に入所している以外の地域のすべての子育て世代に対する相談機関としての意識をもちにくいこと等が挙げられる。

　現在，市町村では「要保護児童対策地域協議会」を設置・運営し，虐待等に対する事例検討会が実施されている。また，妊娠期から子育て期にわたるまでのさまざまなニーズに対して総合的相談支援を提供するワンストップ拠点である「子育て世代包括支援センター」が，おおむね 2020 年度末までに全国展開をめざすとされている。このような市町村レベルで，虐待や子育てに関わる相

談や地域での事例検討がなされていくにつれて、児童やその家族の生活全体を、さまざまなフォーマルサービスやインフォーマルサポートが連携して、ワンストップで支えていくケアマネジメント体制のあり方の検討が始まっていくものと考えられる。

　以上、高齢者領域で始まったケアマネジメントがさまざまな領域に広がってきたことを示したが、ケアマネジメント自体は縦割りになっているサービスを横割りに転換することであったが、拡大してきたケアマネジメント自体が対象領域別の縦割りで実施されてきた。そうした反省から、対象者を含めた家族全体を丸ごと捉えるケアマネジメント体制を確立していくことが、2016（平成28）年7月に厚生労働大臣を本部長として創設された「我が事・丸ごと」地域共生社会実現本部で進められている。ここでは相談体制をどのように構築するのかというシステムの議論とそれを実践する相談員の能力をいかに高めていくのかのプラクティスの部分で検討が進められている。

第2節 ケアマネジメントの実際

ケアマネジメントの事例

　ケアマネジメントは、「利用者の社会生活上でのニーズを充足させるため、利用者と適切な社会資源とを結びつける手続きの総体」[2]と定義づけることができる。わが国では、介護を要する在宅高齢者を対象に用いられることが多いが、そうした高齢者に対して、保健・医療・福祉・住宅等の各種公的サービスだけでなく、ボランティアや近隣の支援とも調整し、在宅生活を支えていくことを主眼としている。障害者の場合にはさらに雇用や、社会参加サービスに結びつけることが多くなる。

　これは、地域で利用者を支えるための方法であり、地域福祉や地域医療が叫ばれるなかで、その必要性がいわれ始めた。施設や病院では、入所（院）者の生活は所（院）内で自己完結するが、在宅ではさまざまなサービスやサポートが組み合わされなければ生活が成り立たない。したがって、利用者の立場から必要な社会資源をパッケージ化することが必要となり、その方法としてケアマネジメントは起こってきた。したがって、ケアマネジメントは基本的に個々人

第1章　ケアマネジメントとは　　11

の在宅生活を支えるための方法であるといえる。

　ここでは，ケアマネジメントの事例を示すことで，ケアマネジメントの実際をみてみる。以下は，あるケアマネジメント機関が実施したケアマネジメントの事例である。

事例

　Ａさん（70歳代前半，女性）は，25年前からスモン病で，8年前にパーキンソン病発病後，骨折等での入退院を3回繰り返している。今回の退院後は，自宅に帰り，独居の予定。歩行が困難で，杖を使って何とか歩行できる程度で，常時車いすでの生活である。病身であることと頼る者がいないことから，不安感が強い。要介護2の認定を受け，居宅介護支援事業者のケアマネジャーが，以下のようなケアマネジメントを行った。

　ケアマネジャーはＡさんとの面接により，各種の社会生活状況を把握し，社会生活の支援，緊急時の対応，孤立の防止，転倒の予防と身体的機能低下の防止を支援の大目標として，できる限り在宅での生活を続けていけることをめざした。その結果，以下のようなケアプランをＡさんと一緒に作成し，個々のサービス事業者等との調整を行った。

①買い物・掃除・洗濯といった社会生活の支援のために，訪問介護員（ホームヘルパー）の派遣を受け（週2回，1回につき1時間30分），また寝起きを容易にするため福祉用具として特殊ベッドのレンタルを，転倒を予防するために，手すりの設置を依頼する。

②機能低下の防止や孤立化防止のため，通所リハビリテーション（通所リハビリ）を週に3回利用する。

③総合病院への通院は遠方であることから，総合病院より近くの精神科医院を紹介してもらい，投薬内容については総合病院の医師と精神科医が話し合って，精神科医院へは週に1回の通院とする。

④調子の悪いときには，通院介助してくれるよう近所の人に依頼する。

⑤身体的機能のバイタルチェックと投薬管理のため，1カ月に1回訪問看護事業所看護師の訪問看護を受ける。

⑥買い物が十分できないことから，社会福祉協議会のボランティア部会に社会生活の援助や孤立化防止のためにも週2回の配食サービスを依

頼し，さらに孤立化防止のために不定期ではあるが友愛訪問を依頼する。
⑦サービスの資格要件を広げるために，福祉事務所の身体障害者担当ワーカーと相談し，身体障害の訪問再診査を受ける（5級から2級に変更になる）。
⑧転倒等の緊急時に対応するため，市が実施している緊急通報装置の設置を依頼する。

ケアマネジャーはこうして計画したフォーマルサービスやインフォーマルサポートを受けられるよう，サービス提供者やAさん本人を召集して，サービス担当者会議を開催し，その会議でこの計画について合意を得た。

その結果，Aさんは上記のサービスやサポートを受けることができ，地域社会でAさんを支える社会資源は**図1-1-1**のようになり，1週間のスケジュールは**表1-1-1**のようになった。

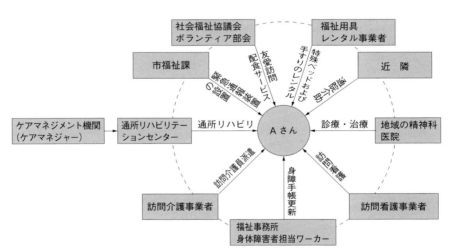

図1-1-1　Aさんを地域社会で支える社会資源

第1章　ケアマネジメントとは　13

表 1-1-1　A さんのケア管理表

基本サービス	月	火	水	木	金	土	日
早朝							
朝食							
午前	訪問介護		通院及び通院介助	訪問介護			通所リハビリ
昼食		通所リハビリ	配食サービス		通所リハビリ	配食サービス	
午後				訪問看護※月に1回			
夕食							
夜間							

訪問介護の内容……買い物，掃除，洗濯
訪問看護の内容……バイタルチェック，投薬管理
通所リハビリの内容……食事，機能訓練，レクリエーション，入浴

ケアマネジメントの必要性

　ここでは先述の事例をもとにして，ケアマネジメントの必要性について検討してみる。

　まずは，A さんの立場から，ケアマネジメントの必要性について 2 点説明する。

　第一に，A さんを含めて相談機関に来所する多くの人々は，単一の生活ニーズというよりも，潜在的なものを含めて複数の生活ニーズを有している。A さんの場合は，社会生活の支援，転倒の予防，身体機能の低下の防止，緊急時への対応へのニーズ，さらには精神的な支えに対するニーズを有している。

　こうした複数の生活ニーズをもった A さんがケアマネジメントを受けられないならば，歩行困難にもかかわらず，多くのサービス提供機関や支援先に自分で赴かなければならない。その意味では，1 カ所の窓口ですべての生活ニーズを満たしてくれるケアマネジメントは極めて有効といえる。これを「ワンストップサービス」という。

第二に，Ａさんを含めて多くの利用者は，どこの機関や団体にいけば自分の生活ニーズを満たしてくれる適切なサービスを受けられるか，認知できていないことが圧倒的に多い。

　こうした各種サービスや対応してくれる機関についての利用者の認知度が低いこと，さらにはそれがサービス利用率の低さとつながっていることは，多くのニーズ調査結果からすでに立証されてきた[3]。そのため，ケアマネジメント支援がなければ，サービスの利用方法を知らなかったり，あきらめたり，機関間でたらい回しにされることになる。

　居宅介護支援事業者といった地域の相談窓口で，ケアマネジメントを実施することは，こういった利用者のあきらめ感や，たらい回し事例を防ぐことができ，極めて意義深いといえる。

　次に，Ａさんを支えている訪問介護事業者，福祉事務所，通所リハビリテーションセンター，訪問看護事業者，ボランティアセンター，近隣等の九つのサービスやサポートの立場から，ケアマネジメントの必要性を提示してみる。

　このような社会資源それぞれは，たしかに具体的なサービスやサポートを高齢者に直接提供することはできるが，Ａさんの立場に立って各種のサービスやサポートとの総合的な調整をする機能は本来もち合わせていない。

　そのため，個々の利用者について社会資源を総合的に調整するケアマネジメントの必要性を指摘でき，どこかの機関がそれを担う必要がある。さらに，行政サービスは縦割りになっており，社会福祉サービス，保健・医療サービス，所得保障サービス，住宅サービス，雇用サービス，教育サービスは，相互に無関係に実施されがちである。そのため，利用者が行政サービスを重複して利用する場合に，ケアマネジメントは施策間での関連性をもたせ，縦割り行政の弊害を除去し，サービスを柔軟で人間的なものにする機能を有している。さらには，各サービスがチームで個々の利用者を支える，チームアプローチが可能となる。

　これら以外にも，ケアマネジメントの必要性はいくつか指摘できるが，施設福祉から地域福祉へ，病院完結型から地域完結型の医療へと移行するなかで，ケアマネジメントを必要とさせてきた側面が大きい。

　これは，地域福祉・地域医療の考え方が展開し始めた1970年代の後半に

第1章　ケアマネジメントとは　　15

なって，「ケースマネジメント」という用語が欧米で使われるようになってきたことにも表れている。

　従来の病院・施設での医療や福祉では，利用者は病院・施設内において社会生活上のあらゆるニーズを自己完結的に充足させることができた。ところが地域福祉・地域医療においては，利用者の社会生活上でのニーズを満たすために，地域に散在している社会資源をかき集め，それらを利用者のためにパッケージしなければ在宅生活が成立し得ないからである。施設福祉・病院医療から地域福祉・地域医療への転換は，地域社会の生活ニーズ充足システムを改革させ，ケアマネジメントを必要不可欠なものにしてきたといえる。

　さらに，社会全体からケアマネジメントを捉えると，社会的入院といわれる本来は入院治療の必要ない人の入院を予防することができ，また，利用するサービス間での重複を避けることになり，財源の抑制に寄与できる可能性が高い。同様に，利用者の在宅生活をできる限り長く継続させることが可能となり，結果的に施設入所によって生じるであろう社会的コストの抑制にも貢献することになる。こうした観点からもケアマネジメントの必要性を指摘されることもある。

注

1) 瀬間あずき（2008）「高齢者ケア評価チームを中心としたオーストラリアの高齢者ケアの概観と医療との連携の現状」『海外社会保障研究』（162），76-92.
2) 白澤政和（1992）『ケースマネージメントの理論と実際：生活を支える援助システム』中央法規出版，11.
3) ※東京都社会福祉協議会（1990）『在宅サービスのニーズと供給基準に関する研究』では，在宅介護支援センターができる前の1989年の実態であり，要援護世帯を対象とする調査であったが，14のサービスについての認知度を尋ねているが，認知度は72.0%を最高に，36.1%が最低であった。

（参考文献）

田中謙一（2008）「ドイツの2008年介護改革（1）」『週刊社会保障』62（2509），52-55.
土田武史（2012）「ドイツの介護保険改革」『健保連海外医療保障』（94），1-8.
齋藤香里（2013）「ドイツの介護者支援」『海外社会保障研究』（184），16-29.
小島克久（2015）「台湾における介護保障の動向」『健保連海外医療保障』（106），1-31.
黄玫娟・荘秀美・林郁舒（2014）「台湾におけるケアマネジャーの業務の現状と養成の課題：教育背

景の違いが業務執行に与える影響に焦点をあてて」『西日本社会学会ニュース』(145).

白澤政和（2016・2017）「ケアマネジメント快刀乱麻　海外から日本のケアマネジメントをみる（1）〜（10）」シルバー産業新聞 2016 年 9 月号〜 2017 年 6 月号.

第2章

ケアマネジメントの定義とケアマネジメントに求められること

第1節 定義からみるケアマネジメントの特徴

ケアマネジメントが市民権を得ていく過程で，海外では，ケアマネジメントに関わる認証協会や会員組織もでき，そこでは定義やガイドラインが提示されている。アメリカでは看護師やソーシャルワーカーの職能団体でもケアマネジメントを定義づけ，ケアマネジャーの認定制度をつくっている。

なお，ここでの定義とは，ケースマネジメントという用語について言及するが，ケースマネジメントとケアマネジメントについてはほぼ同じ意味で使われている。歴史的には，アメリカで起こったケースマネジメントがイギリスに渡ったときに，イギリス政府がケアマネジメントを公用語にしたことで二つの用語が存在するようになったが，その際にも基本的に同じ意味で使用されていた。日本でも公用語として，介護保険制度が実施される以前の在宅介護支援センターで実施する方法としては，ケースマネジメントが使われていたが，介護保険制度のもとでは居宅介護支援をケアマネジメントとするようになった。全米ソーシャルワーカー協会（National Association of Social Workers；NASW）の公式見解としても，ケースマネジメントはケアマネジメントだけでなく，ケアコーディネーション，サービスコーディネーション，クライエントナビゲーション，保健医療ケアナビゲーション，患者ナビゲーションと，若干の相違はあるが，同じ業務を記述しているとしている[1]。そのため，本節では，アメリカ等では主流であるケースマネジメントの定義を中心にみていくことにする。

まず，会員組織としては，1990年にアメリカで創設されたアメリカケースマネジメント協会（Case Management Society of America；CMSA）があり，

18　　第1編　ケアマネジメントの基本

1万1,000の個人や団体が加盟している。CMSAには多様な専門職の会員が加入し，個々の専門職は自らが有していない知識や技術を身につけることをめざしており，"*Professional Case Management : Leader in Evidence-Based Practice*"と"*Case in Point*"の二つの雑誌を刊行している。この協会は海外の団体とも連携しており，カナダで2006年創設の全国ケースマネジメントネットワーク（National Case Management Network；NCMN），イギリスで2001年創設の英国ケアマネジメント協会（Care Management Society UK；CMSUK），オーストラリア・ニュージーランドで1996年に創設されたケースマネジメント協会（Case Management Society of Australia & New Zealand；CMSA & N）がそれにあたる。以下にこれらの協会のケアマネジメントの定義を示す。

・「個々人の保健医療ニーズを満たすよう，コミュニケーションと利用可能な資源を活用して，必要としているオプションやサービスの提供に向けて，アセスメント，計画作成，計画の推進，利用者の権利を擁護することで，効果的・効率的な成果を得ることにある。」（CMSA）[2]

・「資源の効果的・効率的な活用により，質の高い保健医療サービスや支援サービスを提供するよう協働する，利用者主体の過程である。ケースマネジメントは複雑な保健医療制度，社会，財政の環境の中で，利用者を安全で，現実的で，適切な目標を達成できるよう支援することである。」（NCMN）[3]

・「利用者の保健医療，ケア，教育，雇用ニーズを充足するために，コミュニケーションと利用可能な資源を活用して，必要としているオプションやサービスの提供に向けて，アセスメント，計画作成，計画の推進，調整，モニタリング，評価を協働していく過程であり，質の高い効率的な成果を得ることにある。」（CMSUK）[4]

・「利用者の全体的なニーズを充足すべくオプションやサービスの提供に向けて，アセスメント，計画作成，計画の推進，利用者の権利擁護を行う協働過程であり，質が高く効率的な成果を得ることにある。」（CMSA & N）[5]

これらの協会は，協会同志が連携していることもあり，言い回しに若干の違いがあるが，ほとんど共通したケアマネジメントの定義となっている。

一方，アメリカでは，ケースマネジャーの認証機関としてケースマネジメン

ト資格受託協会（Commission for Case Management Certification；CCMC）が1992 年に創設され，ここでは理事会承認ケアマネジャー（Board-certified Case Managers；BCM）の認証を行っており，現在 3 万 5,000 人の BCM 資格者を輩出している。一方，職能団体であるアメリカ看護協会（American Nurses Association；ANA）や NASW も，自らの職能者に対してケースマネジメントの認定資格を出しており，前者の看護師ケースマネジメントについては ANA で創設されたが，現在は ANA が出資しているアメリカ看護師資格センター（American Nurses Credentialing Center；ANCC）で資格認定を行っている。一方，後者のソーシャルワーク・ケースマネジメントについては，NASW が修士卒と学部卒に分けた 2 種類の資格を出している。これら 3 団体でのケースマネジメントの定義を並べると，以下のようになる。

・「利用者の保健医療や福祉サービスへのニーズを充足するために，必要としているオプションやサービスについてアセスメント，計画，実施，調整，モニタリング，評価を協働する実践である。利用者の権利擁護，コミュニケーション，資源管理を特徴とし，質が高く効率的な介入と成果を得ることにある。」（CCMC）[6]

・「看護師ケースマネジメントは，質の高い保健医療ケアを提供し，分断化を減らし，利用者の生活の質を高め，財源を抑制することを目的にする保健医療ケアの分配過程である。」（ANA）[7]

・「ソーシャルワーク・ケースマネジメントは様々な社会福祉サービスや保健医療ケアの組織や職員からのサービスを計画し，探し出し，利用者の権利を擁護する過程である。この過程は，ソーシャルワーカーが所属する組織や多様な組織内において，専門職のチームワークでもって，利用者に供するよう調整することであり，必要とされるサービスの提供を広げていくことである。ケースマネジメントはサービスの分断化，職員の離職，提供機関間での不十分な調整を緩和することになる。ケースマネジメントは単一の大きな組織内，ないしは地域社会のプログラムとして組み込まれている諸サービスを調整することである。」（NASAW）[8]

以上，ケアマネジメントではなく，ほとんどがケースマネジメントという用語を使っての定義ではあるが，これらには，多くの共通点がみられる。ここか

らケアマネジメントの特徴を，次の六つに整理できる。

①アセスメント，計画作成，計画実施，モニタリング，評価の過程として捉
　えること

②利用者の保健医療，社会福祉サービス，教育，雇用等のニーズを充足すべ
　く，オプションやサービスを調整すること

③チームワークでもって協働で対応すること

④利用者の権利を擁護すること

⑤効果的・効率的な成果を期待すること

⑥コミュニケーションと資源を活用すること

　アメリカで 1970 年代後半にケースマネジメントが生まれてきたとき，ケースマネジメントを誰が担うかで職能団体間での縄張り争いが生じた。ソーシャルワークについてもケースマネジメントをどのように位置づけるかの独自性が問われ，NASW は 1976 年と 1979 年の 2 回にわたり著名な研究者をシンポジストにしてソーシャルワークとケースマネジメントの関係についてのシンポジウムを開催し，*"Journal of Social Work"* で特集を組み，ソーシャルワークの枠組みにケースマネジメントを位置づける努力を行った。また，1987 年には，NASW は政治的ステートメントして「ケースマネジメントは，ここ百年以上唯一ソーシャルワークが役割を担ってきた。ソーシャルワークはクライエントと環境との二重に焦点を当てるよう教育や研修を実施し，クライエントが機関のサービスを利用できるようにし，機関のサービスとクライエントのニーズを連結し，調整することのできる唯一の専門職である」と主張し，「NASW はケースマネジメントによるサービス提供のすべての側面で，専門ソーシャルワーカーを活用するよう，強く訴える」，「ソーシャルワークの大学レベルおよび大学院レベルのカリキュラムに，ケースマネジメントの特別な知識・方法・技法を含めるべきである」[9] 等の声明を出している。

　そうしたこともあり，NASW はソーシャルワーク・ケースマネジメントの独自性を，以下の 6 点で示している[10]。

①パーソンセンタードでのサービス（利用者，時には家族成員を中心にした
　支援）

②クライエント・ソーシャルワーカー関係の卓越性（クライエントの目標達成を支援するうえでは，両者の治療的・同盟的な関係が必要不可欠であること）

③「環境の中の人」の枠組み（人の環境との相互影響のもとで，利用者を理解すること）

④ストレングス視点（病理的なことよりも，むしろ個人の成長や発達の可能性に信頼を置き，支援すること）

⑤協働するチームワーク（他のソーシャルワーカー，他専門職，組織と協働することが支援過程で不可欠であること）

⑥ミクロ・メゾ・マクロのレベルでの介入（個人，家族，地域，組織，システム，政策の変化に影響を与える多様なアプローチを活用すること。その際には，権利擁護を鍵概念として，それを系統的に変化させて展開する）

　ここでは，決して縄張り争いをあおることではない。パウエルら（S. K. Powell, et al.）が指摘しているように，縄張り争い自体は損失であり，それぞれの専門性のよさを生かしたケースマネジメントを実施していくべきである，としている[11]。例えば，カナダのマニトバ州で当初行われていた，登録看護師（Registered Nurse；RN）と修士卒ソーシャルワーカー（Master of Social Work；MSW）がペアになり，初回の面接で，看護師が身体面，ソーシャルワーカーが心理社会面を尋ね，一緒にケアプラン原案を作成し，それ以降は，身体面のニーズが大きい場合には看護師が，心理社会面のニーズが大きい場合にはソーシャルワーカーが担っていた。このようにそれぞれの専門職の特長を生かし，協働しながらケアマネジメントを実施していくべきである。

第2節　日本で法的にケアマネジメントに求められること

　一方，日本でケアマネジメントに法的に求められることは何か，「介護保険法」での居宅介護支援事業者の介護支援専門員，「障害者総合支援法」での特定相談支援事業者・障害児相談支援事業の相談支援専門員，さらには「生活困窮者自立支援法」での生活困窮者自立相談支援事業の主任相談支援員の法的位置づけから，捉えてみたい。

三つの領域（高齢者領域，障害者領域，生活困窮者領域）のケアマネジャーを検討する根拠は，2015（平成27）年度からの介護保険制度の見直しにおいて，介護支援専門員実務研修受講試験要件が改正され，受験要件が法定資格取得者に原則限定されたことになった。法定資格者以外には，「介護支援専門員の業務が相談援助業務の性格を有することを考え，相談援助業務の経験がある者」とし，介護保険制度枠内では，介護老人福祉施設や特定施設入居者生活介護の生活相談員，介護老人保健施設の支援相談員，また介護保険制度外では，「障害者総合支援法」の相談支援専門員と「生活困窮者自立支援法」の主任相談支援員が要件に入った。このことは，地域を基盤に活動する相談援助業務を行う者が，介護支援専門員，相談支援専門員，主任相談支援専門員と同列に位置づけられていることを意味しているからである。当然，相談支援専門員や主任相談支援員は5年以上の経験があり試験に合格し，研修を受講することで介護支援専門員になることができる。

　まずは，「介護保険法」で介護支援専門員が行う「居宅介護支援事業」についての根拠規定である「指定居宅介護支援等の事業の人員及び運営に関する基準」では，「居宅介護支援事業」は以下のように位置づけられている。

①要介護状態となった場合においても，その利用者が可能な限りその居宅において，その有する能力に応じ自立した日常生活を営むことができるように配慮して行われるものでなければならない。

②利用者の心身の状況，その置かれている環境等に応じて，利用者の選択に基づき，適切な保健医療サービス及び福祉サービスが，多様な事業者から，総合的かつ効率的に提供されるよう配慮して行われるものでなければならない。

③利用者の意思及び人格を尊重し，常に利用者の立場に立って，利用者に提供される指定居宅サービス等が特定の種類又は特定の居宅サービス事業者に不当に偏することのないよう，公正中立に行わなければならない。

　一方，「障害者総合支援法」の「障害者の日常生活及び社会生活を総合的に支援するための法律に基づく指定計画相談支援の事業の人員及び運営に関する基準」では，相談支援専門員が実施する相談支援事業として以下のように示している。

①利用者又は障害児の保護者（以下「利用者等」という。）の意思及び人格
　を尊重し，常に当該利用者等の立場に立って行われるものでなければなら
　ない。

②利用者が自立した日常生活又は社会生活を営むことができるように配慮し
　て行われるものでなければならない。

③利用者の心身の状況，その置かれている環境等に応じて，利用者等の選択
　に基づき，適切な保健，医療，福祉，就労支援，教育等のサービス（以下
　「福祉サービス等」という。）が，多様な事業者から，総合的かつ効率的に
　提供されるよう配慮して行われるものでなければならない。

④利用者等に提供される福祉サービス等が特定の種類又は特定の障害福祉
　サービス事業を行う者に不当に偏ることのないよう，公正中立に行われる
　ものでなければならない。

⑤市町村，障害福祉サービス事業を行う者等との連携を図り，地域において
　必要な社会資源の改善及び開発に努めなければならない。

⑥自らその提供する計画相談支援の評価を行い，常にその改善を図らなけれ
　ばならない。

　また，「生活困窮者自立支援法」での「生活困窮者自立支援法施行規則」で
は，主任相談支援員は，以下のような業務を実施するものと規定されている。

①生活困窮者の生活に対する意向，生活全般の解決すべき課題，支援の目標
　及びその達成時期，支援の種類及び内容並びに支援を提供する上での留意
　事項とする。

②生活困窮者の把握（家庭への訪問等によるものを含む。），「自立支援計画」
　の作成，自立支援計画に基づき支援を行う者との連絡調整，支援の実施状
　況及び生活困窮者の状態を定期的に確認し，その結果を踏まえ，自立支援
　計画の見直しを行うこと，その他の生活困窮者の自立の促進を図るための
　支援が一体的かつ計画的に行われるための援助とする。

　これら三つの法律で規定されているケアマネジメントの内容には，自立の支
援や促進が記述されており，これが日本のケアマネジメントの最も大きな特徴
である。そのため，自立の意味や意図することについて明確にする必要があ
る。これについては，第2編の第1章「自立の支援とQOLの促進」で取り上

げることとする。また，日本のケアマネジャーがサービス事業者と同じ法人に置かれている場合があるため，「生活困窮者自立支援法」以外では，特定の居宅サービス事業者に不当に偏することのないことでの公正中立な立場が強調されているのが，もう一つの特徴であるといえる。

その他の特徴としては，以下のとおりである。

・利用者の意思や人格を尊重する
・利用者の立場に立つ
・利用者の心身の状況やその環境に応じた対応をする
・利用者の自己決定に基づく
・多様なサービスを総合的・効果的に提供できるようにする

さらに，「障害者総合支援法」では，以下のことが追加されている。

・計画の評価を行い，計画を見直す
・地域における社会資源の改善・開発を行う

また，「生活困窮者自立支援法」では，ケアマネジメントの過程として，以下のように示されている。

・利用者の把握，計画の作成，計画に基づき支援を行う者との連絡調整，支援の実施状況や利用者の状態の定期的確認，計画の見直しを行う

以上のような海外でのケアマネジメントの定義や日本でのケアマネジメントに対する法的な規定から，ケアマネジメントの大きな特徴を理解することができる。ケアマネジャーは，さもなければ圧倒されそうな複雑化した社会システムのなかで，人間性を強調することで，PDCA（plan-do-check-action）サイクルで問題の解決を図っていく。ケアマネジメントの定義やケアマネジャーの遂行すべきことで最も重要なことは，利用者の権利の擁護，利用者や家族への人間的な対応となっている。

すでに，1992（平成4）年に拙著『ケースマネジメントの理論と実際：生活を支える援助システム』で，ケアマネジメントを日本に定着させることを目的にして，「対象者の社会生活上の複数のニーズを充足させるため適切な社会資源と結びつける手続きの総体」[12] と定義したが，その後のさまざまな文献と比較して，この定義は上記の定義や法的な位置づけと離齬が生じるものではないことがわかった。ただし，当時としては，その後，ケアマネジメントの中核

第2章　ケアマネジメントの定義とケアマネジメントに求められること　　25

である過程や利用者とサービスとの調整が中心であったが，利用者の権利擁護，チームワークでもって協働すること，効果的に加えて効率的な成果が強化されてきたといえる。さらに，二次的には，個人への支援から明らかになった地域の課題をもとに地域支援していくことに広がりつつある。

注

1) National Association of Social Workers（2013）*NASW Standards for Social Work Case Management*, NASW Press, 10.
2) Case Management Society of America（2010）*Standards of Practice for Case Management, Revised 2010*, 8.
3) National Care Management Network（2009）*Canadian Standards of Practice for Case Management*, 7.
4) Care Management Society UK（2014）*CMSUK standards and best practice guidelines 2nd Edition*, CMSUK, 8.
5) Case Management Society of Australia & New Zealand（CMSA & N）（2013）*National standards of practice for case management*, 1.
6) Commission for Case Management Certification（CCMC）（2015）*Code of professional conduct for case managers with standards, rules, procedures, and penalties*, 4.
7) American Nurses Association（ANA）（1994）*Nursing case management*, Kansas City. MO.
8) 前掲書 1），13
9) 全米ソーシャルワーカー協会（1997）「保健医療，教育，福祉サービス領域でのケースマネジメント」ステファン・M．ローズ編，白澤政和・渡部律子・岡田進一監訳『ケースマネジメントと社会福祉』ミネルヴァ書房，39-43.
10) 前掲書 1），17-18.
11) Suzanne K. Powell and Hussein A. Tahan（2010）*Case Management：A Practical Guide for Education and Practice*, Wolters Kluwer/Lippincott Willams & Wilkins. 8.
12) 白澤政和（1992）『ケースマネージメントの理論と実際：生活を支える援助システム』中央法規出版，11.

第3章

ケアマネジメントの目的と焦点

第1節 ケアマネジメントの目的

生活モデルとしてのケアマネジメント

　ケアマネジメントは，どのような利用者であろうと地域生活を支援することを目的としており，そのことが，さまざまな対象者が住み慣れた地域社会のなかで生活を続けていくという「ノーマライゼーション」理念を実現する最適な方法であるとされている。

　こうした地域生活支援のもとで，ケアマネジメントは利用者との関係について，従来「医学モデル」ということで総称されていたアプローチから，「生活モデル」といったアプローチへの転換を方向づけられることになった。それは，地域生活を支援するためには，単に利用者の身体面での改善のみが目標ではなく，利用者の地域での，あるいは家族での生活自体をどう意味あるものにしていくかが，大きな目標として浮かび上がってくるためである。したがって，この生活モデルは，大きく三つの特性をもっており，そうした特性をベースにしたケアマネジメントの意義が明らかになってくる。

　生活モデルの第一の特性は，利用者を単に身体機能的な側面に焦点を当てて捉えるのではなく，人と環境とのインターフェース（interface：接触面）で，あるいは身体機能的な側面，精神心理的な側面，社会環境的な側面の関係性のもとで生活ニーズを捉え，利用者の問題状況を把握し，利用者を支援していくことである。

　第二の特性とは，そうした利用者の問題状況をどういった立場から捉えているかであり，従来の，専門家が問題状況を捉え，利用者がそれを受け入れると

第3章　ケアマネジメントの目的と焦点　　27

いう観点から，利用者と専門家の関係が上下の関係から対等な関係へと移行することである。さらに，対等な関係のもとでは，問題解決の中心は利用者であり，それを側面的に支援する従的な役割を果たすのが専門家だという位置づけへの転換が意図されている。それゆえ，利用者主体の支援であるとされる。

　第三の特性として，利用者側の生活ニーズの解決をめざすだけでなく，生活ニーズを解決していく能力を高めることにある。そのため，アセスメントにおいては，利用者やその環境でのマイナス面だけでなく，「ストレングス」とよばれるプラス面を把握し，「ストレングス」を支援することで，利用者が新しく生じてくる生活ニーズに対して自ら打ち克っていくことをめざしている。

　以上のような三つの特性を有し，生活モデルとして利用者を支援するケアマネジメントが成立している。したがって，ケアマネジメントは，利用者が地域でできる限り長く生活できることを意図したものである。すなわち，ケアマネジメントは利用者の自己決定・選択を基本にした支援方法であり，ひいては利用者の「自立」を支援することになる。この自立については，今までさまざまな観点から考えられてきた。例えば，生活保護における自立では経済的自立が考えられ，身体障害での自立には，ADL（Activities of Daily Living：日常生活動作）を高めることである身辺的自立が考えられる。しかし，それであれば，生活保護を受けており ADL を高めることが不可能な重度の身体障害者には自立がありえないことになる。

　そこで，自立概念を広く捉え，「自分の生き方を自分で責任をもって決定していくこと」とする考え方が基本になければならない。その結果，たとえ生活保護制度に頼りながらでも，あるいは ADL の回復が見込めなくとも，自立は可能であり，逆にさまざまな社会資源に頼ることによって自立が可能になると考えられる。また，身辺面や経済面での自立は「結果としての自立」であるといえる。さらには，「結果としての自立」は身辺面という狭い範囲での自立を広げて，利用者のもっている潜在的な力を主体的に引き出していく自立という考え方が導き出されることになる。

　自らの生き方を自分で決めていく，すなわち自己決定していくことに，自立の基本的な意味があり，「経済モデル」での生活保護からの自立でも，「医学モデル」での身体的自立でもない。その人が生活を自分で方向づけていくという

28　　第1編　ケアマネジメントの基本

意味で,「生活モデル」での自立ということになる。ケアマネジメントの目的は,そのような意味での自立を支援することにあり,利用者の自立支援はケアマネジメント実践を通じて可能となる。

　具体的にケアマネジメント過程で考えてみると,利用者と一緒にケアプランを作成し実施していくことによって,さまざまな社会資源と利用者とを結びつけることができる。その際に,利用者との共同作業プロセスにおいて,最終的にケアプランを決定していくのは利用者であり,ケアマネジャーは本人がケアプランを決定していく過程を"支援する人"にほかならない。したがって,ケアマネジャーがもたなければならない価値として,「利用者の尊厳」や「利用者の自己決定」という原則が生じてくる。

生活の質（QOL）をいかに高めるか

　ケアマネジメントの目的が,利用者の地域生活を支援することであるということはたしかであるが,その結果,利用者にとって生活の質（Quality of Life；QOL）をいかに高めていくかが重要なポイントとなる。

　この QOL については,心理学や社会学,社会福祉学をはじめ,さまざまな領域で研究されている。WHO（World Health Organization）は,QOL を①身体面（体力・疲労等）,②心理面（肯定的な感情等）,③身辺自立の程度（移動等）,④社会関係（実際の社会的な支援等）,⑤環境（ヘルスケアへのアクセスしやすさ等）,⑥信条・スピリチュアリティ（人生の意義）が相互に補完・重複する利用者の主観的なものとしており[1],QOL は 1949 年に出した WHO の健康の定義である身体面・心理面・社会面での健康が土台にあるといえる。またフラナガン（J. C. Flanagan）によると,利用者の QOL に影響を与える分野としては,①身体的・物質的な幸福,②対人関係,③社会・地域市民活動,④個人の成長と満足,⑤レクリエーション,の五つのカテゴリーがあるとし,非常に幅広い領域が QOL を構成していることを提示している[2]。

　こうしたさまざまな領域を含みながら,ケアマネジメントによっていかにして利用者の QOL を高めていくかということが,大きな課題となってくる。

　そのためには,「地域生活をしていくうえでの課題がいかにして生じてくるのか」ということから,QOL の内容を明らかにしていく必要がある。

一般に生活ニーズは，人と環境とのインターフェース（接触面）での障害とも捉えることができる。例えば，車いす歩行の人が，玄関に段差があるといった状況とのインターフェースのもとで，「外出ができない」という生活ニーズが提示される。こうした生活ニーズに対して，解決方法を導き出すことがケアマネジメントの内容であるが，この際に，QOL を高めるというアプローチが，いかにすれば可能になるかを検討しなければならない。

　例えば，この事例において，単に利用者の車いす歩行という ADL 状況と，玄関の段差とのインターフェースで捉えるだけでは，一つの基本的な生活ニーズが解決できても，それだけで，QOL を高めることになるか否かは立証できない。

　しかしながら，このインターフェースでの利用者側に「本人は買い物に出掛けるのが好きである」といった特性が加わるならば，生活ニーズはたしかに「外出できないで困る」ということであるが，さらに付加されて，「買い物に出掛けるのが好きであるが，外出ができないで困る」ということになる。

　そうした際には，生活ニーズに対する支援目標としては，単に「外出ができるようにする」ことを超えて，「自分で買い物に出掛ける機会を確保する」といった設定になり，具体的なケアプランの内容も，単に住宅改造で終わることなく，外出の機会を支援するボランティアの派遣による買い物同行などが，追加的に含まれることになろう。結果として，利用者の QOL が高まるといえる。

　このように，QOL を高めるような支援をするためには，買い物に出掛けるのが好きであるといった本人のストレングスを理解し，支援することがポイントとなる。

　さらには，こうした利用者側の嗜好を把握するだけでなく，「電動車いすであれば，一人で買い物程度はいける」といった能力をアセスメントできれば，結果的に自分で部分的な外出が可能になる。このことは，利用者の潜在的な能力が活用できるという意味でも，自立の支援であり，かつ結果として QOL の向上につながることになる。

　また，利用者側ではなく社会環境面で「外出介助のボランティアが近隣にいる」といった特性が加わった場合にも，支援目標は変化し，QOL が高まる支

援が可能となる。具体的には，利用者の希望に沿った外出の機会が確保できることになるが，この場合は，本人の社会環境のストレングスを理解し，支援したことになる。

このように，フォーマット化されたアセスメント項目をもとに，生活ニーズを導き出すという観点だけではなく，ケアマネジャーが利用者と密接な言語的・非言語的コミュニケーションをもつことにより，本人や社会環境のストレングスを引き出すことによっても，利用者のQOLを高めるケアマネジメントにすることができる。このことは，アセスメントシートではフォーマット化されていない自由記述部分が重要であることを意味している[3]。

このように，地域生活支援のなかで利用者のQOLを高めるためには，ケアマネジャーによるコミュニケーション能力を高め，本人やその環境でのストレングスを引き出すような支援が必要不可欠となる。

以上のように，ケアマネジメントは，利用者が地域社会でQOLを向上していけるように支援していくことを目的にしているが，そうした支援を介して，一方では社会を開発していく機能と，他方では利用者自身を自己開発していく機能が，ケアマネジメントの一部として展開されることになる。前者の社会開発機能とは，社会資源を修正したり，新たな社会資源を創設したり，あるいはケアマネジメントが円滑に利用できる地域社会システムを創設するといった内容である。後者の自己開発機能とは，利用者がもっている潜在的な能力等を活用することによって，さまざまな生活ニーズに対して自らの力で解決していく能力を開発することを意味している。これら社会開発的機能と自己開発機能は，利用者のQOL向上につながっていくことになる。

ケアマネジメントでの付随的目的

ケアマネジメントの目的は，前述したように利用者の地域生活を支援し，自立を支援することであり，ひいてはQOLを高めることにほかならないが，ケアマネジメントを実施することにより付随的な目的を果たすことになる。

その一つは，結果として，ケアマネジメントがコミュニティケアを推進することになるということである。

ケアマネジメントは，高齢者であろうと，疾病や障害をもった人であろう

と，そうした人たちが地域社会で生活し続けていけるよう支援することを目的としている。つまり，多くの人たちができる限り長く住み慣れた地域社会のなかで生活を続けていけるよう支援する方法である。同時に，病院や施設に入院・入所している人が円滑に退院・退所するよう支援する方法でもある。その意味では，コミュニティケアを推進するものであり，同時に脱施設化の促進や社会的入院の解消を進めていく方法であるといえる。また，ある意味では，ノーマライゼーション思想の実現のための方法であるともいえる。

もう一つは，ケアマネジメントを行うことによって，施設や病院への不要な入所・入院を抑制する，あるいは円滑な退院や退所へと誘導することができるということである。概して，財源的な観点から捉えるとすれば，施設や病院への入所や入院は，現状では在宅よりもよりコストがかかるとされている。こうした地域生活支援をすることにより，財源のコントロールが可能となり，現在の医療や介護の財源の高騰を抑えることに貢献できることになる。

ただし，この施設コストと在宅コストの比較については，必ずしも在宅コストが安く，施設コストが高いということは言い切れないという議論があり，海外の研究においても，ケアマネジメントを実施することによって財源が抑制されたという議論と，財源には変化がなかったという議論が展開されており，必ずしもコストコントロールに貢献できるかどうかは十分に立証されてはいない。

さらに，現在アメリカなどで実施されているマネージドケアにおいては，ケアマネジメントがその一部機能として導入され，それが医療費の抑制に効果を上げていることが実証されている。このマネージドケアは，民間保険者と病院とが前もって契約しておき，その保険者と契約をしている病院を利用者が活用していくという医療保険制度のことである。そこでは最初からある傷病に対し確定された医療費のなかで治療を行っていくことになる。そのため，病院側は入院期間を短くさせるインセンティブが働き，在宅復帰のためのケアマネジメント支援をマネージドケアのなかに導入している。これは，マネージドケアの枠組み内でのケアマネジメントであるが，そういったことにより医療費のコストコントロールに貢献できるとされている。また，利用者が在宅生活を希望した場合に，医療サービスであるナーシングホーム入居費をもとに，そのコスト

より低いコストでもって在宅生活を支えるケアマネジメントも実施されている。これは高齢者医療介護統合モデル（Programs of All-inclusive Care for the Elderly：PACE）のプログラムとよばれている。

ケアマネジメントの目標間でのジレンマ

　利用者の QOL を高めることと，財源を抑制することの二つは基本的に相矛盾することであるが，ケアマネジメントはこれら両者を一体的に達成することをねらいとしている。ただ，現状の介護保険施策についてみても，一体的な側面を有しながら，利用者の QOL の増進と財源の抑制が時計の振り子のような機能を果たしている側面もある。

　モクスレー（D. P. Moxley）は，ケアマネジメントの原型には，「システムから導き出されるケアマネジメント」と「消費者から導き出されるケアマネジメント」の両方があるとしている[4]。前者のケアマネジメントは，システムにより人々へのコントロールを高めていくことを求め，結果として，重複，利用，逸脱や望まれない行動を減少させるか，最小限にするマネジメントでもって，コスト削減を求めるものである。一方，後者のケアマネジメントは消費者主体であり，明らかにされたニーズに対して最も適切なサポートやサービスを組織化することでもって，人々を支援するものである。結論として，これらの二つの異なる考えの共存は，ヒューマンサービス内で起こっている価値葛藤（ジレンマ）の一つの表現に過ぎず，人々のニーズを満たすためにヒューマンサービスを利用することに際しての社会制度面でのアンビバレンスの表れであると指摘している。

　そのことは，ケアマネジャーに対しては，個々のステークホルダーがそれぞれ別個の目的なり役割を求めることになり，ケアマネジャーにはジレンマが生じやすいといえる。ケアマネジャーに対して，利用者は QOL を高めてくれることを，保険者や行政は財源抑制者となることを，介護サービス事業者は自らのサービスを利用してくれることを，期待する側面が強くなる。

　こうしたなかで，ケアマネジャーの最も重要な目標は利用者の自立や QOL を高めることであり，それが財源抑制やサービス利用と相矛盾する場合は，利用者の権利を擁護する立場から利用者の自立や QOL を高めることを最優先す

ることが求められているといえる。これが，利用者主体のケアマネジメントということになる。

第2節 ケアマネジメントでの焦点

　ケアマネジメントでは，利用者の「生活を援助する」ことが目的とされるが，ここで捉える生活とは，一体どういうことを意味するのだろうか。

　生活にはさまざまな側面がある。例えば健康上の側面，雇用の側面，住宅の側面，介護の側面，あるいは教育の側面……，これらそれぞれの側面から生活ニーズを捉えることもできる。ケアマネジメントではこれらの生活ニーズに対して，以下の五つの観点に着目する[5]。

　第一は，生活の "主体性" という観点である。生活は利用者の意志でもって遂行していくものであり，利用者が主体的に実施していくものである。そのため，利用者が生活ニーズに遭遇しても，自分が解決方法を見いだしていくものであり，ケアマネジメントはそれを側面的に支援していくことになる。

　第二は，生活を "全体性" から捉えることである。現実の生活ニーズは，健康の状況，心理的な状況，住宅の状況，介護者の状況等がお互い密接に関連し合って生活全体に波及しているという認識のもとで生活ニーズを捉え，解決の方法を考えていく。

　第三は，生活の "個別性" という観点である。個々の利用者で異なる健康の状況，心理的な状況，住宅の状況，介護者の状況等が相互に関係していることから，生活ニーズは個別性が強くなる。個々人のさまざまな生活状況での力動的な相互関係のなかで，他の人とは異なる個別の生活ニーズを形成しており，それに合わせたケアプランを作成していかなければならない。その意味で，生活の個別性という観点が必要であるといえる。

　第四は，生活の "継続性" という観点である。高齢者の現時点での健康の状況，心理的な状況，住宅の状況，介護者の状況等は，過去の生活との関わりで生じており，また将来に継続していくものとして捉えることができる。それゆえ，いかに生活ニーズが変質し，さらにはそれに応じてケアプランをどう変えていくかという観点が必要である。過去の状況が現在にどういう影響を与

34　第1編　ケアマネジメントの基本

え，さらには将来にわたってどう影響していくかを見通す，生活の連続性の視点で捉えることになる。

第五は，生活の "地域性" という観点である。地域で生活をしていく場合に，健康の状況，心理的な状況，住宅の状況，介護者の状況等はそれぞれの地域の特性によって異なり，生活ニーズの捉え方，生活ニーズの充足方法であるケアプランの立て方も異なってくる。例えば，医療機関が充実しているかどうか，介護を受けられるだけの社会資源が十分にあるかどうか，あるいはサービスの利用に対して権利性のもてる地域社会になっているかどうかといった地域の特性の違いが，生活ニーズにおいて違いを引き起こし，ひいては作成されるケアプランが異なってくる。

ケアマネジャーが，生活の主体性，全体性，個別性，継続性，地域性をふまえた生活者に焦点を当てた支援を実施することによって，ケアマネジメントは「生活障害を生活ニーズとする」ことになる。これは従来の医療等の専門職が捉えてきたニーズの捉え方とは，やや趣を異にする。

注 ————————————————————————————————————

1) World Health Organization (1998) Health Promotion Glossary, 17.
2) Flanagan, J. C. (1978) A research approach to improving our quality of life, *American Psychologist*, 33 (2), 138-147.
3) 全国社会福祉協議会編 (2009)『居宅サービス計画ガイドライン：エンパワメントを引き出すケアプラン』.
4) David P. Moxley (1997) *Case Management by Design : Reflections on Principal and Practices*, Nelson-Hall publishers, 5-6.
5) ※岡村重夫 (1997)『社会福祉学原論』全国社会福祉協議会. を参考とした。

第3章　ケアマネジメントの目的と焦点　　35

コラム1　利用者の在宅生活を維持・促進するのには，どうすればよいか？

　ケアマネジメントは在宅生活を支援することである以上，それを維持・促進する要因を明らかにし，支援することが重要である。そのため，ケアマネジャーが支援していくうえで，施設入所リスクの要因を明らかにし，リスク予防の視点からの支援を考えてみる。

＊＊＊

要介護・要支援高齢者の施設入所意向に影響を与える要因についての研究

　介護保険制度の目的の一つが在宅生活を支援することであり，要介護・要支援者に占める在宅サービス利用者割合は，創設年の2000年での65.1％から2013年での81.1％に増加している。本調査研究の目的は，介護保険の在宅サービスを利用している要介護・要支援高齢者が介護老人福祉施設に入所を希望することになる要因を明らかにすることである。

　研究の方法は，介護支援専門員とマッチングした要介護・要支援高齢者に対して，サービス利用開始から6カ月と1年6カ月の2時点で，郵送調査を，2010年と2011年とで実施したものである。要介護・要支援高齢者の調査での回答はできる限り本人とし，難しい場合は介護者が回答することとした。最初に1,500人の介護支援専門員と同数の利用者を調査対象にしたが，2回の調査に両者からの回答を得た数は157ケースであった。その結果，要介護・要支援高齢者の基本属性は**表1-3-1**に，介護支援専門員の基本属性は**表1-3-2**に示してある。

　要介護・要支援高齢者に対しては，2回の調査で介護老人福祉施設への入所意向を尋ねたが，その結果をもとに，施設入所意向が高まった者と，在宅意向が維持されたり高まった者とに分けた。その結果は，**表1-3-3**に示してあるが，在宅意向を維持・強化された者が75.2％と3/4であったが，一方で施設入所意向が高まった者が24.8％と，1/4近くいた。

　次に，在宅生活を維持したり高まることに，どのような利用者側の要因に加えて介護支援専門員の要因が影響しているのかを検証するために，施設入

36　　第1編　ケアマネジメントの基本

表 1-3-1　要介護・要支援者の基本属性

項　目	カテゴリー	N（%）
性　別	男性	64（40.8）
	女性	93（59.2）
年　齢	64 歳以下	17（10.8）
	65 〜 69 歳	14（ 8.9）
	70 〜 74 歳	23（14.6）
	75 〜 79 歳	27（17.2）
	80 〜 84 歳	36（22.9）
	85 〜 89 歳	29（18.5）
	90 歳以上	11（ 7.0）
要介護度	要支援 1	7（ 4.5）
	要支援 2	12（ 7.7）
	要介護 1	42（27.1）
	要介護 2	42（27.1）
	要介護 3	32（20.6）
	要介護 4	16（10.3）
	要介護 5	4（ 2.6）
認知症	あり	56（35.7）
	なし	101（64.3）
脳梗塞の後遺症	あり	55（35.0）
	なし	102（65.0）
家族介護者	あり	121（77.1）
	なし	36（22.9）

※　2011 年調査結果

第 3 章　ケアマネジメントの目的と焦点　　37

表 1-3-2　介護支援専門員の基本属性

項　目	カテゴリー	N（%）
性　別	男性	19（12.1）
	女性	138（87.9）
年　齢	30 ～ 39 歳	15（ 9.6）
	40 ～ 49 歳	55（35.0）
	50 ～ 59 歳	64（40.8）
	60 ～ 69 歳	21（13.4）
	70 歳以上	2（ 1.3）
主任介護支援 専門員資格	あり	116（73.9）
	なし	41（26.1）
認定ケアマネジャー資格	あり	85（54.1）
	なし	72（45.9）

※　2011 年調査結果

所意向強化群と在宅意向維持・強化群の二群に分けた施設入所意向変化を従属変数にして，2 項ロジスティック回帰分析を実施した。その結果は，**表 1-3-4** に示してあるが，利用者側での認知症の有無と介護者の有無が影響しており，介護支援専門員側の属性は影響していなかった。介護保険サービスを利用して半年後から 1 年半後の 1 年間に，施設入所意向は，認知症があれば有意に強くなり〔Exp（β）：0.255，$P < 0.01$〕，また介護者がいなければ有意に強くなる〔Exp（β）：4.460，$P < 0.01$〕ことがわかった。また，利用者の要介護度については，施設入所意向の変化に有意に働いていないことがわかった。また，介護支援専門員の属性として投入した主任介護支援専門員等の資格が，施設入所意向の変化に有意に影響していないこともわかった。

　以上のことから，介護老人福祉施設への入所リスクとして介護者の有無や

表1-3-3　1年間での利用者の施設入所意向強化の有無

在宅意向を維持・強化した者	施設入所意向を強化した者
118（75.2%）	39（24.8%）

表1-3-4　利用者の施設入所意向強化の有無に関する2項ロジスティック回帰分析

項　目	β	SE	Exp（β）
性別（0：男性）	0.036	0.423	1.037
年　齢	0.105	0.134	1.111
要介護度	−0.128	0.140	0.880
認知症（0：なし）	−1.366	0.450	0.255**
脳梗塞の後遺症（0：なし）	0.763	0.489	2.144
家族介護者（0：なし）	1.495	0.460	4.460**
主任介護支援専門員資格（0：なし）	0.208	0.486	1.232
認定ケアマネジャー資格（0：なし）	0.109	0.431	1.115

※　＊＊：$P < 0.01$

認知症の有無が挙げられ，認知症のある人や一人暮らし高齢者は入所リスクが高い人として捉え，とりわけそうした人々には，生活ニーズにあったサービスの適切な提供と心理社会的支援をより継続的にモニタリングしていくことが重要であることがわかった。同時に，介護支援専門員の資質が要介護者の在宅意向を強化する方向に影響していくように研修内容や養成体制を整えていくことが求められる。

（出典）M. Shirasawa, R. Hata, K. Masuda, S. Yoshie, K. Kishida, K. Tanno, H. Shiraki, H. Takasuna, K. Yamada, A. Yonezawa and Y. Takase（2015）*A study of the factors that influence changes in the admission to facilities of frail elderly patients who use long-term care insurance services*, The 10th International Association of Gerontology And Geriatrics-Asia/Oceania 2015 Congress, Chiang Mai, Thailand, p.65（2015.10.19-22）.

第4章

ケアマネジメントの構造

第1節 ケアマネジメントの構成要素

　ケアマネジメントを構成する基本的要素としては，最低限，次の4点が必要である。すなわち，①ケアマネジメントを必要とする利用者，②利用者の生活ニーズを充足する社会資源，③ケアマネジメントを実施する機関に配置されているケアマネジャー，さらに，ケアマネジメントを立体的に捉えれば，④ケアマネジメントを実施していく過程がつけ加わる。ケアマネジメントの構成要素を面的に捉えると，**図1-4-1**のようになる。

　本章では，まずはケアマネジメントを構成する，①利用者，②社会資源，③ケアマネジャーについて整理してみる。

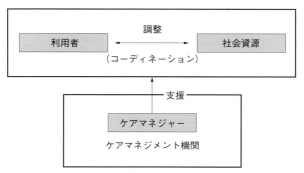

図1-4-1　ケアマネジメントの構成要素

第2節 利用者

　一つ目の要素であるケアマネジメント支援を必要とする利用者については，生活ニーズが重複していたり複雑であったりするために，複数の社会資源を必要としていることが第一の条件である。第二の条件としては，利用者や家族独自で生活ニーズを明らかにすることができなかったり，また，あるいは，必要な社会資源にアクセスすることができないことである。このような特性を有した利用者の具体的な例として，次の①〜⑬のような人々が考えられる[1]。

　①複数の，または複雑な身体的・精神的不全（impairment）を抱えている
　②複数のサービスを必要としている，あるいは受けている
　③施設入所が検討されている
　④サービスが十分に提供されていない
　⑤受けているサービスが不適切である
　⑥世話すべき家族員がいない，あるいは十分な世話が受けられていない
　⑦家族員のみで世話をしている
　⑧行政サービス以外のインフォーマルなサポート（例えば，近隣やボランティア）を必要としている
　⑨行動や態度が他人の耐えうる範囲を越えている
　⑩何度も入退院を繰り返している，あるいは自分自身の健康管理ができない
　⑪自己の問題点やニーズについての判断力が曖昧
　⑫金銭管理ができない，あるいは行政サービスを申請するのに手助けがいる
　⑬個人的な代弁者が必要

　これらの利用者特性から，ケアマネジメントは，要援護高齢者や心身障害児者といった長期のケアを必要としている人には，特に適しているといえる。

　また，これらの利用者は，日々の自宅での生活を継続していくのが困難な，生活に障害を有している人ということになる。他方，急性期医療を受けており，元どおりに回復可能な人は対象にはなりにくい。すなわち，もとの生活に可逆することができる場合には，生活障害が生じないが，もとの生活に非可逆的な場合には，生活障害を受け，多様な生活ニーズが生じ，さまざまな社会資

源が必要になるため，ケアマネジメントを必要とするといえる。

第3節　社会資源

　ケアマネジメントの二つ目の要素である利用者のニーズを充足する社会資源には，広範囲なものが考えられる。社会資源を分類する一つの視点としては，誰がそうした社会資源を提供するかといった，供給主体からの分類が可能である。これらには，家族成員，親戚，近隣，友人・同僚，ボランティアといったインフォーマルセクターと，非営利法人，行政，営利法人などのフォーマルセクターがある。また地域の団体・機関についてはフォーマルな大きな組織もあれば，インフォーマルな少人数の組織もある。これら社会資源を図に示すと**図1-4-2**のようになる。

　こうしたさまざまな供給主体による社会資源を利用者が活用し，それぞれの社会資源が有している長所を生かして生活ニーズを満たすことが，ケアマネジメントの特徴の一つとされる。

　これらの社会資源以外に，利用者本人の能力・意欲や資産といった内的資源も活用することになる。つまり，社会資源としての公助と互助に合わせて，自助をも活用して，ケアマネジメントは進められる。言い換えれば，内的資源であるセルフケアをもとに，しかし，それだけでは生活をしていくうえでは不十分であるため，インフォーマルセクターとフォーマルセクターの社会資源を活用することで在宅生活を支援することが，ケアマネジメントである。

　なお，人々の生活は自助，互助，公助で成り立つとされるが，自助とはセル

家族	親戚	近隣	友人・同僚	ボランティア	地域の団体・機関	社会福祉法人や医療法人といった非営利法人	行政	民間企業等の営利法人

図1-4-2　社会資源の分類

フケアであり，互助は人々の助け合いであるインフォーマルケア，公助とは制度化されたサービスであるフォーマルケアと整理することもできる。なお，社会福祉領域ではこのように自助，互助，公助の3分類をする傾向が強いが，防災領域では，互助を共助とし，これを自助，共助，公助の三つに分類する傾向が強い。

　ただし，介護保険領域では，自助，互助，共助，公助に分類することがある。ここでは，自助として「介護保険や医療保険の自己負担部分，市場サービスの購入，利用者本人や家族による対応」を，互助として「費用負担が制度的に保障されていないボランティアなどの支援，地域住民の取り組み」を，共助として「介護保険・医療保険制度による保険料部分」を，公助として「介護保険・医療保険の公費（税金）部分，自治体等が提供するサービス」等に整理している。この場合には，互助，共助，公助が社会資源に相当する。

第4節　ケアマネジャー

ケアマネジャーの必要性

　これまで述べた利用者の生活ニーズと社会資源を調整するのが第三の要素であるケアマネジャーである。ケアマネジャーはできる限り専門家であることが望ましいが，従来は家族がその役割を果たしたり，あるいは本人がケアマネジメントを自ら行うことも多かった。しかしながら，現在のように多様な社会資源が多元的に供給される時代にあっては，本人や家族がケアマネジャーとして十分力量を発揮することは難しくなってきたといえる。

　社会資源は，たしかに具体的なサービスや支援を利用者等に直接提供することができるが，利用者等の立場になって各種のサービスやサポートを調整する機能（コーディネーション）までは本来もち合わせていない。例えば，訪問介護サービスは介護や生活援助などを直接利用者等に提供するものであり，ボランティアは会食サービスや友愛訪問といったものを利用者等に直接提供するものである。これらのサービスやサポートは，利用者等のために他のサービスやサポートと調整する機能を有していない。

　特に，フォーマルセクターとインフォーマルセクターとの関係では，その調

44　　第1編　ケアマネジメントの基本

整機能の弱さが目立っており，両者が協同し織り混ぜていく（interweaving）ことの必要性については，多くの論者の一致した考えである。ところが，その認識についてはいくつかの意見がある。

　一つは，両者はさほど離れたものではなく，両者を連結させることにより，最適なバランスが得られるとする考え方である。この代表的論者はリットワク（E. Litwak）であり，その社会的コントロールとしては「おそらく官僚的な組織と外的な第1次集団との関係で，両者が遠くもなく近くもない最適な社会的距離のバランスをとるよう調整的なメカニズムを働かせることにある」[2] としている。

　もう一つの考えの論者であるフローランド（C. Froland）は，両者の連続のなかでの不連続を示し，それぞれが有している知識や価値の相違がうまくいけば相互に補完し合うこともあるが，両者間に緊張をもたらす場合のほうが多く，「リンゴとミカンを混ぜる」ようなものであるとしている。そして，フォーマルセクターとインフォーマルセクターの協同が生じる最適な例として，専門職がインフォーマルな援助者と相談的（consultative）な関係を形成することの必要性を挙げている[3]。

　また，バルマー（M. Bulmer）は，これらフォーマルとインフォーマルな社会資源の関係についてのパターンを整理し，五つに分類している。すなわち，①フォーマルな社会資源によるインフォーマルな社会資源の植民地化，②両者の競争ないしは葛藤，③相互関連のない共存，④両者の協同，⑤両者間での混乱，である。フォーマルとインフォーマルなケアを織り混ぜた④に相当する協同を確立するためには，フォーマルな側で「キーパーソン」ないしは「コーディネーター」を養成し，対象者の社会資源を調整していかなければならないと述べている[4]。これは，フローランドの専門職による相談的役割と類似した考え方といえる。

　インフォーマルな社会資源とフォーマルな社会資源の関係は不連続の側面が強く，利用者等にそれらを提供するにあたって連続したものにするために，フォーマルな側での調整的な役割が求められる。介護保険制度ではここに居宅介護支援サービスの意義を見いだすことができ，フォーマルな側に介護支援専門員を配置することにより，利用者に対してフォーマルセクターとインフォー

第4章　ケアマネジメントの構造　　45

マルセクターとを連続させた支援を行うことが可能となる。これは，障害者領域での相談支援専門員や生活困窮者領域での主任相談支援員についても同様で，両者を連続させた支援ができることになる。さらに，フォーマルセクターでも，行政サービスは縦割りになっており，ケアマネジメントは施策間での関連性をもたせる機能を果たすことができる。

　以上，利用者等が直接利用することとなる社会資源について，またそれらを利用者等の生活ニーズに合わせて調整することの重要性について指摘してきた。後者の調整機能を果たすケアマネジャーも利用者にとっては調整するという立場の社会資源であるといえる。

ケアマネジャーの職能

　アメリカやカナダでは，主としてソーシャルワーカーや看護師，時には理学療法士（Physical Therapist；PT）や作業療法士（Occupational Therapist；OT）がケアマネジャーとなっている。スタインバーグら（R. Steinberg, et al）の調査によれば，アメリカ全土でのケアマネジャーの3/4はソーシャルワーカーであるが，残りの1/4は看護師，保健師，OTなどで担われている[5]。

　また，カナダのブリティッシュ・コロンビア州の各地の保健部継続ケア課に配置されているケアマネジャーの圧倒的多数は登録看護師（registerd nurse；レジスタードナース）であり，逆にソーシャルワーカーのほうが少数である。同じカナダでも，マニトバ州の保健部継続ケア課では，1990年代にはソーシャルワーカーと登録看護師がペアとなってケアマネジメントを行っていた。登録看護師は利用者の健康という視点から，ソーシャルワーカーは社会生活を支えるという観点から，ケアマネジメントを実施していた。

　また，イギリスでは，自治体のソーシャルサービス部において，ソーシャルワーカーが中心となりケアマネジメントを実施している。

　新しく2009年から始まったドイツでのケースマネジャーは，法的には老人介護士，看護師，小児看護師などで，一定の実習を経験した者と規定されている。ただし，実際には多様な職種の人々がケースマネジャーになっている。

　このように，ケアマネジメントは，一人で実施する場合もあれば，何人かの専門家によって行う場合もあり，必ずしもなれる職種が限定されているわけで

はない。理想的には，保健師やソーシャルワーカー等の複眼的な視点から協働で実施することが望ましいとされている。

　また，ケアマネジャーを配置せず，ケースカンファレンスでもって，ケアマネジメント機能を果たしている機関もある。例えば，アメリカでの高齢者医療介護統合モデル（Programs of All-inclusive Care for the Elderly；PACE）のプロトタイプとしてサンフランシスコで誕生した「オンロック・プログラム」は，ナーシングホームでのコストより安価で要援護高齢者の在宅生活を支えているが，ここでは，ケアマネジャーを配置せず，毎朝実施するミーティングでもって，アセスメントのもと，即座にケアプランの変更を行っている。ミーティングには，プライマリーケア医師，ソーシャルワーカー，登録看護師，看護師プラクティショナー，PT，OT，ヘルパー，送迎運転手までもが参加し，ケアプランを作成したり，修正したりしている。オンロックでは，提供する医療や介護サービスを自前で提供しているというサービス提供の環境のもとで，それを可能にしている側面も強い。

第5節　利用者や家族成員の位置づけの検討

　ここまで図1-4-1をもとに，ケアマネジメントの三つの構成要素について概説してきたが，それでは利用者は支援対象者だけの位置づけでよいのか，また家族成員はどこに位置づけられるのか，本節ではこの点を明らかにしていく。

　一般的に，利用者は支援対象者であるとされる。同時に，利用者自らの内的資源を活用することを考えると，社会資源としても位置づけられることになる。これは，利用者の能力，意欲，願望，さらには資産といった利用者のストレングスを活用することであり，こうした利用者のストレングスを活用した支援を行うことで，利用者が力をつけていくエンパワメントが可能になる。

　さらに，利用者自らがケアマネジャーとなり，ケアマネジメントを実施することも可能である。これはセルフケアマネジメントとよばれ，「利用者こそが自らのニーズを最もよく知っている」という利点が生かせるとされる。イギリスやカナダでは，身体障害者がケアマネジメントに関わる経費をもらい，自らヘルパー派遣等の手配までをするダイレクトペイメント（direct payment ser-

第4章　ケアマネジメントの構造　　47

vice）という制度がある。

　このように，利用者は三つの構成要素のうちの支援対象者であることはたしかであるが，他の二つの要素をも併せもっていると捉えることができる。

　他方，家族成員については，たしかに社会資源の一つであり，インフォーマルセクターの中心をなすものである。ある意味では，家族は最も柔軟性が高く，かつ最も頻発に活用される社会資源である。現実には，利用者支援において，家族という資源でまかないきれない部分をフォーマルや他のインフォーマルな社会資源で確保しているともいえる。そのため，家族は互助ではなく，自助として位置づけられる場合もある。また，インフォーマルケアというよりもセルフケアの一部として捉えることも可能である。

　同時に，家族は利用者と一緒に支援の対象者にもなる。これは家族全体（family as a whole）を支援の対象にすることとして説明可能である。例えば，イギリスのケアマネジメントでは，「2014年ケア法」（Care Act 2014）により，要介護者と家族介護者は同格の支援対象者であると位置づけられ，ケアマネジャーは家族介護者に対してもアセスメントを実施し，家族介護者のニーズに合わせたケアプランの作成が義務づけられている。家族成員は介護負担が大きく，自らの生活ニーズでの充足ができず，自己実現が果たせていないのが現実であるといえる。

　さらに，さほどサービスのメニューがなかった過去においては，家族成員がケアマネジャー的役割を担っていたこともあり，今後もケアマネジャー的機能を一部果たしていくものと考えられる。これについて，アメリカのあるリハビリテーション病院では，退院前に，家族に対してケアマネジメントの知識や利用可能な社会資源について学習する教室を開催し，家族にケアマネジャーの役割を担ってもらう試みがなされている。以上の結果，家族成員は単に社会資源としての位置づけだけでなく，ケアマネジャーや支援対象者としての位置づけも有していることになった。

　利用者本人や家族成員は，ケアマネジメントの三つの構成要素のいずれにも位置づけられることを説明したが，この結果，ケアマネジャーと利用者本人や家族成員との専門的な関係がどうあるべきか明らかになってくる。

　利用者本人や家族成員はケアマネジャー機能を有しており，本人や家族成員

がケアマネジャーとなることも当然ありうるし，また専門家としてのケアマネジャーが中心となってケアマネジメントを進める場合もある。

ただ，本人や家族もケアマネジメントを実施する潜在的な能力を有している以上，本人や家族とケアマネジャーのどちらかが一方的に実施するということではなく，両者が協力し合ってケアマネジメントを進めていくことを示している。そして，ケアマネジメントの主たる担い手が専門家としてのケアマネジャーにあるのか，あるいは本人や家族成員にあるのかは，個々の事例においてその濃淡が異なるだけであり，両者とも必要であるといえる。

また，ケアマネジャーが利用者自身も資源として捉えていることは，利用者の潜在的な能力や意欲を引き出すことにつながっており，内的資源として利用者を位置づける視点は極めて重要であるといえる。

さらにもう一つ，ケアマネジャーは家族介護者を社会資源として捉えるのか，利用者として捉えるのかでは，ケアプランは大きく異なってくる。その意味では，ケアマネジャーは家族介護者を利用者として位置づける視点をもつことで，家族介護者の就労や社会参加といった活動が支援されるケアプランを作成し，介護者の自己実現も可能にする支援が可能となる。

注

1）白澤政和（1992）『ケースマネージメントの理論と実際：生活を支える援助システム』中央法規出版，11.

2）Eugene Litwak and Henry J. Meyer（1966）A Balance Theory of Coordination Between Bureaucratic Organizations and Community Primary Groups, *Administrative Science Quarterly*, 11（1）, 31-58.

3）Froland C.（1980）Formal and Informal Care；Discontinuities in a Continuum, *Social Services Review*, 54（4）, 572-587.

4）Martin Bulmer（1987）*The Social Basis of Community Care*, Allen & Unwin, 182-188.

5）R. Steinberg and G. W. Carter（1983）*Care Management and the Elderly*, Lexington Books, 197.

コラム2　サービス担当者会議はケアマネジメントのどのような機能を果たすのか？

　前述のとおり，アメリカの「オンロック・プログラム」では，ケアマネジャーを配置せず，毎朝に行われるミーティング（ケアカンファレンス）がその役割を果たしているという。そこで，日本の「介護保険制度」で定められており，初めてケアプランを作成する際，あるいは要介護認定やケアプランの変更がなされる際に実施される「サービス担当者会議」のもつ機能を検討してみる。

＊＊＊

介護支援専門員がサービス担当者会議で実施する内容の構造とそれに関連する特性に関する研究

　介護支援専門員は利用者のケアプランを初めて作成する際，または要介護度に変化がある等ケアプランを修正する必要がある際には，要介護・要支援者やその家族，サービス提供者の出席のもと，サービス担当者会議を主催することが義務づけられている。本調査研究の目的は，介護支援専門員が主催するサービス担当者会議の内容を構造化し，構造化された因子と関連している介護支援専門員の特性を明らかにすることである。

　調査は2014（平成26）年の11月にA県が実施している介護支援専門員の更新研修の受講者を対象に実施した。受講時間前に1,471票配布し，終了時に994票を回収し，有効回答票は810票（55.1％）であった。そのうちで，在宅の介護支援専門員である居宅介護支援事業者と地域包括支援センターに所属する673名について分析した。

　その結果，回答が得られた介護支援専門員の基本属性は，**表1-4-1**のとおりである。通常，第1回目に行われるサービス担当者会議では，サービス提供者はサービス提供を開始する前であり，利用者についての情報をもっていない状況である。2回目以降の会議になると，すでにサービス提供を開始しており，サービス提供者も利用者に対する情報を有している状況にある。このように状況が異なるため，第1回目のサービス担当者会議と第2回目以降

のサービス担当者会議に分けて，会議のために介護支援専門員が実施する初回業務の18項目，2回目以降の19項目について実施の程度を4択リッカート（Likert）尺度で尋ねた。これらについての因子分析（バリマックス回転）を実施した結果，**表1-4-2**と**表1-4-3**に示すように，両方のサービス担当者会議とも，4因子で構成されることがわかった。4因子についてそれぞれの因子を構成する質問項目をもとに「アセスメント・ケアプランの合意」「情報の共有化」「会議の準備」「利用者の弁護」と命名し，個々の因子の信頼性（内的一貫性）をCronbach's αにより確認し，表の各因子名の後に表記した。

　さらに，これら4因子について，実施状況の平均点をもとに，介護支援専門員の属性である，①性別，②年齢，③主任介護支援専門員資格の有無，④雇用機関，⑤主たる基礎資格，⑥経験年数，⑦ケアカンファレンスについての研修受講の程度について，t検定ないしは一元配置の分散分析（Analysis of Variance；ANOVA）を行った。その結果は，**表1-4-4**と**表1-4-5**に示してあるが，第1回目の会議，第2回目以降の会議ともほぼ同じ結果であった。「アセスメント・ケアプランの合意」については，主任介護支援専門員有資格者のほうが，また地域包括支援センターよりも居宅介護支援事業者の介護支援専門員の実施程度が，それぞれ5％水準で有意に高かった。また，ケアカンファレンスに関する研修参加頻度の高い介護支援専門員ほど，5％水準で有意に高く実施していた。「情報の共有化」についても，居宅介護支援事業者の介護支援専門員のほうが，1％水準で有意に高く実施していた。「会議の準備」では，いずれの介護支援専門員の属性についても有意な差がみられなかった。「利用者の弁護」については，主任介護支援専門員有資格者，中高年の介護支援専門員，ケアカンファレンスに関する研修参加頻度の高い介護支援専門員のほうが有意に高く実施していた。

　以上の結果から，第1回目も，第2回目以降も，サービス担当者会議での介護支援専門員の実施内容の構造はほぼ同じで，介護支援専門員は会議の準備をし，利用者についての情報を共有しながら，実施するケアプランについ

第4章　ケアマネジメントの構造　　51

表1-4-1 介護支援専門員の属性

項　目	カテゴリー	N（%）
性　別	男性	86（12.8）
	女性	586（86.6）
年　齢	20〜39歳	121（18.4）
	40〜49歳	232（35.3）
	50〜59歳	237（36.2）
	60〜69歳	67（10.2）
主任介護支援専門員資格	あり	184（27.3）
	なし	489（72.7）
雇用機関	居宅介護支援事業者	584（86.8）
	地域包括支援センター	89（13.2）
主たる基礎資格	看護師	101（15.1）
	介護職	445（66.6）
	ソーシャルワーカー	80（12.0）
	その他	42（6.3）
ケアマネジャーとしての経験年数	3年未満	99（14.7）
	3〜5年未満	230（34.2）
	5年以上	343（51.0）
ケースカンファレンスに関する研修への参加の程度	0回	324（53.9）
	1回	176（29.3）
	1回以上	101（16.8）

※　不明を除いて集計。

表1-4-2　第1回目のサービス担当者会議における実施状況の因子分析

因子名　（クロンバッハ係数）	1	2	3	4
第1因子　アセスメントとケアプランの合意（α＝0.858）				
利用者ニーズの説明と検討	.828	.178	.154	.055
サービス事業者間での役割分担の明確化	.781	.108	.194	.124
総合的支援方針の説明と検討	.760	.175	.311	.136
利用者のアセスメント情報の説明と検討	.720	.135	.028	.193
会議の意見集約と共有化	.696	.337	.205	.047
会議のために利用者情報の収集	.497	.389	.059	.273
時間内での会議の終了	.434	.134	.064	.050
第2因子　情報の共有化（α＝0.742）				
家族の参加調整	.174	.758	.233	.012
会議内容のまとめ	.315	.744	.230	−.029
参加者の日程調整	.254	.729	.169	−.106
会議のまとめの事業所への配布	.027	.626	−.088	.307
全員への連絡	.422	.602	.290	−.069
第3因子　利用者の弁護（α＝0.959）				
家族の思いの表明	.352	.308	.800	.192
利用者の思いの表明	.301	.330	.799	.226
第4因子　会議の準備（α＝0.462）				
資料の事前配布	.061	.026	.140	.783
会議資料の作成	.414	.295	−.272	.573
主治医への照会・参加の調整	.126	−.072	.173	.520

第4章　ケアマネジメントの構造

表1-4-3 第2回目以降のサービス担当者会議における実施状況の因子分析

因子名（クロンバッハ係数）	1	2	3	4
第1因子　アセスメント・ケアプランの合意（α＝0.858）				
利用者ニーズの説明と検討	.803	.156	.130	.141
総合的な支援方針の説明と検討	.787	.203	.107	.247
サービス事業者間での役割分担の明確化	.750	.267	.127	.205
利用者のアセスメント情報の説明と検討	.728	.082	.300	.017
会議の意見集約と共有化	.716	.395	.072	.186
会議でのケアプランの評価	.402	.071	.375	.212
第2因子　情報の共有化（α＝0.820）				
参加者の日程調整	.171	.798	−.019	.014
会議内容のまとめ	.257	.755	−.030	.174
全員への連絡	.279	.732	.041	.218
家族の参加調整	.106	.732	.045	.180
第3因子　会議の準備（α＝0.948）				
会議資料の作成	.295	.097	.728	−.157
資料の事前配布	.050	−.061	.726	.110
事前の情報収集	.319	.398	.498	−.039
主治医への照会・参加の調整	.085	−.102	.498	.134
会議の記録	.026	.423	.483	.165
第4因子　利用者の弁護（α＝0.614）				
家族の思いの表明	.282	.281	.139	.858
利用者の思いの表明	.325	.278	.137	.844

表1-4-4 第1回目のサービス担当者会議における四つの因子についての
ケアマネジャーの属性によるt検定ないしは一元配置分散分析

因　子	1	2	3	4
性別[1]	n.s.	n.s.	n.s.	n.s.
主任介護支援専門員資格の有無[1]	＊	n.s.	n.s.	＊
雇用機関[1]	＊	＊＊	n.s.	n.s.
年齢[2]	n.s.	n.s.	n.s.	＊
基礎とする資格[2]	n.s.	n.s.	n.s.	n.s.
ケアマネジャーとしての経験年数[2]	n.s.	n.s.	n.s.	n.s.
ケースカンファレンスに関する研修への参加の程度[2]	＊	n.s.	n.s.	＊

1）t検定
2）一元配置分散分析
＊＊：$P < 0.01$，＊：$P < 0.05$，n.s.：有意差なし

表1-4-5 第2回目以降のサービス担当者会議における四つの因子について
のケアマネジャーの属性によるt検定ないしは一元配置分散分析

因　子	1	2	3	4
性別[1]	n.s.	n.s.	n.s.	n.s.
主任介護支援専門員資格の有無[1]	＊	n.s.	n.s.	＊
雇用機関[1]	＊	＊＊	n.s.	n.s.
年齢[2]	n.s.	n.s.	n.s.	＊
基礎とする資格[2]	n.s.	n.s.	n.s.	n.s.
ケアマネジャーとしての経験年数[2]	n.s.	n.s.	n.s.	n.s.
ケースカンファレンスに関する研修への参加の程度[2]	＊	n.s.	n.s.	＊

1）t検定
2）一元配置分散分析
＊＊：$P < 0.01$，＊：$P < 0.05$，n.s.：有意差なし

て合意を得ていた。その際に，利用者側を弁護する業務を行っていた。サービス担当者会議の実施には，主任介護支援専門員資格やケアカンファレンスに関する研修が有効に機能しており，そうした機会を増やしていくことが必要である。特に，地域包括支援センターの職員や年齢の若い介護支援専門員に焦点を当てて，ケアカンファレンスに関する研修を実施することで，サービス担当者会議の実施内容を高めることができる。

＊＊＊

サービス担当者会議はアセスメントやケアプラン合意の機能を担っているが，加えて，利用者本人・家族や事業者間での情報の共有化，利用者・家族の弁護といった機能を果たしていることがわかった。そのため，サービス担当者会議は，ケアマネジメントの一部を担っており，カンファレンスを強化することで，ケアマネジメントを充実させることができる可能性が高い。

(出典) Masakazu Shirasawa, Yuko Kato, Ayuko Okuda, Kishiko Suzuki, Atsushi Araki, Rumiko Yamada, Yoshie Kondo, Shigeyuki Takamuro and Takanori Imaeda (2015) *Research on structure of case conferences and the relevant factors for case managers*, GSA 2015 Annual Scientific Meeting, Orland, FL, p.85（2015.11.18-22）.

第5章

ケアマネジメントの過程

第1節 ケアマネジメントの過程

　南カリフォルニア大学アンドリュース老年学研究所が行った 1977 ～ 1980 年の 4 年間にわたる，高齢者に対するケアマネジメントに関する調査研究の結果では，「ケースマネージメントに共通するどんな定義も，また諸種のケースマネージメントのプログラムのうちで最高のモデルも存在しない」[1] と述べていた。ただ，その後，40 年近くが経過し，第 1 編第 2 章「ケアマネジメントの定義とケアマネジメントに求められること」でも現状における海外でのケアマネジメントの定義を示したが，ケアマネジメントは在宅生活を支えるために，PDCA（plan-do-check-action）サイクルで，個々人の生活ニーズを継続的に充足させるものとして位置づけられている。

　概略的な定義として，ジョンソンら（P. Johnson, et al.）は「ケースマネージメント・アプローチの基本原則は，一人のワーカーであるケースマネジャーが，クライエントと複雑なサービス供給システム（delivery system）を結びつけ，クライエントが適切なサービスを利用できるよう確保する責任をもつこと」[2] とし，パーカー（R. Parker）は「クライエントのために，すべての援助活動を調整する（coordinate）手続き」[3] と表現している。すなわち，ケアマネジメントの基本的要件は，利用者と適切なサービスを接合することである。そのため，ケアマネジメントは利用者とサービスの接合サービス（linkage service），ないしは情報提供・送致サービス（information and referral service）を高度化させたもの，あるいはインテーク部門を独立強化したものとも理解することができる。そのため，ケアマネジメントの内容は大きく 4 領域に分けら

第5章　ケアマネジメントの過程　　57

れる。

第一の領域は，利用者の諸種の生活ニーズを明らかにするためのアセスメントである。

第二の領域は，生活ニーズに基づき，利用者と提供されるべきフォーマルサービスやインフォーマルサポートとの連結を計画するケアプランの作成である。

第三の領域は，ケアプランの実行であり，利用者とサービスや支援が連結するように手配することになる。

第四の領域は，利用者とサービスの連結状況をモニタリング（監視）し，利用者の変化等によって生じるニーズとサービスが合致しない場合に，再度アセスメントし，ケアプランの変更を図ることである。

表1-5-1に，代表的な三者のケアマネジメントの内容についての考え方をまとめた。これらの論者においても，ケアマネジメントは上記の四つの領域でもって捉えられている。

以上の四つの領域について，ケアマネジメントの業務を遂行するために，時系列的に展開していくことがケアマネジメント過程である。これは，ケアマネジメントにおいて，利用者の生活ニーズと社会資源を調整していく過程であるといえる。ケアマネジメント過程は七つの局面で展開する。①入口（entry）→②アセスメント→③ケース目標の設定とケアプランの作成→④ケアプランの実施→⑤利用者およびケア提供状況についてのモニタリングおよびフォローアップ→⑥再アセスメント→⑦終結，である。これを図に示すと，**図1-5-1**のようになる。このケアマネジメントの過程に示されているように，今までなされてきたケアプランで利用者の生活を維持できなくなれば，再度アセスメントに基づきケアプランの修正をしていくという，循環するPDCA（plan → do → check → action）の過程である。

①入口

入口の段階では，主にケースの発見，スクリーニング，インテーク（契約）が行われる。

ケースの発見では，ケアマネジャー自身によるアウトリーチを含めて，利用者（要援護者）をいかに早期に発見するかが重要である。利用者が自らケアマ

表1-5-1　ケアマネジメントの内容

病院認定に関する合同委員会[1]（1976）	Leonard E. Gottesman et al.[2]（1979）	Abraham Monk[3]（1985）
①アセスメント―利用者の現在の，また潜在的な長所，短所，ニーズを決定	①利用者の現在の機能に関する広範囲の基準化されたアセスメント	①信頼できる方法による，保健，心理社会的状況，経済，環境，社会的サポートの領域を含めた包括的アセスメント
②プランニング―求められている活動と連結するよう，個々の利用者に対して特定のサービス計画を開発	②明確化された利用者の問題，達成されるべき目標，求められるサービスについて，ワーカーと利用者間での合意による記述されたサービス計画	②記述されたサービス計画
③リンキング―個々人をそれぞれが求めているフォーマルおよびインフォーマルなケア提供システムのすべてのサービスに送致 ④アドボカシー―個々人のために公正を保護するよう取りなす	③計画されたサービスを手配する活動	③サービス・システムとの連結
⑤モニタリング―利用者の変化についての継続的な評価	④サービスが開始されたことの確認のためのフォローアップ ⑤利用者の機能を再検討するための定期的な再評価と現状のニーズに定期的な再評価と現状のニーズに合致するケアプランやサービスへの変更	④ケースの再評価と定期的な間隔でのモニタリング ⑤計画の変更

※1　Joint Commission on Accreditation of Hospitals and Accreditation Council for Psychiatric Facilities（1976）*Principles for Accreditation of Community Mental Health Service Programs*, Joint Commission on Accreditation of Hospitals.

※2　Leonard E. Gottesman, Barbara Isizaki and Stacey Mong MacBride（1979）Service Management：Planand Conceptin Pennsylvania, *The Gerontologist*, 9（4）, 378-388.

※3　Abraham Monk（1985）The Practice of Community Social Work with the Aged, Samuel H.Taylor and Robert W. Roberts（eds.）, *Theory and Practice of Community Social Work*, Columbia University Press.

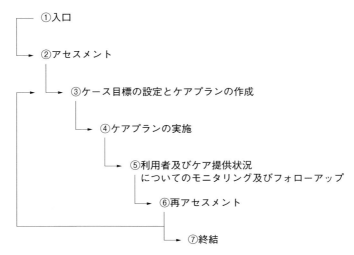

図 1-5-1　ケアマネジメントの過程
〔出典：白澤政和（1992）『ケースマネージメントの理論と実際：生活を支える援助システム』中央法規出版，17.〕

ネジメント機関を探り当て，来所することのほうがまれである。その結果，多くの利用者は生活ニーズを有しながら，サービス等の利用をあきらめたり，関係機関の間でたらい回しにされたりすることが生じる。ただ，常時地域で生活しているわけでは必ずしもないケアマネジャーが，こうしたすべての利用者を自力で発見することは困難である。そのため，自治会役員，民生委員・児童委員，主治医など地域住民等がケアマネジメントの必要な利用者を発見した場合に，即刻ケアマネジャーに情報や連絡が入ってくる地域のシステムづくりが必要である。同時に，病院，老人保健施設，社会福祉施設などから退院・退所してくる利用者についての連絡・通報によるケース発見システムも重要である。そのために，ケアマネジャーないしはケアマネジメント機関は，前者については，地域の自治会，民生委員児童委員協議会，医師会などとの連携を，また後者については，病院，老人保健施設，社会福祉施設などとの連携を確立しておくことが求められる。

　こうした結果，ケアマネジメントを必要とする人の早期発見・早期対応が可能になる。このことは，ケアマネジメントの積極的な姿勢を社会に示すことに

なる。認知症のある人や複数の生活ニーズを有した家族は，自ら進んで，相談に来所するわけではない。こうした非自発的な（non-voluntary）利用者には，アウトリーチの手法が必要不可欠であり，ケアマネジャーのそうした態度と，アウトリーチを支えていく地域づくりの仕組みが必要となる。

スクリーニングは，複数で複雑なニーズをもっている者にケアマネジメントを利用してもらったり，あるいは緊急のニーズを有している者に対してはまずそうした生活ニーズに対応したり，ケアマネジメントよりも医療的対応が至急に必要な事例については医療に結びつけたり，単純な生活ニーズのみで，単に情報提供のみで十分な者（ケアマネジメントを受ける必要のない者）に仕分けするといったことである。この際には，フェースシートとなる用紙等を活用し，利用者の主訴等をもとにケアマネジメントの必要度を把握し，より正確に利用者を仕分けることになる。

その意味では，日本の介護保険制度に基づくケアマネジメントでは，要介護と認定されたすべての人，さらには総合事業のもとでの要支援者や介護予防・日常生活支援サービス事業対象者を対象としているため，これがスクリーニング機能を代替していることになる。そのため，介護保険制度では，ある意味では介護サービスを利用する者はケアマネジメントが必要であるとの位置づけになっている。これは「障害者総合支援法」のもとで実施されているケアマネジメントも同様であり，現在は障害福祉サービスを利用する障害児者はすべてケアマネジメントを必要とすることになっており，ケアマネジメントという立場からは，本来のスクリーニング機能を必ずしも果たしているとはいえない。

ケアマネジメントが必要な利用者に対して，ケアマネジメントの内容をやさしく詳しく説明し，利用者がそうしたケアマネジメントを受けるかどうかの了解・契約をするインテークも，この段階の範囲に入る。このインテークで，ケアマネジャーは少なくとも次のような3点を説明し，利用者から理解を得なければならない。

①次のアセスメントの段階でプライバシーにも関わる多くのことを尋ねるが，それは利用者が望んでいる在宅生活を一緒に考えるうえで必要な作業であること

②アセスメントのあとで，在宅生活をするために必要なケアプランを一緒に

第5章　ケアマネジメントの過程　　**61**

作成し，実施していくこと

③今後はケアマネジャーが常時相談にのることになり，ケアマネジャーが相談支援のキーパーソンとなること

　さらには，ここで話された内容については，利用者の了解なしに他の者には漏らさない守秘義務を約束する。

　アメリカ等での一部のケアマネジメント機関ではインフォームドコンセントの用紙が用意されており，インテークのあとに，利用者とケアマネジャーの両者が今後一緒にケアマネジメントを進めることについて了解し，同意した署名をする。日本の介護保険制度や障害者相談支援事業等では，介護支援専門員や相談支援専門員等の業務についての重要事項説明書を介した説明をし，利用者とケアマネジメントの実施についての契約がなされることになる。

②アセスメント

　第二段階であるアセスメントは，利用者を社会生活上の全体的な観点から捉え，現時点での諸種の問題点や生活ニーズを評価・査定することである。アセスメントの方法には，フェースシートのような定型化した質問項目一覧による場合と，定型化されていない面接技法のみに基づく場合があり，両者の併用が一般的である。定型化した用紙を利用できれば，アセスメントはルーティン化し，容易となるが，それだけで十分なアセスメントができるわけではない。したがって，たとえルーティン化が進んでも，ケアマネジャーは利用者との信頼関係を確立しながらアセスメントを展開していかなければ必要なアセスメント情報を収集することができない。そのために，ケアマネジャーには対人関係についての技能や，利用者の尊厳や利用者との対等な関係の保持といった価値観をもつことが求められる。

　アセスメントの内容には，主として，主訴，現在の問題状況，身体的・精神的な健康状態，日常生活動作，心理・社会的機能，経済状況，志気，価値観，および対人関係のもち方，家族・近隣・友人に関する情報，世帯構成，居住状況，利用者の自助能力やプログラムに対する積極性，現に利用しているサービスやサポート，サービスの資格要件と関連する経済状況や居住場所等が含まれる。

例えば，アメリカの要援護高齢者を対象とするあるケアマネジメント機関で使っているアセスメント用紙をみると，社会生活での問題，家族状況，経済状況などの入口段階でのアセスメントに加えて，①健康状態，②出来事についての心理社会的アセスメント，③心理状態についての心理社会的アセスメント，④精神状態，⑤ADL（Activity of Daily Living）およびIADL（Instrumental ADL：手段的ADL）アセスメント，⑥投薬に関するアセスメント，⑦各種サービスの利用状況，の用紙に分かれている。

　また，イギリス政府によるケアマネジャー向けの"*Care Management and Assessment : Practitioners' Guide*"（『ケアマネジメントとアセスメント：実務者ガイド』）では，アセスメント項目を次の15項目に分類している。それらは，①本人の基本情報，②セルフケアの状態，③身体的健康，④精神的健康，⑤医療状況，⑥能力・態度・ライフスタイル，⑦人種・文化，⑧生活史，⑨介護者のニーズ，⑩ソーシャル・ネットワークの支援，⑪ケアサービスの状況，⑫住宅状況，⑬所得状況，⑭移送状況，⑮危機状況である[4]。こうしたアセスメントをとおして，要援護高齢者に社会生活上でどのような生活ニーズがあるかを理解していくことになる。

　なお，アメリカなどで数多く開発されている包括的なアセスメント用紙としては，高齢者向けにデューク大学が開発した，評価時間が1時間程度のOARS（Older American Resources and Services）が有名である。ほかに，比較的心理的な要素の強い，ガーランドら（B. Gurland, et al.）によるCARE（Comprehensive Assessment and Referral Evaluation）や，ロートンら（M. P. Lawton, et al.）によるMAI（Multilevel Assessment Instrument）が，アセスメントの枠組みとして開発されている。

　さらにイギリスでは，2014年ケア法（Care Act 2014）により，要介護者と家族介護者が同等の被支援者として捉えられることになり，家族介護者向けにアセスメント用紙も開発され，活用されている。

③ケース目標の設定とケアプランの作成

　第三段階は，利用者と一緒に行うケース目標の設定とケアプランの作成である。この段階こそが，ケアマネジメントの内容を最も特徴づけている部分であ

るといえる。それは，ケアマネジメントにおけるケアプランを「構想する」過程であり，ケアマネジメントが有している「計画性」という特徴を発揮するからである。

また，この段階において，ケアプランのなかでのサービス提供者間の共通の目標と役割分担を準備することによって，ケアマネジメントの特徴であるチームアプローチの推進を実行可能とさせることになる。

(1) ケース目標の設定

ケース目標は一般に「大目標」ともいわれ，利用者がどのような地域生活をしていくのかという大きな目標を設定することである。ケース目標には，利用者側の目標とケアマネジャー側の目標を一致させるというねらいがあり，具体的には，利用者がどこで，どのような在宅生活をしていきたいのかを明らかにすることである。

特に重要な「どのような生活をするのか」という内容を，ケアマネジャーが利用者と一致させていく際には，利用者のもつ潜在的な能力が十分に発揮でき，かつ QOL（Quality of Life）を向上させること，自立を促進すること，残存機能を生かすこと，心身機能の向上をめざすこと，社会への参加が図られることなどを，基本的な視点として，利用者と話し合うことが重要である。

さらには，そうしたときに，当然のことであるが，ケアマネジメントの基本として，利用者とケアマネジャーが対等な立場で，あるいはケアマネジャーが側面的な立場になって，利用者本人や家族の希望を十分にふまえたうえで，ケース目標は設定されなければならない。

ここで設定されたケース目標は，利用者の地域生活支援において，利用者に関わるサービス提供者が，共通した支援目標として共有する部分である。その意味で，ケース目標の設定は，ある利用者に対して多数のサービス事業者が関わる際に，それぞれのサービス提供者が対応していく道しるべを提示していることになる。

そのために，ケアマネジメントにおいてのケース目標の設定では，ケアマネジャーが利用者あるいはその家族と一緒に，十分な時間をとって話し合う必要がある。同時に，ケース目標は，時には本人の身体機能面での変化や心理面で

64   第1編　ケアマネジメントの基本

の変化，さらには介護者や住環境等の環境面での変化によって変化していくことも想定される。そのため，一度決まったケース目標が，将来にわたって永遠に固定した目標ではないということも理解しておかなければならない。そして，利用者の健康面やADLでの大きな変化や，介護者など社会環境面での大きな変化があれば，再度，十分な時間をとってケース目標について話し合いをする機会をもつことが重要である。

（2）ケアプランの作成における基本原則

　ケアプラン作成の基本原則として，シュナイダー（B. Schneider）は7点を挙げているが，それらについて説明を加えることとする[5]。

　①ケアプランは，前段階で実施された利用者の包括的・機能的アセスメント結果に基づく。

　　そのため，当然のことであるが，アセスメント結果とケアプランの作成には連続性が求められる。しかしながら，アセスメント結果から利用者の生活の全体像が把握できたとしても，そこから生活ニーズを抽出していくことは容易ではない。そのため，生活ニーズをアセスメントから抽出していく原理が明らかにされる必要があるが，この原理はアセスメントで明らかになった利用者の身体機能状況，精神心理状況，社会環境状況の関連性のなかで，生活ニーズは生じているということである。

　②ケアプランには，利用者ないしは家族成員などの代理人がその作成過程に参加する。

　　ケアプランの作成には，利用者なり家族が自らの困りごと（主訴）を明らかにするよう支援することが必要である。この結果，ケアマネジャーの調整のもとで利用者の適切な生活ニーズを導き出すことができ，一方で利用者本位のケアプラン作成が可能となる。ケアプラン作成に利用者や家族の参加が弱いと，作成されたケアプランに対する不満が残るだけではなく，実際にケアプランの遂行を中断してしまうことになりかねない。

　③ケアプランは，前もって決められたケース目標の実現に向けられる。

　　前述した大目標ともいうべきケース目標とケアプランは表裏一体のものであり，一方が変更されれば他方も修正されることになる。そのため，両者

の作成は，原則としてケース目標設定後にケアプランの作成がなされることになるが，実際には一体的な側面が強いといえる。

④ケアプランは，永続的なものではなく，特定期間の計画である。

当然のことであるが，ケアプランは利用者とケアマネジャーとの間で決定した特定期間のものであり，フォローアップの結果，生活ニーズに変化があるかどうか等によって，新たなケース目標の設定やケアプランの修正がなされることになる。また，利用者や社会環境の急激な変化によって，利用者と約束していた特定期間内においてでさえも，ケアプランの変更が求められる場合がある。

⑤ケアプランには，フォーマルサービスとインフォーマルサポートの両方が含まれる。

ケアプラン作成にあたっては，それぞれの社会資源か有している特性を生かしていく必要がある。特に，フォーマルサービスとインフォーマルサポートではその特性に大きな違いがあり，前者は公平で標準的なものであるのに対して，後者は柔軟でミニマムを超えた支援が可能であるといった相違がある。そうした違いを生かしてケアプランを作成することにより，利用者のQOLが高まるといえる。

⑥ケアプランは，利用者ないしは家族の負担額を意識して作成される。

制度によっては，個々のサービスごとに自己負担額か決められていたり，サービス総体として利用できる限度額か決められたりしている。他方，利用者やその家族は，経済状況や自らの価値観により，どの程度の経済的な自己負担をするかの考え方も異なる。ケアマネジャーは，そうした利用者本人や家族の自己負担の可能性を見極めながらケアプランを作成し，最終的に支払える自己負担額について，本人や家族からの同意を得ることが不可欠である。

⑦ケアプランの内容は，定型化された計画用紙に文書化される。

作成されたケアプランに対して，利用者やその代理人から同意を得るためには，口頭による合意よりも，文書による合意のほうか望ましい。なぜなら，利用者にとっては自己負担額を伴うものであり，またケアプランが文書化されることによって，どのサービスがどのような生活ニーズに対処す

66　　第1編　ケアマネジメントの基本

るために実施されるかを，利用者やその家族に対して明示するためである。この用紙でもって，ケアマネジャーの実施する業務を可視化することができることになる。

（3）ケアプラン作成の方法

ケアプランは，一般に以下のような段階を経て作成されることになる[6]。

❶社会生活をしていくうえでの問題や課題を明らかにする。

アセスメント項目をもとに，それらの項目のなかの身体機能状況，精神心理状況，社会環境状況の関係のもとで生じている，社会生活していくうえで問題や課題となっていることを導き出す。ただし，この問題や課題は，専門家であるケアマネジャーが導き出すものと，利用者が表出してくるものとが，一致するよう話し合っていかなければならない。

この問題や課題のことを狭義の生活ニーズと整理することができる。

❷問題や課題に対して支援目標を設定する。

❶で明らかになったそれぞれの問題や課題に対して，どのような方向でそれぞれを解決していくかという，支援の目標なり結果を提示しなければならない。

その際に，こうした支援の目標や結果は，実現可能なものでなければならないが，利用者との間で，できる限り可視的で，数的な基準を使って，具体的な目標を定めることが望ましいとされている。そうした目標になれば利用者も，サービス提供者も，その目標に向かって活動ができ，評価をすることができるからである。この支援目標は，短期と長期の目標に分けて整理することもある。

❶の問題や課題とそれらに対する支援の目標なり結果を合わせて，広義の生活ニーズと整理することができる。本書で生活ニーズという場合は，広義の生活ニーズをさしている。

❸サービスやサポートの内容と，どこがサービスやサポートを提供するかを明らかにする。

支援目標に合わせて，どのようなサービスやサポートを，どこの機関が提供するかを明らかにする。

第5章　ケアマネジメントの過程　　67

この際にも，活用するサービスやサポートは，当然それぞれの地域の特性を考慮して考えなければならないが，単にフォーマルサービスを活用するだけではなく，インフォーマルサポートといわれている家族，ボランティア，近隣といった社会資源も活用してサービスやサポートの内容の充足方法を検討していく。

❹頻度や時間数を明記する。

　頻度や時間数の定めが必要なサービスやサポートについては，1週間，あるいは1カ月を単位として，頻度を明記する。また，示されたサービス等の1回当たりの必要時間数を示す。

　そのため，この頻度や時間数は，そのサービスやサポートの内容を実行するために必要な回数や時間を1週間や1カ月という単位に置き換えて，頻度や時間数を明らかにすることがポイントである。

❺自己負担額の算定を行う。

　次に自己負担額の算定を行う。この自己負担額は，介護保険制度のように，トータルでいくらまで使えるといった全体について支給限度額が決められるなかで，自己負担額を算定する方法もあれば，個々のサービスについての頻度の限度，さらには利用額自体が決められているものもある。この支給限度額や自己負担額との関係で，利用者の意向によりサービスやサポートの最終内容を最終決定することになる。

以上の❶〜❺の段階では，こうしたケアプランの決定を専門家であるケアマネジャーと利用者が一体となって作成していくという原則を忘れてはならない。そして，最終的には利用者がケアプランについて自己決定し，承諾することである。そうした最終的なケアプランの内容が，契約書・同意書という形で締結されることも，ケアプラン作成での利用者とケアマネジャーの一つの合意方法である。

（4）ケアプラン作成の意義

　ケアプランを作成するにあたっては，「サービス優先アプローチ」ではなく，「ニーズ優先アプローチ」の立場をとらなければならない。すなわち，利用者が在宅で生活をしていくうえで，どのような生活ニーズをもっているのかをま

ず明らかにし，そのニーズに対して，どのような社会資源が適切かを計画することである。

　従来のサービス提供者主体の支援においては，こうした生活ニーズを確定し，それらのニーズに対してサービスと結びつけるという手法をとることがなかった。その理由は，従来の相談援助では，利用者の生活全般の解決すべき生活ニーズをすべて捉えてしまうと，自らの機関で提供できるサービスを超えて，さまざまな機関にサービス提供を依頼しなければならないことが生じてしまうからである。

　つまり，従来のサービス提供システムでは，それぞれのサービスについて異なった機関がサービス提供の決定権を有していたため，「ニーズ優先アプローチ」を実施した場合には，作成したケアプランが実施できないという状況が生じてくる。そのため，サービス提供者自らの機関で何が提供できるかといった観点で当該サービスの利用資格要件（eligibility）に関して利用者に尋ね，その要件を充足した段階で，自らの機関のサービスを提供していく，「サービス優先アプローチ」を実施してきた。

　その意味で，ケアプラン作成は，利用者の生活全体を把握し，生活ニーズをもとにしたケアプランを作成し，サービスを提供する「ニーズ優先アプローチ」であり，当然，その結果として，利用者が地域で生活をしていくうえで遭遇しているさまざまな生活ニーズに対処できることになる。従来の「サービス優先アプローチ」は，利用者の生活ニーズに対して断片的（fragmental）に対応するものであり，生活全体の問題解決にたどりつくことができず，とうてい利用者のQOLを高めることは不可能であった。そのため，「ニーズ優先アプローチ」は従来の「サービス優先アプローチ」とは根本的に異なる，相談支援におけるコペルニクス的転換であり，この「ニーズ優先アプローチ」こそが，利用者の在宅生活を可能にする基本的な考え方であるといえる。

　本編第1章「ケアマネジメントとは」で示したAさんの事例におけるケアプランの作成については，**表1-5-2**のようなケアプラン用紙を使って実施することができる。まず，Aさんと一緒に「社会生活をしていくうえでの問題や課題（狭義の生活ニーズ）」をアセスメントの資料から抽出し，一覧にしていく。次に個々の「問題や課題」それぞれについて「支援の目標や結果」を示し，広

表1-5-2 ケアプラン用紙

社会生活をしていくうえでの問題や課題（狭義の生活ニーズ）	支援の目標や結果	支援内容	サービス供給者	回/週	時間/回	承諾
生活ニーズ（広義の生活ニーズ）						
食材の買い物ができない	全面援助を受ける	訪問介護員依頼（一部，配食サービス）				☑
洗濯物を干すことができない	干し物をしてもらう	訪問介護員依頼	○○ヘルパーステーションの訪問介護員	週2回	2時間	☑
掃除機を使っての掃除ができない	一部援助を受ける（室全体の掃除）	訪問介護員依頼				☑
精神的に不安で寂しい	人との接触場面を広げる	配食サービス友愛訪問を受ける	○○の会O.Mさん（ボランティア）	週2回不定期		☑
健康や体の機能低下に対して不安	体の機能低下の予防や定期的な健康のチェック	通所リハビリ訪問看護師依頼	○○デイケアセンター○○訪問看護ステーション	週3回月1回	9:00～16:0015:50～16:00	☑
通院先が遠方でタクシー代がかさむ	転院	近くの精神科医を紹介。通院介助を近隣に依頼	○○精神科クリニックT.Nさん（近隣）	週1回		☑
身障手帳の級数が合っていない	調査依頼	医者の訪問再検査を受ける	福祉事務所（身障担当者）			☑
転倒や移動での不安	転倒を予防し，安心して移動できる緊急時に対応できる	手すりの設置特殊ベッドのレンタル緊急通報装置の設置	○○福祉機器ショップ			☑

義の生活ニーズが示されることになる。さらに，それらの目標や結果を具体化したそれぞれの「サービス内容」をAさんと一緒に決定していく。

こうした際に，ケース目標，社会生活をしていくうえでの問題や課題，支援の目標や結果，具体的な支援内容等について，意見の不一致がみられる場合もある。ケアマネジャー，利用者，利用者の家族成員，サービス事業者，行政（保険者），それぞれの間で生じるが，同時に当該地域社会の価値観との間でも生じるであろう。

　こうした場合，ケアマネジャーは，合意の得られる妥当性のあるケース目標や問題や課題の提示，支援の目標や結果の設定，支援の内容について，さまざまな人々や機関と関係をもち，調整する役割がある。ここでは利用者や家族の意向を尊重し，彼らの権利を擁護しながら，自立支援に向けて最適な解決法や代替案について利用者や家族を中心にして話し合いをすることになる。

④ケアプランの実施

　第四段階は，利用者が円滑に質のよいサービスやサポートを受けられるよう，ケアプランを実施する段階である。ケアマネジャーは，サービスやサポートの提供主体と関わりをもち，利用者が適切にサービスやサポートを利用できるよう働きかける。

　この提供主体は，インフォーマルサポートとフォーマルサービスに区分され，前者には家族，親戚，友人・同僚，近隣，ボランティア，制度化されていない地域の団体等がある。後者には，行政，社会福祉法人や医療法人，制度化された地域の団体，地域の有償サービス提供団体，企業等がある。

　その際に，利用者のプライバシーを保護するためにも，利用者に関する情報を他機関に伝えることの包括的な同意を，利用者や家族から得ておく。それは，利用者から得た情報を，ケアマネジメント機関から訪問介護，デイサービス，訪問看護，ボランティア等を提供してくれるサービス提供機関に必要最低限伝えなければ，適切なサービスやサポートを受けられないからである。そのため，利用者の情報を他機関に提供することの同意を文書および口頭で利用者や家族からとっておく。

　こうした場合の同意には，利用者の健康状態，経済状況，精神状態，各種サービス利用状況などの情報のうちで，利用者にとって，開示されては困る情報があるか，さらには情報提供同意の期間は何年間有効かを同意書に明示する

こともできる。

　ケアプランを実施していくうえで，計画したサービスやサポートを利用することがどうしてもできない場合が生じる。そうした場合，利用者の代弁や擁護を通じてケアマネジャーは努力するが，それでも不可能な場合には，利用者と一緒にケアプランを一部修正することになる。これについては，地域に利用するのに必要な社会資源がないことや不足している状況であり，その後の地域づくりを目的とした会議等に提供され，検討されることになる。

　ケアプランが実施される時点で，いくつかの用紙に，利用者の社会資源利用状況が整理される。それらには，まず1週間，または1カ月を単位にして，利用者のサービス利用のスケジュールを作成したケアプラン管理表がある。ここで，ケアプラン管理表の一つのモデルを，**表1-5-3**に示す。

　また個々のサービス提供者は，生活ニーズに基づき提供される具体的なサービス内容に関する詳細なアセスメントや具体的な実施計画を作成することになる。これは，一般に個別援助計画書とよばれ，それぞれのサービス提供機関で作成されることになる。

⑤モニタリングおよびフォローアップ

　第五段階は，利用者およびサービス提供状況についてのモニタリングおよびフォローアップであるが，まずは，ケアプランのもとで各種のサービスやサポートが円滑に開始されたかどうかの点検・確認を行うことになる。その際，ケアマネジャーには二つの側面での役割がある。

　一つは，現在実施中のケアプランが円滑に実施されているかを点検し，かつそれが効果を上げているかを評価することである。さらに，サービスを提供している者が，適切な内容のサービスを継続して提供しているかどうかをチェックすることである。もう一つは，利用者自身の心身の状況や社会環境状況の変化によって，新たな生活ニーズが生じたり，既存の生活ニーズが変化したりしていないかどうかをモニタリングし，継続的にチェックすることである。

　こうしたモニタリングをフォローアップでもって実施していく。フォローアップの頻度は高いほうが望ましいのは当然であるが，特に本人の心身機能面での変化が激しい状況にある利用者や，一人暮らし等で緊急時に連絡ができに

72　　　第1編　ケアマネジメントの基本

表1-5-3　ケアプラン管理表

ケアプラン管理表

相談者名＿＿＿＿＿＿＿＿＿＿＿＿　　　　　　作成日　平成　　　年　　　月　　　日

基本サービス	月	火	水	木	金	土	日
早朝							
朝食							
午前							
昼食							
午後							
夕食							
夜間							

その他のサービス：
　健康状態：
　　＿＿＿＿＿＿＿＿＿＿＿＿＿＿＿＿＿＿＿＿＿＿＿＿＿＿＿＿＿＿＿＿＿＿
　交通手段：
　　＿＿＿＿＿＿＿＿＿＿＿＿＿＿＿＿＿＿＿＿＿＿＿＿＿＿＿＿＿＿＿＿＿＿
　経済面：
　　＿＿＿＿＿＿＿＿＿＿＿＿＿＿＿＿＿＿＿＿＿＿＿＿＿＿＿＿＿＿＿＿＿＿
　社会・生活／精神面：
　　＿＿＿＿＿＿＿＿＿＿＿＿＿＿＿＿＿＿＿＿＿＿＿＿＿＿＿＿＿＿＿＿＿＿
　注意事項：
　　＿＿＿＿＿＿＿＿＿＿＿＿＿＿＿＿＿＿＿＿＿＿＿＿＿＿＿＿＿＿＿＿＿＿

上記のことに特に注意してフォローアップすること：

くい利用者の場合には，より頻繁にフォローアップを実施しなければならない。

　フォローアップの頻度については，利用者の状況により個別的なものになる

が，こうしたフォローアップについては，ケアマネジャー自身が行うのと同時に，利用者に常時関わっているサービス事業者等からケアマネジャーが情報を得ることになる。

　こうした定期的なフォローアップなどで新たな問題状況が明らかになれば，第六段階である再アセスメントを行う。この問題状況とは，新たな生活ニーズが生じていたり，今までの生活ニーズが変化していたり，あるいは生活ニーズに対応した社会資源が効果を発揮できていない場合などが考えられる。さらには，利用者の心身の状況や社会環境状況に変化が生じ，生活ニーズが充足できていないとの情報を利用者側やサービス提供側から得た場合にも，再アセスメントを実施する。こうして，利用者の生活ニーズが充足できず，生活上の困難が生じていることが明らかになった場合には，第三段階のケース目標の設定とケアプランの作成に戻り，ケアマネジメント過程の循環を繰り返すことになる。ここに PDCA サイクルが作用していることになる。

　なお，モニタリングやフォローアップにおいて，ケアプランが今後も順調に実施・継続され，利用者が在宅生活を将来も問題なく維持していけることが確認できれば，終結となる。なお，終結の際には，利用者が後にケアマネジャーのもとに相談に来所できるような関係を維持するなど，再来所への配慮をしておく必要がある。日本の介護保険制度や「障害者総合支援法」でのケアマネジメントにおいては，このような終結についての議論はなく，前者であれば，ターミナル期まで継続され，後者であれば，65 歳で相談支援専門員から介護保険制度の介護支援専門職に引き継がれるまで継続され，すべてのライフサイクルでもってモニタリングやフォローアップは継続されることになっている。

注

1) Raymond M. Steinberg and Genevieve W. Carter (1983) *Case Management and the Elderly*, Lexington Books, p. x.

2) Peter Johnson and Allen Rubin (1983) Case Management In Mental Health : A Social Work Domain?, *Social Work*, 28(1), 49.

3) Robert Parker (1987) *Social Work Dictionary*, National Association of Social Workers, 20.

4) Department of Health（1991）*Care Management and Assessment : Practitioners' Guide*, 58-59.

5) Barbara Schneider（1988）Care Planning : The Core of Case Management, *Generations*, 12（5）, 16.

6) 前掲書 5), 16-17.

第6章

ケアマネジメントを可能にする
地域のネットワークづくり

　まずはケアマネジメントの機能をどこまで広げるかという点について，ロス（H. Ross）の考え方を示しておく。ロスは**表1-6-1**のようにケアマネジメントを三つのモデルに整理している[1]。

　「最小限モデル」では一度のケアプラン作成と実施にとどまっており，「コーディネーションモデル」では，利用者へのモニタリングを実施し，利用者を弁護したり，ボランティア団体やNPOといったインフォーマルな地域の団体である自然支援システムの開発，さらにはケースワークということで，利用者や家族への心理社会的支援を含めている。「包括モデル」では，さらに社会開発

表1-6-1　ケアマネジメント・プログラムにおける三つのモデル

最小限モデル	コーディネーションモデル	包括モデル
・アウトリーチ ・クライエント・アセスメント ・ケアプラン ・サービス提供者への送致	・アウトリーチ ・クライエント・アセスメント ・ケアプラン ・サービス提供者への送致 ・クライエントのためのアドボカシー ・直接ケースワーク ・自然支援システムの開発 ・再アセスメント	・アウトリーチ ・クライエント・アセスメント ・ケアプラン ・サービス提供者への送致 ・クライエントのためのアドボカシー ・直接ケースワーク ・自然支援システムの開発 ・再アセスメント ・資源開発のためのアドボカシー ・サービス品質の監視 ・市民教育 ・危機介入

〔出典：H. Ross（1980）*Proceedings of the Conference on the Evaluation of Case Management Programs.* より作成〕

機能として資源開発に向けての弁護的機能，サービス提供者のケアの質の管理，住民に対する啓発活動，緊急時の危機介入までを追加している。

　この考え方から，ケアマネジメントのモデルによって，利用者に対する弁護や地域での社会資源の開発や住民への啓発活動をどこまで含めるか等が異なってくることになる。ケアマネジメントは個人支援にとどまるのか，地域支援まで含めるのかで機能が分かれるといえる。「最小限モデル」は純粋に個別支援に焦点を当てての支援であり，最も機能が多い「包括モデル」では，個別支援に地域支援を加えたものとなっており，ソーシャルワークと極めて類似した機能となっている。

第1節 地域のネットワークの内容

　「包括モデル」のケアマネジメントが実施されていくためには，ケアマネジャーは個々の利用者への個別支援能力を身につけるだけでは十分でない。これに加えて，ケアマネジメントが円滑に実施されるためには，地域を支援していくための地域にある機関・団体間のネットワークづくりが必要不可欠である。

　他方，ケアマネジメントが成立するためには，一般に，ケアマネジメント実践とケアマネジメントシステムが必要とされている。本節では，後者のケアマネジメントシステムについて，地域のネットワークづくりと関連づけて，そのあり方を検討したい。

　ケアマネジメントを実施するうえで，システム上の第一の問題は，作成し実施したケアプランをもとにして，新たに社会資源を開発していくシステムが十分に成立していないことが挙げられる。ケアマネジャーが利用者の生活ニーズを最もよく知る者である以上，そうしたニーズのなかで，当該地域社会で利用者が満たせないニーズがあるとすれば，新たな社会資源の開発や既存の社会資源の修正を行っていくこともケアマネジャーの一つの機能として位置づけられる。しかしながら，現状でそうしたシステムはほとんど機能しておらず，ケアマネジメントは既存のサービスと個々人を調整する支援にとどまる仕組みになっているといえる。

76　　第1編　ケアマネジメントの基本

第二の問題は，サービスが必要な人を発見しにくいシステムであることが挙げられる。基本的に，ケアマネジメントを利用する本人や家族側が地域にある相談機関に積極的に相談するという意識をもっていなければ，サービスを必要とする人とケアマネジメントとが結びつかない状況にある。そのため，サービス利用に対して自発性のない（non-voluntary）人たち，相談することを躊躇している人たち，さらには，どこにいけばケアマネジメントが利用できるかを理解できていない人たちは，潜在的な利用者としてとどまり，ケアプランの作成はおろか，個々のサービス利用からも取り残されてしまうおそれがある。

以上，ケアマネジメントが円滑に実行できない地域のケアマネジメントシステムについて明らかにしたが，こうした状況を打破し，ケアマネジメントを円滑に実行できる地域のシステムづくりが必要不可欠になる。

その際に，利用者がどのような手順でサービスやサポートを利用していくのかという，サービス等の利用過程を理解することが重要である。そして，そのサービス等の利用過程を拒んでいるハードルを除去する方策を進めることにより，利用者が円滑にサービスを利用できる地域のシステムが確立されれば，ケアマネジメントシステムができあがることになる。

そこで，まず，一般的な利用者のサービス利用過程と，それを支援する方策を図に表してみる。

図1-6-1は，左側に利用者がサービスを利用するプロセスを，右側にそのためにどのような支援方策を立てなければならないかを示している。この結果，図に示されているように，以下の七つの支援方策が必要不可欠になる。

①潜在的な利用者を発見するための方策
②サービス等についての情報を発信する方策
③サービス等の利用についてのスティグマを払拭する住民の意識変革の方策
④利用者のすべての生活ニーズを把握・対応できるようにする方策
⑤利用者が必要とするすべてのサービス等を提供できるようにする方策
⑥利用したサービス等について評価できる方策
⑦サービス等を新たに開発・修正できる方策

これら七つの方策は，施策によって実施される部分とケアマネジャーの実践によって実施可能な部分の両面がある。

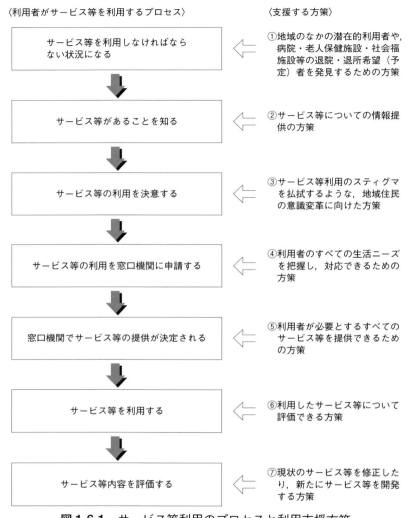

図1-6-1　サービス等利用のプロセスと利用支援方策

〔出典：白澤政和（1994）『老人保健福祉計画実現へのアプローチ』中央法規出版, 86. を一部改変〕

　これら①から⑦の支援方策は地域のネットワークづくりのなかで展開していくことになる。これは，**図1-6-2**をもとに示すことができる[2)]。この図にあるように，利用者本人や家族を対象にして生活ニーズと社会資源を結びつける

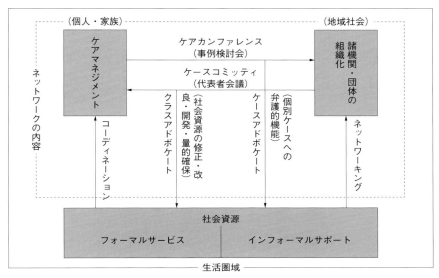

図 1-6-2　地域のネットワークづくり

〔出典：白澤政和（1988）「要援護老人を支えるネットワーク作り：社会福祉の観点から」『老年社会科学』10（1），30-41.〕

　ケアマネジメントでのコーディネーションと，地域社会をベースにして機関・団体が組織化されるというネットワーキングを軸として，①から⑦の方策が進められる。

　前者については，ケアマネジャーによるケアプラン実施によりつくられる，個々の利用者を核にした，さまざまなサービスやサポートによるネットワークを形成するものである。ある意味，ケアマネジャーが利用者とサービスを調整した結果，利用者を支援する個々の利用者のネットワークが形成されることになる。①の利用者を発見するための方策から⑤のすべてのサービスを提供できるための方策は，主にケアマネジメントが円滑に推進するためになされるべき方策である。

　後者は地域にある機関・団体が協議体をつくり，地域の課題について検討し，その解決に向かって対応していくことであり，これが，本章のタイトルである地域のネットワークづくりとされるものである。これは地域の団体や機関

を組織化されることで形成されるネットワークである。⑥サービスを評価できる方策と⑦サービスを開発・修正する方策は，主に地域でのネットワーキングを円滑に推進したアウトカムであるといえる。

　なお，これらのどちらの活動もネットワークづくりとよぶことができる。

　この図から，ケアマネジメントを円滑に実施するためには，窓口機関となっているケアマネジメント機関等の実務者間によるケアカンファレンス（事例検討会）を実施し，支援困難事例を介して実務者間での役割分担や連携を確立し，個々の利用者に対するネットワークを強固なものにしていく。ケアカンファレンスは事例検討会と訳され，実務者が中心の会議である。これは介護保険制度では地域ケア個別会議とよばれている。

　このケアカンファレンスは，利用者の情報を共有化し，支援困難事例についてチームで，ケアマネジメントを実施していくことである。ひいては，カンファレンスの構成員が情報の共有化を図り，相互に専門家として信頼し合えるようになる。同時に，このカンファレンスでは個々の事例について，新たに作成されたケアプランが実現できるよう利用者に代わって社会資源の修正を，他の構成員に求めることになる（ケースアドボケート）。ここで形成されるのは利用者を中心にしたサービス提供者のネットワークである。

　一方，地域の機関・団体のケースコミッティ（代表者会議）を設置し，そこでは累積された支援困難事例をもとに地域の課題を明らかにし，社会資源を開発・改善し，さらには量的確保を図るよう対応していくことになる（クラスアドボケート）。この会議は，介護保険制度では地域ケア推進会議とよばれている。

　このようなケアカンファレンスやケースコミッティが実施できる母体が地域の機関・団体を組織化した地域のネットワークであり，またケアカンファレンスやケースコミッティが推進されることで，地域のネットワークが強化されることになる。

　ケースコミッティにより社会資源の開発・改善・量的確保がなされれば，ケアマネジメントにおいて，利用者は多くの選択肢から適切なサービスやサポートを選ぶケアプランを作成でき，支援困難事例が減少し，ケアマネジメントがより円滑に実施できることになる。なお，ケースコミッティとは，地域の団体・機関等の代表者による会議のことであり，これは団体・機関間の合意形成

を図り，協同してのコミュニティワークやソーシャルアクションを実践する際に不可欠な会議である。また，クラスアドボケートとは，コーズアドボケートともよばれ，一定の対象者層を対象にして，弁護的活動でもって社会資源の開発，改善等の活動を実施することをさす。

　ケアマネジメントを有効ならしめるためには，地域の機関・団体による地域のネットワークのもとで，さらに支援困難事例の解決をめざす実務者によるケアカンファレンスおよび代表者による社会資源の開発機能となるケースコミッティが不可欠であることがわかった。

第2節　地域のネットワークの条件

　それでは，具体的には，それぞれの地域でどのような地域のネットワークをつくっていけばよいのか。利用者のケアマネジメント過程で生じるおそれのある課題を解決するために，地域のネットワークには以下に示す四つの要件が含まれる必要がある。

　第一に，サービスやサポートを必要としている利用者をどのように発見し，ケアマネジメント機関につないでいくかというメカニズムを含んだシステムでなければならない。これについては，各種サービスについての情報が利用者に届きにくい現実や，サービス利用者側の躊躇感をもとに，利用者を発見することの難しさやケアマネジメント機関に利用者自らが来所しにくいことが挙げられる。その意味では，利用者を発見し，ケアマネジメント機関へ結びつけるような仕組みを，地域のネットワークのなかに取り入れなければならない。

　第二に含まれるべき要件は，個々の利用者あるいはその家族に対して，生活ニーズに合った適切なケアプランを円滑に実施できることである。すなわち，ケアマネジメント機関を介して必要とするサービスが適切かつ即座に利用できることを含んだネットワークでなければならない。そのため，相談を受ける職員のケアマネジャーとしての能力と，作成されたケアプランを即実行できる，縦割り行政の弊害を除去した仕組みにしていなければならない。

　第三に含まれるべき要件は，ケアプランの内容には行政等のサービスとボランティアや近隣といった地域のインフォーマルサポートがかみ合わされて，利

第6章　ケアマネジメントを可能にする地域のネットワークづくり　　81

用者に提供できることを含んでいなければならないことである。利用者が地域で生活を続けていくためには，行政サービスだけでなく，インフォーマルサポートをあわせて受けることによって，質の高い生活が可能となる。そういった社会資源がミックスされて提供できる仕組みを含んだ地域のネットワークでなければならない。

そして，第四の要件は，サービスやサポートを新たに開発していくメカニズムを有していることである。個々の利用者やその家族を支援していく過程で遭遇する支援困難事例をもとにして，新たにサービスやサポートを開発していくメカニズムを有したシステムである必要がある。すなわち，ケアマネジメントから新たな社会資源を生み出していくボトムアップの政策立案（ポリシーメイキング）の仕組みを，地域のネットワークは含んでいなければならない。そのことこそが本来の政策立案過程であり，住民の生活ニーズに合わせたサービス開発の方法だといえる。

なお，これら四つの要件は，利用者がサービス等を利用するプロセスで示した七つの支援方策を要約・整理したものであるといえる。

第3節 地域のネットワークのモデル

前節の四つの要件を含めた，地域のネットワークのモデルを，介護保険制度をもとに私見として提示すると，**図1-6-3**のようになる。ここでは，介護保険制度の現状での居宅介護支援事業者である介護支援専門員と地域包括支援センターという両者の機能を活用した地域のネットワークのモデルを示すこととする。

まずは，上段の個人・家族レベルで，生活ニーズを有した利用者を発見し，相談支援を行う仕組みを形成する。ここでは，介護支援専門員が核となるが，個々の支援事例に対しては，支援に関係するフォーマル・インフォーマルな人々がサービス担当者会議をもつことで，連携が図られ，利用者に必要な社会資源が提供できることになる。これが個人を対象としたネットワークづくりである。

次に，下段の地域社会レベルでは，地域のフォーマルセクターとインフォー

マルセクターの機関や団体を合わせた地域のネットワークづくりとして，具体的には地域ケア個別会議で実務者による支援困難事例を検討し，妥協的・妥当的な解決を図っていく。この地域ケア個別会議をもとに，地域ケア推進会議での地域の機関や団体の代表者により地域の課題について検討し，課題に合った社会資源の開発や充実につなげていく。それらの結果として，地域の機関や団体で構成する地域のネットワークが強化されていくことになる。

中段の集団（団体・機関）レベルでは，個人・家族レベルから，個人の生活ニーズを解決すべき集団を創設したり，既存の集団を機能させたりするために，団体や機関内のメンバー間のネットワークを強化していく。他方で，地域社会レベルから，地域の課題を充足するための社会資源の開発や修正を促進するために，個々の機関や団体内のメンバー間のネットワークを強化していくことになる。

この図では，例示として民生委員協議会と自治会を示したが，個人や家族レベルでのネットワークと地域社会レベルでの地域のネットワークを支えるために，それらの団体や機関内の成員間のネットワークの強化を図っていくことを示している。

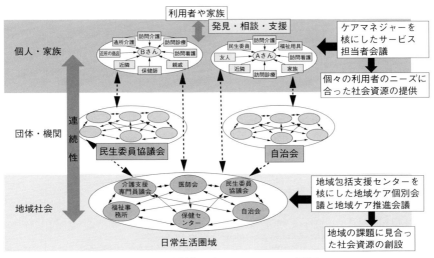

図1-6-3　地域のネットワークの例示

第6章　ケアマネジメントを可能にする地域のネットワークづくり　　83

この集団のネットワークづくりは，集団内のメンバーの活性化を図り，個々のメンバーが役割をもって，個人・家族への支援に参画し，地域での潜在的なサービス利用者を相談に結びつけたり，さらには新たな社会資源の開発等に参画していくことになる。これについては，介護保険制度では地域包括支援センターや生活支援コーディネーターが，「障害者総合支援法」では基幹相談支援事業者が担っていくことになる。あるいは，丸ごとの地域共生社会では，介護保険制度や「障害者総合支援法」が一体になり，地域を基盤にして推進していくことも，今後の方向である。

　こうした図に示した三つのレベルでのネットワークの仕組みを機能させることができれば，前述したケアマネジメントシステムに必要な地域のネットワークの四つの要件を満たすことができる。すなわち，

①利用者を発見し，ケアマネジメント機関へ連絡すること
②必要な諸サービスを円滑・即刻に提供すること
③フォーマルなサービスとインフォーマルなサポートの両方を提供すること
④新たな社会資源を開発すること

が可能となる。

　とりわけ新たな社会資源を開発するというメカニズムは，**図1-6-3**に示したようにケアマネジメント実践から政策を導き出す過程として整理することができる。介護保険制度では，ケアマネジメントで個別支援を実施するが，その際に支援困難事例に遭遇する。するとそのケースは「地域ケア個別会議」とよばれるケアカンファレンスに提案され，そこで検討が行われる。さらに「地域ケア推進会議」とよばれるケースコミッティが支援困難事例を累計的に検討し，それをもとに地域の課題を解決していく計画が作成され，実施されていく。ひいてはそれぞれの日常生活圏域での支援困難事例の減少が導き出されることになる。

注 ────

1) H. Ross（1980）*Proceedings of the Conference on the Evaluation of Case Management Programs*, Volunteers for Services to Older Persons, Los Angeles, March. pp.5-6, 1979.
2) 白澤政和（1988）「要援護老人を支えるネットワーク作り：社会福祉の観点から」『老年社会科学』10（1），30-41.

84　　第1編　ケアマネジメントの基本

第7章

ケアマネジメントにおける 価値と倫理的対応

第1節 ケアマネジメントの価値

　ケアマネジャーは相談援助職として，専門職としての価値を有することが必要である。特に，ケアマネジメントは利用者の QOL（Quality of Life）を高める機能と，一方で財源抑制の機能を有している以上，利用者の意向を尊重し，利用者の自己決定を支援していくという価値を常に意識して業務を遂行していく責務がある。ケアマネジャーが保険者や行政側に所属している場合でも，サービス提供側に所属している場合でも，ケアマネジャーは利用者主体の考え方を堅持していくために，専門職としての価値が求められる。特に，日本では，介護保険制度の場合も，「障害者総合支援法」による障害者支援においても，ケアマネジャーは介護サービス等を実施する法人に配置されている場合が多く，その場合でも利用者本位の立場をつらぬくことが求められている。

　ここでは，同じ相談専門職であるソーシャルワーカーの価値と基本的には同じであろう。全米ソーシャルワーカー協会（National Association of Social Workers；NASW）のソーシャルワークの倫理原則としての価値は，1999 年に改定されたが，この倫理原則は，イギリスやオーストラリアのソーシャルワーカー協会，さらには，わが国における日本社会福祉士会，日本精神保健福祉士協会，日本医療社会福祉協会の倫理原則にも影響を及ぼし，ソーシャルワーカーの職能団体の倫理原則は世界的にほぼ共通したものとなっている。

　以下に，NASW の倫理原則である専門職としての六つの価値を示しておくが，これらはケアマネジャーの専門的な価値にも相当するといえる。

　①他者に奉仕すること：ソーシャルワーカーの第一の目的はニーズをもった

人を支援し，社会問題を強調することであり，自己への利害を優先しては
ならない。

②社会的正義：ソーシャルワーカーはもともと社会的に不利な状況に置かれ
　た人々を対象にしており，社会的な不正義に挑戦し，利用者のニーズを満
　たすために弁護的（adovacacy）活動を行う。

③人間に対する尊厳と自尊心（self-worth）の確保：ソーシャルワーカーは
　利用者に対して尊敬や尊厳をもって対応する。

④人間関係の重要性：ソーシャルワーカーは人間関係こそが変化していく媒
　介であることを認識し，利用者と対等な関係でもって，両者が参加し，一
　緒に変化を求めていく。

⑤誠実であること：ソーシャルワーカーはその業務の使命，価値，倫理を認
　識し，信頼を得るべく行動をする。

⑥専門能力や力量を有すること：ソーシャルワーカーは常にソーシャルワー
　クの知識や技能を高め，それらを実践に応用していく。

　ここでは，主語のソーシャルワーカーをケアマネジャーに置き換えて，ケア
マネジャーの倫理原則とすることも可能であろう。

第2節 ケアマネジメントにおける倫理的な姿勢

　日本でのケアマネジャーの倫理綱領は，介護保険制度に対応する介護支援専
門員の職能団体である日本介護支援専門員協会は有しているが，障害児者に対
応する相談支援専門員の職能団体である日本相談支援専門員協会ではいまだ作
成されていない。

　日本介護支援専門員協会の倫理綱領は，2007（平成19）年3月に採択され
たもので，前文と12の条文で構成されている。12の条文とは，1．自立支援，
2．利用者の権利擁護，3．専門的知識と技術の向上，4．公正・中立な立場の
堅持，5．社会的信頼の確立，6．秘密保持，7．法令遵守，8．説明責任，9．
苦情への対応，10．他の専門職との連携，11．地域包括ケアの推進，12．よ
り良い社会づくりへの貢献，である。

　本節では，ケアマネジメントにおいてどのような倫理的な姿勢が求められる

86　　第1編　ケアマネジメントの基本

かを，日本介護支援専門員協会の倫理綱領に加えて，介護支援専門員資格の基礎資格であるいくつかの職能団体の倫理綱領等を参考にして，検討することとした。ここでは，日本医師会の『医師の職業倫理指針』〔2008（平成20）年6月〕，日本看護協会の『看護者の倫理綱領』〔2003（平成15）年〕，日本社会福祉士会の『社会福祉士の倫理綱領』（2005（平成17）年6月3日採択〕，日本介護福祉士会の『日本介護福祉士会倫理綱領』〔1995（平成7）年11月17日宣言〕を参考にし，以下のように整理した。

ケアマネジメントにおける倫理的な姿勢

①権利擁護	②秘密保持	③プライバシーの保護
④利益保護	⑤説明責任	⑥リスクマネジメント
⑦苦情対応	⑧公正・中立な立場の堅持	
⑨専門的知識と技術の向上	⑩利用者との信頼形成	
⑪多職種連携	⑫社会的責任	
⑬法令遵守	⑭倫理綱領に対する誠実	

---

①権利擁護

・利用者が望むサービスを適切に受けられるように権利を擁護し，弁護的活動を行う。

・利用者の権利を十分に認識し，敏感かつ積極的に対応し，あらゆる権利侵害の発生を防止する。

・利用者が虐待を受けている可能性がある場合には，すみやかに発見するよう心がける。

・意思決定能力の不十分な利用者に対しては，常に最善の方法を用いて，利益と権利を擁護する。

・利用者の権利侵害を防止するよう環境を整え，啓発活動を積極的に行う。

・社会の側で何らかの意思決定がなされる際には，関係する人々の意思と参加が促進されるように活動する。

②秘密保持

・正当な理由なしに，その業務に関し知り得た利用者や関係者の情報

を漏らさないことを厳守する。

・業務を離れた日常生活においても，また業務から退いた場合においても，利用者の秘密を保持する。

・記録の管理と廃棄について，利用者の秘密が漏れないように慎重に対応する。

・サービス担当者会議等で利用者に関する情報を関係機関・関係職員と共有する場合，その秘密を保持できるよう最善の方策を用いる。

③プライバシーの保護

・関係者から情報を得る場合には，利用者のプライバシーを最大限に尊重し，利用者等からの同意を得る。

・利用者の記録を開示する場合には，必ず利用者等の了解を得る。

・支援の目的以外には，利用者についての個人情報を収集ないし使用してはならない。

・利用者の個人情報の乱用・紛失等のあらゆる危険に対して，安全に保護できる措置を講じる。特に電子媒体により個人情報を取り扱う場合は，最新のセキュリティーを確保し，厳重に管理する。

・課題の解決を目的とする場合であっても，利用者の了解が得られない場合は，個人情報を使用しない。

④利益保護

・利用者の利益を最優先にして支援を行う。

・利用者が記録の閲覧を希望した場合は，特別な理由なく，閲覧を拒んではならない。

⑤説明責任

・制度の内容や動向，作成されたケアプラン，ケアプランに基づいて提供された保健・医療・福祉のサービスについて，利用者に適切な方法・わかりやすい表現を用いて，説明し，利用者の意向を確認する。

・利用者の利益と相反することが避けられない事態が生じた場合は，利用者を守る手段を講じ，それを利用者に説明する。

⑥リスクマネジメント

・利用者に対するアセスメントをもとに，リスクを予見する。

・利用者のケアプラン作成において，リスクを回避する計画を作成する。

⑦苦情対応

・利用者や関係者の意見・要望そして苦情を真摯に受けとめ，適切かつ迅速に改善を図る。

・苦情を受けた際には，業務の改善をとおして再発防止に努めなければならない。

・実践現場において常に自己点検と評価を行い，外部からの評価を受けるように働きかけなければならない。

⑧公正・中立な立場の堅持

・所属する事業所・施設の利益に偏ることなく，公正・中立な立場を堅持する。

・サービス事業者との関係において，自らが属する機関や関連する事業者の利益のために働くようなことはしない。

・利用者のニーズの内容や量に応じて，適正にサービスが利用できるよう支援する。

⑨専門的知識と技術の向上

・専門職としての使命と職責の重要性を自覚し，常に専門的知識・技術の向上に努めることにより，専門性を高め，自らの専門的知識・技術を惜しみなく発揮する。

・スーパービジョン，教育・研修に参加し，支援方法の改善と専門性の向上を図る。

・研修・情報交換・自主的な勉強会等への参加機会を生かして，常に自己研さんに努める。

・他のケアマネジャーや他の専門職と知識や経験の交流を行い，支援方法の改善と専門性の向上を図る。

・常に専門分野やそれに関連する情報，制度等の関連知識について収集し，専門的力量を高める。

⑩利用者との信頼形成

第7章　ケアマネジメントにおける価値と倫理的対応　89

・利用者との支援関係を大切にし，その関係についてあらかじめ利用者に説明する。

・支援関係において，利用者とのパートナーシップを尊重する。

・自らの価値観や支援観を利用者に押しつけない。

・利用者の意思表出をはげまし，支援する。

・利用者の立場になって支援することを伝える。

・専門職としての義務と利用者の権利を説明したうえで，支援する。

・利用者に必要な情報を十分に提供し，利用者が納得していることを確認する。

・利用者が自ら目標を定めるよう支援する。

・利用者が選択の幅を広げられるよう，十分な情報提供をする。

・利用者の自己決定が重大な危険を伴う場合には，あらかじめ自己決定した行動を制限することがあることを伝え，そのような制限をした場合には，その理由を説明する。

・自らの個人的・宗教的・政治的理由により，または自らの利益のために，不当に利用者との支援関係を利用しない。

⑪多職種連携

・ケアプランのもとで，多様なサービスやサポートとの有機的な連携を図るよう創意工夫を行い，ケアマネジメントを総合的に実施する。

・他機関の専門職と連携し協働するために，個々のサービスの専門性を尊重し，他の専門職等との連絡・調整の役割を果たす。

・所属する機関内で意思疎通が円滑になされるよう，積極的に関わる。

⑫社会的責任

・利用者が地域で最期まで生活できる社会の実現をめざして活動する。

・ケアマネジメントの果たす役割を自覚し，常に社会の信頼を得られるよう努める。

・利用者・他の専門職・市民に対して，ケアマネジメントの意義や内

容を伝え，社会的信用を高める。

・自覚と誇りをもち，責任ある行動をとり，ケアマネジメントの重要性を啓発する。

・いかなる社会的不正行為や信用失墜行為を行わない。

⑬法令遵守

・関係する諸法令や通知を遵守する。

・利用者から正規の報酬以外に物品や金銭を受けとらない。

⑭倫理綱領に対する誠実

・日本介護支援専門員協会の倫理綱領に対して誠実である。

・倫理上のジレンマが生じた場合，倫理綱領に照らし，公正性と一貫性をもってサービス提供を行うように努める。

・実践現場の方針・規則・手続き等が，日本介護支援専門員協会の倫理綱領に反する場合，それを許さない。

〔日本ケアマネジメント学会（2016）「ケアマネジメントにおける基本理念と倫理的な姿勢」『ケアマネジメントの効果的運用に関する調査研究　報告書（平成27年度老人保健推進費等補助金老人保健健康増進等事業）』，「資料11　ケアマネジメント・プロセスの手引き」4-7. を一部改変〕

第3節　倫理的ジレンマへの対応

　前節で述べたようなケアマネジメントでの倫理的対応について，ケアプランを作成する時点でケアマネジャー自身のなかでジレンマが生じる場合がある。同時に，ケアマネジャーと利用者の間，また家族，保険者，サービス提供者の間でも，ケアプランについてジレンマが生じる。

　同じ相談業務を担うソーシャルワーカーが遭遇する倫理的ジレンマに際して，どの価値を優先するかの価値のハイラキーの考え方を示す指針がある。この価値のハイラキーについては，識者によってニュアンスに違いがある。ここでは，リーマー（F. G. Reamer）[1]，ヘップワースら（D. H. Hepworth, et al.）[2]，ドルゴフら（R. Dolgoff, et al.）[3]の考え方を紹介する。

第7章　ケアマネジメントにおける価値と倫理的対応　　91

リーマーの価値のハイラキー

①利用者の自己決定は，基本的な福利（ウェルビーイング）を含めた他の何よりも優先する（利用者が選択するうえで的確な判断をした場合）。

②身体的な健康，福利（ウェルビーイング）および基本的なニーズの充足は，守秘義務よりも優先する。

③ある人の福利（ウェルビーイング）は，他の人のプライバシー，自由，自己決定の権利よりも優先する。

④利用者の福利（ウェルビーイング）の権利は，ある種の法律，政策，機関の手続きよりも優先する。

ヘップワースらの価値のハイラキー

①生活に不可欠なことや健康の権利は，守秘義務の権利よりも優先する。

②本人の生活に不可欠なことや健康の権利は，他の人のプライバシー，自由，自己決定の権利よりも優先する。

③人々の自己決定の権利は，その人々の福利（ウェルビーイング）の権利よりも，優先する。

④人々の福利（ウェルビーイング）の権利は，機関の方針や手続きよりも優先する。

ドルゴフらの価値のハイラキー

倫理の原則の仕切り（screen）として，**図1-7-1**を示している。これをもとに，以下のような七つのソーシャルワーカーの倫理原則を示している。

最も優先すべき倫理は，人々の生活（食，住，所得，健康）を守ることであり，ソーシャルワーカーはあらゆる人の生活を守ることが原則である。第二に優先されるべき倫理は平等であり，ソーシャルワーカーは同じ環境に置かれている人には誰にでも同じように対応しなければならない。第三に優先する倫理は自律と自由であり，ソーシャルワーカーは利用者の自己決定，自律，独立性，自由を守らなければならない。第四に優先されるべきことは危害を抑えることであり，ソーシャルワーカーは危害を引き起こす可能性があるようなことに直面した際には，危害の予防や回避をしなければならない。第五に優先され

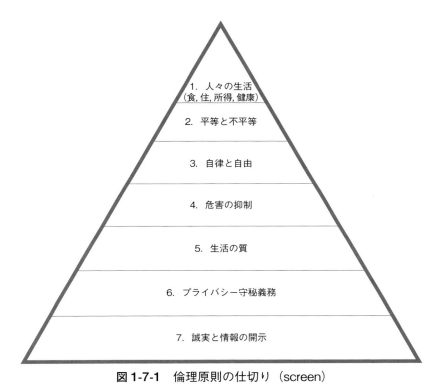

図1-7-1　倫理原則の仕切り (screen)

〔出典：Ralph Dolgoff, Frank M. Loewenberg and Donna Harrington (2009) *Ethical Decisions for Social Work Practice 8th Edition*, Thomson Brooks/Cole, 65.〕

るべきことは生活の質であり、ソーシャルワーカーは人々の生活の質を高めるような選択肢を選ばなければならない。第六に優先すべきことはプライバシーの保護と守秘義務であり、ソーシャルワーカーは利用者のプライバシーの保護や守秘義務を強めていくよう決定すべきである。最後に優先されるべきことは誠実や情報の開示であり、ソーシャルワーカーは利用者と誠実に話をし、すべての関連している情報を伝えなければならない。

　これらの指針は一定の原則を示したものであるが、現実には価値判断や客観的な解釈が伴うものであるとされている[4]。なお、リーマーらやヘップワースらがいう福利（ウェルビーング）はドルゴフらの人々の生活（食、住、所得、

健康）とほぼ類似のものと解することができる。

　ここで紹介した論者らの考え方から，ケアマネジャーには，以下のような価値のハイラキーを基準にすることができるといえる。

　①利用者の生命，健康，福利（ウェルビーイング），生活に不可欠なことの権利は，守秘義務・福祉，教育，レクリエーションといった追加的なことよりも優先する。

　②ある人の福利（ウェルビーイング）は，他の人のプライバシー，自由，自己決定の権利よりも優先する。

　③クライエントの福利（ウェルビーイング）の権利は，ある種の法律，政策，機関の手続きよりも優先する。

　ただし，これらの論者の倫理のハイラキーでは，利用者の自己決定と利用者の福祉（ウェルビーイング）なり生活（食，住，所得，健康）については異なったものとなっており，利用者の自己決定の内容が利用者の立場から捉えて適格でそれ以外に選択肢がない場合において，利用者の福利（ウェルビーイング）なり生活（食，住，所得，健康）より自己決定が優先されることになるといえる。また，福利（ウェルビーイング）や生活（食，住，所得，健康）のうちでどのような内容や水準かによって，両者のハイラキーの入れ替えが生じるともいえる。

第4節 介護支援専門員の離職と倫理的ジレンマ

　日本のケアマネジメントでは，介護支援専門員の所属する居宅介護支援事業者は介護サービス事業者と併設されている場合が多く，そこから生じる倫理的ジレンマが大きな課題になっている。これは，介護支援専門員は介護サービス事業者と同じ法人に属することになり，自らの法人のサービスを利用してほしい，さらに多くの量のサービスを使ってほしいという管理者や法人の意向と，利用者側の生活ニーズに合ったサービスのメニューや量を提供しなければならないとする介護支援専門員の意識との間で倫理的ジレンマが生じる可能性が高い。これについて，『居宅介護支援事業所及び介護支援専門員業務の実態に関する調査報告書』によれば，ケアマネジャーの業務遂行に関する悩み（複数回

94　　　第1編　ケアマネジメントの基本

答）で，「利用者本位のサービスがつらぬけない」とする者が 20.7％もあり，また，ケアプランの作成について困難に感じていること（複数回答）では，「事業所の併設サービス等をケアプランに入れるような事業所の方針がある」ということで悩んでいる者が 5.3％いるとの結果が示されている[5]。

　我々が介護支援専門員を対象とした郵送調査では，介護支援専門員の 33.1％と約 1/3 が離職経験を有しており，2 回以上の離職経験者も 13.8％いることが明らかになった。さらに，これら離職経験者の離職理由（複数回答）としては，**表 1-7-1** のような結果となった。この表から，離職者の 2/3 に近い 46.6％が「法人・事業者の理念や運営の仕方に不満があった」としており，これは最も大きな理由についても第 1 位であり，16.6％と突出して高くなっている。こうした結果からも，介護支援専門員と管理者等との間で倫理的なジレン

表 1-7-1　離職理由に関する回答分布（N=577）

順位	項　目	離職理由	順位	最も大きな理由[※]
1	法人・事業者の理念や運営の仕方に不満があった	269　（46.6）	1	96　（16.6）
2	職場の人間関係に問題があった	171　（29.6）	2	28　（4.9）
3	専門性や能力を発揮できない職場だった	116　（20.1）	4	15　（2.6）
4	収入が少なかった	114　（19.8）	3	16　（2.8）
5	将来の見込みが立たなかった	108　（18.7）	7	11　（1.9）
6	労働時間・休日・勤務体制が合わなかった	94　（16.3）	5	13　（2.3）
7	起業した	78　（13.5）	8	10　（1.7）
8	いろんな事業所を体験してみたかった	72　（12.5）	6	13　（2.3）
9	心身の不調	61　（10.6）	11	5　（0.9）
10	自らの家族の介護・看護	36　（6.2）	9	4　（0.7）
11	人員整理・奨励退職・法人解散	35　（6.1）	10	6　（1.0）
12	結婚・出産・育児	34　（5.9）	13	10　（1.7）
13	家族の転勤・転居	22　（3.8）	12	4　（0.7）
14	利用者や家族との問題があった	1　（0.2）	14	0　（0.0）
15	その他	71　（12.3）	15	14　（2.4）

※　1 項目のみ回答

第 7 章　ケアマネジメントにおける価値と倫理的対応　　95

マが生じていることがうかがわれる[6]。

　このような割合を少ないと捉えるのか，多いと捉えるかの違いがあるとしても，ケアマネジャーと管理者の間にジレンマが生じていることは事実であり，このようなジレンマを制度的に解消していくことが求められている。このことが介護支援専門員の公正中立を保つことに不可欠である。

注

1) Reamer, F.G.（1998）The Evolution of Social Work Ethics, *Social work*, 43（6），488-500.
2) Dean H. Hepworth, Ronald H. Rooney and Jo Ann Larsen（2002）*Direct Social Work Practice : Theory and Skill*, Brooks/Cole, 77-78.
3) Ralph Dolgoff, Frank M. Loewenberg and Donna Harrington（2009）*Ethical Decisions for Social Work Practice 8th Edition*, Thomson Brooks/Cole, 65-67.
4) John Poulin（2005）*Strengths-Based Generalist Practice : A Collaborative Approach*，Brooks/Cole Thomson, 39.
5) 三菱総合研究所（2014）『居宅介護支援事業所及び介護支援専門員業務の実態に関する調査報告書（平成25年度厚生労働省老人保健事業推進費等補助金　老人保健健康増進等事業分）』84, 94.
6) 白澤政和・ほか（2017）『介護支援専門員を対象としたケアマネジメント実践に関する調査』. https://docs.wixstatic.com/ugd/b5a540_861cc698ff384fd4abd2a88ff60d8ef7.pdf

〈参考文献〉

Code of Ethics of the National Association of Social Workers Approved by the 1996 NASW Delegate Assembly and revised by the 1999 NASW Delegate Assembly
　https://umaine.edu/socialwork/files/2013/02/NASW-Code-of-Ethics.pdf#search=%27national+association+of+social+workers+ethi%5Ccal%27
日本介護支援専門員協会（2007）『介護支援専門員 倫理綱領』平成19年3月25日採択.
　http://www.jcma.or.jp/corp/morals/index.html
日本医師会（2008）『医師の職業倫理指針：改訂版』平成20年6月.
　http://dl.med.or.jp/dl-med/teireikaiken/20080910_1.pdf#search='%E6%97%A5%E6%9C%AC%E5%8C%BB%E5%B8%AB%E4%BC%9A+%E5%8C%BB%E5%B8%AB%E3%81%AE%E5%80%AB%E7%90%86%E7%B6%B1%E9%A0%98'
日本看護協会（2003）『看護者の倫理綱領』.
　http://www.nurse.or.jp/nursing/practice/rinri/rinri.html
日本社会福祉士会（2005）『社会福祉士の倫理綱領』平成17年6月3日採択.
　http://www.jacsw.or.jp/01_csw/05_rinrikoryo/
日本介護福祉士会（1995）『日本介護福祉士会倫理綱領』平成7年11月17日宣言.
　http://www.jaccw.or.jp/about/rinri.php

コラム3　介護支援専門員のケアプラン作成でのジレンマとその対応とは？

　介護支援専門員はケアプランの作成に際して，ステークホルダーとの間で生じるジレンマの現状を明らかにしたい。とりわけ，介護支援専門員は居宅介護支援事業者の管理者との間でどの程度のジレンマがあり，どのようにジレンマを解決しているかを明らかにし，それへの対応方策について考えてみたい。

＊＊＊

ケアプラン作成についての介護支援専門員と管理者との間でのジレンマに関する研究

　本調査研究では，第一に介護支援専門員は，「利用者」「利用者家族」「所属事業所の管理者」「介護保険サービス事業者」「医療サービス事業者」「保険者（行政）」との間で，作成するケアプランに関してどの程度ジレンマが生じ，その際にどのように解決しているのかを明らかにする。第二には，介護支援専門員が所属する居宅介護支援事業者の管理者との間でケアプランについてのジレンマが生じる要因，およびジレンマが生じた場合に管理者と介護支援専門員のどちらの意向で解決しているのかを決定する要因を明らかにする。

　研究方法は，全国の介護支援専門員 3,500 名を無作為抽出し，2017（平成29）年 1 月に郵送調査を実施し，1,725 票（回収率：50.57%）の有効回答を得た。介護支援専門員の基本属性は**表 1-7-2**，所属する機関の基本属性は**表 1-7-3** である。

　介護支援専門員が「利用者」「利用者家族」「所属事業所の管理者」「介護保険サービス事業者」「医療サービス事業者」「保険者（行政）」の 6 者との間でのケアプランについてジレンマが生じている割合は，**表 1-7-4** である。この結果，「所属事業者の管理者」との間でのジレンマがある介護支援専門員は 1/4 程度である。さらに，ジレンマが生じた場合に，介護支援専門員は自らの意向か相手側の意向かのどちらでケアプランの内容を決めているかの

表1-7-2 介護支援専門員の基本属性（N=1,725）

	カテゴリー	N（%）
性別	男性	381 (22.1)
	女性	1,342 (77.8)
	無回答	2 (0.1)
年齢	30歳未満	7 (0.4)
	30歳代	221 (12.8)
	40歳代	548 (31.8)
	50歳代	654 (37.9)
	60歳以上	293 (17.0)
	無回答	2 (0.1)
最終学歴	中学校（旧制高等小学校を含む）	12 (0.7)
	高等学校（旧制中学校を含む）	465 (27.0)
	短大・高専・専門学校・専修学校	828 (48.0)
	四年制大学（旧制高校・新制大学院を含む）	398 (23.1)
	その他	16 (0.9)
	無回答	6 (0.3)
介護支援専門員経験月数[※1]	平均101.1カ月（標準偏差：58.4，範囲：1～336）	
ケアプラン担当数[※2]	平均31.6件（標準偏差：9.2，範囲：0～70）	
自らのアイデンティティ	福祉職	790 (45.8)
	介護職	615 (35.7)
	看護職	217 (12.6)
	リハビリテーション職	27 (1.6)
	その他	46 (2.7)
	無回答	30 (1.7)
主たる基礎資格	介護福祉士	1,048 (60.8)
	看護師・准看護師	241 (14.0)
	社会福祉士	194 (11.2)
	社会福祉主事	50 (2.9)
	訪問介護員（ホームヘルパー）	44 (2.6)
	歯科衛生士	27 (1.6)
	栄養士	23 (1.3)
	保健師	13 (0.8)
	薬剤師	12 (0.7)

	カテゴリー	N（%）
主たる基礎資格	理学療法士	7（0.4）
	作業療法士	3（0.2）
	医師	3（0.2）
	精神保健福祉士	2（0.1）
	その他	44（2.6）
	無回答	14（0.8）
主任介護支援専門員の資格	持っている	743（43.1）
	持っていない	978（56.7）
	無回答	4（0.2）

※1　N=1,709
※2　N=1,712

結果については，**表1-7-5**に示してある。ここでは，ケアプランの最終決定が「管理者」の意向とする者が2/3で，「介護支援専門員」の意向とする者は1/3程度となっている。

　次に，介護支援専門員が管理者との間でジレンマの有無およびコンフリクトの解決方法の違いを従属変数にし，介護支援専門員機関属性4項目を，また介護支援専門員属性8項目を独立変数にして，2項ロジスティック回帰分析を行った。その結果を**表1-7-6**から**表1-7-9**に示したが，管理者とのジレンマの有無については，機関属性で介護サービスを実施していない単独型機関（*P*<0.001）や公益性の高い法人（*P*<0.05）が運営主体である場合に，ジレンマが少ないことがわかった（**表1-7-6**）。介護支援専門員の属性については，女性（*P*<0.05），高年齢層（*P*<0.05），主任介護支援専門員資格無取得者（*P*<0.05）で，管理者の間でのジレンマが少なかった（**表1-7-7**）。一方，ジレンマの解決方法について，機関属性については単独型機関（*P*<0.05）で介護支援専門員自らの意向に合わせることが有意に高く（**表1-7-8**），介護支援専門員属性については有意差がある項目はなかった（**表1-7-9**）。

　以上の結果，介護支援専門員の管理者とのジレンマは，他のステークホル

表1-7-3　所属する機関の基本属性（N=1,725）

	カテゴリー	N（%）
事業所の設置状況	他施設・他機関併設型事業所	1,352（78.4）
	単独型事業所	347（20.1）
	無回答	26（1.5）
運営主体	民間法人（株式会社等）	691（40.1）
	社会福祉法人（社協除く）	399（23.1）
	医療法人	325（18.8）
	社会福祉協議会	123（7.1）
	特定非営利活動法人（NPO）	61（3.5）
	一般社団法人	38（2.2）
	生協・農協等の協同組合	34（2.0）
	市町村などの自治体	17（1.0）
	その他	35（2.0）
	無回答	2（0.1）
特定加算の有無	特定事業所加算は算定されていない	1,057（61.3）
	特定事業所加算Ⅰが算定されている	59（3.4）
	特定事業所加算Ⅱが算定されている	375（21.7）
	特定事業所加算Ⅲが算定されている	217（12.6）
	無回答	17（1.0）
介護支援専門員の人数※	平均3.2人（標準偏差：2.1，範囲：1〜15）	

※　N=1,722

ダーに比べるとさほど多くはないが，ジレンマがある場合には，管理者の意向が大きくケアプランに反映されることがわかった。その意味では，介護支援専門員の専門職としての「自律性」に課題があることがわかった。また，管理者と介護支援専門員の間でジレンマが少ないのは，介護サービスを実施していない単独型機関や公益性の高い法人であり，また単独型機関では，ケアプランの作成でジレンマが生じた際にも，介護支援専門員の意向がとおりやすいこともわかった。そのため，介護支援専門員の専門職としての自律性を確保していくためには，サービス併設型から単独型の機関に移行させていくようインセンティブを働かせていくことが求められているといえる。

表1-7-4 ケアプラン作成でのジレンマの有無

ジレンマ	あ　り	な　し	無回答	合　計
利用者	1,117 (64.6%)	594 (34.4%)	16 (0.9%)	1,725 (100%)
家族介護者	1,070 (62.0%)	633 (36.7%)	22 (1.3%)	1,725 (100%)
所属の管理者	458 (26.5%)	1,243 (72.3%)	19 (1.1%)	1,725 (100%)
介護保険サービス事業者	537 (31.1%)	1,170 (67.8%)	18 (1.0%)	1,725 (100%)
医療サービス事業者	514 (29.8%)	1,192 (69.1%)	19 (1.1%)	1,725 (100%)
保険者（市町村）	313 (18.1%)	1,396 (80.9%)	16 (0.9%)	1,725 (100%)

※　「よくある」と「時々ある」を合わせて「ある」,「あまりない」と「まったくない」を合わせて「ない」としている。

表1-7-5 ジレンマが生じた場合の解決の仕方

ジレンマ	相手の 意向	介護支援専 門員の意向	無回答	合　計
利用者	1,098 (98.5%)	12 (1.1%)	5 (0.9%)	1,117 (100%)
家族介護者	1,043 (97.5%)	23 (2.1%)	4 (0.4%)	1,070 (100%)
所属の管理者	307 (67.0%)	144 (31.4%)	7 (1.5%)	453 (100%)
介護保険サービス事業者	329 (61.2%)	195 (36.3%)	13 (2.4%)	537 (100%)
医療サービス事業者	447 (87.0%)	60 (11.7%)	7 (1.4%)	514 (100%)
保険者（市町村）	232 (74.1%)	74 (23.7%)	7 (2.2%)	313 (100%)

※　「相手の意向に合わせる」と「できる限り相手の意向に合わせる」を「相手の意向」に,「自分の意向に合わせる」と「できる限り自分の意向に合わせる」を「介護支援専門員の意向」とした。

表1-7-6 管理者とのジレンマの有無についての機関属性による2項
ロジスティック回帰分析

説明変数	β	オッズ比	95%信頼区間 Lower2.5%-Upper2.5%	有意確率
設置状況（0：併設型，1：単独型）	−0.141	0.520	0.375-0.722	＊＊＊
運営主体(0：民間法人，1：公益性の高い法人）	−0.068	0.775	0.603-0.997	＊
特別事業所加算（0：加算なし，1：加算あり）	−0.002	0.992	0.735-1.338	n.s.
介護支援専門員の人数	0.069	1.065	0.993-1.142	n.s.

※　＊＊＊：$P < 0.001$，＊＊：$P < 0.01$，＊：$P < 0.05$，n.s.：有意差なし
　　従属変数（コンフリクトなし：0，コンフリクトあり：1）

表1-7-7 管理者とのジレンマの有無についての介護支援専門員属性
での2項ロジスティック回帰分析

説明変数	β	オッズ比	95%信頼区間 Lower2.5%-Upper2.5%	有意確率
性別（0：女性，1：男性）	0.083	1.440	1.086-1.909	＊
年齢	−0.084	0.846	0.738-0.971	＊
学歴	−0.018	0.955	0.807-1.131	n.s.
ケアプラン担当数	0.030	1.006	0.993-1.019	n.s.
主たる基礎資格（0：ソーシャルワーカー以外，1：ソーシャルワーカー）	0.043	1.281	0.877-1.871	n.s.
自らのアイデンティティ（0：福祉職以外，1：福祉職）	−0.010	0.964	0.756-1.228	n.s.
経験月数	−0.061	0.998	0.995-1.001	n.s.
主任介護支援専門員の資格(0：なし，1：あり）	0.080	1.348	1.010-1.798	＊

※　ソーシャルワーカーは社会福祉士と精神保健福祉士とした。
　　＊＊＊：$P < 0.001$，＊＊：$P < 0.01$，＊：$P < 0.05$，n.s.：有意差なし
　　従属変数（コンフリクトなし：0，コンフリクトあり：1）

表1-7-8 ジレンマの解決について介護支援専門員と管理者の意向の違いについての機関属性による2項ロジスティック回帰分析

説明変数	β	オッズ比	95%信頼区間 Lower2.5%-Upper2.5%	有意確率
設置状況（0：併設型，1：単独型）	0.113	1.839	1.006-3.360	＊
運営主体(0：民間法人，1：公益性の高い法人)	0.077	1.336	0.843-2.118	n.s.
特別事業所加算（0：加算なし，1：加算あり）	−0.148	0.571	0.321-1.016	n.s.
介護支援専門員の人数	−0.031	0.972	0.845-1.117	n.s.

※ ＊＊＊：$P < 0.001$，＊＊：$P < 0.01$，＊：$P < 0.05$，n.s.：有意差なし
従属変数（管理者の意向：0，介護支援専門員の意向：1）

表1-7-9 ジレンマの解決での介護支援専門員と管理者の意向の違いについての介護支援専門員属性による2項ロジスティック回帰分析

説明変数	β	オッズ比	95%信頼区間 Lower2.5%-Upper2.5%	有意確率
性別（0：女性，1：男性）	−0.080	0.725	0.419-1.252	n.s.
年齢	0.007	1.013	0.779-1.317	n.s.
学歴	0.025	1.062	0.776-1.455	n.s.
ケアプラン担当数	−0.036	0.992	0.968-1.017	n.s.
主たる基礎資格（0：ソーシャルワーカー以外，1：ソーシャルワーカー）	0.028	1.156	0.595-2.247	n.s.
自らのアイデンティティ（0：福祉職以外，1：福祉職）	0.056	1.23	0.781-1.937	n.s.
経験月数	0.126	1.004	0.999-1.009	n.s.
主任介護支援専門員の資格（0：なし，1：あり）	−0.060	0.801	0.475-1.352	n.s.

※ ソーシャルワーカーは社会福祉士と精神保健福祉士とした。
＊＊＊：$P < 0.001$，＊＊：$P < 0.01$，＊：$P < 0.05$，n.s.：有意差なし
従属変数（管理者の意向：0，介護支援専門員の意向：1）

(出典) Masakazu Shirasawa, Yoshihito Takemoto, Kazutaka Masuda and Ryousuke Hata（2017）*Dilemmas between care managers and office managers in care plan preparation: The current state and challenges*, The 2017 Asia-Pacific Joint Regional Social Work Conference, Shenzhen China（9.26-30）.

第2編

ケアマネジメントの中核

第1章

自立の支援と QOL の促進

　介護保険制度の目的の第一は，利用者の「自立支援」である。ここでいわれる自立支援とは，さまざまなフォーマルサービスやインフォーマルサポートの提供者がチームアプローチにより利用者の自立した生活を支援していくことである。その意味では，チームの要となるケアマネジャーは，利用者の自立支援を進めていく中核的存在でなければならない。このように考えれば，ケアマネジメントにおいては，そうしたサービスやサポートと連携しながら，利用者の自立を支援していくことが必要とされる。そのなかで，ケアマネジャーには，利用者や家族に加えて，サービスやサポートを提供する機関や団体とともに，個々の利用者の自立支援の意義や内容についての共通理解を深め，自立を可能にする具体的な方法についても共通認識しながら，それを実践していく能力が求められる。

　そこで本章では，ケアマネジャーが利用者の自立に向けた支援をいかにして遂行していくのかについて検討していく。そこから，この自立支援が利用者のQOL（Quality of Life）とどのような関係にあるのかを明らかにしたい。

第1節 自立支援とは何か

　介護保険制度でのケアマネジメントでは，利用者の自立を支援することを第一の原則にしている。介護保険での「自立」の側面としては，① ADL（Activities of Daily Living）などを維持・向上していく「身辺的自立」，②有している力を引き出す「能力的自立」，③自分のことを自己責任でもって自己決定していく「精神的自立」といったことが考えられる。ケアマネジメントにおいては，当然，これらの三つの側面について利用者が実施していくよう支援してい

106　　第2編　ケアマネジメントの中核

くが，最終的な自立とは，③にある「精神的自立」であり，利用者が主体的に生きていくことを支援するものといえる。見方を変えれば，「精神的自立」である主体的に生きていくことの結果，「身辺的自立」や「能力的自立」が実現していくともいえる。

　このことは，利用者の尊厳の保持を支援することでもあり，ケアマネジメントは，その根底に利用者を含めてすべての人々はできる限り自分のことは自分で決めていく，「自立的」でありたいといった願いをもっているという思想を有しており，その支援役であるケアマネジャーは，こうした考え方を推し進めていくことになる。

　その一方で，自立の概念は，現状では曖昧に使用されている。自立には，自己選択，自己管理，個人の自由，個人のプライバシーといった意味が内包されている。つまり，自立とは，自己決定に関する多くのことを含む幅広い概念であると理解できる。そのなかで，具体的にケアマネジャーに求められることは，利用者の有する社会生活をしていくうえでの問題や課題，それらについての長期的・短期的な支援目標の設定である生活ニーズや，生活ニーズの解決に向けた優先順位や利用するサービスやサポートの決定について，利用者が自らの責任のもと自己決定・選択をしていくことを支援していくことであり，最終的には一人ひとりの利用者の「生き方」を支えることにある。

　それゆえ，自立とは，利用者が自らの行動に対して他からの統制や介入といった影響を受けないことを意味している。また，「自立とは自己を律すること」（自律：autonomy）とされているように，当然のことながら自己責任が伴うことになる。利用者が自立するということは，自己決定について自らが責任をもつことであり，その自己決定の内容は社会からまったく独立したものとして存続することはありえず，その決定内容は社会から容認されるものでもある。具体的には，利用者が自らの存在や社会状況との関係を考えながら自己決定していくことが自立であり，そうした方向に向けてケアマネジャーは利用者を支援していく。

　こうした自立の過程を経ることによって，利用者は，力のない状態から自らに対する自信や社会からの信頼を獲得し，生活ニーズの解決に立ち向かっていくことになる。このように，利用者が身体的・心理的・社会的な力を主体的に

第1章　自立の支援と QOL の促進　　107

獲得していくことを「エンパワメント（empowerment）」とよぶが，ケアマネジメントにおける自立支援では，利用者がエンパワメントしていくよう支援していくことが求められているともいえる。

　なお，こうしたエンパワメント支援の方法としては，第3編の第1章「ストレングスを活用したケアマネジメント」で詳しくふれる利用者のもつストレングス（strengths）をアセスメントやケアプランの作成において活用することが不可欠である。このストレングスには，個々の利用者の有している意欲や積極性，治癒力や回復力といった能力や可能性，嗜好，願望，抱負などが含まれる。さらには，利用者が活用可能な社会資源も，ストレングスに含まれる。こうしたストレングスを理解するためにも，ケアマネジャーには，利用者に対する尊厳という意識から形成される信頼関係に基づく対話を通じたアセスメントを継続して実施していくことが不可欠となり，その過程でストレングスを理解することになる。同時に，ケアマネジャーは，こうしたストレングスを導き出すために，支援の過程において利用者との対等な支援関係を構築していくことが不可欠であることも認識しておく必要がある。

　このように，自立の概念には多様な意味が内包されている。そのなかでコロピー（Bart J. Collopy）は，長期ケアにおける自立に内在する両極性を6種類に分類し，それぞれにおいて，極化することで専門職側で生じる危険性と，その危険性を回避するための方法を提示している。すなわち，「決定 対 実行」「直接 対 委託」「実行能力 対 実行無能力」「真正 対 偽正」「即時 対 長期」「消極的 対 積極的」といったそれぞれの両極面で自立の概念を整理し，そのうえで，両極面での自立の捉え方で生ずるおそれのある危険性を明示し，危険性を回避する修正方法を**表2-1-1** に示している[1]。ケアマネジャーが利用者の自立を考える際には，こうした両極の状況にしばしば出会う。その際に，コロピーが示す修正方法を理解し，利用者に対応できれば，いずれの自立にも適切に対応していくことが可能になると考える。例えば，「決定 対 実行」では，利用者があることを決定することとそれを実際に実行することについて，利用者が実行しなかった場合でも，ケアマネジャーは利用者の決定を継続して支援していくことが必要であることを示している。

表 2-1-1　自立に内在する両極性：長期ケアにおける危険性とそれへの反応

両極性	生じる危険性	可能な修正方法
決定 対 実行：好みを持つこと，決定すること 対 それを実施していくこと，実行すること	実行の自立が減少したり，喪失すると，決定の自立が同時にかつ容易に廃止されてしまう	高齢者が支援を必要としている活動（ADL，IADL）について，決定したことを継続して支援すること
直接 対 委託：あることを自分で直接決定したり実施すること 対 あることの決定および実施を他者に委ねること	直接的な自立のみは十分に認識され，大切にされる。他者に委ねる自立の場合は，自立を諦めさせたり止めたりしてしまう	ケア提供者の決定や活動に関する代理人の規範を定めておくこと。高齢者が有している権限とケア提供者に代理されている権限について，明解で相互に受け入れられた役割分担を明らかにしておくこと
実行能力 対 実行無能力：理論的で判断力のある首尾一貫した選択と行動 対 理性に欠け，つじつまの合わない選択と行動	以下の理由で，高齢者を実行無能力者として分類してしまう。（1）高齢者の能力評価は困難で複雑であるため，（2）高齢者は機関の目標，専門家の見込み，社会的規範に見合わない決定をするため	実行無能力についての一般的でなおざりな判断を避けること。実行能力は時には部分的で，状況によっては特殊な特徴を持つものとして認識すること。高齢者は理論的・論理的に首尾一貫した選択をする規範を有しているものとして尊敬すること
真正 対 偽正：その人の性格特性に一致した選択と行為 対 その人の性格特性とは異なる選択と行為	合理性という言葉で自立を限定してしまう。ケア提供者の価値を支持して，高齢者自身が持っている個人的な価値観，道徳的な経験，目標，動機づけを無視したり，無効にしてしまう	高齢者の価値を作り出してきた生活史について理解し，保護的態度を育むこと。高齢者が望む選択を確認していくうえで，ケア提供者が有するべき価値についての目録を作成すること（特に非常に特異な特徴をもつ者の価値に関して）
即時 対 長期：限定された意味で表現される自立 対 未来および広い意味での自立	長期的に目ざす自立に対して反対に働き，即時の自立を無条件で承認するといった，自立を限定してしまう。逆に，長期的展望という言葉のみの自立に限定してしまい，それにより，温情主義的介入や妨害が入り込むむきを与えてしまう	即時自立と長期自立の間にある本来の緊張を認識すること。高齢者の長期的自立を考慮することは，即時的な自立を2次的なものにするかもしれないことを認識しておくこと。現在の限られた自立と将来に向けての広い自立とのバランスをとるケアを展開すること
消極的 対 積極的：権利をさほど主張しない選択や行為 対 権利，支援，能力を積極的に主張する選択や行為	権利を主張しない自立の場合には，危険性の高い選択や行為に対しても自由主義的な対応を奨励してしまう。他方，資源不足を許さないという積極的な言葉で自立を主張される場合には，高齢者自身が消極的に限定している自立の範囲内のみで，自立を規定してしまう。	自立に関する消極的概念と積極的概念の間でバランスの良い相互作用を発展させる。消極的な自立になる本質を理解し，保護していく。高齢者の自立としての選択と行為を進めていけるよう，ケア提供者は定められた任務を越えて行動する

〔出典：バート・J. コロピー（1997）「長期ケアにおける自立：いくつかの特徴」ステファン・M. ローズ編，白澤政和・渡部律子・岡田進一監訳『ケースマネージメントと社会福祉』ミネルヴァ書房，88. 一部修正〕

自立と自己決定の関係

　利用者の自立ということからすれば，利用者が自己決定できるよう支援していくことが求められる。この「自己決定」という用語は，「自己選択」という言葉に置き換えられる場合もあるが，その前提には，すべての人間は自分の生き方を自らが決定・選択して生活していくことを求めているという自立の考え方がある。それゆえに，決定や選択は利用者の自由権を保障する権利である一方で，自己責任という義務も伴うことになる。ケアマネジャーとしては，こうした考え方を尊重して，ケアマネジメントを進めなければならならない。

　それゆえに，利用者が自ら自己決定・選択できるよう，可能な限りのさまざまな情報を利用者に提供し支援していくことになる。ちなみに，この段階で提供される情報には，サービスの内容についてのみでなく，そうしたサービスがどうして必要になるのかといった背景となる情報や，サービスを受けることでどのような状況になるのかを予測できるようにする情報などがある。それらを詳しくかつやさしく説明することで，利用者は自己決定・選択していく。

　そのうえで，決定した事柄について，利用者の了解を得ていくことになる。このことは，「インフォームドコンセント」（informed consent）や「インフォームドチョイス」（informed choice）とよばれているが，それは，ある意味では利用者とケアマネジャーがケアマネジメントの開始について契約することや，作成されたケアプランの内容について契約することである。介護保険制度においては，居宅介護支援事業者や介護サービス事業者との契約のもとで，利用者の自己決定が尊重されることに相当する。これは，「障害者総合支援法」や「生活困窮者自立支援法」でのケアマネジメントだけでなく，さまざまなサービスを利用する際にも実施されることになる。

　介護保険制度や「障害者総合支援法」でも，利用者にとって最適なサービスが円滑かつ容易に手に入れられるような利用者本位の仕組みとして，利用者自身がケアプランを自己決定・選択することを基本に，専門家などが連携して身近な地域社会のなかで利用者およびその家族を支援する仕組みを確立することとされている。その意味では，自己決定の原則を基本に，介護を要する人々が自らによるケア（self care）を含めた生活を設計していくことを，ケアマネジャーと各種のサービスを提供する担当者やさまざまな地域のサポートの提供

者が支援していくことになる。そのため，ケアマネジャーは，要介護・要支援者やその家族らが自らのケアの設計を行い，ケアを受けながらも自立した生活を送るための努力を利用者本人や家族と分かち合えるよう，側面的に支援する者として位置づけられる。つまり，利用者の自己決定を尊重していく際には，ケアマネジャーが自らの専門的判断と利用者の考えを調整することにより，最終的には，利用者の自己決定の尊重を原則として，利用者が自らの責任でケアプランやサービスを自己決定・選択できるよう側面的に支援することになる。

　それゆえ，ケアマネジャーがこうした立場をとるためには，利用者に対する尊厳といった価値観をもつことが必要不可欠となる。利用者とケアマネジャーは対等な関係であり，ケアマネジャーの価値観で利用者の生活ニーズを判断し，専横的な決定をするようなことがあってはならない。また，ケアマネジャーは，特定のサービスや事業者に不当に偏することのないよう，公正中立な立場で利用者がサービスを選択していくことを支援していかなければならない。

　ただし，利用者との信頼関係が不十分な場合や利用者が十分に意思表示できない場合には，自己決定が困難なことも生じる。前者の場合には，自己決定ができる自由な雰囲気をつくり，信頼関係を深めていくことで解決していくことになる。また，認知症のある高齢者など後者の場合には，まずはケアマネジャーが利用者と同じ目線で寄り添いながら関わることで，できる限り利用者の意向を引き出していくことが基本となる。さらに，そうしたことに加えて，利用者が行為として発しているサインなどをキャッチしながら，また，その人の生活史を確認するなかで，利用者の思いを気づいたり感じたりすることで，ケアマネジャーが本人に代わってその思いを理解し，利用者について理解している人からの情報を活用しながら，できる限り最小限に抑えた代理決定をしていくことが必要になる。

　同時に，こうした理解について，できる限り多くの仲間や上司などと職場で話し合うこと，あるいは他の専門職との議論や助言を得ることによって確認していくことが求められる。さらには，支援の的となっている利用者を最も理解している人の参加を求め，利用者本人の思いを確認していくといった方法も考えられる。ちなみに，ここでいう利用者のことを最も理解している人とは，家

第1章　自立の支援とQOLの促進　　111

族に限定するものではなく，場合によっては友人や近隣，医療関係者，成年後
見制度の後見人・保佐人・補助人・任意後見人，さらには日常生活自立支援事
業における生活支援員なども該当する。このような試行錯誤のなかで，意思表
示が十分にできない利用者の自己決定を側面的に補っていくことになる。

　ただし，こうした利用者の自己決定への支援が，前述した自立が有している
身辺的自立や能力的自立を無視するものではなく，利用者の自己選択により，
結果的に可能な限り，身辺的自立や能力的自立が求められることになる。

第2節　精神的自立と身辺的自立の関係

　それでは，ケアマネジメント支援において，利用者の精神的自立と身辺的自
立との関係について検討してみる。たしかに，ケアマネジメントの目的は自立
の支援にあるとされるが，介護保険制度での自立の意味が明確でない。2012
（平成24）年から行われた「介護支援専門員（ケアマネジャー）の資質向上と
今後のあり方に関する検討会」においても，自立支援の考え方が十分に共有さ
れていないことが検討課題であるとされたが，2013（平成25）年1月7日に
出された検討会の中間的な整理においても明確な回答は示されていない[2]。

　自立には，利用者が自己責任のもと自己決定することにあるとする精神的自
立がある。他方，高齢者や障害者の介護の領域では，利用者の身辺機能が改
善・維持されるとする身辺的自立がある。このどちらかが自立であると主張す
るのには，誰からも納得が得られにくい部分がある。ケアマネジャーが利用者
の精神的自立を支援することが自立支援であると主張した場合には，それは
「言いなりのケアプラン」「御用聞きのケアプラン」ではないのかと反論される
可能性がある。利用者がどの程度の自己責任でもって自己決定をしたのかを判
断したり，他者に説明することは難しい。他方，ADL等の身辺的自立が自立
であるとされると，ケアマネジャーは，とりわけ認知症やターミナルケア期に
ある人の場合には，ADLや要介護度の改善は難しいと主張するであろう。加
齢に伴う身体機能の低下に対する可逆性を実証することは難しい。そのため，
ケアマネジメントが実施する自立は精神的自立でも，身辺的自立でも，それの
みでは十分に説明できないといえる。

112　　　第2編　ケアマネジメントの中核

前述した介護支援専門員の資質向上のために行われた検討会に，日本社会福祉士会が提出した『介護支援専門員の資質向上と今後のあり方について』（2012年12月20日付）では，自立支援に資するケアマネジメントには，「利用者の有する力（意欲，他者との関係性，思考，知識，自己決定，サービス活用等）を高めるとともに，利用者のニーズに適合した多様な社会資源を利用者が活用できるように支援すること」[3]であると，位置づけている。ここでは，前半部分で利用者の身辺的能力を超えて，多様な潜在的な力を引き出すことを意味している。後半部分では，利用者が活用できるという利用者の主体性を支援するなかで，自己決定・選択・実行を含めた意味合いが込められている。

　これは一職能団体から発出されたものであるが，従来能力的自立と精神的自立を両極に近い形で捉えてきた自立を一体的に捉えようとする試みがなされており，ケアマネジャーが共有できる定義として評価できる。

　ただし，利用者の「有する力」ということで，この力には定義に例示されていないADL，IADL（Instrumental ADL），健康といった身辺や身体面での能力もあるであろう。そのため，利用者の「有する力」にはどのようなものがあり，それをどのような方法で高めていくのかの議論が重要である。これについては，「内的資源」や「セルフケア」，「ストレングス（強さ）」に着目して支援することを強調してきたが，それと相通じることである。

　以上の日本社会福祉士会が定義した「自立に資するケアマネジメント」を，さらに深めるとすれば，次のように定義づけることができるのではないだろうか。

　「利用者の有する潜在的な力（ADL，IADL，健康，意欲，他者との関係性，思考，知識，自己決定，サービス活用等）を高めるよう自己決定することを支援するとともに，利用者の生活ニーズに適合した多様な社会資源を利用者が活用できるように自己決定することを支援すること」

　そのため，自立支援に資するケアマネジメントでは，「利用者の有する潜在的な力を高めることと利用者の生活ニーズに合った社会資源を活用することであり，これら両者について自己決定するよう支援すること」と定義できる。

　結果的には，ケアマネジャーが支援する際に捉える自立の意味は，**図 2-1-1**の枠組みになっているといえる。自立には，自己決定の側面と潜在的な力を高

第1章　自立の支援と QOL の促進　　**113**

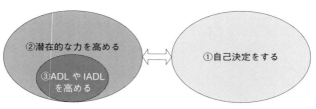

図2-1-1　ケアマネジメントでの自立の意味

める側面があり，両者が相互に影響し合って自立を促進している。また，ADLやIADLといった身辺的な自立は潜在的な力を高めることの一つの側面である。ここに，本章の冒頭に言及した「身辺的自立」「能力的自立」「精神的自立」は，それぞれ図2-1-1の③②①に相当することになる。

　一方，定義の二つの自己決定については，自己責任で自己決定することが必ずしも誰もができないなかで，利用者の主体性を引き出していく支援をすることを意味している。それを実現していくためには，利用者の主体性が引き出せる方法についての知識や方法が重要である。これは，利用者が発言できる雰囲気をつくっていくといったコミュニケーション手法の習得も重要である。また，利用者が自己主張できるよう，肯定的な自己づくりを支援するナラティブアプローチから学べることも多く，利用者の表現する否定的自己に対して肯定的な解釈をしていくリフレーミング（リラベリング）といった方法も有効である。

　いずれにしても，ケアマネジメントを介して利用者の自立支援という目標を実現していけるよう，ケアマネジャーは自立支援についての考え方を利用者や家族，またサービス提供者と共有化し，それに向けて価値・知識・方法を身につけておくことが必要である。これにより，ケアマネジメントは利用者の自立に資することができ，その有効性を発揮することができる。

　そのうえで，利用者側が自己決定した内容にケアマネジャーがジレンマを感じることがある。それは，利用者側の決定がケアマネジャーの価値観と相違している場合や，社会規範として一般社会では認められていないとケアマネジャーが認識する場合である。

　このように両者の間で意見の相違がみられ，ケアマネジャーとして利用者の

自己決定に委ねられないときの対応としては、いくつかの方法が考えられる。例えば、利用者の自己決定により虐待など自他の生命に危害が及ぶことが予測される場合には、利用者側の自己決定は尊重されないのが原則である。そのような事態には至らないと判断される場合には、上司などのスーパーバイザーからアドバイスを得ながら、双方の意見の根拠となっている資料をできる限り集めて、意見の食い違いが生じている理由を探っていく。そのうえで、利用者の意見を実施することで生じるであろう結果を推測し、再度、スーパーバイザーのアドバイスのもとで、利用者に最善の決定をしてもらえるよう支援していくことになる。

また、利用者の自己決定と介護者である家族の意見に相違が生じることもある。こうしたジレンマについては、発言しにくい人の立場に立つことが原則であるが、一方の側の自己決定がとおると、もう一方の側の生命に危険が及んでしまうような場合には、丁寧な説明によって自己決定を制止することが原則となる。このように、利用者が行う自己決定には社会規範的な側面も含まれていることも、ケアマネジャーとして十分に理解しておかなければならない。

なお、ケアマネジャーが遭遇する倫理的ジレンマについては、第1編第7章「ケアマネジメントにおける価値と倫理的対応」で言及している。

第3節 介護保険制度での自立概念矮小化の危惧

ここまで高齢者や障害者の自立概念やその支援のあり方について言及してきたが、介護保険制度で進められている「保険者機能の強化による自立支援・重度化防止に向けた取組の推進」が2017（平成29）年の介護保険法改正に盛り込まれた。具体的には「被保険者の地域における自立した日常生活の支援、要介護状態等となることの予防又は要介護状態等の軽減若しくは悪化の防止及び介護給付等に要する費用の適正化に関し、市町村が取り組むべき施策」を「自立支援等施策」としている。

これについて、市町村は市町村介護保険計画に自立支援等施策の目標を記載し、その成果を公表し、都道府県に届けることになる。厚生労働大臣は、介護給付等に要する費用の額に関する地域別、年齢別、要介護認定・要支援認定別

の状況等の情報について調査や分析を行い，その結果を公表することになっている。さらに，国は，市町村による自立支援等施策の取り組みを支援するため，市町村に対し交付金を交付するとともに，都道府県による市町村の自立支援等施策の実施状況，および目標の達成状況に関する分析の支援や市町村の自立支援等施策の支援のための事業支援について，都道府県に対しても交付金を交付することとなった。

　厚生労働省の説明によれば，市町村での要介護状態の維持・改善の度合い等について，結果を公表するだけでなく，保険者の財源にインセンティブを与えるという事業である。そして，先進的な取り組みとして，大分県や和光市での認定率の低下や保険料の上昇抑制が例示されている。

　ここで示されている要介護状態の維持・改善は，**図 2-1-1** で示した③の「ADL や IADL を高める」をさし，自立支援全体の一部にすぎない。そのため，自立概念を矮小化したものとなっている。

　身辺的自立は，能力的自立や精神的自立と同時に進めることで，自立支援が可能となる。身辺的自立を独立させて支援していくことは，介護予防で失敗したことを繰り返すことになる。それは，従来の身体面での介護予防は短期の効果を認められても，長期的には効果が薄いことが明らかになり，個々人が意欲をもって活動する地域支援活動と結びつける介護予防をめざすことに転換したことと同じであり，今回同じ轍を繰り返すべきでない。

　このことは，生活保護での自立支援からも学ぶことができる。生活保護制度でも自立の助長が示されており，政策的にはたしかに就労等による「経済的自立」が中核となる。一方で，就労が難しい高齢や重度の障害で就労することが不可能な者も多数おり，こうした生活保護受給者は「経済的自立」を目標にすることが難しい。同時に，就労等による「経済的自立」が可能な者であっても，こうした人々が病気等の治療がなされたり，就労を含めた生活意欲を整えられたり，日々の生活リズムができるようになったりといった支援があって初めて，「経済的自立」の支援が可能になる。

　そのため，2005（平成 17）年度から始まった生活保護での「自立支援プログラム」では，自立の概念を三つに整理している。第一の「経済的自立」は就労による経済的な自立であり，稼働能力を有する者に就労に向けた具体的取組

を支援し，就労を実現するプログラムを実施する。第二の自立概念は「日常生活自立」であり，身体や精神の健康を回復・維持し，自分で自分の健康・生活管理を行う等で，日常生活において自立した生活を送ることである。精神障害者等で長期入院を防止・解消し，居宅生活の復帰・維持をめざすプログラムである。第三の自立概念は，「社会生活自立」であり，社会的なつながりを回復・維持し，地域社会の一員として充実した生活を送るよう支援することである。閉じこもりを防止し，健康的な自立生活を維持するプログラムが相当する。

　「生活保護法」での多様な自立支援に比べて，介護保険での「要介護度」の改善・維持のみに焦点を当てた施策が進めば，多くの弊害が生じるおそれがある。具体的には，保険者は介護予防・生活支援サービス事業対象者にとどめ，要介護認定審査の申請を抑制したり，申請主義をよりどころにして，非自発的な利用者や意思表示ができない利用者を発見する機能を消極化したりすることで，要介護認定率を抑えることにつながるおそれがある。また，現状の要介護認定は最終的には認定審査会の二次審査で決定しており，現状においても，要介護度の修正割合は保険者間で差が大きいことが指摘されてきたが，保険者は二次審査で要介護度を低く認定するよう抑制が働く可能性もある。このことは，保険料を払っている被保険者が有している本来の権利を侵害することにもなりかねない。

　当然，ケアマネジメントや介護支援専門員にも大きく影響を与えるおそれがある。それは，保険者から要介護度の改善のみを目標としたケアマネジメントが求められ，そのことが介護支援専門員に強要されるおそれもある。結果的に，本来の自立支援のケアマネジメントが歪曲され，結局は利用者のQOLを高めることにはつながらないことになる。

　そのため，「保険者機能の強化による自立支援・重度化防止に向けた取組の推進」を実施するにあたっては，自立概念を広く捉え直し，施策の進めていくことが求められる。さもなければ，利用者の権利が奪われる，あるいは利用者のQOLを高めるというケアマネジメントの目的も歪んでしまう危惧が潜んでいる。そのため，「自立支援等施策」についての評価基準を「身辺的自立」に加えて，「能力的自立」や「精神的自立」も加えた評価基準をつくり，評価す

第1章　自立の支援とQOLの促進　　117

べきである。

　なお，この施策での自立支援・重度化防止のための指標については，現在検
討中であるが，市町村が実施すべき59項目が網羅的に提案されており，自立
支援は何かといった議論から逃げてしまったという感は否めない。

第4節 QOL の向上

　ケアマネジメントにおける利用者の自立を支援していくことについて示して
きたが，そうした自立支援の結果として，個々の利用者は QOL（生活の質）
を確保することが可能となる。しかし，こうした QOL の概念について，利用
者自身の生活を中心に捉えれば，そこでは，QOL の二つの側面からの視点が
必要となる。第一の側面は QOL の多要素性であり，どのような要素で QOL
を構成するのかということである。第二の側面は，QOL をどのような立場か
ら捉えるかであり，利用者の主観をもとに QOL を捉える視点である。

多要素性（多面性）からの視点

　第一の QOL の多面性については，QOL は主観的健康度で説明されるよう
に，WHO（World Health Organization：世界保健機関）が1946年に出した，
WHO 憲章の前文で示された健康の定義である「健康とは，身体的，心理的，
社会的にとても良好で安定した状態であり，単に病気がないとか病弱ではない
ということではない」が QOL 概念に影響を及ぼしている。そうした観点で
もって，WHO は SF-36v2® や SF-8™ といったさまざまな QOL 尺度を開発
してきている。これらの尺度では，利用者の身体機能的側面・精神心理的側
面・社会環境的側面の三つの要素が相互に関連し合いながら，利用者の生活は
営まれており，そこから QOL を捉えている。

　まず，QOL を向上させる要素の一つは，身体機能的側面が維持・向上する
ことである。例えば，疾病が治癒する，自分で入浴できるようになる，あるい
は車いすでの歩行が可能になるといったように，病気からの回復や ADL の維
持・向上によって，利用者は質の高い生活を確保することができる。ただし，
ここで注意しなければならないのは，すべての利用者の ADL が高まったり，

118　　第2編　ケアマネジメントの中核

疾病が治癒したりするわけではないということである。これが，日本が迎えている高齢社会が有する特徴でもある。利用者が，加齢とともに慢性疾患が増えるなかで病気をもちながら生活していく，あるいは身体機能がある一定の水準を超えて改善することができないといった状況に置かれているなかで，ケアマネジャーは利用者を支援していくことになる。こうした状況のもと，「ADL から QOL へ」「医学モデルから生活モデルへ」という発想の転換が求められてきた。

　QOL 向上のための要素の二つ目には，精神心理的側面で利用者自身が変化し，QOL を維持・向上していくことが挙げられる。例えば，本人の意欲が高くなる，あるいは人間関係のもち方がうまくなる，笑顔が増えるといったような変化である。精神心理的側面から利用者の QOL の維持・向上を支援していくことは，ケアの質を向上させる一つの要素となる。しかしながら，精神心理的側面での変化は，支援過程のなかで客観的に十分測りきれないことも事実である。

　ちなみに，こうした精神心理的側面についても，昨今ではさまざまな QOL の尺度が開発されつつある。例えば，自己効力感尺度（self-efficiency scale）といった利用者本人が社会の役に立っているという気持ちに着目したもの，あるいはモラールスケール（moral scale）という利用者の生きがいや意欲を指標として，利用者の意欲の高揚を評価するもの等である。これらの尺度は，精神心理的側面への働きかけによる効果については，身体機能的側面に比べて可視化しにくいことから開発されてきたといえる。しかしながら，最近では，時には精神心理的側面とほぼ類似のものとして QOL を捉えられることもある。これは，ADL の把握のみでは利用者の生活の質を捉えることが難しいことから起こっている事象といえる。

　QOL 向上のための三つ目の要素については，ターミナル期などの事象から捉えることができる。つまり，寝たきりの状態になってしまい，ADL の維持・向上が望めない，疾病の治癒も期待できないという場合である。加齢とともに起こる事実として厳粛に受けとめなければならない状況であり，同時に，ターミナル期では，コミュニケーションの問題などもあり，利用者の精神面での意欲を高めることが難しくなっていく可能性もある。そうした状況のなか

で，利用者の質の高い生活を支えることは不可能なのであろうか。答えは否である。そこには，一つの可能性がある。すなわち，社会環境的側面を改善することで，質の高い生活が送れる可能性が高まる。そこで，以下に二つほどターミナル期における事例を挙げて考えてみたい。

事例1

ターミナル期において，利用者が失禁したときに本人が不快な顔をするといった印象をケアマネジャーが受けた場合である。こうした表情に敏感に反応して，オムツの随時交換を行うなどといったケアプランのもとで，利用者の社会環境的側面である介護者側の意識や行為を変えることで，QOLの維持・向上を図ることが可能となる。

事例2

ターミナル期にある事例について，「利用者が元気なときには，自らつくった庭をみることを非常に楽しみにしていた」というアセスメント情報が把握できたとする。そうした情報から，昼間は庭の見える部屋で充実した時間を過ごせるよう支援することで，利用者のQOLが高められることも考えられる。

この二つの事例にあるように，たとえ身体機能的側面が維持・向上できなくても，また精神心理面での意欲が高まらなくても，社会環境的側面を変えることによって，本人にとってQOLを確保することは可能である。逆にいえば，QOLは身体機能的側面や精神心理的側面に加えて，社会環境的側面の変化によっても可能になるといえる。

このように，ケアマネジメント支援やその効果としてQOLの要素である身体機能的側面・精神心理的側面・社会環境的側面という三つの側面に常に目を向けていくことが求められる。そのなかで，三つの側面がすべて維持・向上できれば，それは利用者にとって最善の状況といえる。また，これら三つの側面は相互に関連し合っており，利用者の一つの側面が改善されることによって別の側面が改善されてくることもよくみられる。しかしながら，これは必ずしもすべての利用者に求められるものではない。ある人は一つの側面だけ，あるい

120　　第2編　ケアマネジメントの中核

は二つの側面が維持・改善されて QOL を高めていく人もいるであろう。ケアマネジャーとしては以上のような視点のもと，個々の利用者が少しでも質の高い生活が送れるよう支援していくことになる。

主観性からの視点

　QOL の二つ目の側面である主観性について，利用者の主観的立場から QOL を捉えることになる。身体的，心理的，社会的な QOL の評価は，支援する側の観点からではなく，利用者なり当事者の側面から主観的に捉えて評価することである。主観的な QOL は前述した利用者の三つの側面のうちのどの側面が改善・維持したかと強く関連している。それは，高齢者であれば老いをどう生きていくか，障害者の場合にはどのような人生を歩んでいくのかといったことと，客観的な QOL の評価は関係してくる。ケアマネジャーはそうしたことから導き出された利用者本人の今後に向けての生活の方向性を支える立場にある。利用者それぞれの状況に応じて三つの側面を捉え，どのようにして生きていくのかを支えることが，本来の意味での「自立」を支援していくことにつながる。こうした三つの要素の変化や維持が自立や自立支援を語る議論の前提として存在している。

　これは，ケアマネジャーをはじめとする対人援助職が利用者を支援していくときに，一人ひとり違う"老い"や"障害"という事実を背負わされたなかで，ケアマネジメントは個々人がどのようにして生きていくかを支えていくことを意味している。さらにいえば，個々の利用者が地域社会のなかで安全かつ自立的で快適な生活を送ることができる相談役としての役割が，ケアマネジャーには課せられていることになる。

注

1) バート・J. コロピー（1997）「長期ケアにおける自立：いくつかの重要な特徴」ステファン・M. ローズ編，白澤政和・渡部律子・岡田進一監訳『ケースマネジメントと社会福祉』ミネルヴァ書房，88.

2) 介護支援専門員（ケアマネジャー）の資質向上と今後のあり方に関する検討会（2013）『介護支援専門員（ケアマネジャー）の資質向上と今後のあり方に関する検討会における議論の中間的な整理』.

第1章　自立の支援と QOL の促進　　121

3) 日本社会福祉士会（2012）『介護支援専門員の資質向上と今後のあり方について』日社福士 2012-463.
https://www.jacsw.or.jp/05_seisakuteigen/files/012/0121220.pdf#search=%27%E6%97%A5%E6%9C%AC%E7%A4%BE%E4%BC%9A%E7%A6%8F%E7%A5%89%E5%A3%AB%E4%BC%9A+%E4%BB%8B%E8%AD%B7%E6%94%AF%E6%8F%B4%E5%B0%82%E9%96%80%E5%93%A1%E3%81%AE%E8%B3%87%E8%B3%AA%E5%90%91%E4%B8%8A%E3%81%A8%27

コラム4　介護支援専門員は「自立」をどのように捉えているのか？

　理論的にケアマネジメントにおける自立支援を整理できたとしても，現実に介護支援専門員は「自立」をどのように考えているのかを明らかにし，そこからどのような対応が必要であるかを考える。

＊＊＊

介護支援専門員の「自立」についての考え方

　日本では福祉サービスの提供において最も重要な目的は，利用者の自立支援である。しかしながら，自立という用語は曖昧な用語であり，さまざまな内容で解釈されている。**表2-1-2** に示すように，戦後つくられたほとんどの福祉系の法律は，「障害者総合支援法」を除いては，法の目的に自立の支援をうたっている。こうした法での自立の目的は，福祉サービスの利用者に求めるものであり，同時にそれを実現していくのは，これらの利用者を支援する専門職の役割でもある。

　「介護保険法」においては，第1条の法の目的において，「加齢に伴って生ずる心身の変化に起因する疾病等により要介護状態となり，入浴，排せつ，食事等の介護，機能訓練並びに看護及び療養上の管理その他の医療を要する者等について，これらの者が尊厳を保持し，その有する能力に応じ自立した日常生活を営むことができるよう，必要な保健医療サービス及び福祉サービスに係る給付を行うため，国民の共同連帯の理念に基づき介護保険制度を設け，その行う保険給付等に関して必要な事項を定め，もって国民の保健医療の向上及び福祉の増進を図ることを目的とする」としている。つまり，「自

表 2-1-2 社会福祉の法律での目的（自立に関連する部分）

法律名	年　度	法の目的
生活保護法	1949（昭和 24）	**自立**を助長すること
児童福祉法	1947（昭和 22）	適切に養育されること，その生活を保障されること，愛され，保護されること，その心身の健やかな成長及び発達並びにその**自立**が図られることその他の福祉を等しく保障される
身体障害者福祉法	1956（昭和 31）	身体障害者の**自立**と社会経済活動への参加を促進するため，身体障害者を援助し，及び必要に応じて保護し，もって身体障害者の福祉の増進を図る
知的障害者福祉法	1960（昭和 35）	知的障害者の**自立**と社会経済活動への参加を促進するため，知的障害者を援助するとともに必要な保護を行い，もって知的障害者の福祉を図る
精神保健福祉法（精神保健及び精神障害者福祉に関する法律）	1995（平成 7）	社会復帰の促進及びその**自立**と社会経済活動への参加の促進のために必要な援助を行い，並びにその発生の予防その他国民の精神的健康の保持及び増進に努める
介護保険法	1997（平成 9）	これらの者が尊厳を保持し，その有する能力に応じ**自立**した日常生活を営むことができる

立した日常生活を営むことができる」ことを「介護保険法」の目的にしている。そのため，本調査研究では，自立支援を進めるキーパーソンである介護支援専門員が自立をどのように捉えており，その捉え方の違いが，どのような要因によっているのかを明らかにすることである。

　研究の方法は，「介護サービス情報公表システム」に記載されている全国の居宅介護支援事業者の一覧をもとに，2 段階の層化抽出により，2,000 カ所の居宅介護支援事業者を抽出した。これらの事業所の管理者に対して郵送

第 1 章　自立の支援と QOL の促進　　123

表 2-1-3　回答者の基本属性

	カテゴリー	N（%）
性　別	男性	137（17.5）
	女性	644（82.5）
主任介護支援専門員資格の有無	あり	286（36.6）
	なし	495（63.4）
介護支援専門員としての経験年数	3年以下	131（20.8）
	3～5年	137（16.7）
	5～10年	287（35.0）
	10年以上	230（28.0）
基礎資格	看護師	171（20.9）
	介護福祉士	547（66.7）
	ホームヘルパー資格	28（3.4）
	社会福祉士・精神保健福祉士	74（9.0）

※　不明等は除く。

で，50音順で最も早い氏名の介護支援専門員1名に調査協力してくれるよう依頼してもらった。調査期間は2014（平成26）年12月～2015（平成27）年2月末までで，調査票2,000票を発送し，有効回収率は44.9%（897票）であった。

　調査結果として，介護支援専門員の基本属性は，**表2-1-3**のとおりであった。介護支援専門員には，自立について，「ADLやIADLを高める」「意欲を高める」「自己決定を支援する」のうちで最も近い捉え方を尋ねた。その結果は，**表2-1-4**のとおりで，「ADLやIADLの維持・向上」が39.4%（311），「意欲の維持・向上」が41.8%（330），「自己決定の推進」が18.8%（148）となった。次に，自立の捉え方と基本属性（性別，介護支援

表 2-1-4　自立の捉え方

ADL や IADL の維持・向上	311（39.4）
意欲の維持・向上	330（41.8）
自己決定の推進	148（18.8）

※　不明は除く。

表 2-1-5　自立の捉え方と基礎資格の関係　　　　　　　$P < 0.05$

基礎資格	ADL や IADL の維持・向上	意欲の維持・向上	自己決定の推進	総　　計
看護師・保健師	76（46.1）	63（38.2）	26（15.8）	165（20.9）
介護福祉士	203（38.7）	230（43.8）	92（17.5）	525（66.5）
ホームヘルパー資格取得者	13（46.4）	8（28.6）	7（25.0）	28（3.5）
社会福祉士・精神保健福祉士	19（26.8）	29（40.8）	23（32.4）	71（9.0）
総計	311（39.4）	330（41.8）	148（18.8）	789（100.0）

専門員としての経験年数，基礎資格，主任介護支援専門員取得の有無）とのクロス集計をした結果，基礎資格のみに χ^2 検定で有意差がみられた。これは，**表 2-1-5** に示すとおりであるが，介護福祉士資格取得者は意欲を維持・向上すること，看護師・保健師やホームヘルパー取得者は，ADL や IADL を維持・向上することと捉える傾向が強いことがわかった。また，社会福祉士・精神保健福祉士資格の介護支援専門員も自立を意欲の維持・向上とする割合が高いが，他の基礎資格者に比べて自己決定の推進として捉える傾向が強かった。

　次に，自立の捉え方を従属変数にして，性別，介護支援専門員としての経験年数，基礎資格，主任介護支援専門員資格取得の有無の 4 変数を独立変数

表2-1-6　自立の捉え方の規定要因の結果（多項ロジスティック回帰分析）

従属変数[※1]	自己決定の推進		意欲の向上・維持	
	β	Exp（β）	β	Exp（β）
性別（0：女性，1：男性）	0.193	0.824	− 0.482	0.618[*]
介護支援専門員としての経験年数	− 0.120	0.323	− 0.082	0.921
主任介護支援専門員資格取得（0：なし，1：あり）	− 0.273	1.315	0.059	1.061
看護師	− 1.357	0.258[***]	− 0.836	0.434[*]
介護福祉士	− 1.103	0.332[**]	− 0.490	0.613
ホームヘルパー資格	− 0.866	0.421	1.079	0.340[*]
社会福祉士・精神保健福祉士（参照カテゴリー）	—		—	
切　片	0.553		0.890	

χ^2 値　　　　　　　22.783[*]
自由度　　　　　　　12
Cox-Snell R^2　　　　0.029
Nagelkerke R^2　　　0.033
N　　　　　　　　　820

※1　自立の捉え方では「ADL や IADL の維持・向上」を参照カテゴリーとした。
***：$P<0.001$，＊：$P<0.05$，**：$P<0.01$

にして多項ロジスティック回帰分析を行った。その際に従属変数については，ADL や IADL を高めることを参照カテゴリー（referance category）とし，独立変数での基礎資格については，社会福祉士・精神保健福祉士を参照カテゴリーにして分析をした。その結果は**表2-1-6**に示してあるが，社会福祉士や精神保健福祉士は看護師（$P<0.001$）や介護福祉士（$P<0.01$）よりも，自立を ADL や IADL の維持・向上よりも，利用者の自己決定の推進として捉えることが有意に高かった。同時に社会福祉士や精神保健福祉士は看護師（$P<0.05$）やホームヘルパー資格取得者（$P<0.05$）に比べて，ま

た男性よりも女性（*P*<0.05）が，自立を ADL や IADL の維持・向上より
も意欲の維持・向上として捉えることが有意に高いことが示された。

　この結果から，自立の捉え方には基礎資格が大きく影響していることが明
らかになった。本来は，個々の利用者の状況により，これら三つの自立の側
面のどこに重点を置いて支援すべきかということになる。今後は，介護支援
専門員の基礎資格を越えた自立についての考え方の標準化を，法定の研修会
等を介して図っていく必要がある。

　ほとんどの社会福祉の法律では，自立の支援が法の目的としてうたわれて
いる。しかしながら，2005（平成 17）年に成立した「障害者自立支援法」
が 2012（平成 24）年に「障害者総合支援法」に移行したが，その際に法の
目的から，自立支援は削除された。この経過についての詳細はわからない
が，自立は利用者自らが意識し行動していくことであり，それを専門職が側
面的に支援していくことであり，法的に規定するものではないとの意図が込
められているのかもしれない。

＊　＊　＊

　介護支援専門員の自立の捉え方は基礎資格により異なる側面があり，利用
者を中心にして，保険者，介護支援専門員，介護サービス事業者間での議論
が必要である。さらには，個々の事例への支援においては，サービス担当者
会議等のカンファレンスで，利用者を中心にして自立の内容を明らかにし，
それを参加者が共通認識し，個々の利用者によって異なる自立の支援をして
いくことが必要である。

（出典）Masakazu Shirasawa（2016）*Basic qualifications of case managers determine "jiritsu"*
（*autonomy/independence*）*enhancement methodology*, Joint World Conference on Social Work,
Education and Social Development 2016, Seoul, Korea,（2016.6.27-30）.

第2章

生活の連続性への支援

　ケアマネジメントは利用者の生活の連続性を支援することであるといえる。本章では，利用者の生活の連続性とは何かを明らかにし，それを保持するためのケアマネジメントのあり方を検討してみる。

第1節 ケアにおける分断化の諸相とケアマネジメントの対応

　古くなるが，1979年にデンマークが高齢者福祉を構築するうえで，その全体をつらぬく理念として策定した「高齢者福祉の三原則」とは，「自己決定」，「残存能力の活用」，「ケアの継続性」の三つである。これらは高齢者ケアの基本哲学であり，また，尊厳ある高齢者の生き方を支える理念であり，高齢者ケアに関わる人々が尊重されなければならない基本的な考え方である。「自己決定」とは，自分の生き方や身の処し方を決める権利は高齢者本人にあるという考え方であり，周囲はその選択を尊重して支援にあたらなければならない。また，「残存能力の活用」とは，高齢者の残された能力をできる限り活用し，できる限り心身の自立した生活が送れるようにすることである。これら両者の原則は，第2編第1章「自立の支援とQOLの促進」で示したまさに「自立」の支援であるといえる。

　一方，「ケアの継続性」は本章で取り上げるテーマであるが，高齢者がそのときそのときに必要な支援が受けられ，普段どおりの生活を継続できることであり，これも高齢者福祉の極めて重要な原則である。

　本章では，利用者の「全人的な捉え方」（holistic approach）としての「ケアの継続性」（continuous of care）についての基本的な考え方を明らかにし，分断しているケアの諸相を示し，こうした分断化に対してケアの提供側がどのよ

128　　第2編　ケアマネジメントの中核

うに支援していくべきかについて言及する。

　「全人的な捉え方」とは，利用者の主体的な立場から，利用者の身体・心理・社会的な側面を捉えることであり，かつ，利用者を過去・現在・未来とつながっている存在として捉えることである。そのため，「ケアの継続性」とは，利用者に対して，ある時点で，生活ニーズに合わせて，各種のケアが隙間なく連続して提供されていることである。さらに，利用者の生活ニーズの時間的な変化に合わせて，必要なケアが連続して中断することなく円滑に提供されていることである。すなわち，両者から空間的・時間的な四次元での生活の連続性が確保できることである。しかしながら，提供する側のケアは，さまざまに分断化されており，利用者に対して空間的・時間的なケアの連続性を確保していくことでもって支援すること求められる。この分断化へ対応することこそが，利用者を全人的に支援していくことに置き換えることができる。

　このような論点を，日本の介護保険制度では，「包括的・継続的ケア」という用語を使って推進してきた。包括的ケアとは，利用者の医療・介護・住宅・生活支援などのあらゆるニーズに合わせてケアを包括的に提供することを意味する。継続的ケアとは，利用者の入院や退院，さらには在宅での利用者のニーズの時間的な変化に合わせて，生活ニーズに合ったケアを継続的に提供することである。ケアの「包括性」や「継続性」の確保が求められるのは，利用者の生活ニーズに合わせて提供するケア提供側での各種のケアが分断化されているため，包括的かつ継続的にケアの提供ができない弊害が多く生じるからである。

　なお，ここでいうケアとは，狭く介護を意味するのではなく，人々の生活を支えるさまざまな社会資源が提供するものの総称である。ケアには家族や近隣といったインフォーマルケア，医療保険制度や介護保険制度といった制度により構成されるフォーマルケアがあり，さらに，利用者本人が自ら実施するセルフケアを含むものとする。そのため，利用者の生活ニーズに対応するケアは，セルフケア，インフォーマルケア，フォーマルケアで構成される。

第2章　生活の連続性への支援　　129

第2節 利用者の生活の連続性の特徴

　利用者の生活の連続性には，二つの側面がある。それは，利用者のその時点での空間的な生活の連続性と，利用者の時間的な生活の連続性である。それぞれの特徴について言及していく。

利用者の空間的な生活の連続性

　第一の連続性である利用者の空間的な生活の連続性とは，利用者に対して，ある時点でサービスやサポートの連なった提供でもって，利用者の生活が空間的に支えられていることを意味する。すなわち，ある時点で，利用者のもつさまざまな生活ニーズが充足されるよう，必要とするフォーマルケアとインフォーマルケアが隙間なく，同時に利用者の有しているセルフケアとの連続性のもとで，利用できている状態である。こうした支援は，時には「シームレス（縫い目のない）サービス」（seamless service）とよばれたりするが，その実現によって，保健・医療・福祉などの諸サービスが連携して提供されることとなる。しかしながら，サービスが断片的（fragmental）に，あるいは縦割りのシステムのなかで提供されることによって，利用者に必要なサービスやサポートが包括的に提供できないことも往々にして生じる。

　個々の利用者に対して，保健・医療・福祉などの諸サービスが連携して提供されることになり，さらには，家族や近隣といったインフォーマルケアも，連続して一体的に提供されていることになる。このことは，利用者がある時点での生活上で生じた各種の生活ニーズを過不足なく充足されている状態である。この過不足のないケアの提供とは，利用者の有しているセルフケアができる限り活用され，さらにそれを補足・強化するために，インフォーマルケアとフォーマルケアが活用されている状態である。すなわち，供給主体の観点からみれば，セルフケア，インフォーマルケア，フォーマルケアが連続して，個々の利用者の生活を支援していることであり，生活ニーズへの対応という観点からみれば，利用者の生活上のさまざまな生活ニーズである保健・医療・福祉・介護・住宅・経済・社会参加等のニーズに対して，その一瞬の時点で対応でき

130　　第2編　ケアマネジメントの中核

ていることである。

利用者の時間的な生活の連続性

　もう一つの側面で捉える利用者の生活の連続性とは，時間的なものであり，利用者に対して，支援開始時から終結時まで，時系列的に継続して生活が支援されることである。その際には，利用者のもつ過去・現在・未来という時間の経過を追いながら支援していく。具体的には，個々の利用者のもつ生活ニーズの継続的な変化に対して敏感に対応していくことで，利用者の過去の生活史やそこで育まれた価値観や文化を尊重しながら，現在の生活を支えることをめざす。同時に，利用者が将来的にめざしている目標に向けて，現在の生活の状況を捉えていくことにもなる。

　時間的な経過のなかで，利用者の生活の継続性が分断されやすいと考えられる在宅から施設・病院へ，あるいは施設・病院から在宅へと生活の場を移行する際にも，継続した支援が必要であるということである。施設・病院に入所・院する場合でも，施設・病院から在宅に復帰する場合でも，利用者の生活ニーズに合ったフォーマルケアやインフォーマルケアが適切に過不足なく提供され，同時に利用者がそれまで育まれてきた価値観や文化が継承できるものでなければならない。そのため，高齢者であれ障害をもっていようとも，「利用者は自らの自己実現に向けて常に発達していく」といった価値観をもつことが大切であり，そうした視点のもとで，個々の利用者に対して生涯にわたり必要なケアを継続的に提供していくことが求められる。

　以上に挙げた空間と時間という二つの生活の連続性の観点から，利用者の生活の全体像を捉えて支援を行っていく必要がある。つまり，利用者の置かれている状況を，現在の空間に時間の過程を加えた四次元の全体像として捉え，適切な支援を行っていくことが不可欠であり，これが個々の利用者の生活の連続性を支援する原則であるといえる。

第3節 ケア提供側での分断化の諸相

　現実の利用者の生活は，セルフケア，インフォーマルケア，フォーマルケアの三つで成り立つことができ，**図2-2-1**のように整理することができる。これら三つのケアを，提供主体でもって整理すると，インフォーマルケアとフォーマルケアの境界は曖昧であり，「地域の団体・組織」や「NPO（Non-Profit Organization）」では，全国組織で制度化されたケアを行っている側面の強い機関から，地域に根ざし自主的なケアを行っている団体や機関まで幅広く存在し，明確に二分することが難しい。バルマー（M. Bulmer）は，両者をはっきり区別するポイントは，ゲゼルシャフトとゲマインシャフトの関係にあると説明しており[1]，つまり，ケアの提供主体というよりもケアでの提供者と利用者の間での関係性でもって，両者を整理する必要があるとしている。また，セルフケアとインフォーマルケアとの供給主体での境界もファジーであり，家族成員はインフォーマルケアに位置づけられる場合が多いが，時にはセルフケアに位置づけられる場合もある。同時に，家族機能が低下していく過程で，セルフケアからインフォーマルケアに移行しつつあるともいえる。

　便宜上，ケアの提供主体をもとに説明すると，ケアの提供主体間での連続性が必要不可欠であるが，分断化が生じやすい。これらの分断化は，大きく以下の四つの諸相において生じる。

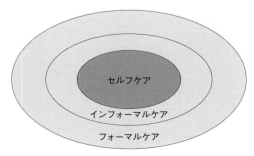

図2-2-1　人々の生活を支える三つのケア

①セルフケアとインフォーマルケア・フォーマルケアの間

②インフォーマルケアとフォーマルケアの間

③フォーマルケアの各種ケア間

④インフォーマルケアの各種ケア間

　この四つの相において，どのような分断化が生じやすいかを整理してみる。

①セルフケアとインフォーマルケア・フォーマルケアの間での分断化

　インフォーマルケアとフォーマルケアを合わせて社会資源と総称され，利用者の生活ニーズに合わせて社会資源との調整を行うことになる。その際に分断化が生じることになる。セルフケアで充足できないケアを提供する社会資源側の問題としては，（1）生活ニーズに合致した社会資源が存在しない，（2）生活ニーズに合致した社会資源の利用が制度として制限されている，（3）生活ニーズに合致した社会資源が量的に不足している，（4）生活ニーズに合致した社会資源に質的な問題があり利用できない，といったことが生じる場合がある。

　他方，利用者側のセルフケアは内的資源ともよばれるが，セルフケア側での問題としては，利用者側が有している潜在的なセルフケアを発揮しない場合にも，インフォーマルケアやフォーマルケアを合わせた社会資源との間で分断化が生じる。

　このような場合に，利用者の生活ニーズと社会資源との間での調整や開発が必要になってくる。この開発には，利用者側がセルフケアを活用するように働きかけていく個人の側の潜在的な能力等の開発と，社会の側の社会資源の開発がある。ある意味では，利用者の生活をしていくうえでの，個人と社会のインターフェース（interface：接触面）を調整することの課題が生じることになる。

②インフォーマルケアとフォーマルケアの分断化

　インフォーマルケアは，本来は利用者の生活ニーズを支える重要な担い手であるにもかかわらず，フォーマルケアとの連続性が欠落し，それとは別個のものとして位置づけられたり，フォーマルケアが社会資源のすべてを占有してしまったり，逆にオプショナルなものとして利用される場合がある。歴史的にみ

第2章　生活の連続性への支援　133

ても，家族や地域社会の機能が低下していく過程で，インフォーマルケアを補うためにフォーマルケアが成立してきたにもかかわらず，現状ではフォーマルケアを補うものとしてインフォーマルケアが位置づけられる場合が多い。そのため，フォーマルケアとインフォーマルケアを一体的に，利用者のニーズに合わせて提供できる仕組みが求められる。

　フォーマルケアとインフォーマルケアが協同し織り混ぜていく（interweaving）ことの必要性は，多くの論者が主張している。これについては，すでに第1編第4章「ケアマネジメントの構造」で言及しており，それを参照することとする。

③フォーマルケア間での分断化

　一般的に，フォーマルケアは断片的（fragmental）に，あるいは縦割りシステムのなかで提供されることによって，個々の行政の窓口では，利用者に必要なサービスを包括的に提供できてこなかった。フォーマルケアの核である行政サービスは縦割りになっており，社会福祉サービス，医療・保健サービス，所得保障サービス，住宅サービス，雇用サービス，教育サービスは相互に無関係に実施されている。よって，利用者が行政サービスを重複して利用する場合に，施策間で関連性をもたせ，縦割り行政の弊害を除去し，サービスを柔軟で人間的なものにする機能が求められる。そのため，利用者の視点に立って，自らの機関が提供するフォーマルケアだけでなく，利用者のニーズに合致したフォーマルケアに結びつける相談機関が求められることになる。すなわち，行政システムが根本的に変革を迫られていることであり，フォーマルケアを利用するにあたって，相談機関なり利用者側に，利用者の生活ニーズを包括的に捉えたうえでの必要なフォーマルケアに対する利用決定権が付与されるシステムの構築が求められる。

④インフォーマルケア間での分断化

　インフォーマルケアには，家族，親戚，近隣，ボランティア等といったケア提供主体があるが，これらの主体間でも連続性を保つことが難しい側面がある。それは，個々の主体がいずれも柔軟な対応のできることに特徴があり，機

134　　第2編　ケアマネジメントの中核

能の類似性があり，主体間で競合したり，押し付け合ったり，無視し合ったりといった状況が生じることによる。これは，ある意味では，上記②で述べたインフォーマルケアとフォーマルケアでの分断化の特徴に類似している。

　利用者のある時点の生活ニーズに対して，これら4点でのケアの分断化について言及したが，他方，利用者の生活ニーズが時間的に変化していくことに合わせて，ケア内容が変化してことが求められる。ところが，ここでも時間的なケアの連続性が分断化されやすい。それは，時間の経過によって，ケア内容の変更が求められるが，①～④の分断化が生じ，別のケア提供主体に切り替えることができない場合や，同じケアの提供主体であっても，時間的に生活ニーズの程度に差が生じた場合に対応できないことが生じる。そのため，利用者の状況のモニタリングが不可欠であり，そこから次の二つのことが求められる。第一は，利用者の状態の変化を理解することであり，セルフケアの状態を継続的に把握していくことである。第二は，セルフケアを補うべく，フォーマルケアやインフォーマルケアが適切に提供されていることを確認していくことである。

第4節 ケアの分断化への対応―ケアマネジメントの登場

　利用者が求めるケアの連続性が空間的にも，時間的にも分断化されやすいことから，利用者の生活ニーズに合った適切なケアの提供が難しいことが大きな要因となり，ケアマネジメントが登場したといえる。

　新たに登場したケアマネジャーは，利用者の生活の連続性を支援する視点で，利用者をアセスメントし，ケアを分断することなく利用者に届ける（delivery）役割を担うことになった。

　介護保険制度や「障害者総合支援法」をもとに考えてみると，介護保険制度の給付サービスや「障害者総合支援法」のサービス，さらには医療サービス，就労サービス，所得保障サービス，住宅サービスといったフォーマルケアのほかに，家族や地域における助け合い活動などのインフォーマルケアと，利用者自らの内的資源であるセルフケアが，それぞれの特徴を発揮しながらバランス

よく連携していることが重要である。そうした生活の連続性をつくり出し維持していくためには，ケアマネジャーが利用者と共同でケアプランを作成し，個々のケアを提供する支援者間でのチームワークを形成していくことが必要不可欠となる。

その際には，すべての支援するケア提供主体が利用者に対するケース目標を共有化し，それぞれの主体が相互の役割分担を理解し合いながら，決められた自らの業務を実施していくこととなる。ケアマネジメントは利用者の生活の分断化を抑え，連続性を支援していくにあたり，利用者と個々のフォーマルおよびインフォーマルケアの提供主体との間で，ケース目標やケアプランの共有化を図っていく業務を担うことになる。

第5節 空間的な生活の連続性支援におけるケアマネジメントの要件

利用者の空間面での生活の連続性を支えるためには，ソフト面でのケアマネジャーの力量と，それを支えるハード面での整備が求められる。

ソフト面での対応

ソフト面での対応とは，ケアマネジャーが，利用者を全人的に捉え，身体面，心理面，社会面でのアセスメント資料をもとに，現状で解決が不可欠な生活ニーズを把握することである。生活ニーズが明らかになり，それぞれのニーズに合わせたフォーマルケアやインフォーマルケアの社会資源が選択されることにより，ケアプランが作成されるが，ここで選択されたケアが連続性のあるものとなっていることが求められる。それは，保健・医療・介護・福祉といった領域だけでなく，住宅，社会参加といった領域の生活ニーズを網羅しており，かつ利用する社会資源はフォーマルケアだけでなく，インフォーマルケアも活用されることになる。利用者の有するニーズの類型としては，一般に，①保健医療ニーズ，②所得維持ニーズ，③雇用・社会参加ニーズ，④教育ニーズ，⑤住宅ニーズ，⑥個別的な個人や家族支援ニーズ，⑦公正・安全ニーズ等が挙げられるが，それぞれのニーズが重複し合っており，それらのニーズの連続性を捉えることになる。

136　　第2編　ケアマネジメントの中核

そのためには，ケアマネジャーは利用者と一体的になり，アセスメントからケアプラン作成・実施に結びつけていく必要がある。このことは，適切なケアプランを作成・実施することが，利用者の空間的な生活の連続性を担保することになる。ケアマネジャーは，このような力量を高めるために，利用者に対する価値観，ケアマネジメントに関する知識や技術を習得しておく必要がある。

　利用者への空間的な生活の連続性を確保するために，さらにケアマネジャーに求められることは，作成したケアプランが円滑に実行できる社会資源を準備することである。このフォーマルケアおよびインフォーマルケアを合わせた社会資源は，第2編第5章「社会資源について考える」の**図2-5-1**（208頁）のとおりである。この図は理念系ではあるが，社会資源を供給主体，利用者側のサービスニーズ，質的内容の三つの軸で分類したものである。こうして分割された個々の社会資源が，それぞれの地域で必要な程度配置されることで，ケアプランの作成・実施は円滑に進むことになる。そのため，こうしたフォーマルケアとインフォーマルケアが十分でない場合には，それらを開発していくこともケアマネジャーの役割として付加される。同時に，利用者の生活ニーズに適切にマッチしない社会資源については，その修正を求めていくこともケアマネジャーの業務として位置づけられる。

ハード面での整備

　こうした適切なケアプランを作成・実施するためには，ケアマネジャーの力量に加えて，そうしたことを可能にする物理的なハード面での条件整備が必要である。

　まず，ハード面として利用者のニーズに応えたフォーマルケアとインフォーマルケアが適切に，かつ円滑に提供できるサービスデリバリーシステムの構築が必要である。このサービスデリバリーシステムとは，利用者に必要なすべてのフォーマルケアやインフォーマルケアが円滑に届けられる仕組みのことであるが，この中核にケアマネジャーが配置されることが不可欠である。このシステムでは，ケアマネジメントを必要とする該当者がまずは抽出され，その抽出された人々がケアマネジャーに容易にアクセスできる仕組みが必要となる。さらには，利用者の各種ニーズに合致したケアプランが円滑に作成され実施でき

る体制ができていることが必須である。具体的には、利用者に、場合によってはケアマネジャーに、作成されたケアプランの実施決定権が委ねられていることが条件となるが、介護保険制度と「障害者総合支援法」では、前者は、支給限度額の枠内ではあるが、完全に利用者側に決定権があり、後者はあらかじめ利用者がケアマネジャーの支援で決定したことに対して行政側の承認・決定が必要となっている。ただし、最終的には両者とも利用者が了解し、決定することになっている。

高齢者領域でのサービスデリバリーシステムの変化

　介護保険制度が導入される前後でのサービスデリバリーシステムを比較してみると、図 2-2-2 と図 2-2-3 のとおりである。介護保険制度創設以前は、利用者を全人的に捉え、生活をしていくうえでの生活ニーズを捉え支援することは、たしかに一部在宅介護支援センターで実施されていたが、普遍的なものとしては実在しなかった。当時の個々の窓口の業務は自らが提供するサービスの受給要件（eligibility）を有しているかどうかを確認することであった。ところが、介護保険制度創設以降、ケアマネジャーが配置され、かつ、要介護認定調査結果としてサービス利用要件が前もって決定するため、利用者の生活ニーズが明らかになりさえすれば、利用者は必要なフォーマルケアやインフォーマル

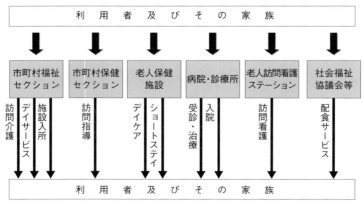

図 2-2-2　介護保険制度導入前のサービス利用体制（例示）

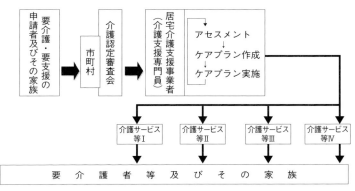

図 2-2-3 2000（平成 12）年の介護保険制度導入時のケアマネジメント体制

ケアが利用できる仕組みをつくり上げることができた。

　さらに，生活ニーズの把握や利用するケア提供者，ケアの頻度や時間数を示したケアプランがより適切なものであるために，利用者の支援に関わっているメンバーが多角的に検討し，ケアプランを確定させ，同時に共通の目標でもってチームケアを進めていくための会議（conference）が位置づけられた。具体的に介護保険制度では，ケアマネジャーはサービス担当者会議といった場を確保し，その会議を主催することになっている。

障害者領域でのサービスデリバリーシステムの変化

　このようなサービスデリバリーシステムの変化は障害者領域も同様であり，2016（平成28）年度末までには障害福祉サービスを利用するすべての障害者がケアマネジメントを受けることになり，障害者領域でも，ケアマネジメント体制が確立されることになった。介護保険制度同様に，図で示すと，「障害者自立支援法」創設以前では，**図 2-2-4** のような流れで，利用者が多様な機関に赴くサービスデリバリーシステムであった。2006（平成18）年に施行された「障害者自立支援法」では，**図 2-2-5** のある相談支援事業者の相談支援専門員とコンタクトさえとれれば，生活ニーズに合ったさまざまな社会資源を，ワンストップで利用できるようになった。ただし，この図からわかるように障害程度区分の認定による支援決定の後に，アセスメントに基づくケアプランを作成

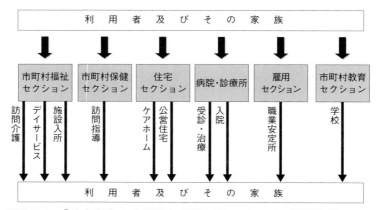

図 2-2-4 「障害者自立支援法」創設以前のサービス利用体制（例示）

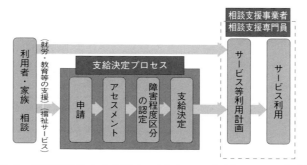

図 2-2-5 「障害者自立支援法」でのケアマネジメントの位置づけ
〔出典：厚生労働省〕

することであった。その結果，支援決定による制約されたケアプランであったため，2012（平成24）年の4月から**図2-2-6**のようにケアプラン原案作成後に，支給決定となるよう位置づけを変更している。

　ただ，介護保険制度でのケアマネジメントシステムに加えて，障害者領域でのケアマネジメントが制度的に確立してきたことによって，皮肉なことに，障害者と高齢者での生活の時間的な非連続性が顕在化することになった。障害者は65歳になると，介護保険制度が優先となり，障害福祉サービスから介護保

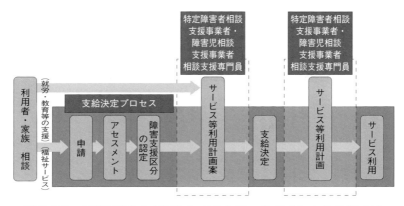

図 2-2-6 「障害者総合支援法」でのケアマネジメントの位置づけ
〔出典：厚生労働省〕

険サービスに移行されることになる。当然，ケアマネジメントは相談支援専門員から介護支援専門員に担当が移り，認定についても，障害支援区分認定から，要介護認定に変わり，新たに要介護認定を受けることになる。その結果，利用するサービスも主として障害福祉サービスから介護保険給付サービスに移行し，サービスの内容，利用要件，自己負担も異なったものになる。

これについては，施策の縦割りから生じており，誰にサービスを提供するかの施策側の受給者選択（allocation）が，利用者のライフサイクルを通貫する生活の連続性を崩すことになる。こうした状況は，国の施策が縦割りでできている限り，また，ほとんどの施策が年齢等による受給者選択を行っている限り，さまざまな場面で，利用者には時間的な生活の非連続性が生じることになる。

この高齢障害者の生活の連続性の課題については，第3編第3章の「障害者ケアマネジメントの方向性」での一つのテーマとして取り上げることとする。

第6節 時間的な生活の連続性支援におけるケアマネジメントの要件

ケアマネジャーは，利用者の時間的な生活の連続性を，主にモニタリング機

第2章 生活の連続性への支援

能を実施しながら確保していくことになる。ケアマネジャーがこのモニタリング機能を実施していくことと同時に，そうした機能を果たしていける仕組みづくりが必要となる。そのため，まずは，いかにモニタリング機能を果たすことで生活の時間的な継続性を果たせるのかについて，ソフト面での対応を示し，次にハード面での整備の必要性について言及することにする。

ソフト面での対応

ケアマネジャーが利用者の時間的な生活の連続性を確保していくためには，以下に示す①〜③のような三つのモニタリング機能を果たす必要がある。

①作成したケアプランが適切に実施されているかを確認する。

これには，モニタリングを介して，作成されたケアプランが全体として適切に実施されているかを確認することである。具体的な確認内容としては，次の4点となる。

- ・ケース目標とよばれる利用者の大目標が適切であるか。
- ・利用者の社会生活上の問題や課題（狭義の生活ニーズ）が適切であるか〔示されなかった社会生活上の問題や課題（狭義の生活ニーズ）はないか，不必要な社会生活上の問題や課題（狭義の生活ニーズ）はないか，説明が十分でなかった社会生活上の問題や課題（狭義の生活ニーズ）はないか〕。
- ・個々の社会生活上の問題や課題（狭義の生活ニーズ）の短期や長期の支援目標や結果（両者で広義の生活ニーズ）は適切であるか（目標の内容が適切であるか，目標の達成時期が適切であるか）。
- ・提供する社会資源が適切であるか（提供された社会資源の種類が適切か，サービス事業者間から適切な事業者を選んでいるか，担当者は適切であるか，担当者の業務内容が適切であるか，担当者は決められた業務を適切に実施しているか，担当者の業務の時間や頻度が適切であるか）。

このような点を確認することで，より適切なケアプランに集約させていくことができる。そのため，この段階での作業は，次の過程に進むというよりは，作成されすでに実施されているケアプランを見直す観点からのモニタリングである。

②新たな生活ニーズが生じていないかを明らかにする。

　ここでは時間的な経過で新たに生活ニーズが生じていないかを，あるいは適切に社会資源が提供されているかを，ひいては生活ニーズと社会資源との間でミスマッチが生まれていないかを継続的に点検していくことである。ここでの確認事項としては，次の4点がある。

- ・利用者の身体面や心理面の変化により，新たな生活ニーズが生じていないか，あるいは既存の生活ニーズに変化が生じていないか。
- ・介護者や住環境といった社会面の変化により，新たな生活ニーズが生じていないか，あるいは既存の生活ニーズに変化が生じていないか。
- ・提供側であるフォーマルケアが適切に実施されているか（担当者は代わっていないか，担当者は従来どおりのサービスを提供してくれているか）。
- ・提供側であるインフォーマルケアが適切に実施されているか（担当者は継続して実施が可能であるのか，担当者は従来どおりの支援を提供してくれているか）。

　こうした確認をいつ実施するのかについては議論のある部分であるが，介護保険制度では，要支援者については家庭訪問が3カ月に1回以上，要介護者については月1回以上と決められており，おそらくこれが現状でのモニタリング頻度の基準になっている。しかしながら，本来は，利用者の状況によって，モニタリングの頻度は異なり，心身の状況が変化しやすい利用者については，頻繁にモニタリングすることが必要であり，具体的には自宅でターミナルケアを行っている人や，進行の早い認知症のある人がこれに相当する。また，社会的な状況が変化しやすい利用者についても頻繁なモニタリングが求められ，これには目を離すことができない被虐待の可能性がある利用者やケアマネジャーに連絡しにくい状況にある利用者も相当する。

③実施したケアプランについての効果・効率を評価する。

　ケアプランを実施することにより，利用者や家族の状況に改善や維持といった効果を得ることができたかを確認することになる。具体的な効果や効率としては，以下の4点に整理できる。

- ・利用者のADL（Activity of Daily Living）やIADL（Instrumental ADL）

が維持や改善したか。

・利用者の心理的な意欲や自己効力感が維持または改善したか。

・家族の身体面や心理面で維持や改善ができたか。

・ケアプランに基づき支援されることで，財源的に効率化が図られたか。

　これらの評価は，ケアプランそのものを点検するだけではなく，アセスメントのデータである利用者やその環境の状態像についての変化を比較することで可能になる。同時に，この評価は，ケアマネジャーが客観的に把握すると同時に，利用者やその家族の主観的な評価でもって把握することになる。

　これらの評価内容は，ケアマネジメントの目的そのものを示しており，利用者の QOL の効果に関する事項であり，一部は財源的な効率化を示すことであり，ケアマネジメントそのものが効果的・効率的に実施されたかどうかを評価する内容である。そのため，モニタリング機能の一部に評価（evaluation）機能が含まれていることになる。

　さらに，この評価結果をもとに，ケアプランのモニタリングである①②が変更されることになる。一方，①②でもってケアプランの修正が継続的になされることによって，効果的・効率的な評価を高めていくことができる。そのため，①②と③とは相互にフィードバックし合っているといえる。

ハード面での整備

　他方，こうしたケアマネジャーの時間的な生活の継続性を支援するハード面での仕組みが求められている。介護保険制度の創設時につくられた**図 2-2-3** の仕組みでは，利用者の変化に合わせて継続的に支援していくことになっており，利用者の意思でケアマネジャーが変更されない限り，利用者が自宅で死を迎えたり，施設入所したりするまで，一人のケアマネジャーがずっと同じ利用者を支援し続けることになる。そのため，ケアマネジャーという制度そのものが，利用者の時間的な生活の継続性を支えるものになっている。

　しかしながら，2006（平成 18）年度から始まった改正介護保険制度下では，要支援者に対しては新たにつくられた地域包括支援センターが対応し，要介護者には従来どおり居宅介護支援事業者のケアマネジャーが対応するように改められた。この仕組みについては，**図 2-2-7** に示すとおりであるが，結果的に，

144　　第 2 編　ケアマネジメントの中核

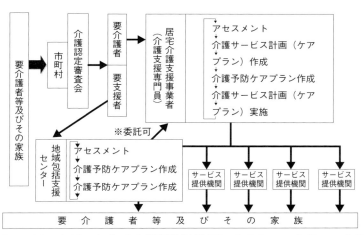

図 2-2-7　2005（平成 17）年の介護保険法改正によるケアマネジメント体制

要支援者と要介護者の間での生活の時間的な連続性を崩してしまったといえる。具体的には，要支援から要介護に移行した場合，利用者の状態像はほとんど変わらないにも関わらず，担当する職員が地域包括支援センター職員からケアマネジャーに変わり，それだけではなく，サービスの内容も予防給付から介護給付に変わり，さらにはケアプランのアセスメントシートやケアプラン用紙さえも変更になる。そのため，利用者の要支援状態と要介護状態では，大きな断裂が生じており，利用者の時間的な生活の連続性という視点からは，必ずしも適切な改革ではなかった。そのため，一方で，再度システムの修正を政策立案者に求めていくのと同時に，ケアマネジャーは自らの能力でもって，この断裂をできる限り和らげるよう，利用者の立場になり支援していく必要がある。具体的には，この連続性が途切れることで支障やリスクが大きいと予想される利用者については，地域包括支援センターから居宅介護支援事業者が受託し，ケアマネジャーが利用者の要支援状態から要介護状態の連続性を保持していくことである。

　なお，最近の状況として，社会保障審議会介護保険部会では，地域包括支援センターの業務が多忙なこともあり，要支援者のケアマネジメントを地域包括支援センターから居宅介護支援事業者に戻すべきとの意見が出ている[2]。

病院の入退院でのソフト面とハード面での対応

　介護保険制度での時間面での生活の連続性については，病院への入退院における生活の連続性の確保が課題となる。ケアマネジャーが利用者の病院入院に際して，医療面だけでなく生活全般の情報を病院側に提供することで，適切な入院治療が受けられるだけでなく，その後の退院を円滑に実施することにつながる。ハード面では，そうした対応に対して，ケアマネジャーには入院加算がついており，インセンティブが働くことになっている。

　さらに，利用者の退院の際には，ケアマネジャーは病院の退院カンファレンスに参加し，退院に向けての病院からの情報を得て，在宅生活を支えるケアプランを作成することになる。この退院カンファレンスについては，実施に際しケアマネジャーが参加すると，病院側には医療保険での診療報酬での退院支援加算がつき，ケアマネジャーが退院カンファレンスに参加し，病院から情報を得た場合には，介護保険から居宅介護支援事業者に退院加算がつくことになっており，退院カンファレンスを実施し，ケアマネジャーが参加することは，両者にとってウィンウィンの関係にある。ただし，病院からの情報をもとにケアマネジャーがケアプランを作成する際に，病院での医療から在宅医療に結びつけていくうえで重要である在宅の医師との連携については課題が大きい。現実には，訪問診療を行う医師の数が十分でないこともあり，退院後訪問診療が必要な利用者で，入院以前の主治医が訪問診療を行っていない場合には，理解を得ながら，新たな訪問診療医を探し出すシステムを確立していくことが課題であるといえる。

　こうした病院への入退院における利用者の生活の時間的な連続性の確保は大きな課題であり，ケアマネジャーとしての質の確保だけでなく，退院支援を支えるハード面での制度づくりが重要である。

　同時に，このような対応は，障害者領域では，精神障害者の入退院，知的障害者の地域移行，身体障害者の施設から在宅に向けての自立生活支援においても，生活の時間的連続性を確保するうえで，ケアマネジャーのソフト面での課題と，それを支える制度や地域の仕組みといったハード面での課題がある。

第7節 地域レベルでのケアの連続性の確保 ──「地域包括ケア」の推進

　ケアマネジメントにより，個々の利用者の生活ニーズに合わせて提供される
ケアが分断されることなく，連続性をもって提供されることが意図されてき
た。ただ，このケアマネジメントによるケアの連続性を強固なものにしていく
ためには，個人レベルだけでなく，地域レベルでも，ケアの連続性を確保して
おくことが重要となる。これを推進しているのが，介護保険制度でいわれる
「地域包括ケアシステム」であり，そうした地域のシステムづくりが求められ
ている。

　ここでいう地域包括ケアシステムでは，地域にあるフォーマルケアやイン
フォーマルケアを提供している機関や団体を凝集化し，緊密に連携させること
であるが，その地域の単位を，日常生活の場である中学校区を基本に設定して
いることに特徴がある。地域包括ケアシステムを推進するためには，地域の
フォーマルケアとインフォーマルケアを提供する機関や団体が連携を深め，協
働して活動する地域のネットワークづくりを進めていくことである。これにつ
いては地域包括ケアシステムの地域体制をつくることにほかならない[3]。

　そのため，地域包括ケアシステムのスケルトンをつくり上げることが求めら
れる。これは利用者に対するネットワークづくりであるケアマネジメントと，
地域の機関や団体の連携を可能にするネットワーキングを実施し，個別支援と
地域支援を結びつけることである。前者の個別支援はケアマネジャーが，後者
の地域支援は地域包括支援センターが主として担うことになる。そのため，介
護保険制度においては，ケアマネジャーと地域包括支援センターが車の両輪で
あり，両者の力量を高めることが求められることになる。ケアマネジャーは利
用者の生活ニーズに合わせてフォーマルおよびインフォーマルケアと結びつけ
ることであるが，結果として利用者を核とするネットワークをつくっているこ
とになる。一方，地域包括支援センターは地域内にあるフォーマルケアとイン
フォーマルケアを提供する団体や機関を凝集化し，より緊密に連携をさせ，地
域の団体や機関のネットワークづくりを進めることになる。

第2章　生活の連続性への支援　　147

第8節 地域レベルでのケアの連続性における分断化の諸相

　地域包括ケアシステムの推進を難しくする要因もある。歴史的に，地域包括ケアシステムとはよばれてはいないが，地域の団体や機関の連携をめざしたネットワークづくりが政策的に失敗を重ねてきた例もある。例えば，1987（昭和62）年に高齢者サービス調整チームでの実務者会議と代表者会議からなる高齢者サービス総合調整推進会議をつくり，翌年には保健所保健・福祉サービス調整推進事業がつくられたが，その関係がうまく調整できずに消滅してしまったという歴史がある。現在のところ，厚生労働省老健局が地域包括支援センターを，一方，医療局で開始され，現在は老健局が引き継いだ在宅医療連携拠点事業はいずれも地域の団体や機関のネットワークに関わるものであり，両者を調整する機能が求められている。また，社会・援護局障害福祉部は障害者を対象に基幹型相談支援事業者を設置し，障害者に関わる団体や機関のネットワークづくりが進められ，社会・援護局では，従来市区町村社会福祉協議会に地域のネットワークづくりを担わせてきた。これらは本来であれば一体的に行われるべきことであるが，縦割り行政のもとで，それぞれの部局が同じ地域社会を対象に重複したネットワークづくりがなされている。このことがケアの分断化を促進していることにつながっている。地域のネットワークづくりは「縦割りを横割りにする拠点づくり」が目的であるが，皮肉にも，その源が縦割りで進められていることになる。そのため，場合によっては厚生労働省を超えた，いくつかの省が共管事業とするといった工夫でもって，地域の拠点化を進めていくことが必要不可欠である。

　地域包括ケアシステムは，政策的には，保健・医療・介護といった厚生労働省の施策だけでなく，住宅といった国土交通省の施策をベースに取り込んだものとなっている。この点については，介護保険制度をもとに推進されていることから，高齢者を対象にしたものからすべての住民を対象としてものに，財源も含めて，どのようにシフトしていくのかは大きな将来課題である。同時に，対象者を拡大することになれば，所得保障，雇用，教育，権利擁護といった施策も包含して地域包括ケアシステムを検討していく必要がある。

以上のように，現状の地域包括ケアシステムは，高齢者を対象に高齢者向けのサービスに限られており，全世代・全住民型のシステムとして捉えた場合，フォーマルケア間での連携においてと，支援する対象者において，分断化が生じている。

　こうしたことに対して，2015（平成27）年9月に厚生労働省が『新たな時代に対応した福祉の提供ビジョン』を公表した[4]。これは高齢者領域で進められている地域包括ケアシステムを全世代・全対象型で実施していくことを指向したもので，新しい地域包括支援体制を確立するために，包括的な相談から見立て，支援調整の組み立て，資源開発を進めることと，高齢，障害，児童等への総合的な支援の提供を進めるために多世代交流・多機能型の福祉サービスの推進をうたった。まさに，個人への相談支援と地域レベルでの組織間における連続性の体制を全世代で構築することをめざそうとしたものである。

　さらには，『新たな時代に対応した福祉の提供ビジョン』を取り込んだ『「我が事・丸ごと」地域共生社会実現本部』が2016（平成28）年7月に設置され，地域のあらゆる住民が役割をもち，支え合いながら，自分らしく活躍できる地域コミュニティを育成し，公的な福祉サービスと協働して，助け合いながら暮らすことのできる「地域共生社会」を実現することを具体化するための検討が開始された[5]。

　ここでの「我が事」とは，地域づくりに対して地域の住民が他人事であることから，我が事への転換を図っていくことで，地域共生社会を確立していこうとするものである。また，「丸ごと」とは，従来の縦割りによる相談やサービスから世代横断的な相談とサービス体制を確立することである。これについての対応として，世代横断型の相談体制の構築や，障害者や高齢者がともに利用できる訪問介護，通所介護，短期入所といった共生型サービスができていくことになった。

　後者の「丸ごと」議論は，今まで述べてきた，利用者の生活の連続性を確保していくことであるが，「丸ごと」での究極の課題は，第3編第3章の「障害者ケアマネジメントの方向性」で詳細に論述する高齢障害者の問題にある。障害者は65歳になると，保険優先の原理により，「障害者総合支援法」の障害福祉サービスから介護保険サービスの利用に代わることとなる。その際に，基

本となる障害支援区分認定から要介護認定に変わり，認定を受け直し，ケアプランの作成は相談支援専門員から介護支援専門員に移行する。この結果，障害者は65歳になる前後で心身状態がまったく変化ないにもかかわらず，相談員もサービス内容も大きく変わることになっている。そのため，高齢障害者の生活の連続性が図れるよう解決することが「丸ごと」の最終的な課題であるといえる。

　以上のような，障害者と高齢者の生活の連続性を確保できるよう，介護保険制度を全世代が利用できる仕組みに転換する検討が必要である。これができれば，共生型サービスは不要であり，共生型サービス内での介護保険と「障害者自立支援法」での報酬単価の調整も不要となる。同時に，現状での全世代の「丸ごと」相談体制の確立には，やや無理がある。それは，相談の拠点になる市町村数は約3,100，中学校区では約11,000あり，高齢者での地域包括支援センターは4,329カ所（平成24年4月1日現在），障害者の基幹型相談支援センターは276カ所（平成26年4月1日現在），子ども領域での子育て世代包括支援センターは720カ所（平成28年4月1日現在）という現実を捉えると，そもそも，高齢を除いては，個々の市町村や中学校区で拠点ができていない。全世代型の介護保険制度になれば，既存の機関を活用しての「丸ごと」相談の枠組みを円滑に形成することができることになる。

　ドイツの介護保険は，まさに0歳からを対象にし，20歳以上が被保険者となる保険である。日本では現在，被保険者は65歳以上の第1号被保険者，40歳以上65歳未満の第2号被保険者であるが，それに加えて，20歳以上40歳未満の第3号被保険者を創設することになる。当然，この第3号被保険者は自らやその親の介護事故リスクが少ないことから，保険料は第2号被保険者よりも低く抑えるべきである。これこそが，多世代が協力し合う「丸ごと」での地域共生社会づくりであるといえる。

　現在の「障害者総合支援法」での障害福祉サービスの利用は，介護保険制度同様に原則1割の自己負担であり，両者間での整合性は十分につけることができる。ただし，同法では，広い幅のボーダーライン層について利用料が無料という仕組みにしており，こうしたことを継承することで，現状の障害者が不利にならないような対応が求められる。それは，介護保険制度は保険料と租税

が折半で投入されており，保険と租税のミックス型であるため，両者のメリットを生かしながら，一体化を検討することが可能であるといえる[6]。

　利用者が自らの生活をしていくために，提供されるケアについて連続性が必要であるが，提供する側のケアが分断化されている実態がある。これを解決するために，セルフケアとインフォーマルおよびフォーマルケアとの調整機能を有したケアマネジメントが登場してきた。また，ケアマネジメントを地域レベルで支える地域のネットワークづくりが進められている。ただ，ケアの分断化を解消するために生まれてきたケアマネジメントや地域のネットワークづくりにおいても，政策面での分断化の側面が依然として存在し，利用者に連続したケアの提供を妨げている。そうした制度面での不備を解決し，調整機能を担う人材の養成が課題である。

注

1) Martin Bulmer（1987）*The Social Basis of Community Care*, Allen & Unwin, 173.
2) ※第 58 回社会保障審議会介護保険部会議事録（2016 年 5 月 25 日）で，一部の委員から，要支援者へのケアマネジメントを地域包括支援センターから居宅介護支援事業者に移行する意見が出ている。
　　http://www.mhlw.go.jp/stf/shingi2/0000131856.html
3) 地域包括ケア研究会・三菱 UFJ リサーチ＆コンサルティング（2010）『地域包括ケア研究会　報告書（平成 21 年度老人保健健康増進等事業による研究報告書）』，3.
4) 厚生労働省　新たな福祉サービスのシステム等のあり方検討プロジェクトチーム（2015）『誰もが支え合う地域の構築に向けた福祉サービスの実現：新たな時代に対応した福祉の提供ビジョン』平成 27 年 9 月 17 日.
5) 厚生労働省（2016）『資料 1「我が事・丸ごと」地域共生社会実現本部について』平成 28 年 7 月 15 日.
6) 白澤政和（2017）「今，問われる介護保険の課題：長期展望での改革の必要性」『地方議会人』48（6），11-14.

第3章

支援する利用者を捉える
─医学モデルから生活モデルへ

　ケアマネジメントにおいては利用者の在宅生活を支える以上，「医学モデル」ではなく「生活モデル」を念頭において利用者を支援することが大切である。そのため，ケアマネジャーには，生活モデルとは何かについて十分に理解することが求められる。また，そうしたことを考えるうえで，生活モデルはWHO（World Health Organization：世界保健機関）が2001年に提案し承認した「国際生活機能分類」（International Classification of Functioning, Disability and Health；ICF）の概念と共通する部分も多いため，ICFの考え方を視野に入れて検討することが有効といえる。そこで本章では，WHOによる1980年の「国際障害分類」（International Classification of Impairment, Disability and Handicaps；ICIDH）からICFへの「障害概念」の変更をふまえつつ，生活支援の場における生活モデルの重要性について考えていきたい。

第1節　WHOによる障害概念の転換

ICIDHからICFへ

　1980年に，WHOはICIDHを公表した。このICIDHは，個人に生じる疾患や変調を帰結として，障害を三つのレベルに規定したものである。**図2-3-1**に示すように，疾患や変調の結果として，①人々の機能の心理的・生理的・解剖学的な構造，または機能の何らかの喪失・異常といった「機能・形態障害」（impairment），②人間として活動していく能力の制限や欠如といった「能力障害」（disability），さらに，③これら機能障害や能力障害の結果として個人に生じる不利益により正常な役割を果たすことが制限されたり妨げられたりする「社会的不利」（handicap），という三つのレベルに障害を分類した。

152　　第2編　ケアマネジメントの中核

WHO (1980) の障害の3次元

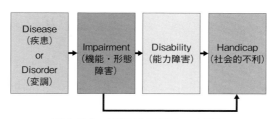

図 2-3-1　ICIDH モデル：1980
〔出典：上田　敏（2002）「国際障害分類初版（ICIDH）から国際生活機能分類（ICF）へ：改定の経過・趣旨・内容・特徴」『ノーマライゼーション　障害者の福祉』22（251），9．から改変引用〕

このように，ICIDH では，疾患や変調から「機能・形態障害」「能力障害」「社会的不利」に至る過程には因果関係があると考えている。そこで以下，**図2-3-1** もふまえながら，一つの事例を用いて説明していく。

事例1

Aさん　身体状況：脳梗塞を発症後，左上下肢に麻痺が残り，車いす歩行である。

　　　　住環境：玄関などに段差あり。

　Aさんについて，ICIDH の考え方で捉えれば，"脳梗塞"という疾患によって，"左上下肢麻痺"という機能障害が生じている。さらには，その結果として生じた"歩行困難"が能力障害であり，そのうえで，"玄関に段差がある"という住環境上の条件から社会的不利が生じている。

つまり，脳梗塞という「疾患」を起こすことにより，左上下肢の麻痺という機能障害が生じ，そのことが起因して歩行ができないといった日常生活上の不自由さを伴う能力障害が起こり，結果として自宅内の玄関にある段差により屋外に出掛けられないといった社会的不利が生まれるといった図式である。そのため，障害の解決はまず機能障害に，次に能力障害に向けられ，それらの解決が不可能であれば社会的不利の解消に向けられていた。

それゆえ，それぞれの関係性を示す矢印の向きは，**図2-3-1** にあるように，

第3章　支援する利用者を捉える―医学モデルから生活モデルへ

疾患から社会的不利へと一方向に向いている。すなわち，ICIDH において
は，疾患が原因で機能障害が起こり，その結果として能力障害が生じて，そこ
から社会的に不利な状況に陥っているという思考プロセスをたどる。

　このように，ICIDH では，障害という事実を“原因”と“結果”で捉え
ようとする。すなわち，ICIDH の考え方によれば，まずはその障害を引き起
こしている根本的な原因とする疾患を予防したり治癒したりすることをめざ
し，そうした疾患の治癒が無理な場合に機能・形態障害の改善を図ることにな
る。そのうえで，機能・形態障害の改善が十分でないならば，訓練などによっ
て能力障害の改善へと目を向ける。そして，能力障害の改善も十分でないこと
が確認されたあとに，社会的不利の改善を図っていく。

　こうした WHO の当時の考え方は，画期的なものであった。それは，従来
の「障害」を機能・形態障害や能力障害といった視点のみで捉え，利用者を治
療したり，リハビリテーションを行ったりすることによって問題の解決を図ろ
うとしていた観点から脱却し，社会的不利といわれる環境面を改善させること
からも障害が克服できることを示すものだったからである。

　ちなみに，ICIDH が承認される前，つまり 1980 年より前は，障害者支援
に対して社会的不利といった観点が乏しかったため，障害はすべて本人の責任
や努力に還元されがちであった。しかしながら，ICIDH の出現によって障害
者を取り巻く社会環境にも目を向けることが重視され，社会環境の改善によっ
て社会的不利を改善し，障害そのものも克服できるという考え方が広がって
いった。こうした点から，ICIDH の考え方は，とりわけ 1980 年当時として
は，大きな社会的評価を得られるものであった。と同時に，前述した**図 2-3-1**
は，障害という事実に向けて“原因”と“結果”を明らかにするという因果
論モデルとなっているが，ICIDH の考え方を解説した当時の文章の詳細をみ
ると，現在の ICF の考え方の基底をなす三つの要素の相互連関性についても
若干言及している。

　それから約 20 年を経た 2001 年 9 月，WHO の第 54 回総会において障害概
念が見直され，国際生活機能分類（ICF）が承認された。この ICF における
日本語訳一つをとっても，ICIDH における国際障害分類から ICF では国際生
活機能分類となり，「生活機能」という用語で言及されていることに大きな特

徴がある。すなわち，ICF による分類は，障害というより生活といった観点で問題状況を捉えることが，より一層強められている。

生活支援の場における医学モデルの克服

図 2-3-2 に示すように，ICF では，疾患・変調は「健康状態」，機能・形態障害が「心身機能・身体構造」，能力障害が「活動」，そして社会的不利は「参加」といった用語に置き換えられている。つまり，従来指摘されてきたように，当事者の状態像をネガティブな観点から捉えるのではなく，中立的な視点から把握しようとしていることに，その特徴の一つがある。そして，「心身機能・身体構造」「活動」「参加」の三つの次元は，利用者の生物レベル・個人レベル・社会レベルと分類することができるが，三つのレベルの相対的な独立性を認めつつも，因果関係ではなく，相互の関連性のもとで位置づけられていることに第二の特徴がある。さらに，ICF のもつ大きな特徴として，図 2-3-2 にあるように「個人因子」と「環境因子」といった背景因子が関与し，健康状態に影響し合うモデルを構築していることも，その特徴として挙げられる。

すなわち，個人の個別的な特徴と置かれている社会的環境のなかでの特徴が相互に影響し合って，その時点での健康状態を形づくっていることを示している。こうしたことを前項で紹介した事例の発展的要素として考えれば，前述し

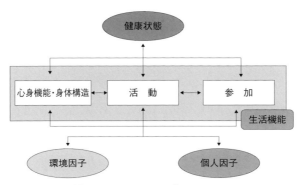

図 2-3-2　ICF モデル：2001

〔出典：障害者福祉研究会編（2002）『ICF　国際生活機能分類：国際障害分類改定版』中央法規出版，17.〕

第 3 章　支援する利用者を捉える―医学モデルから生活モデルへ　　155

たＡさんには，個人因子として「人と積極的に関わりたい」という考えがあるかもしれず，環境因子としては「転居してきたため，近所に知人がいない」といった状況も想定することができる。そうしたさまざまな要素がＡさんの生活機能に影響を及ぼし，その生活を規定しているとして捉える。

　こうした大きな発想の転換は，生活支援の場における医学モデルの克服であり，「医学モデル」から「生活モデル」への転換を意味している。さらに，このことはWHOのICFの考え方のもとで整理されている。そこで，少し長くなるが以下に引用する。ここでは，障害の原因を個人の側で捉える医学モデルと，その原因を社会の側にあるとする社会モデルを対置しながら，それら両者を統合するものとしている。これは「生物・心理・社会的」アプローチであるとしており，人と環境との関係をベースに生活ニーズを捉えようとするものであり，ICFは生活ニーズやそれに対する支援方法を示すものとして捉えることができる。

＊

　障害と生活機能の理解と説明のために，さまざまな概念モデルが提案されてきた。それらは「医学モデル」vs.「社会モデル」という弁証法で表現されうる。医学モデルでは，障害という現象を個人の問題として捉え，病気・外傷やその他の健康状態から直接的に生じうるものであり，専門職による個別的な治療という形での医療を必要とするものとみる。障害への対処は，治療あるいは個人のよりよい適応と行動変容を目標になされる。主な課題は医療であり，政治的なレベルでは，保健ケア政策の修正や改革が主要な対応となる。

　一方，社会モデルでは障害を主として社会によってつくられた問題とみなし，基本的に障害のある人の社会への完全な統合の問題としてみる。障害は個人に帰属するものではなく，諸状態の集合体であり，その多くが社会環境によってつくり出されるものであるとされる。したがって，この問題に取り組むには社会的行動が求められ，障害のある人の社会生活の全分野への完全参加に必要な環境の変更を社会全体の共同責任とする。したがって，問題なのは社会変化を求める態度上または思想上の課題であり，政治的なレベルにおいては人権問題とされる。このモデルでは，障害は政治的問題となる。

　ICFはこれら二つの対立するモデルの統合に基づいている。生活機能のさ

まざまな観点の統合を図るうえで,「生物・心理・社会的」アプローチを用いる。したがって ICF が意図しているのは,一つの統合を成し遂げ,それによって生物学的,個人的,社会的観点における,健康に関する異なる観点の首尾一貫した見方を提供することである[1]。

＊

　以上,WHO による障害概念の変化をもとに,ICF では生活支援の内容を整理することができる。生活支援とは,人と環境との関係に焦点を置くものであり,あるいは,利用者の身体面・心理面・社会面を総合的に捉え,支援をしていくということに特徴を見いだすからである。

　ICF の考え方からすれば,利用者について,単に解決すべき問題のある身体機能的・精神心理的状況と社会環境的状況から生活ニーズを捉えることに加えて,利用者やその社会環境が有している長所や潜在的な能力・意欲・自信をも含めて,生活ニーズの把握がなされることになる。これこそが,利用者のストレングスを活用する方法(strengths model)となりうる。また,その結果として,利用者のエンパワメントを支援することができることになる。

　利用者の身体面・心理面・社会面のさまざまなファクターが,「いかに関連し合っているか」という力動的な観点に立って,生活障害としての生活ニーズを捉え支援していくことが重要である。生活のさまざまな側面を,力動的な関係性の視点でみるという立場に立つからこそ,利用者の自立した生活を支援し,生活の質(QOL)を高めることが可能になる。

第2節 医学モデルと生活モデル

因果論的評価と力動的評価

　前述した WHO における障害概念の変化からすれば,医学モデルと生活モデルについての違いを短絡的にいえば,前者は因果論的評価,後者は力動的評価であると理解できる。さらには,ICIDH は因果論的評価に,ICF は力動的評価に近いともいえる。

　ICIDH の考え方が ICF のそれと異なるのは,構成する三つの状態が原因とそれによる結果によって生じているとして捉えることにある(**図 2-3-1**,**図**

2-3-2 参照）。前節で示した A さんの事例を例に挙げれば，ICF においては，利用者の車いす歩行という状況と玄関にある段差といった状況を原因と結果の関係（interaction）とは捉えずに，相互に関係し合っている連関性（transaction）のなかで捉えていく。具体的にいえば，たしかに車いす歩行であることは A さんの生活を制限する原因となる。しかしながら，そうした原因が解決できないから玄関の段差について改善を図ろうとするものではない。そこでは，A さんの杖歩行という状況と玄関にある段差という相互連関性のもとで，生活機能において問題が生じていると考える。つまり，「個人の責任」と「社会の責任」を切り離さずに，双方を同時に捉えることで生活障害を克服し，利用者の生活機能を高めるといった考え方である。

　このことは逆に，玄関に段差さえなければ，車いす歩行でも生活に支障をきたさない。そのため，玄関に段差があることが原因で，外出できない生活ニーズが生じているとも捉えることができる。これは「社会モデル」の考え方であり，「社会の責任」として生活機能を高めていこうとするものであるが，ICF では，先に述べたように相互連関性のもとで，生活障害を捉えることになる。

ソーシャルワーク関係者にとっての ICF

　ソーシャルワーク分野では，以前から力動的評価がなされてきた。逆に，因果論的評価はソーシャルワークの領域にはほとんど定着していない。それゆえ，ソーシャルワーク関係者の場合，障害の概念が変わったというよりも，従来図 2-3-2 にある ICF の相互連関性を表す矢印（←→）のもとで，利用者の生活ニーズを理解してきたといえる。そのため，ICF による考え方が出てきたときも，筆者自身はまったく違和感なく受け入れることができた。

　この「違和感がなかった」第一の理由は，ケアマネジメントは人と環境との相互連関性（transaction）に焦点を当てて生活ニーズを捉えること，あるいは利用者の身体機能的側面・精神心理的側面・社会環境的側面の関連性のもとで生活ニーズを捉えることと考え方が合致していたからである。また，第二の理由としては，ケアマネジメントでは生活モデルの特徴として，利用者のマイナス面だけでなくプラス面も捉えて支援していくことが主張され，いわゆる"ストレングスモデル"の考え方が普及しつつあったことによる。

しかしながら，利用者の「生活のしづらさ」を理解し，それを解決していくという観点からすれば，ICIDHの考え方はまったく無用なのであろうか。人間の生活ニーズの原因から結果に至る過程について理解し，実践に活用していくことも必要ではなくなったのであろうか。あえてICIDHを復活させようということではないが，ICIDHのみでは長期のケアを必要としている人々への支援について捉えきれないことから，ICFの考え方が生まれてきたことを理解しておく必要がある。現在は，障害の概念がICIDHからICFに大きく変わろうとする転換期にあるが，このあたりについて，もう少し慎重に検討する必要があるのではなかろうか。

　福祉サイドが因果論的評価の発展に貢献したことは今まであまりなかったが，医療サイドからすれば，因果論的評価による利用者の障害の軽減に随分と貢献してきたことはいわれもない事実である。同時に，力動的評価より因果論的評価のほうが「根拠に基づく」（evidence based）という観点が強いことも，これまた事実といえる。千野直一らは，ICFの分類では患者の疾病から派生する問題点の記載が困難であることを指摘し，「疾病や外傷によって人間は『マイナスの意味合い』をもつ臓器の障害，個体での日常生活能力低下や社会的不利をこうむるが，それに対して医学的診断と治療を行い，さらに社会復帰への手助けを行うことこそ医療者の任務といえる」[2]としている。この発言は，医療や医学がもつ「治療をしていく」という社会的使命として理解できるものである。それゆえ，力動的評価からのエビデンスの積み上げとともに，因果論的評価によるエビデンスを追求していくことも重要ではないだろうか。

　これとは逆に，WHOがICFは社会モデルでもないとしているが，障害の原因は社会がつくっており，その解決を社会に求めるといった社会モデルの考え方にも重要な思想がこもっている。これは健常者を基準にして社会を創ってきたことへの反省であり，ある意味では，要介護高齢者も含めて，障害を有している人々の人権保障の仕組みを求めるものである[3]。こうした意識をもって，生活支援をしていくことも重要であるといえる。

　ICFが利用者の生活を支援する基本であり，それは人と環境の相互連関性に焦点を当てることになるが，ICFの考え方に加えて，ICIDHや社会モデルの考え方を完全否定するのではなく，それらも部分的に包含しながら生活支援

を捉えていくべきと考えている。

ICFとケアマネジメント―ケアマネジメントとの共通性

次にICFの考え方における三つの特徴とケアマネジメントの考え方との共通点を整理してみる。

最初に，ICIDHが利用者のマイナス状況をもとに障害を捉えてきたのと比べて，ICFでは，マイナス面だけでなくプラス面である強さも含めて中立的な立場から生活機能を捉えていることであり，これは従来ケアマネジメント領域でいわれてきた「利用者のストレングス」を活用するといった考え方と共通している。すなわち，第3編第1章「ストレングスを活用したケアマネジメント」で詳しく紹介する利用者のもつ能力や意欲・願望・自信・好みといったストレングスや利用者の周囲にある社会資源のもっているストレングスまでをアセスメントし，それらを活用することで生活ニーズを把握することにより支援を行うことと相通じる部分である。

二つ目に，ICFが重視する「心身機能・身体構造」「活動」「参加」における相互関連性は，ケアマネジメントにおいて述べられてきた「人」と「環境」との関係ないしは「身体機能的側面」「精神心理的側面」「社会環境的側面」という三つの側面の関連性のなかで生活ニーズが生じており，そのことに対してケアマネジメントの技法を用いて最適な解決方法をみつけ出していくという考え方に一致していることである。その一方で，ICIDHの考え方によれば，まずは原因としての身体機能的状況への対応をめざし，それが不可能な場合に社会環境的状況の修正を求めることになる。

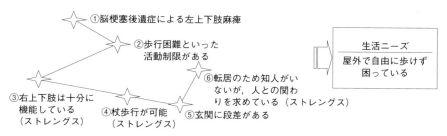

図2-3-3　利用者を取り巻く星から星座をつくる例示

こうした考え方について、筆者自身は、**図2-3-3**のように「星座理論」という考え方のもと、「人」と「環境」のアセスメント項目、ないしは「身体機能的側面」「精神心理的側面」「社会環境的側面」それぞれのアセスメント項目を"星"と考え、そこから導き出された生活ニーズを"星座"（constellation）として捉えることで説明してきた。こうした考え方は、利用者個々人の生活を全体的（holistic）に捉えることを意図したものであり、ICFの考え方とも共通している。

　三つ目として、ケアマネジメントにおける「生活ニーズ」の考え方も、すでにICFに取り入れられていることが挙げられる。利用者がもつ身体機能的状況・精神心理的状況・社会環境的状況という三つの側面についていえば、身体機能的状況や精神心理的状況は「個人因子」であり、社会環境的状況は「環境因子」であり、人と環境とが相互にどのように関係しているのかをみているわけである。つまり、人と環境との関係における不調和が生活ニーズを構成しているということである。利用者が生活していくうえでの生活ニーズの背景要因は、個人にも環境にもあり、それらが相互に関連して利用者本人の生活ニーズが生じているということで類似性を有している。

　ソーシャルワークにおいても、従前からそうした身体機能的状況・精神心理的状況・社会環境的状況の三者の相互関係のなかで生活ニーズを捉えようとしてきた。つまり、"人"と"環境"が織りなす相互関係のなかで生活ニーズを捉えようとしてきた。そうした意味からも、個人因子と環境因子を明らかにしていくことは、ケアマネジメントの考え方と共通している。

　以上のように、ICIDHの時代には、"障害"そのものに焦点を当てて利用者を捉えてきたが、ICFという概念が登場したことで、"生活機能"といった観点から利用者を捉えていくことが重要視された。ちなみに、ソーシャルワークの領域では、「ソーシャル・ファンクショニング」（social functioning、あるいはlife functioning：社会生活機能）を高めることが重要であるといわれている。このことは、ある意味では、ICFにおいて唱えられている「（本人の）『心身機能・身体構造』、『活動』、そして『参加』の三つの側面が相互に連関し合って、生活機能を高めていく」という考え方と一致している。

　これは、ケアマネジメント領域において以前からいわれている、「在宅で

第3章　支援する利用者を捉える―医学モデルから生活モデルへ　　161

あっても施設であっても，作成されたケアプランによって利用者の生活の質（QOL）を高める支援をしていく」こととも一致する。つまり，ICFの考え方とケアマネジメントにおける考え方は，根本的には共通するものである。それゆえ，前述したICFの考え方における三つの特徴は，ケアマネジメントの考え方にも大きな影響を与えるものであり，従来ケアマネジメントの領域において述べられてきたことでもあるといえる。

カナダ・モデルと「体験としての障害」

WHOでICFがつくり出されていく過程で，カナダのケベック州のあるグループが提案したのが，図2-3-4に挙げるカナダ・モデルである[4]。これは，ICFにも大きな影響を与えたモデルであるが，利用者の社会生活上での社会的不利を引き起こす状況を解決し，なくしていくことこそが根本であり，これは機能障害やそれをもとに引き起こす能力障害といった身体的な要素と環境因子である阻害要因との相互関連性のもとで生じるとする考え方である。こうした考え方の最終的な目的は，社会的不利をなくし，人々が支障なく社会生活ができることにある。そのために，身体面の機能障害，そこから生じる能力障害といった人の部分と環境上の阻害因子での環境部分との相互作用をもとに，社会的不利が改善された社会生活ができることをめざすことである。

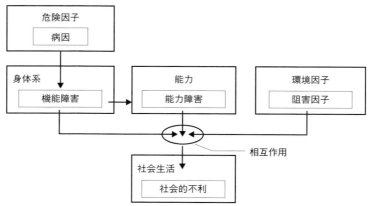

図 2-3-4　カナダ・モデル（社会的不利産生過程モデル：1989～1991）
〔出典：上田　敏（2004）「生活支援工学とICF」『日本生活支援工学会誌』4 (1), 5.〕

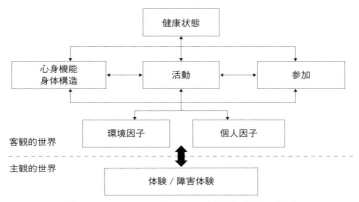

図 2-3-5　ICF モデルへの主観的次元の導入
〔出典：上田　敏（2004）「生活支援工学と ICF」『日本生活支援工学会誌』4（1），11.〕

　また，この分野で理論的にも実践的にも指導的な立場にあり，ICIDH の時代から，客観的障害に対応して主観的障害を追加し「体験としての障害」という考え方を打ち出してきた上田敏の考え方も重要である。なかでも，上田が「一層『精神的自立』それを支える主観的な生活機能の向上（自己決定能力，問題解決能力，心理的コーピング・スキル等の能力を含む）がますます重要になる」[5]と指摘している。これは，利用者のプラス面とマイナス面の力動に加えて，利用者側が主観的に意欲をもって対応していくことの重要性を示しており，ケアマネジメントにおいて「している」や「できる」といった状態を超えて，「したい」という思いを形成していくことの必要性と一致するものである。**図 2-3-5** に上田のモデルを示すが，ICF に加えて，こうしたカナダ・モデルや上田の考え方までをふまえたうえで，生活支援としてのケアプランを具体的にいかに作成し実行していくのかが，ケアマネジャーには問われている。

第3節　医学モデルから生活モデルへ

　本章で述べてきたように，昨今では「医学モデルから生活モデルへ」といった言葉がよく使われる。そこで，本節においては，「医学モデル」と「生活モデル」の違いはどこにあるのかについて考えてみたい。

プラスとマイナスの両面から利用者を支える

第1節で紹介したAさんの事例を挙げれば，脳梗塞を患い歩行に問題をもっている場合，医学モデルでは，まず本人の身体機能面の問題である脳梗塞を捉え，その解決をどう図っていくのかを考えていく。こうした医学モデルは，高齢者の生活を考える際に，それなりに不可欠である。なぜならば，急性期の段階においては，脳梗塞を治癒し元どおりの身体状態にできる限り復帰させるといった視点が重要だからである。

しかしながら，生活モデルにより重点が置かれてきた背景には，医学的なアプローチによってすべての問題が解決するわけではなく，人によっては長期にわたる生活ニーズを抱えながら生きていかなければならない状況に直面している人々が増加していることが挙げられる。ちなみに，WHOが提唱する「健康」とは，身体的な側面のみでなく，心理的側面・社会的側面という三つの側面からみた健康である。その意味では，人が健康であるためには，身体的な健康・心理的な健康・社会的な健康を獲得していくことが重要となる。

同時に，医療に対する考え方も大きく変化してきたことが挙げられる。従来は，急性期医療が中心であったが，高齢化社会を迎えたことで，急性期だけではなく慢性期疾患を患う利用者が急増し，慢性期医療の整備が進められてきている。典型的な例を挙げれば，脳梗塞の後遺症などをもって生きていく場合にどのように支援していくのかが重要になってきた。そして，その際には，従来のような医学モデルだけではその人の支援はできないことも明らかになった。

つまり，慢性期の疾患をもちながらも生活を続けていくことに対する支援が必要になってきたということである。そうした流れのなかで，昨今では，医学モデルのみでなく生活モデルも必要とされてきた。すなわち，急性期医療から慢性期医療へと転換していくなかで，利用者の慢性期における生活をどのようにして支援するのかといった観点に立つ生活モデルによる支援が求められている。ただし，このことは，決して医学モデルを不要にするということではない。医学モデル自体は必要であるが，生活モデルも求められているということである。

こうした医学モデルと生活モデルの大きな違いは，前述したICIDHとICFの比較により，ICFの背景にある思想から読みとることで容易に理解できる。

164　　第2編　ケアマネジメントの中核

以上のように，生活モデルが叫ばれる背景には，利用者のプラス面とマイナス面をあわせて捉えて支援していく，すなわちマイナス面を改善しプラス面を伸ばしていくといった支援が，利用者の生活のなかで求められていることが挙げられる。そのなかのプラス面に対する捉え方は，ストレングスという概念と同義的なものである。

プラスの面を活用することの重要性

　前項で述べたことを，再度，第1節で取り上げたAさんの事例から考えれば，Aさんには，その健康状態として脳梗塞という疾患により左上下肢麻痺という機能障害をもっている。また，そのために歩行困難といった活動制限を有しており，玄関にある段差から参加制約も受けている。しかしながら，ICFにおいては，こうした問題だけを抱えてAさんが生活を送っているとは捉えない。つまり，利用者の表層にみえるマイナス面のみでなく，併せもつプラス面まで含めて捉えていくことが，その特徴といえる。

　例えば，Aさんの場合には，健康状態としてたしかに脳梗塞という疾患を有しているが，それ以外の健康状態は良好に維持されていると捉えることが可能である。また，心身機能・身体構造という点からしても，左上下肢に麻痺が残っているが，右上下肢は十分に機能している。さらには，「人との関わりを積極的に求める」というように，心理面での意欲も旺盛であるとのプラス面の可能性も思い浮かぶ。

　そのうえで，活動については，歩行は困難な状態にあるが，「外出についても車いすを利用すれば自分で移動が可能である」という能力を有しているといった要素も想定できる。また，参加についても，玄関などに段差があるといった制約はあるが，「住んでいる地域はバリアフリーに十分配慮されており，一人でカラオケ教室に参加している」というプラスの面が確認できるかもしれない。

　このように，人間の有している生活機能を考える場合には，生活機能が低下したことによるマイナス面もあるが，それだけではなく，併せもつプラスの面を活用して生活しているということにも考えをはせて理解することが重要である。

ADL から QOL へ

　生活モデルとは，利用者の心身機能・身体構造，そして活動や参加のなかにもストレングスがあり，そうしたものを引き上げていくという考え方である。換言すれば，マイナスの面をゼロに戻すことも必要であるが，それが不可能な場合であっても，プラスの面を伸ばしていくことによって，その人の生活ニーズに適切に対応していくことが可能である。これは，医学モデルがマイナス面をゼロにし，もう一度，何とか回復させたいとすることに特徴をもっていることと比べて，大きな違いといえる。

　同時に，双方向的な関係の側面からすれば，生活モデルの場合には，本人の参加に相当する社会環境的状況が活動に影響を与えることもあり，活動そのものが本人の身体機能的側面である心身機能・身体構造に影響を与えていることもありえる。そのような相互関連性を前提として，双方向的な関係のなかで問題を把握し，解決の方法を考えていくことになる。

　それゆえ，時には参加の側面を修正することによって，生活ニーズの解決が図られることもある。また，心身機能面に働きかけることによって生活ニーズの解決を図ることも，あるいは活動面を改善することによって生活ニーズが解決されることもある。その意味では，従来のように，まずは心身機能を改善し，それが無理であれば活動・参加の側面を改善するといった発想から大きく脱却し，新たな扉を開いた考え方が，生活モデルには包含されている。

　では，こうした生活モデルは何をめざしているのであろうか。これは，ちまたでよくいわれる「ADL から QOL へ」といった考え方とつながっている。「ADL を改善する」ことが医学モデルであるとするならば，「QOL を高める」ことは生活モデルの究極の目的である。前述した生活モデルとの関係で QOL を説明すれば，QOL とは，利用者の身体機能的・精神心理的・社会環境的という三つの側面を高めることになる。あるいは，ICF の立場からいえば，心身機能・身体構造，活動，参加の側面を高めることであるという整理もできる。

　具体的にいえば，A さんのように脳梗塞の既往歴がある場合には，麻痺を改善して心身機能を高めることで QOL を高めることもできるであろう。あるいは，歩行能力を高めることで QOL を高めることもできる。さらには，住宅を

166　　第2編　ケアマネジメントの中核

バリアフリーにすることによって，QOLを高めることもできる。その意味では，身体機能的側面も精神心理的側面も社会環境的側面もより一層改善されて，その結果としてQOLを高めることが重要となる。

一般的に考えて，長期ケアを必要とする段階では，すべての人たちのADLを改善できるわけではない。しかしながら，たとえそうした人たちであっても，QOLを改善することはできる。具体的にいえば，たしかに身体機能的側面では限界があったとしても，精神心理的側面での明るさを取り戻したり，社会環境的側面での家族の介護への意識が変化することで，利用者のQOLは高めることができる。

このように，ケアマネジャーをはじめとする対人援助職には，利用者のADLをおろそかにすることなく，かつ本人の心理的な状態を変える，あるいは環境面に配慮することによってQOLを高めていくことが求められている。それこそが真の意味の生活支援である。

ただ，ここで捉える「医学モデル」は現在の医療や医学を示しているのではなく，従来の医学について示したものであり，医学や医療は慢性疾患を抱えた利用者が増加していくなかで，「生活モデル」の考え方が強化されつつある。

第4節 利用者の捉え方からみる医療と介護の違いと連携

これまでの考察より，利用者をいかにアセスメントし，いかに支援していくのかの役割分担が明らかになってくる。ここでは，ケアマネジャーが核になり，医療専門職と介護専門職が相互にどのようなアセスメントなり，ニーズを把握し，支援していくのかを整理しておきたい。

図2-3-6に示したとおり，ケアマネジャーは利用者の生活を捉えるために，身体・心理・社会的な側面を広くアセスメントし，生活ニーズを捉え，利用者を医療専門職や介護専門職に結びつける。また，医療専門職は，身体的な側面を深くアセスメントし，医療ニーズを捉え，治療計画を作成・実施する。そして，介護専門職は，利用者の生活に対して直接支援するため，ケアマネジャーが捉えた身体・心理・社会面でのアセスメントについて，例えば，入浴面や食事面といった直接支援する範囲を中心にアセスメントを深めることで個別援助

第3章　支援する利用者を捉える─医学モデルから生活モデルへ　　**167**

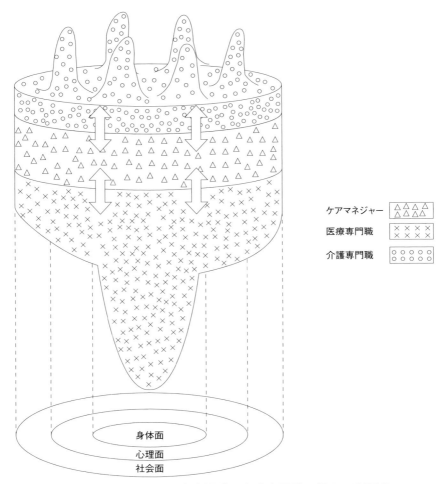

図 2-3-6 ケアマネジャー・医療専門職・介護専門職の捉える利用者のアセスメント領域の相違のイメージ

計画を作成・実施する。

　ここで，利用者が特に慢性期の医療ニーズを有している場合には，利用者の生活全体に大きく影響し，同時に生活ニーズが医療ニーズや介護ニーズに大きく影響するため，医療専門職や介護専門職はケアマネジャーとの連携が不可欠

になっていく。具体的に，連携とは，個々の専門職が有しているアセスメント情報やそれぞれの立場からの生活ニーズ，医療ニーズ，介護ニーズを医療専門職，介護専門職，ケアマネジャーが共有し合い，専門職自らが捉えるニーズやそれに対する支援内容や治療内容の変更を行っていくことである。

　そのため，ケアマネジャーは森を見て，医療専門職や介護専門職は木を見てきたが，介護保険制度での利用者といった長期ケアを必要とする場合には，医療専門職は木だけではなく，森を見ることでより適切な医療ニーズが把握でき，適切な治療が実施できることになる。ケアマネジャーは森に加えて木を見ることで，より適切な生活ニーズが把握でき，適切な社会資源と結びつけることが可能になる。こうしたことを可能にするためには，個々の利用者について専門職間での連携が基本となる。

　一方，ケアマネジャーと介護専門職の関係においては，介護専門職もケアマネジャー同様に利用者の生活を支えることに焦点があるが，ケアマネジャーは相談という間接的な関わりであるが，介護専門職は介護という直接的な関わりであり，介護専門職は直接的な介護に関わる領域に絞って身体・心理・社会面のアセスメントを深めることになる。特に，介護専門職の業務は心身の介護といわれており，身体面や心理面での直接的な支援を実施するために，直接的な支援に関係する利用者の身体・心理・社会面をアセスメントし，ケアマネジャーと介護専門職の関係は，ケアマネジャーがアセスメントする森をもとに，介護専門職はさらに森を深めるアセスメントを実施しており，相互に深め合う側面が強いといえる。

注

1) 障害者福祉研究会編（2002）『ICF　国際生活機能分類：国際障害分類改定版』中央法規出版，18.
2) 千野直一・ほか編著（2012）『脳卒中の機能評価：SIAS と FIM（基礎編）』，24.
3) 星加良司（2007）『障害とは何か：ディスアビリティの社会理論に向けて』生活書院.
4) 上田　敏（2004）「生活支援工学と ICF（国際生活機能分類）」『日本生活支援工学会誌』4（1），5.
5) 前掲論文 4），11.

第4章

生活ニーズを考える

　本章では，ケアマネジメントで最も重要な概念である生活ニーズをどのように捉えるのかを明らかにする。その際に生活ニーズと分けて，サービスニーズについても言及し，両者の二重構造を明らかにし，そこからケアマネジャーがいかにサービス等の社会資源に結びつけていくかの過程についても検討する。なお，ニーズ論は人々の生活を支援するソーシャルワークの考え方に依拠しているため，ソーシャルワークの考え方をもとに整理することとする。

第1節　生活ニーズとは

　ケアマネジメントは生活ニーズを把握し，そのニーズに合わせて社会資源と結びつけることにある。そのため，まずは生活ニーズとは何かについて，深めることとする。

　介護支援専門員が使用する「居宅サービス計画書（2）」には，最初に「生活全般の解決すべき課題（ニーズ）」を明らかにする項目が設けられている。次に「援助目標（長期目標・短期目標）」があるが，これらが生活ニーズであり，ケアマネジャーはこの生活ニーズを捉えることから，ケアプランの作成が始まる。具体的には，「生活全般の解決すべき課題（ニーズ）」は狭義の生活ニーズであり，これに「援助目標（長期目標・短期目標）」を合わせて広義の生活ニーズをさす。一般に広義の生活ニーズを生活ニーズとよんでいる。

　生活ニーズは，ソーシャルワークの領域で捉えられてきた福祉ニーズと類似する。福祉ニーズを，三浦文夫は「人間が社会生活を営むために欠かすことのできない基本的要件を欠く状態」[1] と説明している。この福祉ニーズは，個人，小集団，地域社会を支援する場合でも，支援の出発点をなすものである。

170　　第2編　ケアマネジメントの中核

そのため，古くから，福祉ニーズとは何かについての研究がなされてきた。最も古く著名なのは，1945年にトール（C. Towle）が全米ソーシャルワーカー協会（National Association of Social Workers；NASW）から『コモンヒューマンニーズ』（"*Common Human Needs*"）を刊行したことである。その著書のなかで，「人々が社会的な目標に向かって進んでいくならば，ソーシャルワークが対応するものとして，①衣食住といった物理的な福利，②情緒的・知的成長の機会，③他者との関係，④精神的なニーズへの対応」という四つの基本的なニーズがあるとした[2]。この著書は，ちょうどマッカーシズムの犠牲となり，アメリカ下院非米活動委員会の赤狩りにあった時期とも重なり，一時発刊禁止になったことでも有名である。

支援対象者と社会環境の相互連関性と生活ニーズの関係

ケアマネジメントは，一般に個人やその家族成員（以下，「個人やその家族成員」は「個人」とする）を間接的に支援することであり，個人の生活ニーズが充足できるよう社会資源との調整を図ることで，個人の社会生活機能（social functioning または life functioning）を高めるよう支援することにある，と捉えられる。ひいては，個人の生活ニーズが充足されることにより，個人のQOL（Quality of Life）が高まることを目的としている。

ケアマネジメントは，ソーシャルワーク同様に，生活ニーズを捉える際には，支援の対象者と社会環境の関係に焦点を当てる。個人の生活ニーズが生じる場合，その支援対象者とそれを支えるべき社会環境との間での相互連関性がうまく機能していない結果として捉え，両者の相互連関性を逆機能から正機能に修正させていくことにある。それゆえ，生活ニーズは，支援の対象者と社会環境との相互連関性が逆機能している状況から生じているといえる。結果的には，ケアマネジメントの目的は，支援対象者の生活ニーズを充足させることで，社会生活機能を増大させることにある。

この，支援対象者と社会環境の相互連関性を調整することがケアマネジメントの中心機能であり，これはソーシャルワークの多くの論者によって主張されてきたことでもある。ソーシャルワークでの支援の対象である個人と社会環境の相互関係に働きかけるとする考え方のいくつかを紹介しておく。

第4章　生活ニーズを考える　　171

アメリカでは，古くからソーシャルワークの焦点を「人と状況の全体連関性」（the person in his situation configurations）[3] とし，個人と社会状況との共生関係に関心を向けてきた。リッチモンド（M. Richmond）は「人と環境との関係の問題」としてケースワークの対象を捉えた。ピンカスら（A. Pincuss, et al.）は，ソーシャルワークは「人々と資源システムとの連結や相互作用に焦点がある」[4] としている。また，ソーシャルワークを生態学的（ecological）に捉えるジャーメインら（C. B. Germain, et al.）は，人々のもっている内的な資源と彼らの生活状況における外的社会資源を合致させることが，ソーシャルワークの仕事であるとし，それゆえ，人々の問題状況は，諸資源のギブアンドテイク関係のなかで生じる相互連関過程（transactional process）の結果とみる[5]。さらに，2000 年 8 月にカナダのモントリオールで国際ソーシャルワーカー連盟（International Federation of Social Workers；IFSW）が総会を開催し，そこでソーシャルワークを定義している。その定義においても，ソーシャルワークは「人と環境との相互作用する場面（at the points where people interact with their environments）に焦点をあて支援するものである」[6] ことが述べられている。あるいは人と環境との多様で複雑な交互作用（the multiple, complex transactions between people and their environments）に焦点を当てるとしている。また，2014 年に国際ソーシャルワーカー連盟のソーシャルワークのグローバル定義が変更になり，それに合わせてそれぞれの国がソーシャルワークの定義を策定することになったが，日本におけるナショナル定義では「ソーシャルワークは，人々と環境とその相互作用する接点に働きかけ，日本に住むすべての人々の健康で文化的な最低限度の生活を営む権利を実現し，ウェルビーイングを増進する。」[7] としている。

それゆえ，ケアマネジメントにおいても，ソーシャルワークの歴史とともにいわれてきた「人と環境との相互連関性」への視点を再確認して，生活ニーズを導き出すことが重要である。

生活ニーズの枠組み

ソーシャルワーク支援の起点となる「生活ニーズ」とは何かを明確に論じている岡村重夫は「人間の社会生活上の基本的要求」という言葉で，生活ニーズ

として七つのニーズを挙げている[8]。また，NASWは人間生活に普遍的にみられるニーズ（universal needs）として六つの生活ニーズがあることを指摘している[9]。これら以外にも，生活ニーズを類型化し羅列していく試みがみられるが，その内容は多様であり，必ずしも一致したものになっていないのが現実である。

　こうした類型化の前提として，第一に，人々の生活ニーズはいかに生じるかを整理し，第二に，明らかになった生活ニーズがいかなる過程を経て，充足させていくのかの過程を明確にすることが重要である。

　第一について，岡村は，ソーシャルワークが捉えるニーズは，人間の生物的衝動や本能（①自己保存の衝動，②自己継続の衝動または種族保存の衝動，③自己表現の衝動）ではないという。さらに，心理学でいう「人間の基本的欲求」としての「生理的欲求」（呼吸，睡眠，休息，食物，排泄，性欲，身体的活動に関すること）と「心理的または人格的欲求」（家族等から愛されたい欲求，所属の欲求，成就完成の欲求，独立の欲求，社会的承認の欲求を充足させること）も，ソーシャルワークが捉えるニーズではないという[10]。

　その意味では，ソーシャルワークのニーズ論を論ずるときに，しばしばマズロー（A. H. Maslow）の①基本的生理的欲求，②安全への欲求，②所属と愛情への欲求，④承認・尊敬・地位への欲求，⑤自己実現への欲求の5段階に人間のニーズを分け，①の欲求が最も基底にあり，より高次な⑤の欲求へと展開するとしている[11]が，こうしたニーズ論そのものと，ソーシャルワークが捉える生活ニーズは別個のものと整理できる。さらに，ニーズを低次から高次へと段階的に捉えること自体にも，ニーズ間での倫理的なハイラキーは一部認められるとしても，利用者の自己決定・選択をふまえておらず，生活ニーズとしては捉えがたいといえる。

　岡村はソーシャルワークが捉えるニーズとは，「生物的衝動とか，生理的，心理的欲求をもった個体を，社会制度との関連という部分から新しく限定することによって，そこに成立する社会生活について，新しい基本的要求を見いだすことが必要となるのである。しかもそれは社会的存在としての人間にとって避けることのできない必然性をもった要求でなければならない」[12]としている。

第4章　生活ニーズを考える　　173

ここには，二つの論点が存在する。一つは個人と社会制度との関連で成立する社会生活から，いかに生活ニーズを抽出していくかであり，もう一つは，個人の生活ニーズとは，すなわち社会的存在として必然性をもつこととは，具体的にいかなる要件が整うことであるのかである。これらの論点に実践の学としてのケアマネジメントは応えられるものでなければならない。

ケアマネジメントが捉える利用者の生活ニーズ

　第一の論点である，岡村の個体と社会制度の関連について，ケアマネジメントは利用者と社会環境との間で生じている問題や課題状況を整理・分析することから生活ニーズを明確にしていく。これは一般に，アセスメントをもとに生活ニーズを把握する段階であると位置づけられる。アセスメントでの個人の身体機能的・精神心理的・社会環境的状況について，利用者と一緒に理解，整理し，そこから「生活を遂行するのに困っている状態」と，次に「その状態を解決する（時には維持する）目標・結果」を導き出していくことになる[13]。

　例えば，ある利用者は，❶「脳梗塞の後遺症で，リハビリテーションが必要な左手足の麻痺がある」「歩行が一部介助で杖歩行」という身体機能的状況，「一人暮らし」「階段のある集合住宅の2階に居住」といった社会環境的状況，「退院直後なので，疲れがひどいため，あまり外出したくない」といった精神心理的状況にあり，❷「買い物ができない」や「通院ができない」という「社会生活遂行上での困った状態」が生じていることが導き出される。これに対して，再度利用者の身体機能的・精神心理的・社会環境的状況をもとに，❸「日常生活用品を含めたすべての買い物を誰かにしてほしい」「訪問してもらってリハビリを受けたい」という「解決や改善する目標・結果」が設定される。

　ここで，「買い物ができない」ので「日常生活用品を含めたすべての買い物を誰かにしてほしい」，また「通院ができない」ので「訪問してもらってリハビリを受けたい」が生活ニーズということになる。すなわち，生活ニーズは「社会生活遂行上での困った状態」とその状態を「解決や改善する目標・結果」を合わせた二つの側面で構成される。

　以上の流れを示すと，**図2-4-1**のようになる。この図から理解できるように，利用者の身体機能的・精神心理的・社会環境的状況が関連し合って生活

174　　第2編　ケアマネジメントの中核

利用者の状況				生活ニーズ	
身体機能的状況	精神心理的状況	社会環境的状況		生活上困っている状態	解決や改善する目標・結果
・脳梗塞の後遺症で, リハビリが必要な左手足の麻痺がある ・歩行が一部介助で杖歩行	・退院直後なので, 疲れがひどいため, あまり外出したくない	・一人暮らし ・階段のある集合住宅の2階に居住	→	・買い物ができない	・日常生活用品を含めたすべての買い物をしてほしい
			→	・通院できない	・訪問してもらってリハビリを受けたい

図 2-4-1 生活ニーズ把握の流れ

ニーズが生じている。このことは, たとえ身体機能的状況が同じ利用者であっても, 精神心理的・社会環境的状況がわずかでも変われば, 生活ニーズは異なったものとなることを意味する。

このような「生活ニーズ」の捉え方は, **図 2-4-1** に示すように, 身体機能的状況, 精神心理的状況, 社会環境的状況間で原因と結果があり生じているわけではなく, 全体的 (holistic) な3者間での連関性のもとで, 「生活遂行上での困った状態」が示され, 「その状態を解決や改善する目標や結果」が示される。この「社会生活遂行上での困った状態」と, それに対する「状態を解決や改善する目標や結果」でもって生活ニーズということになる。ここに, 包括的なアセスメント項目から生活ニーズが導き出されることになる。

生活ニーズとしての根拠づけ

岡村は支援対象者と社会制度との関連でもって生活ニーズが生じてくることを示したが, 第二の論点であるその生活ニーズは, 社会的存在としての人間にとって避けることのできない必然性をもったものに限定されるとしている点である。これは, 岡村がいう「人間の社会生活での基本的要求」の「基本的」の意味内容を示すものであるが, これについて, ケアマネジメントではいかに生活ニーズを, 社会から納得が得られたものとして確定するのかを説明してみ

第4章 生活ニーズを考える 175

る。

　社会的存在としての人間にとって避けることのできない必然性をもった生活ニーズとは，一般に「ニーズ」と「デマンド」の関係を整理することで説明可能である。たしかに，「ニーズ」と「デマンド」の関係を，「ニーズ」のほうが広い概念と捉える論者もいるが，多くは「デマンド」の一部として「ニーズ」を捉えることになる。「デマンド」には個人の要望といったニュアンスであり，このなかから社会生活上必要不可欠なものに限定したものが「ニーズ」であるとする。そこにはどのようにして，「デマンド」から「ニーズ」を絞り込んでいくかを明確する必要があり，この確定していく根拠を，岡村は「社会的必然性のあるもの」としていくことを求めている。

　この社会的必然性のあるニーズについて，ブラッドショウ（J. Bradshaw）が提唱した，利用者側が示すフェルトニーズ（felt needs：体感的なニーズ）と，専門職が示すノーマティブニーズ（normative needs：規範的ニーズ）の両者を合致させていくことを進めていくことで，社会から承認を得ていくことになる[14]。ケアマネジャーは社会規範的な立場からニーズを捉えることで，利用者の直感としてのニーズが必ずしも一致するものではない。その意味では，フェルトニーズとノーマティブニーズのすり合わせの結果，リアルニーズ（real needs：真なるニーズ）を探り出すことであるが，その際には，①社会性，②現実性，③主体性，④全体性という岡村のソーシャルワークの原理が，最終的なリアルニーズを決定していく際に意味をなすことになる。具体的には，四つの原理が配慮されることで，ケアマネジャーと利用者関係での相互信頼のもとで，リアルニーズが抽出されてくるといえる。

　この結果，ケアマネジャーが，ある意味では，社会的規範の側の代弁者的役割を果たすことになると同時に，これとは相矛盾する，利用者に変わって社会規範を修正・拡大していく役割も担うことになる。また，どこまでが生活ニーズであり，どこからが生活ニーズを超えたデマンドであるかについては，時代や文化により異なり，理論的な整理ができておらず，またそれ自体は極めて困難なことであるが，そこには，利用者の主体的側面から支援することと関連しているといえる。

第2節 サービスニーズについて

サービスニーズの内容

　今まで述べてきた生活ニーズを充足するために，多様な社会資源が活用されることになる。その活用過程で，生活ニーズがサービスニーズに転化することになる。このサービスニーズは，個々の具体的なフォーマルサービスやインフォーマルサポート利用に対する要求であり，ある意味では具体的な社会資源利用の要求である。

　例えば，前述の「買い物ができないので，日常生活用品を含めたすべての買い物を誰かにしてほしい」という生活ニーズに対応する社会資源として，「ホームヘルパーによる生活援助」で対応することが決まれば，社会福祉サービスへのニーズを充足させることになる。一方，その社会資源が「近隣による買い物の手伝い」であれば，インフォーマルな支え合いのニーズを充足することになる。また，長期的に解決していく社会資源として「歩行できるようになるための訪問リハビリテーション」を受けることになれば，医療サービスニーズに対応することになる。

　また，「一人では通院できないが，リハビリテーションを受けたい」という生活ニーズについては，具体的なサービスニーズとして「ホームヘルパーの通院介助で通院し，リハビリテーションを受けたい」ということであれば，このニーズは社会福祉サービスと医療サービスへのニーズと捉えられる。また，サービスニーズが「訪問でのリハビリテーションを受けたい」ということであれば，医療サービスのみへのニーズとなる。

　こうした社会生活を遂行するうえでのサービスニーズは，利用者が社会生活をしていくうえで必要となる社会資源の全体像とのフィードバックのなかで形成されることになる。サービスニーズの分類としては，従来，以下のように考えられてきた。

・1949 年に NASW は，人間生活に普遍的にみられるニーズ（universal needs）を，①労働の機会と経済的安定を求めるニーズ，②家庭の保存を図るニーズ，③精神的・身体的健康を求めるニーズ，④適切な教育を享受

第4章　生活ニーズを考える　　177

するニーズ，⑤表現の自由を求めるニーズ，⑥余暇の満足な利用を図る
ニーズ，に分けた[15]。

・社会福祉学の体系を確立したといわれる岡村重夫は，ソーシャルワークが
対応しなければならない人間の社会生活上の七つの基本的な欲求として，
①経済的安定への要求，②職業の機会の確保，③身体的・精神的健康の維
持，④社会的協同への要求，⑤家族関係の安定，⑥教育機会の確保，⑦文
化・娯楽に対する参加の要求を挙げている[16]。

　一方，人間の社会生活におけるサービスニーズの視点からストレートに検討
したものではないが，人々への援助のための制度の枠組みから逆に，サービス
ニーズを推測することもできる。カーン（A. Kahn）は，社会福祉政策（social
welfare policy，時にアメリカでは human services，イギリスでは social services）
を，①所得保障サービス，②医療・保健サービス，③雇用サービス，④住宅
サービス，⑤教育サービス，⑥社会福祉サービス（personal social services）の
六つに分類している[17]。これら①〜⑤のサービスについては，そのサービス
内容が容易に理解できるが，⑥の社会福祉サービスについては，その内容を説
明しておく必要がある。

　社会福祉サービス（personal social services）は，家族や地域社会の機能の低
下に伴い新たに出現してきた高齢者領域では特別養護老人ホームや訪問介護と
いったサービスであるとされ，「個別化されたサービス」という意味でパーソ
ナル（personal）という言葉を使用している。このサービスは人間の社会化や
成長をめざすものであり，予防的・関係的・調整的サービスも含んでいる。日
本的に説明すると，「生活保護法」を除く社会福祉5法のサービス内容が社会
福祉サービスの大枠として相当する。

　カーンの社会福祉政策をもとにサービスニーズを推測し，それぞれ順にみて
いくと，①経済的な安定を求めるニーズ，②身体的・精神的な健康を求める
ニーズ，③就労の機会へのニーズ，④居住の場の保障へのニーズ，⑤教育機会
へのニーズ，⑥家族や地域社会での個別的な生活を維持していくニーズとな
る。

　一般に，福祉ニーズという場合には，ここで推測したサービスニーズの一つ
である，⑥「家族や地域社会の個別的な生活を維持していくニーズ」に限定し

て捉えられることが多い。ここでは，これを狭義の福祉ニーズとして，利用者の社会福祉サービス利用に対するニーズとする。

　社会福祉政策の範囲は，論考により若干異なっている。ルソーら（F. X. Russo, et al.）は，カーン同様に社会福祉政策を六つのサービスに分けているが，雇用サービスはなく，代わりに，司法および安全へのサービスが含まれている[18]。それゆえ，カーンの場合と同じように，人間の社会生活上のサービスニーズは，③「就労の機会への要求」が除かれ，「公正や安全に対する要求」を追加して，政策対応しなければならない社会生活上でのサービスニーズの推測が可能となる。

　以上，人々の社会生活をしていくうえでのサービスニーズについて，いくつかの考え方を紹介してきた。これらの考え方を**表2-4-1**に整理したが，内容にはさほど大きな違いはみられない。そのため，できるだけ多くの論者の考えを総合して，七つのサービスニーズに整理してみた。それらは，①経済的な安定を求めるニーズ，②就労の機会を求めるニーズ，③身体的・精神的な健康を求めるニーズ，④教育・文化・娯楽の機会を求めるニーズ，⑤居住の場に対する

表2-4-1　サービスニーズの考え方

全米ソーシャルワーカー協会（1949）	岡村重夫（1968）	アルフレッド・カーン（1973）	フランシス・ルソー（1986）
①労働の機会と経済的安定を求めるニーズ ②家族の保存を求めるニーズ ③精神的・身体的健康を求めるニーズ ④適切な教育を享受するニーズ ⑤表現の自由を求めるニーズ ⑥余暇の満足な利用を図るニーズ	①経済的安定への要求 ②職業の機会の確保 ③身体的・精神的健康の維持 ④社会的協同への要求 ⑤家族関係の安定 ⑥教育機会の確保 ⑦文化・娯楽に対する参加の要求	①経済的な安定を求めるニーズ ②身体的・精神的な健康を求めるニーズ ③就労の機会へのニーズ ④居住の場の保障へのニーズ ⑤教育機会へのニーズ ⑥家族や地域社会での個別的な生活維持していくことへのニーズ	①経済的な安定を求めるニーズ ②身体的・精神的な健康を求めるニーズ ③居住の場の保障へのニーズ ④教育機会へのニーズ ⑤家族や地域社会での個別的な生活維持していくことへのニーズ ⑥公正や安全に対するニーズ

第4章　生活ニーズを考える　　179

ニーズ，⑥家族や地域社会での個別的生活の維持に対するニーズ，⑦公正や安全を求めるニーズ，であり，これらのサービスニーズを充足するものとして社会資源を捉えることができる。

このように，生活ニーズをサービスニーズに転化させていく段階では，利用者の生活を全体的・主体的に捉えることから，地域の社会資源を意識してニーズを捉えることに移行する。

ケアマネジメントの過程で，利用者の二重構造となっているニーズがいかに転化し充足されていくかの概略を整理すると，次のようになる。

①利用者の身体機能的・精神心理状況と，社会環境的状況との関係のもとで，社会生活をしていくうえで困る問題や課題を明らかにする。これは狭義の生活ニーズとよぶことができる。

②この生活ニーズについて解決や改善していく目標や結果を明らかにしていく。

この①と②を合わせて，利用者の広義の生活ニーズが明らかになる。

③この生活ニーズの解決に向けて，利用者が求める社会資源へのニーズを明らかにする。これがサービスニーズである。

④このサービスニーズを充足するよう，適切な社会資源と結びつける。この結果，利用者の社会生活上でのニーズが充足されることになり，生活ニーズが解決や改善されることになる。

第3節 生活ニーズの具体的な把握の過程

生活支援の立場からみた生活ニーズ

生活支援が "人" と "環境" との関係に焦点を置き，利用者の身体機能的・精神心理的・社会環境的側面といった総合的な連関性のなかで，上記の①と②に相当する利用者の生活ニーズが具現化されることは，**図2-4-2**のように示される。事例を用いて解説していく。

事例2
Bさん　身体機能的状況：洗髪・洗身に一部介助が必要である。
　　　　社会環境的状況：介護者は高齢で腰痛がある。

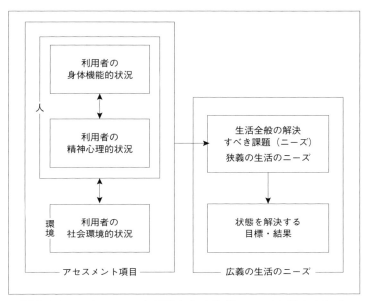

図 2-4-2 アセスメント項目からの生活ニーズの導き出し方

　この事例の場合,「洗髪・洗身が一部介助である」という身体機能そのものが生活ニーズとはならない。捉えるべき狭義の生活ニーズは,Bさんは「洗髪・洗身に一部介助を必要としており,かつ介護者が高齢で腰痛があるため,入浴ができないで困っている」ことなのである。

　このように考えれば,Bさんの狭義の生活ニーズは人と環境の関係のなかで生じていると考えることもできるし,同時に,利用者の身体機能的側面と社会環境的側面との関係においてニーズが生じていると理解することもできる。

　つまり,この事例からは,利用者本人のADL（＝身体機能的側面）だけを捉えるのではなく,それに加えて（家族）介護者の状況（＝社会環境的側面）まで関連づけることによって初めて,本人が入浴できない状況にあることが理解できる。逆にいえば,Bさんの入浴についてのADLが向上し,家族からの十分な介護力が得られれば,あるいはそのどちらかが可能となれば,「入浴ができないで困る」といった狭義の生活ニーズは生じ

第4章　生活ニーズを考える　　181

ないともいえる。

　次に，この「入浴できないで困る」という狭義の生活ニーズについて，このような状況を解決・改善していくための目標なり結果を，ケアマネジャーはBさんの意向のもとで，決定していく。これについての目標には，「今までどおり自宅で入浴したい」や「できる限り，自力で入浴したい」といったことが示される。この結果，「入浴できないで困っているが，今までどおり自宅で入浴したい」や「入浴できないで困っているが，できる限り自力で入浴したい」といった広義の生活ニーズが示されることになる。

事例3

Cさん　身体機能的状況：血圧が高いので降圧薬を服用しており，脳梗塞の既往歴があり，右下肢に麻痺があり，杖歩行である。

　　　　社会環境的状況：一人暮らしであり，電話がない。

　この事例についても，「血圧が高く，降圧薬を服用している」ことや「脳梗塞の既往歴がある」こと，また「右下肢に麻痺がある」ことや「杖歩行である」ことが，そのまま生活ニーズとなることはない。Cさんは「血圧が高く，降圧薬を服用しており，脳梗塞の既往歴があり，右下肢に麻痺があり，杖歩行であるため，かつ一人暮らしで電話がないため，緊急時に連絡ができなくて困っている」という狭義の生活ニーズを抱えている。すなわち，ここでも人と環境との関係や身体機能的状況と社会環境的状況の関係のなかで，Cさんの生活ニーズを捉えることができる。

　次に，「緊急時に連絡できなくて困っている」という狭義の生活ニーズについて，Cさんの状態を解決したい意向として，「多様な方法で見守ってほしい」や「自分で直ぐに連絡できるようにしたい」といったことが示される。その結果，「緊急時に連絡できないで困っているが，多様な方法で見守ってほしい」や「緊急時に連絡できないで困っているが，自分で直ぐに連絡できるようにしたい」が広義の生活ニーズとなる。

事例4

Dさん　身体機能的状況：褥そうがある。

　　　　　精神心理的状況：食べる意欲を失っている。

　　　　　社会環境的状況：介護者に腰痛があり，体位変換ができない。

　この事例の狭義の生活ニーズは，Ｄさんには「褥そうがあり，食べる意欲をなくしており，かつ介護者に腰痛があって体位変換ができないため，褥そうの治癒ができないで困っている」となる。

　つまり，褥そうがあって食べる意欲をなくしているという人としての側面と，介護者が体位変換をすることができないほどの腰痛をもっているという環境の側面との間で狭義の生活ニーズが生じている。すなわち，Ｄさんの身体機能的状況と精神心理的状況，そして社会環境的状況との間での相互関連性のもとで狭義の生活ニーズが生じているといえる。

　次に，「褥そうの治癒ができないで困っている」のいう狭義の生活ニーズに対して，「治療を受けて，早く治したい」や「自宅で治療したい」といった今後の目標や結果が示されることで，「褥そうの治癒ができないで困っているが，治療を受けて，早く治したい」や「褥そうの治癒ができないで困っているが，自宅で治療したい」が広義の生活ニーズになる。

事例5

Ｅさん　身体機能的状況：認知症を患っており，行動・心理症状（Behavioral and Psychological Symptoms of Dementia；BPSD）として，朝方に徘徊がある。

　　　　　社会環境的状況：介護者である娘は，子どもの世話があるため，朝の見守りができない。また，家の前には広い道路が通っており，交通量が多い。

　この事例でも，「朝方に徘徊がある」こと自体は狭義の生活ニーズとはならない。この場合の狭義の生活ニーズは，「介護者が忙しい朝方の時間帯にＥさんの徘徊はみられるが，家の前は交通量が多いため，安全に対応できなくて困っている」と表現できる。

　つまり，ここでも人と環境の問題，あるいは本人の身体機能的・精神心理的・社会環境的状況における関係性のなかで問題が生じていると説明できる。

　次に，「安全に対応できない」という狭義の生活ニーズについての解決

第4章　生活ニーズを考える　　183

すべき目標や結果が,「朝方に見守りをしてほしい」となれば,広義の生活ニーズは「介護者が忙しい朝方の時間帯にDさんの徘徊はみられるが,家の前は交通量が多いため,安全を確保できなくて困っており,朝方の見守りをしてほしい」となる。

　このように,生活ニーズとは,単に利用者の身体機能的側面のみで捉えられるものではなく,精神心理的側面や社会環境的側面と結びつけ,利用者の状況を総合的に把握することで初めて導き出される。あるいは,人と環境の関係に焦点を当て,そのなかで生じている問題として認識することで引き出されるともいえる。ただし,ここで身体機能的側面,精神心理的側面,社会環境的側面でのどのような項目が生活ニーズに関係しているのかについては,知識が求められる。例えば,【事例4】で褥そうの治癒には栄養が重要であるといった知識を有しているといったことから,「食べる意欲を失っている」という精神心理的状況を「褥そうの治癒ができないで困っている」という生活ニーズの一つの背景として捉えることができるようになる。

生活ニーズをもとにしたケアプラン作成の過程

　前項では,基本的な事例を用いて,生活ニーズを構成する枠組みを明らかにしてきた。こうした生活ニーズを明らかにするプロセスは,アセスメントの過程を基礎とすることになる。それゆえ,いかにしてアセスメントから生活ニーズを引き出し,どのような社会資源と結びつけていくのかは,一つのプロセスとして明らかにされなければならない。

　アセスメントは,生活ニーズを導き出す問題状況の明確化を目的として思考するプロセスである。そうした思考過程を介してケアプランの作成に至るためには,**図2-4-3**に示すように,以下の六つの段階を経ていくことになる。

　❶アセスメントデータの収集

　図2-4-3のAは,アセスメントデータの収集状況を表している。アセスメントデータは,利用者の身体機能的状況・精神心理的状況・社会環境的状況の三つに分類することができる。また,それぞれの状況には,利用者の現在の状況だけでなく,過去の状況,時には将来に起こり得る状況や,期待している状

況までが含まれている。このアセスメント情報には，ケアマネジャー自身や他の専門職等の人々が感じたり，気づいたことも含まれる。なお，収集されたデータには，フォーマット化されたアセスメントシートから得られた情報が核になるが，決してそれだけではない。アセスメントシートから得られる情報は最小限のものである。

❷利用者の生活問題状況の編成

Ａのアセスメントデータをもとに，利用者の生活問題状況を編成したのがＢである。この段階では，利用者の身体機能的状況・精神心理的状況・社会環境的状況を要素として，一つの生活問題状況に編成し，変化させていくことになる。なぜなら，こうした生活問題状況は図に示してあるように，一つではなくいくつも生じることが一般的だからである。

さらに，ある特定された身体機能的・精神心理的・社会環境的状況が，さまざまな生活問題の要素となっている場合もある。例えば，「パーキンソン病で歩行が不自由である」という身体機能的状況が，さまざまな生活問題状況に内包されていることもある。また，社会環境的状況としての「利用者が一人暮らしである」ことが，さまざまな生活問題状況の要素となっていることも考えられる。つまり，"パーキンソン病"や"一人暮らし"といった単一の身体機能的・精神心理的・社会環境的な状況がさまざまな生活問題に強く影響を与えている可能性もある。

ちなみに，ケアマネジャーが行うこうした生活ニーズの捉え方を，ホルト（B. J. Holt）は，「クライエントとその環境との全体像を把握し，クライエントがより効果的に機能できるよう適切に変化させることがケアマネジャーの技能である」とし，「ケアマネジャーは，単に"木"を見るのではなく"森"を見ることが重要である」としている[19]。

❸生活ニーズの抽出

Ｃは，利用者の生活問題からさまざまな解決したい課題が提示されることを表している。解決したい課題こそが，狭義の生活ニーズとなる。なお，ＢからＣへの展開については，前項で示したとおりである。

❹問題解決に向けた方向づけ

さらに，ＣがＤに展開していくためには，生活問題状況から明らかにされ

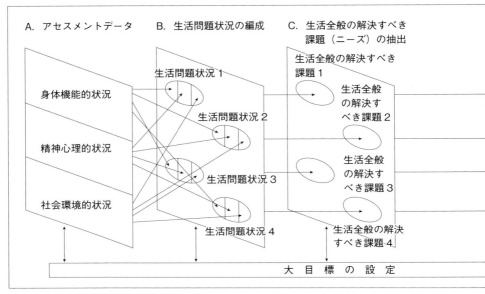

図 2-4-3 アセスメントからケアプラン作成への過程

た狭義の生活ニーズを解決するための方向づけや、望ましい目標・結果を明らかにすることが求められる。これでもって、CとDを合わせて、広義の生活ニーズが示される。

❺活用したい社会資源

CとDによる広義の生活ニーズに基づいて、どのような社会資源を活用したいのかがEである。これはサービスニーズを確定するということになる。

❻社会資源の活用

Eをもとに具体的に社会資源の活用につなげていくのがFである。この場合に活用される社会資源は、広義の生活ニーズに対して活用される社会資源は単一のものとも限らず、複数活用されることもある。

以上、**図 2-4-3** にある A～F までのプロセスに沿って、生活ニーズをもとにしたケアプラン作成の過程を示してきた。本項で述べた内容こそが、専門家であるケアマネジャーがケアプランを作成していく過程となる。ただし、誤解

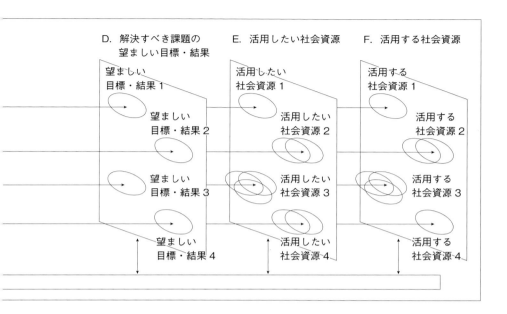

してはならないのは，こうしたプロセスは決してケアマネジャーだけで展開していくものではないということである。この六つの段階を利用者との協働作業によって実施していくことに，ケアマネジメントの特徴がある。

こうした生活ニーズを明らかにし，このニーズを充足していくA～Fの過程に平行して，今後の生活をしていくうえでのケース目標が設定されることになる。これは一般に大目標とされ，今後どのような生活をしたいのかを明らかにするものであり，BとCの間でなされることが通常であるが，生活ニーズを充足していく過程でフィードバックし，確定していくことになる。

最終的には，A～Fの過程を経て，さまざまな社会資源を活用していくことになる。そこでは，時には利用者自身を変化させる心理社会的な支援も含まれており，一方で，結果として利用者を取り巻く社会環境を変化させることも生じてくる。あるいは，本人や環境の変化を求めることなく，本人と環境との関係を修正させることで解決していくことも考えられる。

このように，ケアプランの作成による社会資源を活動することを核にして，

第4章 生活ニーズを考える　　187

「利用者の変化」「環境の変化」「利用者と環境との間の関係の変化」という三つをねらいとし，そのことで利用者の QOL を高めることを目的としている。

生活支援から派生するケアプランの特徴

　前項で明らかにした利用者が生活していくうえでの生活ニーズは，その身体機能的側面・精神心理的側面・社会環境的側面から生活問題状況を呈することになる。しかしながら，生活問題は，決してマイナス的な要素のみの相互作用で形成されているわけではなく，利用者の身体機能的側面や精神心理的側面，またその置かれた環境である社会環境的側面のもっているストレングスも作用しながら生じている。その意味では，本人や環境がもっているストレングスを有効に活用しながら支援していくことが，生活支援における特徴である。

　すなわち，利用者のもっている能力・願望・好みといったストレングスがケアプランに反映されることで，利用者本位の生活支援となりうる。さらに，利用者を取り巻く社会環境的側面でのストレングスである，支援してくれる人的資源や物的資源までを活用することは，より利用者本位のケアプランにつながる。これについては，180 頁に示した【事例 2】について，ストレングスを活用したケアマネジメントを，第 3 編第 1 章「ストレングスを活用したケアマネジメント」の事例として，305 ～ 307 頁で扱うこととする。

　第 3 編の第 1 章で詳述していくが，こうした利用者のもつストレングスを活用したケアプランの作成は，利用者をエンパワメントする方法の一つとされている。例えば，小松源助は「利用者のストレングスを強調することとエンパワメントは連携し，補強しあいながら発展してきた」[20] と指摘している。これは，利用者のストレングスを活動することで自身をエンパワメントすることになり，今まで自分で問題解決できなかったことに対しても解決できるだけの力が蓄えられていくことを意味している。

　また，利用者のなかには，認知症を患う高齢者など，自らの意思を十分に表示できない人がいる。さらには，意思表示の能力はあるものの，ケアマネジャーとの信頼関係が構築されていないために，自らの意向を十分に伝えられない利用者も存在している。このような意思表示ができない利用者については，利用者本人がもつストレングスに着目しつつ，ケアマネジャーが感じたり

気になったりしたことをアセスメントデータとして蓄積していくことが特に重要となる。本人が自らの状況，あるいは意思や希望を十分に伝えられない場合には，ケアマネジャーが利用者の立場になって，寄り添いながら同じ目線で捉え，そのなかで気づいたことや感じたことをケアプランに含めることによって，より質の高いケアプランの作成が可能となる。そこで，先の【事例5】（183頁）について，ストレングスや気づきを活用したケアプラン作成を示してみる。

事例5

　この事例について，Eさんのストレングスを活用した場合と，Eさんの徘徊についての気づきを活用した場合について，二つ例示してみる。

　①本人のストレングス：声かけを続ければ，徘徊をやめることができる。

　①の場合，Eさん本人のストレングスを活用すれば，その生活ニーズは，「声かけを続ければ徘徊をやめることがあるが，介護者が忙しい朝方の時間帯に徘徊がみられ，家の前は交通量が多いため，安全に対応できなくて困っている」となる。このように，「声かけをすれば徘徊をやめることができる」という本人の能力が含まれることによって，生活ニーズを解決する目標を結果として，「Eさんに声かけをする」ということにより，徘徊よりも他のことに関心を向ける支援が可能となってくる。

　②ケアマネジャーが気づいたこと：Eさんは夜中に失禁したときに徘徊が頻繁に起こる。

　②のような視点に基づけば，Eさんの生活ニーズは，「夜中に失禁したときに徘徊が頻繁にみられるが，介護者は朝方忙しく，家の前は交通量が多いため，見守りが安全にできなくて困っている」となる。ケアマネジャーが直接観察していなくても，家族やサービス事業者などによる日々の利用者の情報を通じてそうした状況が把握できれば，家族等に就寝前や夜間のトイレ誘導を依頼することで，徘徊が減少していく，あるいはなくなっていくといったことに結びつくこともある。

第4章　生活ニーズを考える　　189

なお，こうしたケアマネジャーによるストレングスや気づきの活用は，家族や他のサービス事業者との協働のなかで実施していくことで，より複眼的な視点からストレングスや気になること，感じたことが確認でき，サービスを提供することが可能となる。同時に，そうした状況を最もよく知っている家族や身近な理解者との協働作業を取り入れることで，より利用者の生活ニーズに合ったケアプランの作成につながっていく。

生活支援におけるケアマネジメントのポイント

　本項では，生活支援におけるケアマネジメント過程のポイントとして，三つの点について明らかにしておく。

　①アセスメント

　生活支援の視点に基づけば，既存のアセスメントシートのみでは，利用者の生活状況が十分に把握できないことは明らかである。

　一般に，アセスメントシートは，利用者本人の問題状況を把握するという視点を中心に構成されているが，ストレングスの観点からすれば，本人の能力・意欲・願望・好みといった，「したいこと」「できること」「好きなこと」をアセスメントデータとして収集することが求められる。また，意思表示ができない利用者の場合には，利用者に代わってケアマネジャーが気になることや感じたことをアセスメントデータに加えることにより，本人の思いをケアプランに反映させ，検証していくことが可能となる。

　②生活ニーズの捉え方

　利用者の生活ニーズを捉える際には，本人の身体機能的状況・精神心理的状況・社会環境的状況の三つの関係を念頭に置くことが基本となる。しかしながら，生活支援という観点からすれば，日々の利用者の暮らしのなかにはマイナス面とプラス面が混在しながら生活問題・課題は生じている。その意味では，マイナス面をゼロに変化させ，他方プラス面を可能な限り高めることで，生活ニーズの充足を図っていく視点が求められる。

　そのためには，繰り返しになるが，利用者のもっているストレングスを生活ニーズのなかに取り込むことが重要となる。ストレングスを活用することが，利用者の意向に沿ったケアプランの作成につながる。そうした支援のあり方が

利用者の意向にかなえば，利用者は自らのもっている能力を最大限に活用し，新たに生じる生活ニーズに対して自ら対処できる力を獲得していくことが可能となる。

③コーディネーション

ケアプラン作成の段階では，個々の利用者の生活ニーズを決定することで，適切な社会資源に結びつけていくことになる。このような利用者にとって適切な社会資源と結びつける手続きは"コーディネーション"（coordination：調整）とよばれ，そこから，「利用者自身を変化させること」「利用者を取り巻く社会環境を変化させること」「個人と社会環境との関係を変化させること」といった三つの観点が生じてくる。

ケアプラン作成のプロセスにおいては，この三つが同時に実施される場合もあれば，個人の変化・社会の変化・関係の変化のいずれか一つだけの変化を求めることも，また，時には三つのうちの二つの変化を求める場合もある。これは，本編第3章「支援する利用者を捉える─医学モデルから生活モデルへ」で詳述したように，ケアマネジメントが「医学モデル」でも「社会モデル」でもなく，「生活モデル」に基づいていることを意味している。

ケアマネジメントとソーシャルワークの関係

本節では，ソーシャルワークが生活支援の役割を果たすことを中心にしているため，ソーシャルワークの考え方をもとに，ケアマネジメントについて言及してきた。その意味からも，ケアマネジメントとソーシャルワークの関係がいかにあるべきかについて説明しておきたい。

結論から先にいえば，筆者は，ソーシャルワークの中核的な機能はケアマネジメントであると理解している。ちなみに，このことについては，NASWが「ケースマネージメントは，ここ100年以上，唯一ソーシャルワークが役割を担ってきた。ソーシャルワーカーはクライエントと環境の二重に焦点をあてるよう教育や研修を受け，クライエントが機関のサービスを利用できるようにし，機関のサービスとクライエントのニーズを連結し，調整することのできる唯一の専門職である」[21]と主張している。また，「ケースマネージメントの諸要素は，個別事例でのコーディネーションの重要性を強調したメアリー・リッ

第4章　生活ニーズを考える　　191

チモンド（Richmond Mary E.）の時代以降，ソーシャルワークの実践の伝統的な一部としてきたものである」[22]とも主張している。

こうした点をふまえ，ソーシャルワークの枠組みでのケアマネジメントの位置づけを示しておく。図 2-4-4 は，NASW が 1981 年に打ち出したソーシャルワーク実践の内容であるが，その内容から，ソーシャルワークとは，以下に示す4点を中心に専門職として責任ある介入をすることとされる[23]。

① 人々が発展的に問題を解決し，困難に対処できる能力を高めるよう人々に関わる。
② 人々に資源やサービスを提供する社会制度が，効果的・人間的に機能するよう推進する。
③ 資源やサービスや機会を人々に提供する社会制度と人々とを結びつける。
④ 現在の社会政策の改善と開発に努める。

このように，ソーシャルワークの業務は四つの内容に分かれるが，図 2-4-4 に示した業務内容のうちで，「③コーディネーション」はケアマネジメントそのものであり，ソーシャルワークは，人々と社会制度を結びつけるケアマネジメントを核にして，①の利用者自身の変化，②と④の利用者を取り巻く社会環境の変化を業務としている。

このように，ソーシャルワークが機能としてきた個人と社会の関係の変化・個人の変化・社会の変化によって利用者の QOL を高めるという生活支援は，ケアマネジメントにおいても実施されており，それゆえ，ケアマネジメントはソーシャルワークの中核的な機能として位置づけることができる。

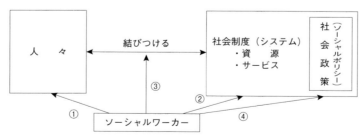

図 2-4-4　ソーシャルワークの内容

〔出典：the NASW Task Force Classification（1981）．より作成〕

以上，ソーシャルワークの立場から，ケアマネジメントへの理論的貢献を明らかにしてきた。すなわち，生活支援の視点を具現化することによって，ケアマネジメントがどのように展開できるのかを明確にした。しかしながら，ケアマネジメントに対して福祉系の職種が抱える強さもあれば弱さもある。そして，それはそのまま，ソーシャルワーク自体が内包する課題であるともいえる。

　一方で，医療の領域では，「plan → do → check → action」という計画的な視点の強さをどのようにしてケアマネジメントに反映させていくのかが大きな課題であり，さらには，看護の領域においても，昨今では「生活をみる看護」といった視点が重要視されるようになってきた。こうした試みは，「看護が捉える生活とは何か」といった視点をもとに，ケアマネジメントの理論に貢献するものと思われる。

　つまり，福祉系と医療系の両職種は，相互に協力していくことが重要となる。さらにいえば，本節は，ソーシャルワーカーのみがケアマネジメントを実施するということを念頭に置いて言及してきたわけではない。諸外国の例にみられるように，ケアマネジメントを実施するにあたっては，さまざまな専門職がもっている強さを明確にし，お互いが開示し合うことでケアマネジメントのレベルが高まると考える。それぞれの専門職の学問的・実践的連携のうえに立ち，ケアマネジメントのレベルを高めていくことは，今後に向けた大きな課題であるといえる。

第4節　ケアマネジメントへのAI（人工知能）の活用

　2016（平成28）年10月20日，「未来投資会議構造改革徹底推進会合」（内閣府）のテーマ別ワーキング「医療・介護—生活者の暮らしを豊かに」（第1回）が開催されている。当会合の翁百合会長のプレゼンテーションには，「AI（人工知能）を活用した最適なケアプランの提示」が含まれており，ケアプランを作成するプロセスでAI（Artificial Intelligence）を活用するための検討を始める方針が示された。その後，厚生労働省では，「保健医療分野におけるAI活用推進懇談会」を立ち上げて，議論されてきている。

　AIの定義についてはさまざまであるが，松尾豊は「人工的につくられる人

第4章　生活ニーズを考える　　193

間のような知能，ないしはそれをつくる技術」[24] としている。この AI での機会学習は，コンピュータが大量のデータを処理しながら，イエス・ノーで分類していくことである。近年この機会学習がさらに発展し，今まで人間の判断で対象の特徴を定量化する特徴量を決めていたのが，新しい機会学習の方法であるディープラーニング（深層学習）が可能になったことで，人間が介在しなければならなかった特徴量について，コンピュータが自ら高次の特徴量を獲得し，画像を分類できるようになった。そのため，AI は飛躍的な発展を遂げ，多くの領域で活用可能ということで脚光を浴びている[25]。

　ケアマネジメントにおいて AI の活用は，収集した「ビッグデータ」とよばれる個人のアセスメント情報や利用者の要望，利用しているサービス情報等をもとに，ビッグデータ解析技術や人工知能技術を使って分析し，最適なサービスを示したケアプランをモデル化することである。これを受けて，ケアマネジャーは利用者とのコミュニケーションのもとでアセスメントを実施していくことが必要不可欠であるが，こうしたモデル提案があれば，利用者の生活ニーズを過不足なく明らかにし，同時により適切な社会資源につなげることに有効である。ただ，そのためには，まず前提としてエビデンスとして使用可能な精度の高いビッグデータを収集することが求められる。

　ただし，ここには考慮しなければならない二つの落とし穴がある。それを説明する前に，筆者らが介護保険制度の始まった当初行った星座理論のプログラム作成について言及することとする。これは本編第 3 章「支援する利用者を捉える―医学モデルから生活モデルへ」の 160 頁に示した星座であるニーズについて，10 名の優秀なケアマネジャーのアセスメントからケアプラン作成の経験知をもとに，どのようなアセスメント情報（星）がつながってそれぞれの生活ニーズのうちの介護に関わるニーズ（星座）ができるかを，具体的にデータを蓄積し，プログラム化したものである。これには，当初はウィークネスのアセスメント情報（星）のみで，生活ニーズ内の介護に関わるニーズを明らかにした[26]。その後，ストレングスを含めたアセスメント情報を取り込んでプログラム化を行った[27]。その結果，アセスメント情報が 738 項目，介護に関わる生活ニーズが 36 分類・72 個摘出され，ケアプランでの介護に関する生活ニーズをケアマネジャーが捉えているかを確認するプログラムの実用化を

194　　第 2 編　ケアマネジメントの中核

行った。本研究はニッセイ基礎研究所で行われ，「介護サービスのケアプラン生成システム」（特許第3889189号）というタイトルで1999（平成11）年9月28日に特許出願し，2006（平成18）年12月8日に登録された。

　ここで，明らかになった第一は，たしかにデータに基づき介護に関わる生活ニーズを明らかにすることは可能であるが，介護領域だけでなく，医療や経済領域，社会参加の領域，家族や地域との関係調整といった多様な生活ニーズに応えるものになっていくことになると難しいという点である。それは，極めて莫大なアセスメント情報が必要で，かつ個別的なニーズであり，また，ケアマネジャーと利用者の信頼関係をもとに，緊密なコミュニケーションにより明らかになるものである。そこには優秀なケアマネジャーの存在が前提のうえで成立可能となり，優秀なケアマネジャーを抜きに，AIがそうした多領域の生活ニーズをどこまで抽出できるのかということである。これについては，どこまでAIが精度を高めることができるかが課題であり，幅広いビッグデータの収集により，広く生活ニーズを捉えるまでに精度を高めることを期待したい。

　第二に，星座理論は介護支援事業者向けに販売されているいくつかのケアプラン作成ソフトの中に入っているが，アセスメントから自動的に介護に関わる生活ニーズが導き出される方式をあえてとらなかった。生活ニーズはケアマネジャーと利用者が，アセスメントをもとに一緒に確定する作業であるとの認識があり，具体的に両者で確定したあとで，介護に関わる生活ニーズで過不足がないかを確認するために提示するプログラムとして組み立てた。その理由は，両者で生活ニーズを導き出すプロセスで，ケアマネジャーは利用者との信頼関係をつくり，新たに明らかになったアセスメント情報から，別の生活ニーズを明らかにしていくことにつないでいくからである。ここには，ケアマネジャーの創造性でもってコミュニケーションを進めることで，明らかなアセスメント情報，さらには生活ニーズを導き出すことになることを意識したものであった。そのため，作成された介護に関わる生活ニーズもさらに広がっていく可能性もあり，介護に関わる生活ニーズが明らかになったかの点検用として活用してもらうこととした。これはAIで精度の高いモデルがつくられていったとしても，ケアマネジャーと利用者のコミュニケーションがベースであることに変わりはないといえる。

第4章　生活ニーズを考える　　195

以上から，今後ケアマネジメントに AI が活用されることについては大いに期待したいが，それは決して AI がケアマネジャーに取って代わるものではなく，ケアマネジャーの業務をより精緻なものにするための，あるいは，時間的な効率化が図られるための補助機能を担うものであると認識している。

　たしかに AI の今後の発展は，ある意味では，多くの人々の職業を不要なものにしていく可能性がある。フレイ（C. B. Frey）とオスボーネ（M. A. Osborne）は 2013 年に，コンピュータ化のもとで 10 〜 20 年後になくなる職業についての研究を発表したが，702 の職業のうちで最もリスクの低い 10 位の一覧は，**表 2-4-2** のとおりである。ここではケアマネジャーと類似する「精神保健・薬物中毒ソーシャルワーカー」や「医療ソーシャルワーカー」がランクインしている。ここで上位となる理由としては，コンピュータでの自動化が難しい社会技能（social skill）と創造性（creativity）を有している職業であることを挙げている[28]。社会技能は人々とのコミュニケーション能力をさしてお

表 2-4-2　702 職種のうちのコンピュータ化でもなくなることのない職種ランクのトップテン

1位	レクリエーション療法士（Recreational Therapists）
2位	整備・設備・修理の第一線監督者（First-Line Supervisors of Mechanics, Installers, and Repairers）
3位	危機管理責任者（Emergency Management Directors）
4位	精神保健・薬物中毒ソーシャルワーカー（Mental Health and Substance Abuse Social Workers）
5位	聴覚訓練士（Audiologists）
6位	作業療法士（Occupational Therapists）
7位	歯科矯正士・義歯技工士（Orthotists and Prosthetists）
8位	医療ソーシャルワーカー（Healthcare Social Workers）
9位	口腔外科医（Oral and Maxillofacial Surgeons）
10位	消防・防災の第一線監督者（First-Line Supervisors of Fire Fighting and Prevention Workers）

〔出典：Carl Benedikt Frey and Michael A. Osborne（2013）*The Future of Employment: How susceptible are jobs to computerisation?*, 57.〕

り，ケアマネジャーがこうした能力を有していることで，利用者の個別的な生活ニーズを導き出し，さらには利用者の意向に合った個別的なサービスに結びつけることで，生き残る職業であるといえる。ケアマネジャーにとっての創造性とは，ケアマネジャーは明らかになったアセスメント情報や生活ニーズをもとに，さらに気づいたり感じたりすることで，より一層アセスメント情報を得て，別の生活ニーズを導き出し，解決していくことである。その意味では，今後ケアマネジメントにAI活用が進展していくなかで，ケアマネジャーは創造性や社会技能を高めていくことが生き残りの条件であるともいえる。また，AIによる成果を個別的でないと拒否するのではなく，補助的に活用することで，利用者主体のケアマネジメントをより有効なものにしていくことができる。

注

1) 三浦文夫（1984）「ソーシャルニーズ」仲村優一・岡村重夫・阿部志郎・ほか編『現代社会福祉事典』全国社会福祉協議会，329.
2) Charlotte Towle（1945）*Common Human Needs*, National Association of Social Workers, 37.
3) F. ホリス（1966）『ケースワーク：心理社会療法』黒川昭登・本出祐之・森野郁子訳，岩崎学術出版社，90.
4) Allen Pincuss and Anne Minahan（1973）*Social Work Practice : Model and Method*, F.E.peacock Publishers, 9.
5) Carel B. Germain and Alex Gitterman（1980）*The Life Model of Social Work Practice*, Coloumbia University Press.
6) 「ソーシャルワークの定義」（2000年7月国際ソーシャルワーク）
   http://www.socialwork-jp.com/IFSWteigi.pdf#search=%27%E3%82%BD%E3%83%BC%E3%82%B7%E3%83%A3%E3%83%AB%E3%83%AF%E3%83%BC%E3%82%AF%E5%AE%9A%E7%BE%A9+%E3%83%A2%E3%83%B3%E3%83%88%E3%83%AA%E3%82%AA%E3%83%BC%E3%83%AB%27（2017.10.8 参照）
7) 「ソーシャルワーク専門職のグローバル定義の日本における展開」
   https://www.jacsw.or.jp/06_kokusai/IFSW/files/tenkai_01.pdf（2017.10.8 参照）
8) 岡村重夫（1983）『社会福祉原論』全国社会福祉協議会，78-82.
   ※ここでは，①経済的安定への要求，②職業の機会の確保，③身体的・精神的健康の維持，④社会的協同への要求，⑤家族関係の安定，⑥教育機会の確保，⑦文化・娯楽に対する参加の要求，の七つを挙げている。
9) 全国社会福祉協議会 在宅福祉サービスの在り方に関する研究委員会（1979）『在宅福祉サービスの戦略』全国社会福祉協議会，58-59.
   ※全米ソーシャルワーカー協会は，①労働の機会と経済的安定を求めるニーズ，②家族の保存を求めるニーズ，③精神的・身体的健康を求めるニーズ，④適切な教育を享受するニーズ，⑤表

現の自由を求めるニーズ，⑥余暇の満足な利用を図るニーズ，の六つを挙げている。

10）岡村重夫（1968）『全訂社会福祉学（総論）』柴田書店，199.

11）Abraham H. Maslow（1954）*Motivation and Personality*, Harper & Row.

12）前掲書8），72-73.

13）白澤政和（1997）「ニードとは何か」『保健婦雑誌』53（12），963-969.

14）Jonathan Bradshaw（1972）The Concept of Social Need, *New Society*, 30, 640-643, reprinted in Neil Gilbert and Harry Specht, op. cit., 290-296.

15）前掲書9），58-59.

16）前掲書10），199.

17）Alfred J. Kahn（1973）*Social Policy and Social Services*, Random House, 18-31.

18）Francis X. Russo and George Wills（1986）*Human Services in America*, Prentice Hall, 20.

19）Barbara J. Holt（2000）*The Practice of Generalist Casemanagement*, Allyn and Bacon, 21.

20）小松源助（1995）「ソーシャルワーク実践におけるエンパワーメント・アプローチの動向と課題」『ソーシャルワーク研究』21（2），76-82.

21）全米ソーシャルワーカー協会（1997）「保健医療，教育，福祉サービス領域でのケースマネージメント」ステファン・M．ローズ編，白澤政和・渡部律子・岡田進一監訳『ケースマネジメントと社会福祉』ミネルヴァ書房，39.

22）前掲書21），39.

23）前掲書6）.

24）松尾　豊（2015）『人工知能は人間を超えるか：ディープラーニングの先にあるもの』角川EPUB選書，45.

25）前掲書24），114-175.

26）白澤政和監（2000）『利用者ニーズに基づくケアプランの手引き：星座理論を使って』ニッセイ基礎研究所編，中央法規出版，1-191.

27）白澤政和監（2005）『ストレングスに着目したケアプランの手引き：星座理論を使って』ニッセイ基礎研究所編，中央法規出版，1-117.

28）Carl Benedikt Frey and Michael A. Osborne（2013）*The Future of Employment：How susceptible are jobs to computerisation*?, 1-72.

コラム5 ケアマネジャーはサービスの利用決定に際して，どのようなアセスメント情報を根拠にしているのか？

ケアマネジメントにおけるアセスメントは，利用者についての状況を把握し，そこから利用者の生活ニーズを抽出し，そのニーズに合わせて必要な社会資源と結びつけることになる。その意味では，選定される社会資源の根拠づけは，ケアマネジャーが行うアセスメント情報にある。ここでは主要な介護サービスの一つである訪問介護サービスをもとに，どのようなアセスメント情報が訪問介護サービスの利用を決定する要因であるかを明らかにすることで，訪問介護サービスを提供するうえでアセスメントで捉えなければならない情報について検討する。

＊＊＊

訪問介護サービスの提供を決定するアセスメント情報に関する研究

介護支援専門員は要介護・要支援高齢者に訪問介護を含めて医療保健・福祉介護サービス等と結びつける役割を担っている。本調査研究は，ケアプランを作成する際に，訪問介護サービスの利用を決定する際の利用者側のアセスメント情報について明らかにすることにある。

調査方法は，調査に協力いただけた N 市の 82 名の介護支援専門員を対象に，2007（平成 19）年 1 月に調査を実施した。個々の介護支援専門員が担当しており，利用者から調査協力の了解が得られた要介護者 1,592 ケースについての情報を得たが，有効件数は 1,521 ケースであった。結果的には，介護支援専門員 1 名から平均 19.4 ケースの利用者情報を得たことになる。

介護支援専門員から得られた 1,521 ケースの利用者の基本属性は，女性65.1％，平均年齢は 80.6 歳（SD：9.85），平均要介護度 2.3（SD：1.31）であった。また，訪問介護サービスの利用者は 625 名（41.1％）であり，未利用者は 896 名（58.9％）であった。訪問介護サービスを利用しているか否かを従属変数とし，介護支援専門員から得た利用者の属性である 12 項目（①性別，②要介護度，③認知症の日常生活自立度，④障害の日常生活自

第 4 章 生活ニーズを考える 199

立度，⑤家族構成，⑥受診の有無，⑦戸建ての有無，⑧近隣関係の有無，⑨自宅に他人が入ることへの拒否感情の有無，⑩所得額，⑪介護者との良好な関係の有無，⑫介護者の就労状況）を従属変数とする，2項ロジスティック回帰分析を行った（**表2-4-3**）。

その結果，0.1％水準で有意であったのが，性別，認知症の日常生活自立度，家族構成，近隣関係の有無，自宅に他人が入ることへの拒否感情の有無，所得額，介護者の就労の有無，5％水準で障害の日常生活自立度が有意

表2-4-3 訪問介護サービスの利用の有無を目的変数による2項ロジスティック回帰分析

説明変数	β	オッズ比
性別（0：女性，1：男性）	− 0.61 ***	1.84
要介護度	− 0.11	1.12
認知症の日常生活自立度	0.15 ***	0.87
障害の日常生活自立度	− 0.16 *	1.17
家族構成（0：一人暮らし以外，1：一人暮らし）	0.73 ***	0.48
受診の有無（0：なし，1：あり）	0.02	0.98
戸建ての有無（0：なし，1：一戸建て）	− 0.33	1.39
近隣関係の有無（0：あり，1：なし）	0.38 ***	0.68
自宅に他人が入ることへの拒否感情の有無（0：なし，1：あり）	− 0.28 ***	1.32
所得額	0.22 ***	0.81
介護者との良好な関係の有無（0：良い，1：悪い）	− 0.11	1.11
介護者の就労状況（0：就労，1：就労していない）	− 0.62 ***	1.87
model χ^2(df)	322.50 (12) ***	

従属変数（訪問介護サービス利用なし：0，利用あり：1）
*** : $P < 0.001$，* : $P < 0.05$

であった。女性で，認知機能が低下しており，一人暮らしで，近隣との関わりが少なく，他人が家に入ることに拒否感情がなく，所得額が高く，介護者が就労している場合に，訪問介護を利用しやすいことがわかった。

　以上の結果から，介護支援専門員が利用者と一緒にケアプランを作成し，訪問介護サービスを利用する要因としては，利用者の身体状況だけでなく，心理的・社会的状況のアセスメント項目が関連していることが明らかになった。本調査研究は訪問介護サービスに限定してであるが，介護支援専門員は，利用者の生活ニーズとサービスを結びつけるうえで，利用者の身体・心理・社会的側面の生活全体についてのアセスメント情報を得ることの重要性を示唆している。

＊＊＊

　アセスメント情報には，利用者の身体状況だけでなく，心理状況や社会状況についても把握しなければ，適切な介護サービスを提供できない。そのため，介護支援専門員が実施するアセスメントでは，既存のアセスメント用紙にフォーマット化された身体・心理・社会的なアセスメント項目に加えて，個々人の状況に応じたアセスメント情報を収集することが必要である。

（出典）Masakazu Shirasawa and Sachiko Kasahara（2007）*Determination Factors to Provide Home-Make Service for Frail Elderly by Care Manager in Japan*, The 8th Asia/Oceania Regional Congress of Gerontology and Geriatrics, 313-314（2007.10.22-25）.

第5章

社会資源について考える

　第2編第4章の「生活ニーズを考える」に示したように，利用者の生活ニーズが明らかになると，次に利用者のサービスニーズが示されてくる。このサービスニーズに応えるのが，社会資源である。そのため，本章では，社会資源とはどのようなものをさすのかについて検討する。さらに，こうした社会資源間での特徴の違いについても検討することとする。

第1節 社会資源についての検討の必要性

　ケアマネジメントにおいて，社会資源は利用者に提供されることで，在宅生活が成立するものである以上，極めて重要な位置にある。そのため社会資源に関する議論は必要不可欠である。その根拠を，現在の社会状況をもとに列挙する。

①介護保険制度や「障害者総合支援法」では，病院・施設中心の施策から利用者の居住している地域社会を基盤にした施策へと重点が移行してきた。地域社会で利用者の生活を支えるケアマネジメントにおいては，顕在化しているものだけでなく潜在的なものをも含めたフォーマルサービスだけでなくインフォーマルサポートを合わせた総体としての社会資源を視野に入れて，ケアマネジメントを実践するものでなければ，利用者の地域社会での生活を支えることはできない。

②人々の生活ニーズが多様化・高度化してきている。措置制度により社会資源があてがわれていた時代から，人々が社会資源を自己選択する時代になってきた。それゆえ，利用者の生活ニーズに対応すべく社会資源は，従来のような最低限のレベルで画一的なものでは時代にそぐわなくなってき

202　第2編　ケアマネジメントの中核

た。こうした動向に対応して，社会資源の範囲を拡大し，質的な充実を図っていくことが要請され，サービスの供給主体の多元化・多様化が進められている。シルバー産業といわれる民間営利法人による介護事業者，さらに地域の自主的な団体による有償の介護等を供給する特定非営利活動法人（Non-Profit Organization；NPO）などが多数出現してきた。このことは，旧来の行政サービスを中心とした社会資源論では説明不可能となってきており，社会資源論を新たに論理づける必要性が生じている。

③高齢社会での要介護・要支援高齢者の増加に伴い，介護に対する責任について，家族を中心とする「インフォーマルなサポート」と行政を核とする「フォーマルなサービス」がいかに役割分担していくかが重要課題となっている。こうした研究においては，家族が有する介護機能や行政施策のあり方についてそれぞれ別個に検討されてきており，両者の関係についてはさほど明らかでなく，不連続のごときである。このことは，社会資源提供主体間での関連性の明確化を求めることになっている。

④近年，地域で生活する人々を支援する方法としてのケアマネジメントが保健・医療・福祉の分野で急速に普及している。このケアマネジメントは，個々人の生活ニーズと社会資源を調整（コーディネート）することとされており，それぞれの生活ニーズに合致した社会資源を探し出すためには，社会資源の整理が不可欠であり，どのように社会資源が類型化され，それらがどのような特徴を有しているかが明らかになる必要がある。

⑤地域包括ケアシステムを構築するためには，個別支援レベルや地域支援レベルのそれぞれにおいて，関連する個々の社会資源を単位とするネットワークを形成しなければならない。そのためには，当然のこととして，それぞれの社会資源の内容やその特徴を確定させ，形成された個別支援レベルや地域支援レベルでのネットワークにおけるそれぞれの社会資源に共通する目的を確定していかなければならない。

⑥ケアマネジャーの役割が，個別支援だけでなく，地域支援にまで広がりつつあり，利用者の環境である社会資源の明確な枠組みについての理解が必要となってきている。すなわち，個人にとって外的な社会資源の全体像を把握することで，個別支援から地域支援に結びつけることにつな

がる。

⑦超高齢社会で社会保障財源が今後一層急騰することが予想されるなかで，社会資源の効果的・効率的な活用が求められている。そのためには，それぞれの社会資源の特質を生かし，社会資源間での相互の関連性を明らかにし，それぞれの利用者の生活ニーズに対して，社会資源の重複を避け，かつ効果的・効率的な社会資源を提供する必要性が生じてきている。

⑧従来は，自助，互助，公助でもって，人々を支援する要素を確認してきたが，地域包括ケアシステムでは，自助，互助，共助，公助に分類する。そして，社会資源に位置づく互助，共助，公助と，内的資源とされる自助，これらの関係を明らかにすることにより，地域包括ケアシステムを確立していくことが求められている。

以上，それぞれ関連している部分もあるが，社会資源について議論することが必要となってきた根拠を8点指摘した。

_第2_節 社会資源とは

『現代社会福祉事典』では，社会資源を「ソーシャル・ニーズを充足するために動員される施設・設備，資金や物資，さらに集団や個人の有する知識や技能を総称していう」[1] としている。これらの社会資源は要援護者の生活を支えていくために必要なものであり，その多くは生活のなかでも，とりわけ在宅生活を支援していくために必要とする資源をさしている。

社会資源を分類する一例を挙げる。トーマス（D. Thomas）は，地域の社会資源は住民に対して，財政的，社会的，近隣扶助的な価値を有しており，①物質（産業や学校），②商業的サービス（商店や映画館），③組織的サポート（教会や福祉機関とその職員），④内的なサポート（家族，友人，近隣のインフォーマルな福祉資源）の四つに分類している[2]。また，資源について，①金銭，②愛情，③情報，④地位，⑤サービス，⑥善意の六つのタイプに分類する見解もある[3]。

社会資源の内容や範囲を確定するために，本節では分類の軸となる基準を検討する。シポリン（M. Siporin）は，資源をその特性，よりどころ，有効性の

観点から，以下の基準を用いて分類を試みている。

「資源は，明確な目標を達成することとの関係で，①一個人ないしはその集団において内的なものか外的なものか，②フォーマルなものかインフォーマルなものか，③実用できるものか潜在的で抽出していくものか，④ある程度コントロールできるものかできないものか，である」[4]

社会資源の三つの分類軸

ここでは，三つの視点から，社会資源の内容やそれらの特性を明らかにしたい。三つの視点は，第一に，利用者のどのようなサービスニーズに対応する社会資源なのかをもとに分類するものである。第二に，誰が社会資源を提供するかの視点から類型化を試みる。第三は，社会資源の質的な違いをもとに類型化するものである。

第一の社会資源の分類軸は，利用者のどのようなサービスニーズに応える社会資源なのかということに着目して分類する。一般に，社会生活を維持していくためのサービスニーズとしては，①経済的な安定を求めるニーズ，②就労の機会を求めるニーズ，③身体的・精神的な健康を求めるニーズ，④教育や文化娯楽の機会を求めるニーズ，⑤居住の場に対するニーズ，⑥家族や地域での個別的な生活の維持に対するニーズ，⑦公正や安全を求めるニーズ，⑧その他の社会生活上のニーズ，の八つに分けられる。

社会資源を分類する第二の軸は，誰が社会資源を提供するかという供給主体に基づくものである。供給主体での分類について，ピンカスら（A. Pincuss, et al.）は，①インフォーマルあるいは自然資源システム（家族，友達，近隣，同僚，酒場の主人等），②フォーマルな資源システム（会員の利益を広げる会員組織あるいは公的な団体），③制度的社会資源システム（行政の機関やサービス，その他の社会制度）の三つに区分している[5]。大きくフォーマルなものかインフォーマルなものかで分けられるが，インフォーマルセクターの社会資源としては，家族成員，親戚，友人・同僚，近隣，ボランティア，明確に制度化されていない当事者組織や相互扶助団体があり，フォーマルセクターとしては，行政のサービスや職員，非営利法人サービスや職員，営利法人のサービスや職員，制度化された当事者組織や相互扶助団体がある。なお，家族成員につ

第5章　社会資源について考える　　205

いては社会資源に含めず，利用者本人と合わせて，内的資源とする場合もある。

　これら個々の供給主体による社会資源は，それぞれ長所と短所をもっている。一般的な特徴として，インフォーマルセクターは柔軟な対応が可能であり，その最たるものが家族成員である。しかし，それは他方で，専門性が低く，利用者との間で生じる相互の感情により提供される内容が異なる不安定さを有している。また，行政等は，個人が社会生活を維持していくうえでの最低限のサービス提供をめざしており，個々人の経済状況に合わせた公正なサービスが提供されるが，一方で，こうした社会資源は画一的で，利用できるまでに手続きが必要で，時間がかかるという問題がある。営利企業の場合は，即応してくれるというメリットがある。

　このうち，インフォーマルとフォーマルの二つのセクター間での明確な区分は不明瞭である。例えば，当事者組織についてみても，少人数で構成されるインフォーマルなものもあれば，数万人にも及ぶ会員を有した全国的なフォーマルな組織もある。一般的には，フォーマルな社会資源では利用者とゲゼルシャフトの関係にあり，インフォーマルな社会資源では利用者とゲマインシャフトの関係にあるといえる。

　利用者が社会資源を活用する際に，インフォーマルとフォーマルな両社会資源の関係は協同し合うことのほうが少ない。両者間で競争や葛藤，無視が生じることや，フォーマルな社会資源によるインフォーマルな社会資源のコントロールが起こることが多くみられる。その意味では，フォーマルとインフォーマルの社会資源を利用者のために調整することの困難さが存在する。ここに，個々の利用者の支援においてはケアマネジャーが，地域全体の支援についてはコミュニティワーカーといった職種の配置が必要となる。あるいは，ケアマネジャーが両方の機能を担うという考え方もある。

　第三の社会資源を分類する軸は，社会資源の質的な相違によるものであり，物的資源と人的資源に分けられる。物的資源には金銭や物資，施設や設備，制度などが含まれる。人的資源には，知識や技能，愛情や善意，情報や地位が内包されている。

　行政が供給主体となり提供する社会資源は，金銭で給付される「現金給付」

と，物で給付される「現物給付」に分けられるが，現金給付はすべて物的資源に相当する。他方，現物給付については，物的資源による物的な諸サービスだけでなく，相談や介護・家事といった人的資源も含まれる。

また，利用者のサービスニーズが現金給付でなされる「貨幣的ニーズ」から，より高次な金銭以外のサービスニーズである「非貨幣的ニーズ」に重点が変化してきたといわれている。これを社会資源の質的相違でみると，「貨幣的ニーズ」に対応するのは物的資源であるが，「非貨幣的ニーズ」に対応する社会資源には，物的資源もあれば人的資源の場合もある。それゆえ，利用者のサービスニーズを充足するためには，物的資源だけでなく，人的資源も同時に必要ということになる。

社会資源における介護保険サービスや障害福祉サービスの位置づけ

ここまで三つの軸をもとに社会資源を示してきたが，その結果，社会資源は**図 2-5-1** のように構造化することができる。この図のなかで，行政が供給主体をなす社会資源は斜線で示してあるが，そのうちでも，①は所得保障に関わるサービス，②は雇用に関わるサービス，③は医療・保健に関わるサービス，④は教育に関わるサービス，⑤は住宅に関わるサービス，⑥はパーソナルソーシャルサービス，⑦は公正や安全に関わるサービスにそれぞれ相当する。⑧は①から⑦に該当しないサービスであり，その他のサービスとされる。⑥のパーソナルソーシャルサービスを例にとっても，以前はその他のサービスであったが，一つのサービスの種類になってきた。例えば，アメリカでは，1975 年に社会保障法に第 20 章が加えられ，そこにパーソナルソーシャルサービスが位置づけられた。

介護保険制度や障害者福祉サービスでの訪問介護やデイサービス，さらに介護老人福祉施設や障害者福祉施設等はパーソナルソーシャルサービスに相当し，行政だけでなく，行政から指定を受けて民間営利法人，非営利法人，団体・組織が供給主体となっている。あるいは，これらの供給主体が行政から指定や委託を受けることなく，独自でサービスを実施する場合もある。特に，市場メカニズムでの民間営利法人等による社会資源が増大してきているのが現状である。このパーソナルソーシャルサービスは，従来は家族や地域社会で担っ

第 5 章　社会資源について考える　　207

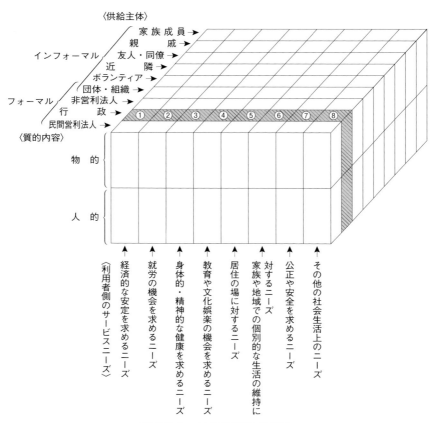

図 2-5-1　社会資源の枠組み

てきた機能を社会化したサービスである。

　以上の①～⑧の施策は，直接行政が供給主体になるだけでなく，行政責任として指定・委託した非営利や営利法人等から供給するサービスも含めて，社会福祉政策（social welfare policy），ソーシャルサービス（social services，イギリスでの呼称）ないしはヒューマンサービス（human services，アメリカでの呼称）とよばれる広義の社会福祉サービスを意味することになる。

フォーマルかインフォーマルか

提供主体をもとに社会資源を類型化すると，フォーマルなものかインフォーマルなものかを基準に分類できる。インフォーマルセクターの社会資源には，家族成員，親戚，友人・同僚，近隣，ボランティア，明確に制度化していない当事者組織や相互扶助団体等がある。また，フォーマルセクターには，行政によるサービスや職員，認可や指定を受けた民間営利団体・非営利団体，団体や組織のサービスや職員等がある。

前述したように，インフォーマルとフォーマルの両分野間の区分は極めて不明瞭である。地域の団体・組織をみると，少人数で構成されるインフォーマルな団体もあれば，数万人にも及ぶ会員を有した全国的規模のフォーマルな団体もある。

さらに，フォーマルなサービスの提供主体による分類を居宅サービスのなかの訪問介護サービスを例にして検討すると，供給主体は医療法人，社会福祉法人，NPOといった非営利法人に加えて，株式会社や有限会社といった企業による民間営利法人，時には当事者団体等の地域の組織もある。さらに，ごく一部過疎地域等では，行政自身が訪問介護サービスを実施している。

フォーマルとインフォーマルの組み合わせ

このフォーマルサービスとインフォーマルサポートを合わせると多数の提供主体となり，個々の利用者はそれらを組み合わせて利用することにより，要介護者等の生活ニーズの多様化・高度化に対応していくことになる。その組み合わせ方法は，単に供給主体別のサービスをそれぞれ独立して利用するのみでなく，種々の供給主体を組み合わせて一つのサービスが形成されており，そうしたものを利用することも含まれる。例えば，インフォーマルなボランティアの労力と，フォーマルな行政の財政的な補助で，配食サービスを形成していることもある。このサービスを利用した場合は，ボランティアと行政の二つの供給主体からなる社会資源を活用することとなる。また，フォーマルなサービス提供主体間での協同による福祉サービスも増えてきた。配食サービスや移送サービス等がその例となるが，行政が民間営利法人や民間非営利法人に委託し，住民にサービス提供を行うことや，社会福祉法人・NPO・民間営利法人等が実

第5章　社会資源について考える　　209

施しているサービスに対して行政が補助金や助成金を出すことなども行われている。

　ケアマネジメントを介し，利用者のニーズに合わせて多様な社会資源を組み合わせて調整することになるが，それぞれの社会資源は長所と短所を併せもっているため，最適な組み合わせが求められる。一般的な特徴としては，インフォーマルなサポートは柔軟な対応が可能であるが，専門性が低く，安定した供給には難がある。特に，家族は柔軟に対処できる最たるものである。一方，フォーマルなサービスは，反対の特徴を有している。フォーマルなサービスでは，行政は画一的なサービスとなりやすいが，最低限のサービスの提供が保障されるシステムとなっており，経済的能力に応じて自己負担が変動するといった公平性の特徴をもっている。その他の非営利団体である社会福祉法人・医療法人，企業，団体は互いに自らが有している"よさ"を基礎として，その特徴を発揮している。

　例えば，社会福祉法人・医療法人や団体は地域に根ざした活動を行い，住民と一緒になり，特に社会福祉法人は地域の人々の生活を守り，医療法人は地域の人々の生命を守っていくことを特徴としている。また，企業は住民のニーズに敏感に応えるサービスを提供し，利潤を株主に還元することをめざす特徴がある。

　一般に，フォーマルな社会資源だけでなく，インフォーマルな社会資源を活用することは，利用者の QOL（Quality of Life）を一層高めるものであり，情緒面での支援にも大きく貢献できるとされている。

セルフケアや自助と社会資源の関係

　なお，フォーマルケア，インフォーマルケア，セルフケアといった分類がなされることがあるが，社会資源との関係で捉えた場合，フォーマルケアはフォーマルサービスを，インフォーマルケアはインフォーマルサポートをさしている。セルフケアについては，社会資源には含まれず，社会資源に対比させて内的資源ということになる。この内的資源は利用者本人であるが，家族成員を含める場合もあり，家族成員はセルフケアとインフォーマルケアとが一部重複していると整理できる。

210　　　第2編　ケアマネジメントの中核

また，社会資源は内的資源と合わせて，従来，公助，互助ないしは共助，自助の3分類であった。福祉領域では公助，互助，自助と，一方，防災領域では公助，共助，自助と分類される傾向があった。最近，介護保険制度の位置づけをめぐって，公助，共助，互助，自助の四つに分類されることが多い。この分類は単なる誰が提供するかではなく，誰が責任主体となり提供するかであり，公助は税による公の責任，共助は介護保険などリスクを共有する仲間（被保険者）の責任であり，互助は相互に支え合っているという意味で，共助と共通点があるが，費用負担が制度的に裏付けられていない自発的なものであるとしている。自助は自分のことを自分ですることに加え，市場サービスの購入も含まれる。互助は，「親戚」「友人・同僚」「近隣」「ボランティア」「地域の自主的な団体・組織」でもって実施され，共助や公助は「地域の団体・組織」，「法人（営利企業を除く）」「行政」「企業」を活用して，仲間内で責任を，ないしは公的な責任を果たしていくことになる。

　2010（平成22）年3月に刊行された『地域包括ケア研究会報告書』（地域包括ケア研究会・三菱UFJリサーチ＆コンサルティング）が，介護保険制度を医療保険同様に「共助」として位置づけた最初である。

　従来，「公助」「互助・共助」「自助」という3分類はよくされてきた。介護保険制度との関係でいうと，介護保険制度は公助であり，近隣やボランティアが互助であり，利用者自体が自ら有している能力等を活用することが自助であるとしてきた。今回，これら三つのフォースに「共助」が加わり，四つに分類され，介護保険制度は，従来の「公助」ではなく，「共助」として位置づけられていることである。

　共助とは，それぞれの市町村で，40歳以上の人々が保険料を払い，お互いの介護を分かち合っていることで，整理をされたのであろうが，このような介護保険を共助に位置づける4分類は理解しがたい部分がある。

　介護保険制度には，財源の半分が国，都道府県，市町村からの公費が投入されており，40歳以上65歳未満の方は全国一律の方法で保険料が医療保険と一緒に強制的に徴収され，同様に65歳以上の者のほとんどは年金から天引きされており，さらに国は「介護保険法」をつくることで介護保険制度の骨格をつくり，都道府県は主たる介護サービス事業者の指定を行い，保険者である市町

第5章　社会資源について考える　　211

村が要介護認定の決定を行っている。また，市町村等が保険者として介護保険の運営に責任をもっている。その意味では，介護保険制度は公的責任が強い制度であり，「公助」と位置づけされてきたといえる。これが，民間の保険会社が行っている保険制度と根本的に異なる部分である。そのため，被保険者は保険料を払うことを自らの責任とし，義務としている。

そのため，海外に介護保険制度を紹介するときには，民間の保険会社が行う介護保険ではないことを示すために，わざわざ，公的（public）という言葉を冠して，公的介護保険制度（public long-term care insurance）としている。

介護保険制度の理念は，地方分権のもとで，そこで住民が保険料を出し合い，被保険者間で必要な場合に介護サービスを受け合っていくという意味では，共助の意味合いをもっており，まったく否定するものではないが，それでは，介護に対して公助は何を担うのであろうか。本報告書の影響力は強く，単に介護保険での「共助」という言葉の不明確さを指摘するというよりは，介護保険制度には国や自治体の責任が大きいことを確認し，公的責任から撤退するかのような雰囲気は避けなければならないことを警鐘としておきたい。さもなければ，保険料を払う国民から，介護保険制度に対する信頼を失うことを危惧するからである。

あえて，介護を担う責任主体を整理すると，公助としての介護保険制度，互助としてのボランティアや近隣，自助としての被保険者とその家族の，三つがお互いにできる限りの力を発揮し合い，個々の高齢者の介護にあたっていくことである。介護保険と同様に重要な課題であるとされ内閣府から2016（平成28）年6月に出された「ニッポン一億総活躍プラン」では，従来の「公助」「互助」「自助」の3分類となっている。

さらに，これら三つの力が発揮し合うことが，ともに支え合う「共助」ということになれば，国民の理解が得やすいではないだろうか。よく，「新たな公共」という用語が使われ，公共を担うあるべき主体が模索されているが，自助，互助，公助が一体になり，ともに支え合っていくことが，まさに「新たな公共」がねらいとするところである。その意味では，国や自治体の責任も含めて，介護領域で，日本の「新たな公共」づくりのモデルをめざしたいものである。

「公助」や「共助」といった言葉の使い方議論ではなく，日本が高齢者の介護や介護保険制度をどのように責任を分かち合いながら，今後さらに厳しくなる超高齢社会を乗り越えていくかについての根本議論が必要不可欠である。

社会資源とソーシャルキャピタル

社会資源を全体として捉えてきたが，最近「ソーシャルキャピタル」という用語が使われるようになってきた。これは，アメリカの政治学者ロバート・D．パットナム（Robert David Putnam）により提唱されたもので，ソーシャルキャピタルという人々の「信頼」「規範」「ネットワーク」といった社会資源を活発にすることにより，社会の効率性を高めることができるという新しい考え方である[6]。

信頼，規範，ネットワークといったソーシャルキャピタルの豊かな社会では，人々の相互の信頼や協力が得られやすく，他人への警戒が少なくなり，治安・経済・教育・健康・幸福感などによい影響を与え，社会の効率性が高まるとされている。この考え方を，社会資源と対比させると，社会資源は物的資源と人的資源を合わせたフォーマルやインフォーマルなソーシャルキャピタルであるのに対して，信頼，規範，ネットワークは認知的なソーシャルキャピタルであると整理できる。従来の社会資源は所与のものと位置づけられるが，パットナムがいうソーシャルキャピタルは人々の活動を通じて社会資源をつくり出していくエネルギーを有しているといえる。両者の関係は利用者の生活ニーズに合わせて所与の社会資源が活用される過程や結果が，信頼，規範，ネットワークといったソーシャルキャピタルを生み出していくと整理できる。そのため，利用者の生活ニーズと社会資源との適切な調整が，ソーシャルキャピタルを創造していく鍵であるといえる。

以上のような地域で生活していくうえで必要な社会資源は，地域住民が高齢者，障害者，児童やその家族，生活困窮者なのかによって，その必要性は異なったものとなる。例えば，要介護高齢者であれば，特に「身体的・精神的な健康を求めるニーズ」や「家族や地域での個別的な生活の維持に対するニーズ」等のサービスニーズに対応した社会資源が必要であり，障害者であれば，

第5章　社会資源について考える　213

特に「就労の機会を求めるニーズ」や「経済的な安定を求めるニーズ」といったサービスニーズに対応した社会資源が必要になる。さらに，地域によって，社会資源の配置内容は大きく変わってくる。農村部においては「家族成員」「親戚」「友人・同僚」「近隣」といった互助が大きな比重を占めているが，逆に都市部では「民間営利法人」といった社会資源の比重が大きくなる。さらには，時代とともに，個々の地域の社会資源は変化していく。

　ケアマネジャーは，利用者の生活ニーズに合わせて，社会資源と結びつけることになるが，同時に，利用者の有する内的資源とも結びつけることにもなる。これは，自助やセルフケアとよばれるものとほぼ同じ意味である。

第3節 新しい総合事業でのフォーマルセクターとインフォーマルセクターの関係

新しい総合事業とは

　フォーマルサービスとインフォーマルサポートの関係について，第1編第4章「ケアマネジメントの構造」でも示したように，バルマー（M. Bulmer）は，①フォーマルサービスのインフォーマルサポートの植民地化，②両者間での競争ないしは葛藤，③相互に関連のない共存，④両者間の協同，⑤両者間での混乱，の五つに分類している[7]。他方，2017（平成29）年4月からすべての市町村で「新しい総合事業」が始まったが，①フォーマルサービスのインフォーマルサポートの植民地化が生じており，その修正が求められている。

　新しい総合事業のねらいは，要支援高齢者を中心にした軽度の人々は，予防給付サービスだけでなく，多様な生活支援サービスが開発され，それらを利用し，さらには自らもサービス提供の担い手になることで，介護予防を推進していくことである。

　具体的には，要支援者向けの介護予防サービスとしての訪問介護と通所介護がなくなり，それらは市町村が実施する新たな総合事業の中心である訪問型サービスと通所型サービスに移行することになった。そのため，要支援者とチェックリストで介護予防・生活支援サービス事業対象者となった人は，介護予防ケアマネジメントを介して訪問型サービスや通所型サービス等を利用することになった。

訪問型サービスは，従来型の訪問介護に加えて，サービス A とよばれる基準を緩和したヘルパー資格がない人等による生活援助，さらにはサービス B とされる有償の家事支援活動を新たに開発し，軽度者に多様なサービスから選んでもらうことになっている。さらには，サービス C とよばれる短期集中的に訪問介護を提供することで，介護保険制度利用から卒業してもらうことを進めることになっている。なお，福祉タクシー利用の送迎部分を有償の家事支援活動で実施するサービス D もつくられている。

　通所型サービスも同様であり，従来型の通所介護に加えて，利用時間を短縮する等の基準緩和型のサービス A，サロン活動といったサービス B，3 カ月から 6 カ月で自立となり介護保険サービスから卒業する短期集中型のサービス C，となっている。

　さらに，この新たな総合事業には，訪問型サービスや通所型サービスに加えて，見守り，配食，移送といった生活支援サービスも含まれている。このように，多様な社会資源が創設され，要支援者や介護予防・生活支援サービス事業対象者が選択できる範囲が広がることは，大いに歓迎すべきことである。

生活支援サービス開発の困難性の背景

　市町村はこうしたサービス A からサービス D に加えて，その他の見守り，配食，移送といった生活支援サービスを新たに開発することに苦慮している。

　サービス A は従来型の基準を緩和するものであり，訪問サービスでは，訪問介護事業者やシルバー人材センターが，また通所型サービスでは通所介護事業者に担ってもらうことが可能である。当然，従来型より報酬が低くなることもあり，収益的にはさほど期待できないが，要介護になっても継続して利用してもらうことを期待し，参入してもらうことが可能であろう。そうした意味もあって，多くの市町村で，ヘルパー 2 級資格取得者であることを緩和して訪問サービス A を，デイサービスでの滞在時間を短く緩和して通所サービス A を実施している。

　ただ，サービス B については，各市町村とも開発に苦慮している。その理由は訪問型サービス B とは住民参加型の有償家事支援活動であり，通所型サービス B はサロン活動や認知症カフェであり，こうした活動は本来サービ

第 5 章　社会資源について考える　　215

スとよばないインフォーマルなものである。そのため，専門家の支援でもって，地域住民が地域の課題として認識し，主体的に開発していくものである。その際に，地域の課題がこうした有償家事支援活動やサロン活動を求めるものとは異なったり，地域の課題への対応方法が別の配食や見守りといった生活支援サービスが開発されたりすることもありうる。そのため，地域の住民が主体的に実施するものである以上，必ずしも有償家事支援活動やサロン活動が開発されるとは限らない。

　他方，訪問型サービスBについては，地域にすでに存在している場合もある。その場合には，インフォーマルゆえに，利用者が生活協同組合（生協）等といった会員に絞られていたり，対象地域が市町村を超えて利用可能であったり，逆に小地域に限定されていたり，高齢者だけに限定されていなかったりということがある。こうした活動をサービスBとして取り込むことになれば，従来の活動の低下や消滅の可能性さえある。それは，住民の自発性による参加活動の意識が弱まるからである。

　また，通所型サービスBであるサロン活動等も同様であり，地域の課題から必ずしもサロン活動が導き出され，そうした活動を地域の人々が開発していくとは限らない。それ以外の見守り活動になる場合もあれば，住民を啓発するための活動になる場合もある。同時に，従来実施してきたサロン活動が認知症のある人や家族に限定しており，要支援者や介護予防・生活支援サービス事業対象者が利用できない場合もあれば，地域を限定して実施している場合もある。こうした現状のサロン活動をサービスBの対象者を含めるよう無理強いはできない。

　以上のことから，サービスBという制度の箱をつくり，そこに入れ込むサービスづくりは極めて難しく，こうした生活支援サービスは，本来インフォーマルサポートに属するものであるが，補助金や助成金を手当てする関係から，「サービス」との名称をつけざるを得なかったものと推測する。

　これは，バルマーのフォーマルサービスとインフォーマルサポートの関係についての5類型からすれば，介護保険制度でのフォーマルサービスがインフォーマルサポートであるべきサービスBを植民地化したともいえる。

　サービスBの開発にはたしかに補助金や助成金が有効であるが，住民が主

体になって実施していくインフォーマルな自発的な活動としてサービスBを位置づけ，補助金や助成金の柔軟な活用を可能にするよう転換が求められている。そのことにより，地域ケア推進会議や生活支援コーディネーターを介して，要支援者や介護予防・生活支援サービス事業対象者にこだわることのない有償の家事支援活動やサロン活動も生まれてくるであろう。そのため，あえて，サービスBとよばず，住民主体の生活支援活動の開発を支援するとしておくだけで十分であるといえる。

第4節 社会資源の調整（コーディネーション）および開発機能

社会資源の調整機能

社会資源はたしかに具体的なサービスや支援を利用者等に直接提供できるが，社会資源それ自体は，利用者等の立場になって各種のサービスや支援を調整する（コーディネーション）機能を本来もち合わせていない。例えば，訪問介護サービスは介護や家事などを直接利用者等に提供するものであり，ボランティアは会食サービスや友愛訪問といったものを利用者等に直接提供するものである。このようにこれらのサービス自体は，利用者等のために他のサービスと調整する機能を有していない。

特に，インフォーマルな社会資源とフォーマルな社会資源の関係は不連続の側面が強く，利用者等にそれらを提供するにあたって連続したものにするために，フォーマルな側での調整的な役割が求められる。介護保険制度ではここに介護支援サービスの意義を見いだすことができ，フォーマルな側に介護支援専門員（ケアマネジャー）や地域包括支援センターを配置することにより，フォーマルセクターとインフォーマルセクターとを連続させた援助を行うことが可能となる。

さらに，フォーマルな分野内でも，調整機能が作用していない現状がある。フォーマルな分野の核である行政サービスは縦割りになっており，社会福祉サービス，医療・保健サービス，所得保障サービス，住宅サービス，雇用サービス，教育サービス等は相互に無関係に実施されている。そのため，利用者等が公的サービスを重複して利用する場合に，ケアマネジメントは施策間での関

第5章 社会資源について考える 217

連性をもたせ，縦割り行政の弊害を除去し，サービスを柔軟で人間的なものにする機能を有している。

　以上，利用者等が直接利用することとなる社会資源について，また，それらを利用者等の生活ニーズに合わせて調整することの重要性について指摘してきた。この調整機能を果たすケアマネジャーや地域包括支援センターも，利用者等にとっては調整するという役割での社会資源である。こうした調整機能は社会資源が十分でなかった時代は家族が主として担っていたということもあり，それが家族機能の社会化により制度化してきたとして，利用者のサービスニーズは「家族や地域での個別的な生活の維持に対するニーズ」に相当する。そのため，これを行政等が実施する場合，パーソナルソーシャルサービスの一つとして位置づけられている。

社会資源の開発機能

　個々の利用者の生活ニーズやサービスニーズをもとに，それらを累積することにより，ある特定層（class）の生活ニーズやサービスニーズが明らかになる。具体的に認知症高齢者を特定層として仮定すれば，前者の生活ニーズは認知症高齢者全般の社会生活上での課題・問題とその解決すべき方向性を明らかにすることであり，後者のサービスニーズは認知症高齢者に必要なサービスを含めた社会資源の量的・質的内容を明らかにすることである。

　利用者のサービスニーズと社会資源を結びつけることが，彼らのQOLを高めることであるとすれば，ケアマネジメントは，単に生活ニーズとサービスを結びつけるという業務だけではなく，利用者の立場からサービスニーズを充足するために，社会資源の開発や改善に目を向けなければならない。これには，個々の利用者が社会資源を利用する際の個別的な弁護的側面としての社会資源の改善や，それを超えて高齢者，障害者，一人暮らし高齢者といった特定の利用者集団を対象にしての社会資源の開発的側面が求められる。ここでは，両者を合わせ「ケアマネジメントにおける開発機能」とよぶこととする。岡村重夫によると，開発的機能とは，「既存の社会資源の利用だけでは，欠損した社会関係の回復が不可能な場合に，新たに専門分業的生活関連施策を開始させたり，制度的集団を新設して，社会関係の回復を容易にするような社会資源を作

りだす機能である」[8)]と定義づけられる。

　ここでの開発機能は，一人の利用者や特定の利用者集団を弁護するため，「アドボカシー機能」とよばれるが，その機能内容についてはさまざまな考えがあり。ここでは，「利用者の権利や資格を保障し保護していく目標の達成に向けられる活動」としておく。これは，さらに「ケースアドボカシー」と「クラスアドボカシー」に分けられ，前者は個々人に対する個別的な弁護的役割であり，後者はそうした個々人への弁護を集積して，特定集団に対する弁護的機能を果たすことである。この「クラスアドボカシー」は，「コースアドボカシー」や「システムアドボカシー」とよばれる場合もある。時には，「ソーシャルアクション」という用語も使われるが，これは「新しい権利や資格の確立をねらいとする一連の活動」としておく。クラスアドボカシー機能とソーシャルアクション機能は特定集団を対象としており，両者の相違は，クラスアドボケートが現状の権利や資格を焦点とし，実際の支援をベースにして具体化される直面が強いのに対し，他方のソーシャルアクションは，新しい権利や資格を焦点にしており，運動論的色合いが強い。しかし，両者は連続したものであり，操作的に分けているにすぎない。

　図 2-5-2 は全国社会福祉協護会編『地域福祉計画：理論と方法』のなかの，地域福祉計画のモデル（構造図）を再整理したものである[9)]。この図からもわかるように，個々の利用者のサービスニーズに対してはケアマネジメントで応え，それが十分に対応できない場合に，ケースアドボカシーが実施されることになる。結果的に，利用者の社会資源が修正されたり，開発される。また，個々の地域におけるケース全体に関して，個々のサービスニーズ項目についてのニーズ総量が明らかになると，個々の必要サービスのメニューとその供給量を積み上げた地域医療の個別性の高い地域支援計画が作成でき，それが実行されることでクラスアドボカシーが実現することになる。ここから，結果的に新たな社会資源が開発されたり，量的拡大が図られていくことになる。これら両者か相まって，個々人のサービスニーズに合致した社会資源の充実に結びついていく。

　以上の結果から，開発機能はサービスニーズを介して，自治体の地域の福祉や医療計画や地域支援計画とケアマネジメントとの間にブリッジを架けるもの

第5章　社会資源について考える　　**219**

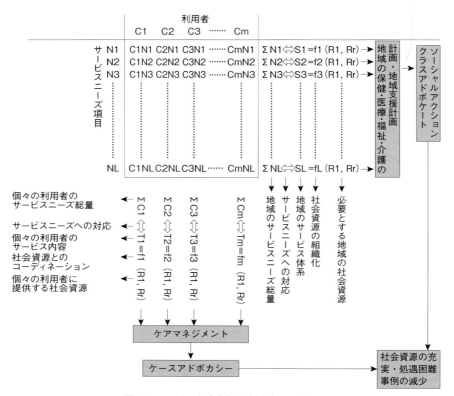

図 2-5-2　個人支援と地域支援の関係
〔出典：全国社会福祉協議会編（1984）『地域福祉計画：理論と方法』を修正して作成〕

であり，極めて重要な機能であるといえる。

　こうしたサービスニーズへのアプローチは，現在それぞれの自治体で作成している老人福祉計画・介護保険事業計画，障害者保健福祉計画，地域福祉計画，地域医療構想・医療計画等に援用されるだけでなく，第 2 編第 7 章「ケアマネジメントが捉える地域社会」で詳しく述べる地域支援計画にも当然生かされなければならない。

注
1）三浦文夫（1982）「社会資源」仲村優一・岡村重雄・阿部志郎・ほか編『現代社会福祉事典』全

国社会福祉協議会, 218.

2) Thomas D.（1975）Said Alice；The Great Question Certainly Was, *What, Social Work Today*, 6（17）, 544-547.

3) Foa UG.（1971）Interpersonal and Economic Resources, *Science*, 171（2）, 345-351.

4) Siporin M.（1987）Resource Development and Service Provision, *Encyclopedia of Social Work*, 2（18 ed）, National Association of Social Workers, 498.

5) Allen Pincuss and Anne Minahan（1973）*Social Work Practice : Model and Method*, F. E. peacock Publishers, 9.

6) ロバート・D. パットナム（2001）『哲学する民主主義：伝統と改革の市民的構造』河田潤一訳, NTT 出版.

7) Martin Bulmer（1987）*The Social Basis of Community Care*, Allen & Unwin, 182-188.

8) 岡村重夫（1983）『社会福祉原論』全国社会福祉協議会, 124.

9) 全国社会福祉協議会編（1984）『地域福祉計画：理論と方法』全国社会福祉協議会.

第6章

ケアマネジメントが捉える家族

第1節 ケアマネジメントにおける家族の位置づけ

　利用者にとっての家族は，利用者が在宅生活を継続したり，在宅生活に復帰したりする際の鍵を握る位置にある。そのため，ケアマネジメントにおいては，家族の位置づけを明確にしておくことが重要となる。

　まずは，ケアマネジメントの枠組みで，利用者はどこに位置づくのかを考えることが重要となる。例えば，利用者は支援の対象者としてだけでなく，時には自らの内的資源を活用する社会資源にもなりうる。また，自らケアプランを作成することが可能であれば，ケアマネジャーの役割も担えることになる。海外のダイレクトペイメントの仕組みや日本でのセルフケアマネジメントは，これに該当する。

　同様に，家族についても社会資源として利用者を支援するだけでなく，時には支援を受ける対象者であり，あるいはケアマネジャー的役割を担うといった三つの要素をもっている。世間一般の考え方からすれば，利用者は支援対象者，家族は社会資源といった位置づけであるが，実際には，家族は利用対象者であり，従来はケアマネジャーの役割を果たしていたように，前述した三つの役割を果たすことが可能である。

　本章では，こうした三つの役割を担う家族について整理していく。

社会資源として捉えた家族

　まず，第一の位置づけである社会資源として家族を捉えた場合には，最も主要でかつ柔軟な対応ができるケアの提供者としての特徴がある。ただし，この

222　　第2編　ケアマネジメントの中核

社会資源は，個々の利用者がもつ家族構成や家族形態のレベルによって，その
ケアの力量に大きな差が生じる。同じ家族構成であっても，家族構成員の就業
状況や健康状態，さらには家族成員間の関係の相違などによって，利用者に対
して提供できるケアの量や質が異なってくる。そのため，ケアマネジャーは，
同じような家族構成をもつ利用者であっても，一律に家族のケアを期待せず
に，個別的に捉えて家族介護者のもつケア能力を推し量っていく必要がある。

　また，ケアマネジャーとしては，それぞれの家族成員のもっているケアへの
潜在的可能性を見極め，ケア能力を高めていくよう支援していくことも求めら
れる。しかしながら，そうした際には，ケアすること自体が過重な負担になっ
ているか否かのチェックも怠ってはならない。あわせて，家族のケアを社会資
源として活用していく場合には，他の社会資源と比べて，手段的サポートとい
うよりも情緒的サポートを提供することに特徴があり，そうした視点での活用
が有効となる。

　一方，家族については介護負担ということが議論になり，家族は負担すると
いう否定的・犠牲的な側面から検討されがちである。これについても事実では
あるが，一方で家族は介護をするということに肯定的な感情ももっている。介
護することで家族の親密性が高められ，介護者が自己効力観をもつこともあ
る。そのため，ケアマネジャーは家族介護者の介護に対する一方的な捉え方で
はなく，アンビバレントな感想を受けとめる必要がある。

　なお，ここで論点になることは，家族は，自助，互助，共助，公助の議論に
おいて，自助に位置づくのか，互助に位置づくのかは，明確でない。これにつ
いては，家族の介護等の機能が低下傾向にあり，家族成員間の凝集性が弱くな
り，家族から個人へと単位が移行していく過程で，家族の介護は自助から互助
へと移行していくものと考えられる。同時に，配偶者の介護では自助的側面が
強く，子ども世代の介護では互助的側面が強くなる。その意味では，日本の介
護者としての家族の現状は自助と互助の間のどの位置にあるかは定かではない
が，家族機能の強いアジアの国々においては，日本以上に自助としての位置づ
けが強く，家族の凝集性が弱い北欧等では，互助としての位置づけが強くなっ
ているといえる。

第6章　ケアマネジメントが捉える家族　　223

支援対象者としての家族

　第二の位置づけは，支援される対象者としての家族である。ケアマネジメントの立場から支援のあり方を考えれば，以下に挙げる三つの視点のもと，家族介護者を中心に家族全体を支援の対象として捉えることになる。

　①家族関係の調整

　利用者と家族介護者の間には，ケアプランの作成において，いくつかの点で意見の相違がみられることがある。それは，①アセスメント内容，②大きな目標であるケアに対する意向，③個々の社会生活上での課題・問題の捉え方，④明らかになった課題・問題の解決すべき支援目標（①と②を合わせて生活ニーズ），⑤それぞれの生活ニーズについて解決すべき社会資源の内容，⑥決定された社会資源の活用頻度や利用時間帯などに現れる。

　こうした両者間での相違は，アセスメントからケアプラン作成の過程を通じて明確になっていく。ケアマネジメントを進めるうえで生じる利用者と家族介護者の間の意見や考え方の違いを調整することも，ケアマネジャーにとっては重要な業務である。なお，このような調整は，ケアマネジャーが利用者と家族介護者の信頼を得るなかで行われるものであり，時には利用者と家族介護者を分けて，別々に面接を実施することもある。

　②家族介護者の自己実現への支援

　ケアマネジメントは，単に利用者の自己実現のみを支援していくものではない。そこでは，各種のサービスを活用することによって，家族介護者の過重なケア負担を軽減することにより，家族構成員の一人ひとりの自己実現が可能な限り図られるよう支援する視点をもつことが重要である。なお，そのなかに家族介護者の自己実現の一部である就労の継続や趣味などの社会活動等への参加が含まれることは，当然のことである。

　③家族介護者の健康管理への支援

　ケアを要する利用者をもつ多くの家族では，家族成員が介護の中心を担っている。それゆえ，家族介護者のなかには，身体的・精神的に健康を害するような負担を負っていることも多々みられる。そのため，ケアマネジャーをはじめとしてサービスを提供する担当者は，これら家族介護者の健康面にも配慮し，その健康が保てるよう支援していく必要がある。そのためには，家族介護者と

のコミュニケーションを深め，健康面まで含めた家族介護者のアセスメントを行うなど，健康管理にも配慮した予防的対応が求められる。また，ケアにあたる家族介護者が具体的にそうした生活ニーズを有している場合には，ケアプランの作成にあたって，受療時間の確保はもとより，休養を目的とした通所介護や短期入所生活介護などのレスパイトサービスの利用を支援することを検討される必要がある。

このようにケアマネジャーが家族介護者の自己実現や健康管理への支援にも配慮していくことは，利用者本人の在宅生活の継続を促進していくことにもつながる。

ケアマネジャーの役割を担う家族

第三に挙げたように，家族がケアマネジャーの役割を担う場合もある。ケアマネジメントという仕組みが存在しなかった時代には，家族がケアマネジャーの業務を担っていた。ただ，多様なフォーマルサービスが出現してきているなかで，家族ではどのような社会資源を活用するべきかの選択が困難になってきたことから，ケアマネジメントが生まれてきたともいえる。現に，アメリカ等では，脳梗塞等で退院する場合に，病院で，家族介護者がケアマネジメントを実施できるよう，"Family as a care manager" の講座を開き，サービス利用の手続きを指導し，利用可能な社会資源の一覧表を提供している例もある。

現実においても，家族が利用者の状況をアセスメントし，利用したい社会資源についての考え方を有していることが多く，ケアマネジャーは家族とともにアセスメントやケアプランの作成を進めていくことの必要性を示している。また，利用者も含めた家族がアセスメントやケアプランの作成の能力を有しており，かつ利用者側の生活ニーズがさほど多様でも複雑でもない場合には，ケアマネジャーの役割は情報提供・送致サービス（information and referral service）業務でよいことを意味している。

本人と家族との間での葛藤

ただ，一般的にも，ケアマネジメントを利用者，家族，ケアマネジャーの三者間で協働してその過程を展開していくことが望ましいのだが，時には利用者

第6章 ケアマネジメントが捉える家族　**225**

と家族の間での考え方の違いから葛藤が生じたり，あるいは利用者本人や家族とケアマネジャーの間での考え方の違いから，ケアマネジャーにジレンマが生じたりする場合もある[1]。こうしたことは，ケアマネジメント過程におけるアセスメント，支援目標の設定，ケアプランの作成といった各段階において生じる。つまり，アセスメント資料の内容が異なっていたり，支援目標が異なっていたりする形で表れる。なかでも，そうした考え方が異なる可能性が最も大きいのは，作成されたケアプランそのものについてであり，そこでは，生活全般の解決すべき課題（ニーズ），解決に向けた目標，サービス内容のそれぞれにおいて違いが生じてくる。

　そうなったとき，前者の利用者と家族の間の葛藤の場合には，ケアマネジャーは発言しにくい人の立場に立ち，支援していくことになる。具体的には，「○○さんは，どのように思っているのでしょうか？」といった現状についての反省的な話し合いの機会をもつ，あるいは，発言している人が困難と感じている悩みを受容し，対応方法について助言するなど，発言者に対して継続して支援していくことである。ただし，ケース目標の設定やケアプランの作成といった場面において，ケアマネジャーが部分的に助言や指示をできたとしても，最終的な決定は利用者と家族の両者に委ねられることになるということも心しておかなければならない。

　また，後者の利用者本人や家族とケアマネジャーの間に生じる葛藤は，とりわけケアプランの作成段階における生活ニーズを抽出する際に生じる。その際には，ケアマネジャーからすれば，専門的な見地から社会規範的な立場になってノーマティブニーズ（normative needs）を把握しがちとなる。他方，利用者や家族からすれば，自らが感じているフェルトニーズ（felt needs）を表出することになる。そして，これら両者のニーズは，場合によっては一致せずに意見の食い違いが生じる。このような場合，ケアマネジャーとしては，まずは利用者側の意向を尊重しながら，継続的に話し合いを続けていくなかで信頼関係を確立し，両者の間で一致する生活ニーズを導き出していくことになる。

　さらに，ケアプランの実施段階になると，利用者や家族とサービス事業者との間で意見の相違が生じることもある。この場合には，ケアマネジャーは，両者の意見に傾聴しながら調整していくことになる。その際，サービス事業者が

ケアプランに基づいた適切なサービスを提供していなかったり，利用者や家族の意向に対応できていなかったりしていることも想定される。そうしたときには，ケアマネジャーが利用者に代わってサービス事業者に対して弁護的機能（advocate）を果たすことになる。時には，サービス事業者を交代したり，保険者や国民健康保険団体連合会などに苦情を訴えるといった支援を行うこともありうる。

第2節 ケアマネジメントでの介護者の負担軽減への支援

ケアマネジメントでは，家族について介護を担う重要な存在として捉える側面と，利用者として支援される存在として捉える側面がある。日本の介護保険制度では，ひいては居宅介護支援においても，家族は前者の介護を担う社会資源という立場で捉えられがちであることを示していく。

まずは，国民の介護に対する不安の現状を検討することとする。たしかに介護不安を軽減するために，2000（平成12）年度に「介護保険制度」が創設され，他方，1995（平成7）年には「育児休業法」から「育児・介護休業法」（育児休業，介護休業等育児又は家族介護を行う労働者の福祉に関する法律）への改正により，「介護休業制度」が始まった。とりわけ，介護保険制度の創設当時は，「介護地獄」や「介護離婚」が流行語となり，介護に対する不安が国民に高まっていた。そのため，政府は介護不安についての調査結果をもとに，介護保険制度を創設することを政策誘導してきた経緯がある。

当時，政策誘導に使われた政府の調査結果は，1995（平成7）年の総理府『高齢者介護に関する世論調査』で，自分自身が寝たきりや痴呆症になるかもしれないと介護に不安を感じている人の割合が67.2％で，不安のない者の32.0％を大きく上回っていた。不安な者の割合は男性より女性に高く，介護経験のある者のほうで高くなっていた。一方，家族が要介護状態になる介護不安についても，不安を感じる者が72.9％で，不安のない者の25.8％を大きく上回っていた[2]。

また，1993（平成5）年の総理府『高齢期の生活イメージに関する世論調査』でも，高齢期の生活に不安を感じることがあると答えた人の割合は

第6章　ケアマネジメントが捉える家族　　227

89.2％であった。その内訳として，「自分や配偶者の身体が虚弱になり病気がちになること」，「自分や配偶者が寝たきりや痴呆症老人になり介護が必要になったときのこと」と答えた人の割合が，両者とも約半数となっていた[3]。

こうした調査結果をもとに，厚生労働省は，以下のような介護保険制度創設の根拠理由を示したが，その一つに国民の介護不安の解消が挙げられていた。

①人口高齢化の特徴として，後期高齢者の増加に伴い，要介護・要支援者数の急増が予想されること

②家族形態の変化に伴い，一人暮らし世帯や高齢者夫婦世帯が増加し，同居している介護者の約半数が60歳以上と高齢化していること

③介護者を抱える家族の介護負担が過重であり，国民の介護への不安が高まってきたことが，さまざまな世論調査の結果から明らかになったこと

④増大する介護財源について，新たな財源確保が必要になってきたこと

本節では，介護保険制度創設を媒介にして，国民の介護不安はどのように変化してきたのかをもとに，介護不安を解消すべく介護保険制度をいかに改革していくべきかを検討していく。まず，介護保険制度は介護サービスの利用を促進したのか，また，介護者の介護負担を軽減したのかを検証し，その結果，国民の介護不安は解消されたのかについてデータを使って整理していく。それらをふまえ，国民の介護不安を解消するために，介護保険制度のあり方を検討していくこととする。

介護保険制度による要介護・要支援者のサービス利用実態の変化

介護保険制度創設の前後で要介護・要支援者のサービス利用がどの程度増加したのか，さらには，介護保険制度創設後18年近くたつが，介護保険サービスの利用がどのように変化してきているのかを示してみる。

まずは，介護保険制度創設前後でのサービス利用の比較について，いくつかの調査資料をもとに整理する。介護保険制度創設後の2002（平成14）年に内閣府より刊行された『介護市場の一層の効率化のために：「介護サービス物価に関する研究会」報告書』では，調査結果として，介護保険制度導入前の1999（平成11）年に要援護者のうちで何らかの在宅介護サービスを利用して

いる世帯の割合が39.0％だったのに対し，介護保険制度創設時点，すなわち
2000（平成12）年4月時点の制度切り替わり時には27.6％と下がり，2001
（平成13）年10月には60.8％に増加していたことを報告している[4]。

また，介護保険制度創設前後（1999年10〜12月，2001年1〜3月）で，
訪問看護サービス利用者を対象にして他の介護サービス利用の変化を捉えた調
査では，ホームヘルパー利用が増えたことのみに有意差がみられたが，他の居
宅介護サービスの利用では有意差がみられなかった[5]。一方，杉原陽子らの調
査でも，要援護者家族の調査からは，1998（平成10）年と介護保険制度創設
2年後の2002（平成14）年での比較調査では，訪問介護は19.4％から35.8％
に，通所サービスは19.0％から29.6％に増加している。一方，訪問看護は
6.2％から10.3％，短期入所は17.9％から20.7％とさほど大きな増加をしてい
ないが，介護保険制度創設により，訪問介護を中心にサービス利用者の割合が
高くなっていた[6]。

以上より，介護保険制度の創設により，要援護高齢者は訪問介護サービスを
中心に居宅サービスの利用者層を広げたことが理解できる。

次に，介護保険制度創設以降の居宅サービス利用の変化について，以下に示
すように，居宅サービス利用者数も一人あたりの利用量も増加している。

表2-6-1は，介護保険制度創設時の2000（平成12）年度と2012（平成24）
年度での居宅サービス利用者数と高齢者人口の増加率を示したものであるが，
居宅サービス利用者数の増加率は，いずれの高齢者年齢層の増加率と比べて
も，はるかに上回っていることがわかる。これは，この間に潜在的な要介護・
要支援者を顕在化させ，サービス利用者を増大させてきたことを示している。
特に，表には示していないが，軽度の居宅サービス利用者が急増してきた。

表2-6-2は，居宅サービスを利用している人の一人あたり1カ月の平均総費
用額（給付額＋自己負担額）を，介護保険制度創設以降3年ごとに算出した
ものである。この表から，いずれの要介護度においても，介護保険制度創設以
降の12年間に，個々の要介護・要支援者の利用するサービスの総費用額が
徐々に増加していることがわかる。特に，要介護4や要介護5の重度者での
サービス利用量の増加が目立っている。この結果，個々の要介護・要支援者
は，介護を家族といったインフォーマルケアから介護保険制度の居宅サービス

表 2-6-1 居宅サービス利用者数および高齢者人口の増加率（高齢者人口の増加との比較）

	居宅サービス利用者数（単位：万人）		増加率
	2000 年度	2012 年度	
居宅サービス利用者	123.6	337.9	173%
65 歳以上人口	2204	3074	39%
75 歳以上人口	901	1517	68%
85 歳以上人口	224	430	92%

〔出典：居宅サービス利用者数は各年度の厚生労働省『介護保険事業報告（年報）』，2000 年度の人口は図勢調査結果，2012 年度の人口は総務省『人口推計』より作成〕

表 2-6-2 居宅サービス利用者一人あたりの 1 カ月平均総費用額の推移

（単位：円）

	要支援 1	要支援 2	要介護 1	要介護 2	要介護 3	要介護 4	要介護 5	計
2000 年度	38,945 (1.00)		68,120 (1.00)	87,791 (1.00)	121,482 (1.00)	136,591 (1.00)	156,265 (1.00)	88,615 (1.00)
2003 年度	40,185 (1.03)		73,962 (1.14)	106,560 (1.21)	149,399 (1.23)	175,731 (1.29)	202,242 (1.29)	101,220 (1.15)
2006 年度	40,839 (1.05)		79,991 (1.17)	118,635 (1.35)	164,244 (1.35)	191,170 (1.40)	217,447 (1.39)	106,435 (1.20)
2009 年度	30,866 (0.79)	50,497 (1.30)	85,106 (1.25)	108,512 (1.23)	150,813 (1.24)	187,110 (1.37)	226,825 (1.45)	105,557 (1.19)
2012 年度	30,884 (0.79)	50,899 (1.31)	89,431 (1.31)	114,548 (1.30)	161,483 (1.33)	196,325 (1.44)	238,183 (1.52)	110,720 (1.25)

※ 月額総費用額（計）は，要介護度別の総費用額を居宅介護（介護予防）サービス受給者数（当年度累計）で除して算出した。なお，下段の（ ）内の数値は 2000 年度を 1 とした割合を示している。
〔出典：各年次の厚生労働省『介護保険事業報告（年報）』より作成〕

に頼る状況が強くなってきていることを示している。

　ただ，こうしたサービスの利用者の数や一人あたりのサービス利用量の増大は，居宅サービス利用者に限られた議論であり，施設サービスについてはむしろ政策的に抑制されてきた。**図 2-6-1** は，居宅サービス利用者，地域密着サービス利用者，介護保険施設利用者のこの 12 年間での変化であるが，ここから

230　　第 2 編　ケアマネジメントの中核

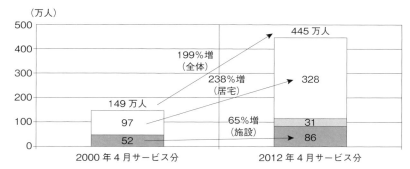

図 2-6-1　サービス受給者数の推移

※1　介護予防サービス，地域密着型サービス及び地域密着型介護予防サービスは，2005年の介護保険制度改正に伴って創設された。
※2　各サービス受給者の合計とサービス受給者数は端数調整のため一致しない。
〔出典：厚生労働省『介護保険事業状況報告』より作成〕

わかるのは，介護保険制度は要介護・要支援者の在宅生活の支援を目的にしていること，さらには財源抑制の観点から，介護保険施設の増加を抑えてきたことである。具体的には，介護保険制度創設時の2000（平成12）年4月の施設利用者は52万人であったが，2012（平成24）年4月では86万人であり，65％の増加率に過ぎず，前述の**表2-6-1**に示した75歳以上や85歳以上人口の増加率よりも下回る結果となっている。

そのため，2014（平成26）年3月集計の厚生労働省の報告では，介護老人福祉施設への入所待機者数が52.4万人にのぼっている[7]。なお，この待機者数は2009（平成21）年12月集計では42.1万人であったため[8]，この5年間で待機者は約10万人増えたことになる。ここに，介護保険制度の理念やそれに基づく政策と現実の要介護・要支援者やその家族の意向の間にはミスマッチが生じている。このミスマッチを埋めることができなければ，介護不安を抑制することはできない。同時に，待機者数の増加が，前述の**表2-6-2**に示した重度の居宅サービス利用者の一月あたりの平均総費用額の増加と関係している可能性も高い。

介護保険制度創設前後での家族介護者の介護負担の変化

　介護保険制度は居宅サービス利用者に対してはそれなりの寄与をしてきたが，そのような現状が，家族の介護負担感にどのように影響してきたかの変化を整理してみる。これについても，介護保険制度創設前後での変化と，介護保険制度創設以降今日までの変化に分けてみていく。

　まずは，介護保険制度創設前後での変化について，時系列で，調査を実施した結果から示してみたい。近藤克則らは，介護保険制度導入の前後で，介護者負担感や介護継続意思に改善傾向がみられたと肯定的な結果を示している。ただし，介護者の主観的幸福感や抑うつ傾向には有意な変化がなかったとしている[9]。

　一方，否定的な結果を示すものも多い。桑原裕一らによる訪問看護サービス利用者を対象とした1999（平成11）年10月〜12月の調査と2001（平成13）年1月〜3月の調査の比較では，介護者のZarit介護負担尺度（Zarit Burden Interview；ZBI）での有意な変化はみられず，実際の介護者の介護時間や観察時間についても有意差がみられなかった[10]。同様の結果は，杉原陽子らの調査においても示された。介護保険制度創設前後で，毎日かかりきりで介護している人の割合や介護者の身体的負担や社会的負担については有意な差がみられず，精神的負担は逆に有意に増加傾向を示した[11]。

　次に，介護保険制度実施後の後追い調査で，介護負担感が介護保険制度創設前に比べてどのように変化したかの調査は多くみられる。そのうち公益財団法人連合総合生活開発研究所による『検証：介護保険制度1年：連合総研「介護サービス実態調査」から見えてきたもの』は，全国の主として連合組合員および関係団体を対象にした調査であるが，介護保険制度導入の前後で，介護者の身体的介護負担について，変わらないと答えた割合は63.3%，減ったが22.1%，増えたが12.3%となっていたことを報告している[12]。

　その他，内閣府の調査によると，介護者の1日の平均介護時間は1999（平成11）年で5.4時間であったのに対し，2001（平成13）年10月には5.2時間とやや下がっている。また，1日8時間以上介護を行っている世帯割合は，1999（平成11）年の21.7%から2001（平成13）年には20.5%とやや低下している。しかし，依然として2割以上の世帯が長時間家族介護の負担を負っ

ている状態にあった[13]。

　介護保険制度創設によって介護負担が減ることはなかったとする結果が多いが，その解釈として，個々の利用者の介護サービスが増大しても，介護負担感は主観的要素もあり，負担感を改善される程度の介護サービス量の増加があったかどうかが関係しているとの意見もある[14]。

　また，こうした介護負担感や介護保険制度導入による影響は短期に現れるものではなく，一定の期間を経て現れるものであり，継続的な研究が必要であるとの意見もある[15]。それについては，杉原陽子らが，介護保険制度創設後の2002（平成14）年，2004（平成16）年，2010（平成22）年に家族負担感について継続的に調査を行っているが，**表2-6-3** に示してあるように，参照カテゴリーである2010年を基準にして，身体的負担については有意な変化がないが，精神的負担や社会的負担については有意に増加している。とりわけ，社会的負担が2004年と比較して高い有意差が認められたが，2010年には社会的負担の個別項目である，介護による仕事への支障，家事や育児への支障，経済的負担が顕著な悪化を示していたと述べている[16]。この結果から読みとれるのは，介護保険制度創設以降，介護負担感は少なくなっていくというよりも，

表2-6-3　介護者の負担の時系列的な変化

	2002 年	2004 年	2010 年
身体的負担：β 予測値	0.001 3.41	− 0.02 3.24	Ref 3.40
精神的負担：β 予測値	− 0.09 *** 10.12	− 0.07 ** 10.18	Ref 11.33
社会的負担：β 予測値	− 0.07 ** 6.76	− 0.08 *** 6.53	Ref 7.46

※1　「身体的負担」「精神的負担」「社会的負担」は重回帰分析を行った。説明変数は年次ダミー，要介護高齢者の ADL 障害，認知障害，主介護者の性，年齢である。2010年を参照カテゴリーとし，それとの比較で統計的に有意差が認められた場合は，β（標準偏回帰係数）に＊印を付した。
　　＊：$P \leqq 0.05$，＊＊：$P \leqq 0.01$，＊＊＊：$P \leqq 0.001$，Ref ＝ Reference
※2　予測値は，年次ダミー以外の説明変数の平均値（1996年〜2010年分析対象者の平均値）を重回帰式に代入して算出した。
〔出典：杉原陽子・杉澤秀博・中谷陽明（2012）「介護保険制度の導入・改定前後における居宅サービス利用と介護負担感の変化：反復横断調査に基づく経年変化の把握」『厚生の指標』59（15），6. の表3の一部を取り出して作成〕

むしろ大きくなっているというのが実情である。

　居宅介護サービスの利用は徐々にではあるが増大しているにもかかわらず，施設入所はますます難しくなってきている。一方，家族介護者の介護負担感は介護保険制度創設前後でも，さらには介護保険制度を継続していくなかでも低下しているわけではない。

介護保険制度創設前後での国民の介護不安の変化

　これまで示した調査等の内容や結果を受けて，国民の介護不安には，本人が介護を受けるうえでの不安と介護者として介護することの不安，二つの側面があるが，この国民の介護不安についての変化を整理してみたい。

　介護保険制度創設に向けて政策誘導に使われた当時の総理府による 1995（平成 7）年 9 月の『高齢者介護に関する世論調査』は，その後内閣府に引き継がれ，介護保険制度実施後も同じ調査項目でもって，2003（平成 15）年 7 月，2010（平成 22）年 9 月に実施された。3 度の調査において，介護不安を「自分自身が要介護者になる不安」と「家族が要介護者になる不安」に分けて尋ねているが，時系列での結果は，**表 2-6-4** と**表 2-6-5** に示したとおりである。いずれの介護不安も，徐々にではあるが，介護保険制度創設以前よりも，創設以降高まってきている。この結果，介護保険制度の創設が国民の介護不安の解消にはさほど貢献できていないことを示している。

表 2-6-4　自分自身が要介護者になる不安の有無

	1995 年 9 月	2003 年 7 月	2010 年 9 月
ある	67.2%	69.0%	75.1%
よくある	21.7%	22.3%	27.7%
時々ある	45.4%	46.6%	47.4%
ない	32.0%	30.1%	24.4%
あまりない	25.9%	23.5%	19.9%
まったくない	6.1%	6.6%	4.5%

〔出典：『高齢者介護に関する世論調査』1995 年度（総理府），2003 年度（内閣府），2010 年度（内閣府）結果より作成〕

234　　第 2 編　ケアマネジメントの中核

表 2-6-5 家族が要介護者になる不安の有無

	1995 年 9 月	2003 年 7 月	2010 年 9 月
ある	72.9%	73.5%	77.6%
よくある	26.3%	26.5%	34.2%
時々ある	46.6%	46.9%	43.4%
ない	25.8%	25.3%	18.0%
あまりない	20.1%	17.8%	13.0%
まったくない	5.7%	7.5%	5.0%

〔出典:『高齢者介護に関する世論調査』1995 年度(総理府),2003 年度(内閣府),2010 年度(内閣府)結果より作成〕

　これについて,介護保険制度創設以降ではあるが,公益財団法人生命保険文化センターが実施した,2004(平成 16)年度,2007(平成 19)年度,2010(平成 22)年度,2013(平成 25)年度の 3 年ごと 4 回の『生活保障に関する調査』でも,ほぼ同様の結果になっている。この調査でも,介護の不安を「自分の介護に対する不安」と「親などを介護する場合の不安」に分けているが,これらの結果からも(表 2-6-6 と表 2-6-7),介護保険制度創設以降,介護不安が徐々に高くなっていく傾向がみられる。

　以上の二つの時系列調査から,国民の介護不安は介護保険制度の創設によっても,さらには介護保険制度を継続させていく過程においても解消に向かっていないことが示された。これをたしかなものにする興味深いデータがある。それは,介護により仕事を辞める人数が,介護保険制度創設前の時期と現在ではほとんど変わらないことを示したものである。5 年ごとに実施される総務省「就業構造基本調査」によると,家族を介護・看護するために離職した人の数は,介護保険制度創設前の 1997(平成 9)年調査では年間 10 万 1,000 人であったが,2012(平成 24)年調査でも 10 万 1,000 人と同数であった[17]。たしかに,要介護者世帯が増加していることは事実であるが,介護離職者総数が介護保険制度創設の前後で差のないことは,個々の在宅の要介護・要支援者が利用する介護サービスの量が増加しているが,介護老人福祉施設の入所が難しくなっていることや家族の介護負担感が大きいことが根底にあると考えられる。

第 6 章 ケアマネジメントが捉える家族　　235

表 2-6-6　自分の介護に対する不安

調査年度	非常に不安を感じる	不安を感じる	少し不安を感じる	不安なし	わからない
2004 年度	30.2%	33.1%	22.6%	8.6%	5.5%
2007 年度	35.5%	32.8%	20.3%	7.6%	4.1%
2010 年度	41.6%	30.3%	17.9%	6.9%	3.3%
2013 年度	40.8%	30.2%	18.9%	7.4%	2.6%

〔出典：公益財団法人生命保険文化センター『生活保障に関する調査』2004（平成16）年度，2007（平成19）年度，2010（平成22）年度，2013（平成25）年度の結果より作成〕

表 2-6-7　親などを介護する場合の不安

調査年度	非常に不安を感じる	不安を感じる	少し不安を感じる	不安なし	わからない
2004 年度	22.0%	24.8%	24.9%	17.3%	6.0%
2007 年度	24.3%	32.8%	24.1%	14.2%	3.4%
2010 年度	28.9%	31.5%	22.2%	14.0%	3.4%
2013 年度	28.5%	30.4%	23.2%	15.5%	2.4%

〔出典：公益財団法人生命保険文化センター『生活保障に関する調査』2004（平成16）年度，2007（平成19）年度，2010（平成22）年度，2013（平成25）年度の結果より作成〕

介護離職ゼロに向けて

　おりしも，安倍晋三首相は 2015（平成 27）年 9 月に『新・3 本の矢』というスローガンのもと新政策を提案し，その一つの矢である「安心につながる社会保障」のなかで，介護により仕事を辞める人数である介護離職者数をゼロにする「介護離職ゼロ」という数値目標を掲げた。2016（平成 28）年 6 月に閣議決定した「ニッポン一億総活躍プラン」での介護離職ゼロに向けて，介護支援専門員の果たしうる役割は大きいと考えるが，本プランでは，ケアマネジメントについては，以下の 2 点の記述がみられる。

　・自立支援と介護の重度化防止を推進するため，介護記録の ICT（Information and Communication Technology）化を通じた業務の分析・標

準化を進める。これにより，適切なケアマネジメント手法の普及を図るとともに，要介護度の維持・改善の効果を上げた事業所への介護報酬等の対応も含め，適切な評価の在り方について検討する。

・2016年度より，ケアマネジャーの研修カリキュラムに家族に対する支援を追加する。

このような施策でもって，ケアマネジメントは，介護離職ゼロにどの程度貢献できるであろうか。極めて疑わしいといわざるを得ない。

現実には，介護保険制度ができ，居宅介護サービスを利用する人も，また一人あたりの利用するサービス量も増加してきているが，介護者の介護負担感は下がってはいない。同時に，介護離職者も，介護保険制度創設前とほぼ同じ人数で推移している。このような状況では，国が政策誘導の材料にしてきた国民の介護不安を解消することの目的も果たしきれないことは明白である。

2020年代初頭をめどに介護離職ゼロをめざすのであれば，介護保険制度の改革を当然行うべきであり，介護状況が生じても社会全体が安心できる仕組みづくりが求められている。

介護者の負担軽減に向けての提案

ここでは，上記の調査結果から，現実の家族介護者の介護負担感を軽減させ，国民の介護不安を削減するための，介護保険制度のあるべき改革についてまとめてみる。

（1）介護保険制度改革

介護保険制度は，創設前には国民の介護不安を解消すべく，家族介護者の介護負担の軽減が目標であるとされたにもかかわらず，創設後，その目標は弱くなっていった。それは，「介護保険法」第1条の法の目的で，「加齢に伴って生ずる心身の変化に起因する疾病等により要介護状態となり，入浴，排せつ，食事等の介護，機能訓練並びに看護及び療養上の管理その他の医療を要する者等について，これらの者が尊厳を保持し，その有する能力に応じ自立した日常生活を営むことができるよう」と記されていることに起因している。要介護・

要支援者の自立支援が重要な目的であることを否定するものではないが，本来であれば，介護者の負担軽減が自立支援と並列的に目的に加えられるべきであった。公的介護の目的は，利用者の自立と介護負担の軽減にあり，それが明記されなかったことが，介護保険制度のあり方に大きく影響しているといえる。

　ちなみに，海外の介護者支援施策をみると，例えば，ドイツの介護保険制度では，介護者は要介護者を週14時間以上自宅で介護する者と定義し，その介護者を支援する視点が強く反映されている。介護者支援として現金給付があることは周知のとおりであるが，これ以外にも，介護者が休息・休暇・病気，その他の理由で介護ができない場合に，要介護度に関係なく，年に最長4週間代替介護サービス（短期入所サービス）を現物で受けることができる。また，介護により支払えない公的年金保険の一定の保険料を介護保険制度で負担する等，介護者が就労している者に比べて不利にならないような施策が講じられている。家族介護を所与のものとして位置づけているため，無料の介護講習会が実施される。さらに，介護保険制度以外では，2012年に「家族介護期間法」が導入され，介護者は最長で2年間，最大で週15時間まで労働時間を短縮でき，家族の介護期間中は労働時間を最大50％短縮することができる。その際には従前の総所得の75％を受けとることができ，家族介護期間中の所得保障が行われることになっている[18]。

　日本の場合も，介護保険制度と家族が一体となり介護を担っていくとすれば，介護保険制度のなかに介護者支援についての方策を一つの柱に据えるべきである。しかしながら，自立支援が介護保険制度の唯一の目的になっているため，介護保険制度は療養保険的な意味合いを強化してきたといえる。それは，訪問介護人派遣に理学療法士（Physical Therapist；PT）等の支援があれば加算となっていることや，2017（平成29）年度の介護報酬改正の議論のなかでも，通所介護の本来の目的である介護者に休息を与えるレスパイト機能よりも，リハビリテーション機能をもって通所介護に高い報酬をつける議論が進んでいることからもうかがわれる。結果として，自立支援をめざすヘルパーや通所介護の単価を高めることになり，介護者支援の視点がますます弱まり，利用するサービスの回数や時間を少なくせざるを得ない状況がつくられてしまってい

る。また，短期入所サービスは慢性的に不足した状態であり，家族の介護負担を大きくしていることにつながっている。

　そのため，介護保険制度について，要介護・要支援者に対して家族が主として介護していることを所与のものと認識し，家族介護者の負担軽減を目的に追け加えると見直しを図るべきである。具体的には，2015（平成27）年度の介護報酬改定でもって，通所介護について長時間介護を行う事業者が増加したことは評価できるが，一方で，家族介護者の最たるレスパイトである短期入所サービスについては決定的に量的に不足しており，この是正を図るべきである。同時に，家族介護者からの緊急のニーズにマッチできるよう，小規模多機能型居宅介護の充実が必要である。また，介護支援専門員は要介護・要支援者のニーズに視点を当てたケアプランを作成しているが，介護者のニーズを捉えたケアプラン作成が明確化され，日々変わる家族介護者の状況に合わせて，小まめなモニタリングで，柔軟にケアプランを変更していく仕組みの構築が求められる。

　介護老人福祉施設の整備については，利用者自身は自宅での生活を求めており，家族が施設入所を希望する場合の多いことを根拠に，利用者中心の視点から在宅生活にインセンティブを与えることとしてきた。しかしながら，介護者の負担軽減の重要性を考えると施設整備のあり方を再検討する必要がある。施設入所が困難であることが介護不安を引き起こしている大きな理由であると考えられ，施設と同様の生活や，ターミナル期まで可能にする多様な居宅サービスを量的・質的に確保できるだけでなく，医療や住宅サービスの整備を図り，施設に代わるものとしての在宅での支援の条件を整備することが求められる。

　介護保険制度のもう一つの問題は，徐々に自助が強調されるようになってきたことが国民の介護不安を高めていることへとつながっている点にある。その背景として，介護保険財源が逼迫している現状が考えられる。地域包括ケアシステム構築の推進において，2013（平成25）年3月に地域包括ケア研究会が『地域包括ケアシステム構築における今後の検討のための論点』を刊行しているが，そこでは，租税で対応する「公助」，介護保険や医療保険が対応する「共助」，近隣やボランティアによる「互助」，高齢者本人や家族による「自助」に分け，自助は「自分のことを自分でする」という以外に，自費で一般的な市

場サービスを購入することとして捉えている[19]。

多様な供給主体が，介護の問題に対応していくのは当然のことであるが，まず国民の介護不安を解消していくためには，二つの視点をもつことが必要である。第一に，家族介護者が「自助」と「互助」のどの位置づけにあるのかを明確にし，十分な対応ができない家族介護者を含めた「自助」や「互助」を，「共助」や「公助」がどのように支えていくのかを明示していかなければならない。そして，第二に，介護保険制度が公的にどこまで責任を担っていくのかを明示し，介護者の負担感や国民の介護不安を和らげることを推進していかなければならない。従来は「公助」「共助」「自助」に分けられ，介護保険制度は公助に位置づけられていたが，前述の報告書では共助に位置づけられている。たしかに，保険料を40歳以上の国民が出し合って介護事故に対応している点では共助の意味合いではあるが，公費が5割投入され，保険料は強制的に徴収され，同時に，厚生労働省の審議会でほとんどの介護保険の中身が決定され，大部分が全国一律に実施されている以上，公助として家族介護者支援を進めていくメッセージを国民に示すことが，国民が介護に対する安心感を得ていく基本である。

(2) 介護離職の予防に貢献できるケアマネジメントのあり方

介護離職ゼロに向けての介護保険制度改革に加えて，介護離職の予防に貢献できるケアマネジメントのあり方を検討する必要がある。そこでは，介護支援専門員が家族介護者を社会資源として捉える前に，支援が必要な対象者として捉える視点が不可欠である。これについては，イギリスの「2014年ケア法」（Care Act 2014）が多くの示唆を与えてくれる。

イギリスでは，以前から介護者支援が強調され，2004年に「介護者（平等の機会）法」〔The Carers（Equal Opportunities）Act〕が制定され，介護者を要介護者から独立させ，介護者の支援を地方自治体の権限としていた。具体的には，介護者支援として短期入所サービスやデイサービスを充実させるとともに，介護休養にバウチャー（利用券）方式が採用されている。また，自治体が実施するケアマネジメントには介護者を対象にしたアセスメントもなされ，介護者のニーズに合わせたサービスも提供される権限があった[20]。

2014年ケア法では，介護者支援について根本的な改革が図られた。それは，要介護者と介護者に同等な法的な権利（same legal footing）を認め，介護者への支援は地方自治体の義務と明記され，要介護者と同等に介護者が支援されることになった。そのため，地方自治体のソーシャルサービス部（Social Services Department；SSD）のケアマネジャーは要介護者とほぼ同様のアセスメント用紙を使い，介護者についてもケアプランを作成し，サービスを提供している。同時に，「2014年ケア法」では，ケアマネジメントで充足すべきニーズの範囲を，「栄養の管理・維持」「清潔の保持」「排泄の管理」「着衣」「家の安全な利用」「住まいの管理」「家族その他の人との人間関係の形成・維持」「仕事・訓練・教育・ボランティア活動への従事」「公共交通・レクリエーション施設等の地域サービスの利用」「子供の養育」の10のニーズで表し，そのうち二つ以上のニーズがある場合に，サービスが利用できることから，これら10のニーズの充足が求められている。当然，この10のニーズは介護者についても充足できているかが基準とされる[21]。これらのニーズには介護者の就労や社会参加，さらには育児に従事することもニーズの一つとなっている。

　以上，イギリスでの例を示してきたが，このようなケアマネジメントが日本でも展開ができれば，介護離職ゼロに間違いなく貢献することができるであろう。そのためには，個々のケアマネジャーが家族介護者をサービスの利用者として捉えるだけでは十分ではない。ましてや，介護記録のICT化を通じた業務の分析・標準化が介護離職に間接的にも影響を与えるとも考えにくい。それよりも，介護保険制度の目的に介護者支援を追記し，同時にケアマネジャーの役割は，要介護者と介護者の両者を支援することであることを明確化する必要がある。これこそが，介護離職ゼロに最大の貢献を果たすことができる鍵となるであろう。

注

1）白澤政和・ほか（2017）『ソーシャルワーク・ケアマネジメントの独自性とその評価に関する研究（文部科学省　科学研究費補助金：基盤研究B一般）』研究代表：白澤政和.
　　https://docs.wixstatic.com/ugd/b5a540_861cc698ff384fd4abd2a88ff60d8ef7.pdf
　　※筆者らが介護支援専門員を対象に実施した調査結果では，介護支援専門員がケアプラン作成時に利用者と葛藤がある割合は64.4％（「よくある」4.9％＋「時々ある」59.9％）であった。ま

た，家族との葛藤があるについては 61.8%（「よくある」4.1% +「時々ある」57.7%）であった．

2) 総理府（1995）『高齢者介護に関する世論調査』.

3) 総理府（1993）『高齢期の生活イメージに関する世論調査』.

4) 内閣府国民生活局物価政策課（2002）『介護市場の一層の効率化のために：「介護サービス物価に関する研究会」報告書』.

5) 桑原裕一・鷲尾昌一・荒井由美子・ほか（2003）「要介護高齢者を介護する家族の負担感とその関連要因：福岡県京築地区における介護保険制度発足前後の比較」『日本公衆衛生学雑誌』51（3）, 162.

6) 杉原陽子・杉澤秀博・中谷陽明（2012）「介護保険制度の導入・改定前後における居宅サービス利用と介護負担感の変化：反復横断調査に基づく経年変化の把握」『厚生の指標』59（15）, 6.

7) 厚生労働省（2014）『特養待機者の概要』平成 26 年 3 月 27 日報告.

8) 厚生労働省（2009）『特別養護老人ホームの入所申込者の状況』平成 21 年 12 月 22 日報告.

9) 近藤克則・久世淳子（2002）「介護保険は介護者を地獄から救ったか？：介護保険導入前後の主観的幸福感・抑うつ・介護負担感の変化の検討」『リハビリテーション医学：日本リハビリテーション医学会誌』39（supplement）, S217.

10) 前掲論文 5）, 156.

11) 前掲論文 6）, 6-7.

12) 連合総合生活開発研究所（2001）『検証：介護保険制度 1 年：連合総研「介護サービス実態調査」から見えてきたもの』, 272.

13) 前掲報告書 4）.

14) 岩間大和子（2003）「家族介護者の政策上の位置付けと公的支援：日英における政策の展開及び国際比較の視点」『レファレンス』（624）, 11.

15) 久世淳子・樋口京子・加藤悦子・ほか（2007）「NFU 版介護負担感尺度の作成：介護保険制度導入前後の介護負担感に関する横断研究」『日本福祉大学情報社会科学論集』10, 17.

16) 前掲論文 6）, 7.

17) 総務省統計局（1998）『平成 9 年就業構造基本調査結果』.
http://www.stat.go.jp/data/shugyou/1997/2.htm#05l5-2
および総務省統計局（2013）『平成 24 年就業構造基本調査結果』.
http://www.stat.go.jp/data/shugyou/2012/pdf/kgaiyou.pdf

18) 齋藤香里（2013）「ドイツの介護者支援」『海外社会保障研究』（184）, 16-29.

19) 地域包括ケア研究会・三菱 UFJ リサーチ＆コンサルティング（2013）『持続可能な介護保険制度及び地域包括ケアシステムのあり方に関する調査研究事業報告書：地域包括ケアシステムの構築における今後の検討のための論点（平成 24 年度厚生労働省老人保健事業推進費等補助金　老人保健健康増進等事業分）』, 4.

20) 湯原悦子（2010）「イギリスとオーストラリアの介護者法の検討：日本における介護者支援のために」『日本福祉大学社会福祉論集』（122）, 45.

21) 井上恒夫（2016）『英国における高齢者ケア政策：質の高いケア・サービス確保と費用負担の課題』明石書店, 42, 145.

第7章

ケアマネジメントが捉える地域社会—地域包括ケアシステムでのケアマネジメントの位置

　ケアマネジメントは個人やその家族を対象にして支援を行う。一方，地域社会を対象にして支援をすることを，ソーシャルワークでは「コミュニティワーク」とよばれてきた。これを保健師の活動では，「地域診断」とよんでいる。本章では，ケアマネジメントとコミュニティワークが不可分な関係にあることを明らかにしていく。同時に，地域包括ケアシステムにおいて，ケアマネジメントの位置づけを提示する。そうすることによって，ケアマネジメントを介して，誰もができる限り長く生活を続けられる地域社会をいかに創造していくのかを示すことへとつながることになる。結果として，ケアマネジメントとコミュニティワークの関係について整理することとする。

第1節　地域福祉の推進

　2000（平成 12）年 6 月に「社会福祉事業法」を含む関係法律の改正が行われ，従来「社会福祉事業法」とされていたのが，「社会福祉法」に改称された。この「社会福祉法」第 1 条の目的規定に「地域福祉の推進」が新たに加わり，第 4 条に地域福祉の推進主体とその目的が明記された。第 4 条は，「地域住民，社会福祉を目的とする事業を経営する者及び社会福祉に関する活動を行う者は，相互に協力し，福祉サービスを必要とする地域住民が地域社会を構成する一員として日常生活を営み，社会，経済，文化その他あらゆる分野の活動に参加する機会が与えられるように，地域福祉の推進に努めなければならない。」としており，地域福祉とは，住民と社会福祉関係者が協力して，支援が必要な地域住民が地域社会を構成する一員として日常生活を営み，社会，経済，文化その他あらゆる分野の活動に参加する機会が与えられる地域社会を創造するこ

第7章　ケアマネジメントが捉える地域社会—地域包括ケアシステムでのケアマネジメントの位置　　243

とである。さらに 2017（平成 29）年の改正では，第 4 条に，住民と福祉関係者は地域の生活課題を把握し，関係機関と連携しながら，生活課題の解決を図るよう留意することが追加された。

　この地域福祉の実現を理論化したのが地域福祉論であり，日本で独自に理論づけられてきた。この地域福祉論の理論形成には，大きく二つの源流がある。

地域福祉の二つの源流

　第一は，住民が主体的に参加し，地域の公的・民間の機関や団体が連携し合い，新しい社会資源を開発したり，住民の意識変革を図ったりしていくことで，地域社会の福祉の増進をめざす流れである。これは，「コミュニティワーク」（地域援助技術）とよばれる方法を使って実施されるもので，焦点が地域社会に置かれ，地域社会の人々や地域に存在している機関や団体といった組織を支援することが基本になる。こうした活動は，従来，主として市町村社会福祉協議会等が担っており，歴史的には 1962（昭和 37）年に全国社会福祉協議会が発出した「社会福祉協議会基本要綱」に原点がある。本要綱では，「一定の地域社会において，住民が主体となり，社会福祉，保健衛生その他生活の改善向上に関係のある公私関係者の参加，協力を得て，地域の実情に応じ，住民の福祉を増進する」ことをねらいとしている。

　第二は，人々が地域で生活していくうえで，フォーマルサービスに加えてインフォーマルサポートといったさまざまな社会資源を準備し，そうした社会資源を利用者がアクセスできるよう支援していく流れである。ここでは，焦点が住民である個人に置かれ，個人を支援することになる。これは「コミュニティケア」とされ，歴史的には 1969（昭和 44）年の東京都社会福祉審議会答申「東京都におけるコミュニティケアの推進について」が端緒となっている。この答申では児童と高齢者等に焦点が当てられており，高齢者領域については，ホームヘルプサービスだけでなく，住宅や就労，余暇，リハビリテーションの充実など，幅広いサービスの充実がコミュニティケアには必要であることが示された。これを継承した 1986（昭和 61）年の東京都社会福祉審議会答申「東京都におけるこれからの社会福祉の総合的な展開について」では，地域に根ざした福祉サービスの総合システム化の具体策として「ケースマネジメント」の

必要性を位置づけた。ここに，個別支援が中心に据えられるコミュニティケア
を推進するためには，さまざまな在宅のサービスの充実に加えて，それらの
サービスへのアクセスを支援するケアマネジメントを必要要件とした。なお，
この東京都社会福祉審議会の答申で初めてケアマネジメントが，ケースマネジ
メントという用語で日本に紹介されたことになる。そのため，ケアマネジメン
トはコミュニティケアを推進する方法として位置づき，地域福祉を推進する一
端を担っていることになる。

　地域福祉の第二の流れであるコミュニティケアが実現されるためには，地域
で生活ができる多様な社会資源の整っていることが不可欠である。この社会資
源には，制度としてのフォーマルサービスだけでなく，地域社会のなかで相互
に助け合うインフォーマルサポートが含まれる。さらに，コミュニティケアに
不可欠な要件として，利用者が必要な社会資源にアクセスできる仕組みが挙げ
られる。特に，フォーマルサービスが充実し，多種多様なサービスができてく
ると，利用者や家族はどこにいけば必要なサービスが得られるかがわかりづら
くなる。そのため，利用者への情報提供や，複雑なニーズを有する人々のため
のケアマネジメントが必要になってくる[1]。

　ケアマネジメントについて，世界の歴史をみても，最初は1970年代アメリ
カで「ケースマネジメント」という名称で実施されるが，これは精神障害者の
コミュニティケアを推進するために開発されたものである。日本においても介
護保険制度での介護支援専門員はケアマネジャーとして配置され，要介護・要
支援高齢者のコミュニティケアを推進することが大きな目的であった。

　以上の地域福祉の二つの流れは，主として前者は地域社会に焦点が置かれる
ため「地域支援」とされ，後者は地域で生活する個人に焦点が置かれるため
「個別支援」とされ，二極をなしている。しかしながら，地域福祉論では，こ
れら両者を統合して，すなわち，個別支援と地域支援の連続性を担保すること
でもって，人々の地域での質の高い生活を支援していくことをめざすことにな
る。前者の地域支援がバッテリーとなり，後者の個別支援というエンジンを動
かしているともいえる。

　そのため，本章では，ケアマネジャーが利用者の個別支援にとどまらず，そ
れと結びつけながら，地域支援を具体的にどのように展開していくかを示すこ

第7章　ケアマネジメントが捉える地域社会—地域包括ケアシステムでのケアマネジメントの位置　245

とで，地域福祉の推進に寄与できることを明らかにしていく。

　同時に，2025 年をめどにその構築が求められている「地域包括ケアシステム」は，利用者のニーズに応じた住宅が提供されることを基本としたうえで，生活上の安全・安心・健康を確保するために，医療や介護のみならず，福祉サービスを含めたさまざまな生活支援サービスが日常生活の場（日常生活圏域）で適切に提供できるような地域での体制づくりにあるが[2]，そのためには要介護・要支援者に対して多様な社会資源が質量ともに準備され，彼らのニーズに合わせて必要な社会資源にアクセスできる個別支援だけでなく，さまざまな社会資源を開発していく地域支援が求められる。現在，高齢者領域では，個別支援については主として介護支援専門員が，地域支援については主として地域包括支援センター職員や生活支援コーディネーターが担っており，これらの職種の人々が連携して，とりわけ有償の家事支援活動，見守り，配食，移送，サロン活動といった生活支援サービスの開発や充実が求められている。これを実現するためには，コミュニティワークの方法を活用し，現状では不十分な生活支援サービスの開発が期待されることになる。そのため，地域福祉論を学ぶことは，「地域包括ケアシステム」構築方法を学ぶことであるともいえる。

　ケアマネジャーの業務について，個人を支援することを超え，地域支援も含むという考え方もある。すでに**表 1-6-1**（75 頁）に示してあるが，ケアマネジメントには三つのモデルがあり，包括モデルのケアマネジャーは，「インフォーマルケアの開発」「資源開発に向けてのアドボカシー」「サービス品質の管理」「市民教育」といった地域支援にまでアプローチすることが示されている。そのため，介護支援専門員が地域包括支援センターと密接な連携を図り，地域支援に関わることは，ケアマネジメントの理論的な考え方からも，また実践的な視点からも矛盾するものではない。日本においても，介護支援専門員が地域支援においてどこまでの機能を担うかについての議論が必要であるが，主任介護支援専門員については『主任介護支援専門員研修実施要綱』において，研修の目的がスーパーバイザー養成と同時に，「地域包括ケアシステムの構築に向けた地域づくりを実践できる主任介護支援専門員の養成を図る」と明記されており，主任介護支援専門員には地域包括支援センターに属しようが，居宅介護支援事業者に属しようが，コミュニティワークについての理解を深め，地

域支援の力量を高め，その実践を推進することが特に求められている。

第2節 地域づくりの意義と要件

地域づくりの意義

多くの人々が，できる限り長く在宅で生活を続けられることを願っており，そうした人々の割合は増加傾向にある。全国の60歳以上の者を対象に，内閣府が実施した2001（平成13）年，2005（平成17）年，2010（平成22）年の『高齢者の住宅と生活環境に関する意識調査結果』では，「自分の身体が虚弱化したときに住まいをどのようにしたいと思うか」についての質問に対し，**図2-7-1** のような結果が得られた。「現在の住居に，特に改造などはせずそのまま住み続けたい」と「現在の住宅を改造し住みやすくする」を合わせた在宅志向の者は，一部選択肢の変更があるため厳密な比較はできないが，平成13年では57.7%，平成17年では62.8%，平成22年では63.9%で，現在は2/3近くが在宅志向であり，この10年間に増加の傾向にある。

また，厚生労働省が2010（平成22）年5月に報告した『介護保険制度に関する国民の皆さまからのご意見募集（結果概要について)』では，自分が「介護が必要になった場合の介護の希望」について，**図2-7-2** に示すように，「家族に依存せずに生活できるような介護サービスがあれば自宅で介護を受けたい」（46%），「自宅で家族の介護と外部の介護サービスを組み合わせた介護を受けたい」（24%），「自宅で家族中心に介護を受けたい」（4%）を合わせた，在宅志向の者が7割以上になっている。

このように，人々ができる限り長く地域で住まうためには，さまざまな社会資源が必要であり，同時に，家族成員を含めて他の住民からの理解や支援が求められる。これは，要介護・要支援者だけでなく，たとえどのように元気な住民であったとしても，自分一人で生活していくことは難しく，必要な社会資源が提供され，健康で安全・安心して生活できる地域社会づくりが求められる。そこで求められる地域は，一般に求められているコミュニティのなかでも，「福祉コミュニティ」とよばれるものである。

日本で最初に地域福祉論を提唱した岡村重夫は，地域社会では各種の成員に

第7章　ケアマネジメントが捉える地域社会─地域包括ケアシステムでのケアマネジメントの位置　247

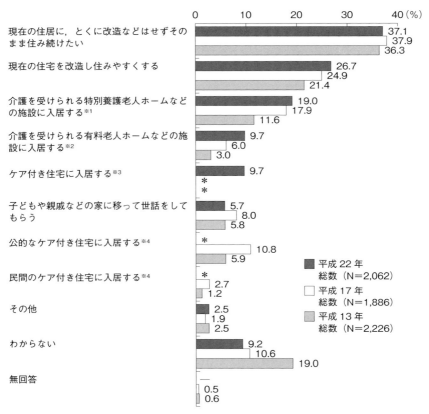

図 2-7-1　身体が虚弱化したときの居住形態

＊は調査時に選択肢がなく，データが存在しないもの。
※1　平成13年は「介護専門の公的な特別養護老人ホームなどの施設に入居する」
　　　平成17年は「介護を受けられる公的な特別養護老人ホームなどの施設に入居する」
※2　平成13年は「介護専門の民間の有料老人ホームなどの施設に入居する」
　　　平成17年は「介護を受けられる民間の有料老人ホームなどの施設に入居する」
※3　平成22年のみ。
※4　平成13，17年のみ。
〔出典：内閣府「高齢者の住宅と生活環境に関する意識調査結果」2001年，2005年，2010年〕

よる集団が「同一性の感情」に基づく多くの「コミュニティ」を形成しており，それらコミュニティのなかでも，社会的不利な条件をもつ者やそうした者に関心をもつ人々が「同一性の感情」をもって結ばれる下位集団を「福祉コミュニティ」とした。福祉コミュニティは普遍的な人権意識に支えられた「地

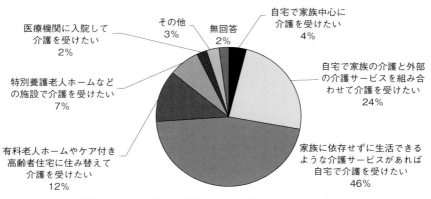

図 2-7-2　介護が必要になった場合の介護の希望

〔出典：厚生労働省老健局（2010）『介護保険制度に関する国民の皆さまからのご意見募集（結果概要について）』〕

域コミュニティ」に比べて，生活問題の解決のために直接関わるなり，あるいはこうしたコミュニティをつくり上げることにより，人々の生活問題解決のための支援が実効性をもち，人々を支援する土台になるものとしている。そのため，福祉コミュニティは，サービス利用者やサービス提供機関が中心になり，人権意識や地域主体的な態度でもって，他職種の協力も得て，制度の欠陥改善を指摘したり，要求したりするとともに，公共機関が実施しない制度を一時的に引き受け実施するという機能をもつ地域社会であるとしている[3]。

誰もが生活できる地域の要件

　福祉コミュニティこそが地域づくりの目標であり，「社会福祉法」がめざす地域社会であるが，ここでつくられる福祉コミュニティは，要介護・要支援高齢者に限らず，さまざまな生活ニーズをもっている人々ができる限り生活が続けられる地域でもある。この地域づくりには，三つの要件が必要になる。

・個々の地域住民が必要とする多様な社会資源の配置
・そうした社会資源を地域の個々の住民が円滑に利用できる仕組み
・地域住民が必要とするサービスやサポートをつくり出していく仕組み

　以下，この三つの要件について検討していく。

（1）地域住民が必要とする多様な社会資源の配置

　地域社会で必要となるフォーマルサービスやインフォーマルサポートの社会資源については，本編第5章「社会資源について考える」に示したが，多様な社会資源が準備されていることで多くの人々の在宅生活が可能になる。ただし，個々の住民には適切な社会資源にアクセスできるかという課題がある。同時に，住民のニーズに対応する社会資源が欠落していれば，それを開発していく仕組みが求められる。これら二つが残された要件となり，以下に示すことになる。

（2）社会資源を地域の個々の住民が円滑に利用できる仕組みづくり

　これは，地域住民が自ら必要なサービス等の社会資源を円滑に利用できるように支援するものであり，「アクセスサービス」とよばれるものである。日本の地域福祉論では，当初はこのアクセスサービスについての議論が不十分であったが，ケアマネジメントが定着してくるにつれて，アクセスサービスが地域福祉を構成する重要な要素として位置づけられてきた。

　ここでのサービスは，利用者や家族と社会資源を結びつけるケアマネジメントの提供だけでなく，利用者や家族に対する必要な社会資源についての情報提供・送致サービス（information and referral service）や，利用者や家族が危機状況に遭遇したときに介入する危機管理サービス（risk management service）も含まれる。

　こうしたアクセスサービスが地域福祉を構成するようになった背景には，従来人々は社会資源を自ら選択・活用しながら生活してきたが，社会資源が多種多様で複雑になるにつれて，必要な社会資源を利用することが難しくなってきたことがある。そのため，社会資源にアクセスできる仕組みや人材が求められるようになってきた。これが情報提供やケアマネジメントといった仕組みであり，ケアマネジャーはそうした機能を果たす人材として生まれた。

　そのため，フォーマルサービスが十分整備されていなかった時代には，こうしたアクセスの仕組みは不要であり，家族や本人がその責任を果たしていた。しかしながら，フォーマルサービスが増大し，その利用方法が複雑になるにつれて，アクセスサービスの必要性が重要になってきた。同時に，ケアマネジャーといった，社会資源へのアクセスを支援する人材は，地域の住民が必要

としているけれども十分ではない，あるいは存在しない社会資源について最もよく知る立場にあるといえる。そのため，ケアマネジャーは，次に述べる社会資源を開発・充実させる仕組みづくりにも積極的に関与することが求められる。

(3) 社会資源を開発・充実させていく仕組みづくり

　地域社会において，こうした社会資源のそれぞれが整っていない場合には，社会資源を開発・充実させること，あるいは，すでに存在しているが量的確保が求められることになる。さらに，こうした社会資源が整っていたとしても，利用者のサービスへのアクセスを疎外させることにもつながる地域での人々への偏見や人権意識の欠如といったことについて解消していくことが必要となる。

　そのため，このような仕組みづくりは地域住民全体を対象に，あるいは地域の人々や機関・団体を対象にして展開していくことになる。これは，(2) で個人やその家族を対象に，アクセスの支援に主としてケアマネジメントという方法が活用されるのに対比して，(3) は地域社会や機関・団体を対象に，地域社会や組織・団体を変えていくコミュニティワークという方法が活用される。

　コミュニティワークは，地域の組織や地域社会そのものを対象にする。具体的にいえば，組織としては地域の機関・団体，地域社会で特別に設定された委員会等を対象にして，また地域社会としては地域住民全員や特定の属性をもった住民を対象にして，活動することになる。そこでの活動内容は，フォーマルサービスやインフォーマルサポートの開発・改善，地域の状態の改善，住民の意識や自覚の向上や住民の地域活動への参加等の住民が力をつけること (empowerment)，をめざすものである。そこでは，教育や研修，フォーマルサービスやインフォーマルサポートの開発計画，地域社会それ自体の開発といった三つの介入方法がある。具体的に，これらの介入方法は以下のような支援をすることにある。

　①教育と研修：地域の組織や地域自体が研修会や会議，講演会，ワークショップを開催する支援

②フォーマルサービスやインフォーマルサポートの開発計画：サービスやサポートの開発・拡充，サービスやサポート間での調整の支援
③地域社会それ自体の開発：地域社会の状態を改善する，あるいは地域社会の変化を求めるよう地域住民が力をつける支援

　このような三つの介入方法は，コミュニティワークという方法を具体化した内容である。このコミュニティワークについては，後述にて詳細に説明していくが，このような活動があって初めて，住民が必要とする社会資源が整い，住民の福祉に対する意識も高まり，住民の質の高い在宅生活が維持でき，さらには住民の在宅生活の限界点を上げていくことにもなる。

　以上（1）（2）（3）と地域づくりの要件を示してきたが，（2）と（3）がバッテリーの役割を果たし，（1）のエンジンが作動して，人々の在宅生活を支えているとも考えられる。このバッテリーである（2）と（3）の業務は，理論的には一体的なものとして捉えることができる。しかしながら，（2）の個別支援を実施する組織と（3）の地域支援をする組織に機能分化しているのが現実であり，両者が連携・協力し合って進めていくことになる。

　この地域づくりの三つの要件は，「地域包括ケアシステム」を構築していくことと共通している。地域包括ケアシステムでは，住まい，医療，介護，生活支援，介護予防の五つのサービスが個々の日常生活圏域に配置される体制をつくることをめざしているが，そのためには，（1）の社会資源の配置に加えて，（2）の個々の住民が円滑に利用できる体制と，（3）の社会資源を開発・充実させていく体制をつくり上げる必要がある。（2）については介護支援専門員が中心になり，（3）については地域包括支援センターや生活支援コーディネーターが中心になり，展開していこうとするものであり，両者が連携・協力し合い実施していくものである。

　地域包括ケアシステムでの（2）と（3）の関係は第1編第6章「ケアマネジメントを可能にする地域のネットワークづくり」に示した**図1-6-2**と基本的には同じであるが，**図2-7-3**のように示すことができる。この図より，日常生活圏域で個人やその家族に対してはケアマネジメントにより，個人やその家族と社会資源をコーディネーションすることで，人々の生活ニーズを満たしてい

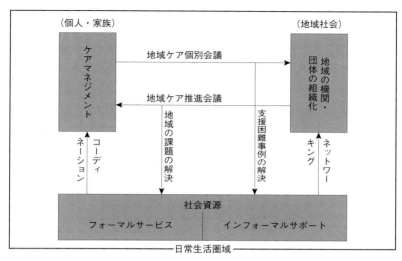

図 2-7-3　生活圏域での地域包括ケアの枠組み

く。ここで個々の事例について生活ニーズが満たせない場合には，地域の機関や団体の実務者で構成される地域ケア個別会議で話し合い，支援困難事例での生活ニーズの解決を図っていくことになる。さらに，地域のある特定の人々が社会資源の欠如や地域社会の問題から在宅生活を難しくしている場合には，地域ケア推進会議で協議され，地域の課題を解決していくために地域活動を推進していく。この地域活動の内容は，上記で示したような教育や研修，フォーマルサービスやインフォーマルサポートの開発計画，地域社会それ自体の開発といった方法でもって実施されることになる。具体的な活動内容は，地域包括支援センターが主催する地域ケア推進会議で決定され，それらの活動は地域包括支援センターと生活支援コーディネーターが連携して具体化していくことになる。

コミュニティワークの方法

　ケアマネジメント等の個別支援は個人，時には家族成員を対象にし，それらが社会生活機能を高め，力をつけていけるよう支援することにある。一方，コミュニティワーク等の地域支援は，地域社会だけでなく，地域にある組織であ

る団体や機関にも働きかけ，地域社会全体やそこでの組織の改善や開発を図っていくことになる。

　コミュニティワークは，地域の課題を把握し，それを解決していくことである。これは，当然，地域の住民や団体や機関の代表者と一緒に，地域のアセスメントに基づき地域の課題を明確にし，その解決方法について計画し，それを実施していくことである。また，PDCA（plan-do-check-action）サイクルで実施していくことでもあり，実施状況について評価し，再アセスメントを行い，計画の変更・実施を繰り返していく。

　この方法は，個別支援であるケアマネジメントと基本的には同じであり，計画的に変更すること（planed change）が重要である。同時に，地域社会や団体・機関が有しているストレングスを活用していく点も，利用者本人やそれを取り巻く環境のストレングスを活用するケアマネジメントと共通している。

　コミュニティワークの方法としては，図2-7-4で示すような二つの側面からのアプローチがある。

　一つは，地域の住民を対象にした調査をもとに地域の実態を把握し，地域の課題を抽出する方法である。例えば，市町村が実施する「介護保険・高齢者福祉計画」のように，計画作成委員会が設置され，実態調査結果をもとに地域の

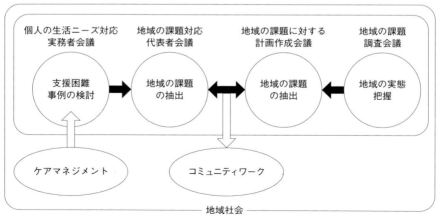

図2-7-4　コミュニティワークへの二つのアプローチ

課題を明らかにして，新しい社会資源を創設したり，サービスの量を拡充していったり，住民に対する啓発活動を実施していくことである。ここでは，調査結果の分析が中心であるが，時には当事者やサービスやサポートの提供者を対象とした座談会の分析が付加される場合がある。

2015（平成27）年度からの第6期介護保険事業計画では，高齢者の「日常生活圏域ニーズ調査」による高齢者の状態把握を活用して，日常生活圏域ごとの地域アセスメントを実施することになっていた。それをもとに，日常生活圏域ごとのサービス目標や事業目標を設定し，基盤整備を図っていくことになった。

もう一つのアプローチは，支援困難事例の検討や，それらの事例の累積から地域の課題が抽出され，そこから，新しい社会資源を開発・改善し，地域社会の充実をめざしていくものである。これは，介護保険制度における，地域ケア会議を介して実施していく方法が該当する。

これら二つのアプローチでのコミュニティワークの過程は，地域の課題を把握することを基本としている点は同じであるが，地域の課題の抽出方法であるアセスメントを主として量的なデータに基づくのか，質的なデータに基づくのかによる違いがあり，相互に補完し，地域支援を実施していく。コミュニティワークにおいては，これら両側面からのアプローチが必要である。ただし，ケアマネジャーが大きく関与するのは，当然後者の質的なデータのアセスメントから地域の課題を抽出する場合であり，その際には地域ケア会議が活用される。なお，図で示した「地域の課題対応代表者会議」と「地域の課題に対する計画作成会議」は，小さな市町村では同じ構成員になる可能性が高いが，大きな市町村になると構成員が必ずしも一致しないことになる。

コミュニティワークの過程

本項では，コミュニティワークの過程を示し，具体的な展開内容を示すこととする。

コミュニティワークの過程は**図2-7-5**のとおりである。

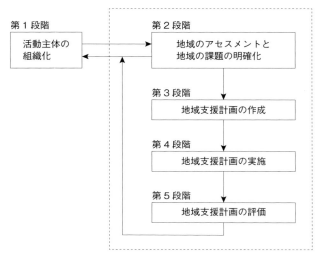

図2-7-5 コミュニティワークの過程

第1段階 活動主体の組織化

　第1段階は，地域づくりを進める前提になる，活動を進めていく主体を組織することである。活動の主体を地域の団体・団体といった組織に置く場合もあれば，さまざまな団体・組織の代表者や選出された委員を集める場合もある。具体的には，高齢者に関係する機関・団体の代表者で組織されている地域ケア推進会議といった協議会を活動主体にする場合が中心であるが，時には，地域の民生委員協議会，介護支援専門員の団体といった一つの団体・機関を活動主体として組織化する場合もある。あるいは，地域活動等を検討したり担っていく希望者を募り活動主体を形成する場合もある。これらの主体となる組織を新たにつくっていくこともあれば，すでにできている組織を活用することもある。また，この組織化には，最初からメンバーが固定している場合もあれば，徐々に追加していく場合もある。

　この活動の主体となる組織でもって，地域のアセスメントから地域の課題の抽出，地域支援計画の作成・実施・評価というPDCAサイクルを展開していくことになる。ただし，地域の課題が明らかになることから活動主体の組織化を図るという逆転している場合もあれば，同時進行していく場合もある。その

ため，この段階を最初に位置づけたが，場合によっては次の段階である地域の
アセスメントにより地域の課題が明確化することで，活動を担う主体を組織化
する可能性もあり，第2段階と入れ替わることもある。

この活動主体の組織化こそがコミュニティワークの大きな特徴であり，この
活動の主体となる組織のメンバーが，その後に続く地域活動に結びつく
PDCAサイクルを自ら作動させていくことを意図している。そのために，コ
ミュニティワークを実施する専門職は，主体となる組織が自ら作動していくよ
う支援する立場にある。

第2段階　地域のアセスメントと地域の課題の明確化

第2段階では，地域のアセスメントから地域の課題を明らかにしていくこ
とであり，ここでは，三つの側面がある。

一つ目は，地域の問題状況を把握していくことである。ここでは，組織化さ
れた活動の主体と一緒に進めていくことになる。具体的には，地域の特性を把
握し，地域での人々の生活全般についての問題状況やその背景，地域の人々の
考え方や態度についてなど，地域全体についての全体像を明らかにしておく。
これらを前提にして，より具体的な要援護者の実態や問題状況を把握し，他方
で要援護者が利用可能な社会資源についても把握する。

例えば，主として高齢者に焦点を当てた地域での活動であれば，まず前提と
して，活動の主体となる組織と一緒に，要介護・要支援高齢者の現在の状況や
将来予測，高齢者や他世代の人口状況や動態，高齢者や住民の社会との関わり
についての意識，地域の地形や産業の特徴といったことを把握する。次に，要
介護・要支援高齢者が置かれている全般的な状況や問題点を明らかにする。同
時に，そうした問題の解決や緩和に関連する社会資源について確認する。社会
資源については，フォーマルサービスだけでなく，地域の人々が自発的に実施
しているインフォーマルサポートについても確認する。

二つ目は，要援護者の実態や問題状況について，個々に実施してきた支援困
難事例の分析，問題状況にある人々やその関係者の調査，地域の関係者からの
ヒアリング等を実施し，それらのアセスメントデータをもとにして，問題状況
の背景を分析し，地域の課題を明らかにしていくことである。ここでは，質的

データを核にして地域の課題を明らかにしていくのか，量的データを核にして地域の課題を明らかにするのかに分けることができる。前者であれば，個別の支援困難な要援護者の問題状況についての把握に加えて，それについての当事者や関係者からのヒアリングをもとに，問題状況の分析を行い，要援護者が在宅生活をしていくうえで，社会的に解決していくべき地域の課題を導き出す。後者であれば，ターゲットとなる対象者層を母集団とした量的調査の結果をもとに，対象者層の人々へのヒアリング等を加えて，問題状況の背景の分析を行い，要援護者が在宅生活をしていくうえで，社会的に解決していくべき地域の課題を導き出す。

　例えば，要介護高齢者への虐待が増大してきているという問題状況を明らかにする場合に，質的データである個々に実施してきた支援困難な虐待事例の分析や，地域の民生委員や介護支援専門員からの虐待事例に関するヒアリング，さらには，既存の虐待事例についての分析から，家庭内での虐待・被虐待状況の背景を理解する。仮に，問題状況の背景として，「要介護者が認知症のある場合には虐待を受けやすい」，「虐待がある家庭では近隣との関わりが薄い」，「虐待のある家庭では介護保険サービスを使っていなかったり，サービスの利用を断ったりする場合がある」といったことが明らかになれば，そこから，高齢者虐待についての，いくつかの地域の課題が示されることになる。この例でいえば，「認知症のある人を支援する場合には，特に，虐待の可能性が高いことを意識した対応が必要である」，「要介護者を抱えた家族に対しては近隣との関係づくりが必要である」「介護サービスのニーズがある家庭には，必要なサービスを活用できるよう支援する必要がある」といった地域の課題が明らかになる。

　また，要介護高齢者への虐待が増大してきているという問題状況について量的データをもとにして明らかにする場合には，要介護高齢者の家族介護者や介護支援専門員を対象に虐待についての実態調査を行い，他の既存のデータも加えて分析を行うことで，「家族の継続的な夜間介護が，虐待につながる可能性が高い」，「認知症のある人が家庭内外で役割をもつようになると，虐待のおそれが少なくなる」といった問題状況の背景が明らかになり，「家族の継続的な夜間介護の解消を図ることが必要である」，「認知症のある人が主体的に関われ

る機会・場を準備する必要がある」といった地域の課題が生まれてくる。

このように，質的データと量的データによるアプローチでもって，地域の問題状況の背景を地域の課題に転換していくことになる。そのため，二つのアプローチは，対立するものではなく，補完して地域の課題を抽出していくことができる。

三つ目は，明らかになった地域の課題をもとに，活動の主体となる組織と，こうした課題を解決することで，地域のあるべき目標を確定し，確認することである。これは，大目標の設定とされ，抽出されてきた地域の課題をもとに，どのような地域社会をつくっていくかの大きな目標を示すことである。

さらに，問題状況の背景や地域の課題について，活動の主体となる組織だけでなく，時には地域の人々や要介護者を抱える家族に対しても，広報活動，話し合い，教育活動を通じて，問題提起をし，地域の課題についての認識を深め，共有化を図っていく。結果的に，活動の主体となる組織を越えて，多くの人々に地域の課題を解決していけるよう動機づけを行うことになる。

例えば，上記の虐待に関する地域の課題について，活動の主体となる組織が地域ケア推進会議であれば，そこで話し合いを深め，地域の課題を解決していくことで，あるべき地域の大きな目標を確定していくことになる。そして，「高齢者への虐待が減少し，早期に発見・対応できる地域にする」といった大目標を地域ケア推進会議のメンバー，さらには参加しているメンバーの組織全体が共有していくことになる。さらに，活動主体である組織に参加しているメンバーやその組織が，地域の大目標に向けて，地域の課題を身近なものとして自覚し，何らかの取り組みをすることへの動機づけを高めていくことになる。動機づけを高める方法としては，地域住民全体を対象にしたり，地域の団体や機関に対して，教育・研修活動や説明会，あるいは支援活動などが実施される。結果として，第1段階の活動の主体となる組織に参加するメンバーの補強を図ることもある。

第3段階　地域支援計画の作成

地域支援計画を作成するプランニングの段階である。このプランニングを，活動の主体となる組織が共有化し，地域の課題解決に向けての地域活動を役割

分担する計画を作成することになる。この計画の作成には三つの内容がある。

一つ目は，明らかになった地域の課題について，優先順位を決める。ここでは，地域の課題の緊急度や深刻度といった課題のもつ側面と，住民の関心度，地域の組織等が有する解決能力の程度，従来の活動実績の評価といった受け皿である地域の側面から，優先順位を決める。これについては，地域の課題に対応するその地域での活動内容が決まった時点で，優先順位が決められたり，修正されたりする場合もある。また，優先順位を決めずに，すべての地域の課題に対応していく場合もある。

二つ目は，解決していくことの優先順位を含めて決定した地域の課題について，どのように対応していくのかの目標や結果を示す。この場合，短期目標と長期目標に分けて目標設定する場合もある。

三つ目は，具体的に，個々の地域の課題に対して示された期間を決めた目標をもとにして，どのような活動を実施していくのかを示し，どの組織が，または誰がどのように役割分担をするのかを明らかにする。

さらには，実施計画として短期目標に向けての具体的なスケジュールを示す。同時に，活動の主体に関わっていない組織や個人に対してどのように働きかけていくかについても示す。この計画には，必要になる財源の確保についても含まれる。これらが明らかになることで，地域で実施していく活動内容が示される。よって，これは地域支援計画作成の核になる部分であるといえる。

これら三つの内容について，具体例で示してみると，「一人暮らしの高齢者が自宅に閉じこもりがちである」という地域の課題に対し，地域の活動として「民生委員協議会と自治会を中心とする，一人暮らし高齢者の見守り活動の実施」と同時に，「民生委員協議会と自治会を中心とする，一人暮らし高齢者に対するサロン活動の実施」が提示されたとする。これら両者に対して，まずは，活動を担う者が一人暮らし高齢者との関係づくりを優先する必要があるため，「見守り活動」を実施し，それが軌道に乗ったあとで，1年後に「サロン活動」を開始するように準備する。

次に，活動を担う自治会や民生委員協議会の担当範囲である地域をもとに，対象の一人暮らし高齢者について，その具体的な活動の手順を明らかにする。具体的には，一人暮らし高齢者の名簿をもっている民生委員が一軒一軒家庭訪

260　　第2編　ケアマネジメントの中核

問をし，週に1回自治会役員と二人で家庭訪問をし，話をする機会をもつことの了解を得る。そして，活動開始前には，民生委員や自治会の役員を対象にして，見守り活動でのコミュニケーションの方法や見守りで確認する内容についての研修を実施する。さらに，見守りの際に問題を気づいた場合には，このコミュニティワークを進めている専門職に連絡をする体制をつくる。さらには，その次に，見守り活動の長期目標として，1年間で「すべての一人暮らし高齢者宅への訪問活動」を行う，短期の3カ月間では「要介護・要支援である一人暮らし高齢者宅への訪問活動」を行うこととし，例えば，一月に1回民生委員と自治会役員とが参加しての連絡会をもち，短期の目標を達成するために3カ月の活動スケジュールを示す。

　このように作成された地域支援計画は，実行にあたり活動の主体となる組織から合意を得る必要があるが，組織のメンバーから合意を得るだけでなく，組織に参加している団体や機関，さらにはそれらに属する人々からの合意が必要な場合もある。その場合には，活動の主体を形成している各団体や機関に対して，地域の問題状況や地域の課題，さらにはそれを解決するために必要な地域の活動について説明し，同意を得る交渉（ネゴシエーション）の過程が必要となる。こうした各機関や団体からの合意形成過程を経て，最終的に地域活動の主体となる組織で地域での活動を示した地域支援計画について合意を得ることになる。

第4段階　地域支援計画の実施

　個々の地域の課題に対する活動状況について確認しつつ，参加している組織や個人に対して動機づけや活動意欲を高めるよう支援する。また，活動に関係している組織や個人に対して連絡調整を行うことで，協力体制をつくり上げる。ここでは，組織に働きかける場合もあれば，組織内の個々人に働きかける場合もある。

第5段階　地域支援計画の評価

　定期的に地域支援計画の活動状況について評価する。ここでは，第2段階で示した大目標がどの程度達成しているか，さらには，個々の地域の課題に対

する目標がどの程度達成されているかを検討することになる。この評価には，活動に参加している組織やそこで活動している人々といった内部評価に加えて，その活動を利用している人々を中心としたステークホルダーからの評価を実施する。なお，活動が十分に実施できていないと評価された場合には，再度第2段階に戻り，アセスメント，地域での大目標，地域の課題，地域支援計画の内容の修正を進めていくことになる。

このような評価は，定期的に実施するだけでなく，計画に基づく活動に支障が生じた場合にも実施することになる。なお，個々の地域の課題について，長

表2-7-1　地域支援計画表の例

地域の目標：「認知症になっても地域で住み続けられるまちづくりを目指して」

地域の課題	目　標	活動内容	担当・役割	場　所	実施時期
認知症支援の地域支援体制をつくりたい	地域住民が認知症に関心を持ち，認知症になっても，安心して過ごせる地域づくり	行政，関係機関，地域住民から成るネットワーク連絡会を設立し，具体化を図る	委員：民生委員，商工会，サービス事業者，自治会等の代表者，15名事務局：地域包括支援センター	町公民館会議室	年2回（5月，3月）
認知症に対する正しい理解を広めたい	認知症サポーター養成等を活発化し，地域住民へ認知症の正しい理解を広げていく	「町キャラバン・メイト連絡会」（仮称）を結成し，町内10カ所で養成講座を実施する	メイトへの連絡：担当課講座の手配：民生委員事務局：地域包括支援センター	さわやかハウス2階会議室，町内自治公民館	発足：8月講座：5月～12月
介護家族の介護負担を軽減したい	家族のニーズや地域性，時代に適した支援を検討し，実施していく	「介護者のつどい」の定期開催と男性介護者のための「介護講座」を実施する	内容の検討：町内サービス事業者男性職員代表家族への働きかけ：ケアマネジャー事務局：地域包括支援センター	町公民館会議室	6月～2月5月から毎月（第2火曜日）

〔出典：岩手県矢巾町地域包括支援センター　吉田均（2015）「認知症支援に取り組むネットワーク連絡会と四つの部会の取組」『ネットワーク（全国地域支援包括・在宅介護支援センター協議会会報）』(124), 9. を一部修正〕

期目標が達成され，地域の活動が継続的に実施されることになるが，PDCA
サイクルは循環することになる。

　以上述べてきた地域支援活動の過程は，コミュニティワークを実施する者が
地域の団体や機関，さらには地域の住民と一緒に実施していくことになる。こ
の地域支援活動の過程は，直線的に実施するというよりは，重層的に展開して
いくことになる。特に，第2段階から第5段階はPDCAサイクルで展開され
る過程であるが，第1段階が最初に実施される場合もあるが，第2段階の地
域アセスメントと地域の課題の明確化のあとで実施される場合も，第1段階
が第2段階と並行して実施される場合もある。

　コミュニティワークの具体的なアウトプットである地域支援計画の実際例を
表2-7-1に示しておく。ここでは，明らかにした地域の課題をもとに，地域の
目標や地域の課題の「目標」を定め，それに基づき「活動内容」「担当・役割」
「場所」「実施時期」を順次決めていくことで地域支援計画を作成・実施してい
る。さらには，表に示されているネットワーク連絡会の設立や養成講座を実施
していくための事業計画が作成され，そこには財源，詳細な役割分担，活動の
スケジュール等が具体的に示されることになる。

第3節　ネットワーキングの意味と展開

ネットワーキングとは

　地域福祉論では「ネットワーキング」という用語が使われるが，これは「連
携」「連絡」「調整」を進め，網の目をつくっていくことを示す言葉である。こ
れは，要援護者といった利用者側からすれば，必要な社会資源が調整されてい
ることであり，個別支援の専門職であるケアマネジャーによって実施されるも
のである。**図2-7-6**に，個人やその家族成員を核にしたケアマネジメントによ
るネットワーキングを例示している。ただし，個別支援においては，ネット
ワーキングという用語はほとんど使われず，コーディネーションやコーディ
ネートといった用語が使われている。

　一方，こうした個々人の調整を可能にするためには，地域にある機関や団体

第7章　ケアマネジメントが捉える地域社会—地域包括ケアシステムでのケアマネジメントの位置　**263**

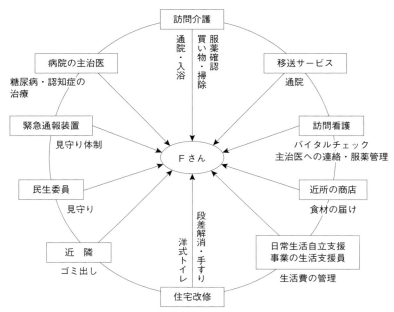

図 2-7-6 ケアマネジメントによる個人を中心としたネットワーキングの例示

　の連携や連絡が促進されなければならない。これはコミュニティワークにより地域支援計画が実施されることによって形成されたり，あるいは地域の機関や団体，さらには住民間での関係を強化することで，ネットワーキングが強化されることになる。

　地域でのネットワーキングの範囲は，地域包括ケアシステムをもとに考えると，日常生活圏域を範囲として組織や団体のネットワークを組んでいくことが基本となるが，時には小学校区でのネットワーキングも必要な場合がある。また，市町村全体や，さらには都道府県の広域連合を単位にした組織間でのネットワーキングを進めていくことが必要な場合もある。このように，地域での機関や団体のネットワーキングは，小学校区，中学校区，市町村，広域連合といった地域単位まで幅広く対象となるが，地域包括ケアシステムでは，中学校区を基本とする日常生活圏域を中核にしてネットワーキングが進められている。日常生活圏域レベルでのネットワークは，**図 2-7-7** のように例示すること

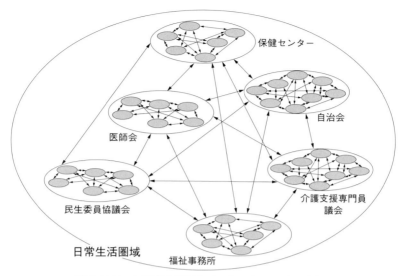

図2-7-7　日常生活圏域でのネットワークの例示

ができる。これは，団体や機関といった組織のネットワークとそれに連動する地域社会での団体・機関の間でのネットワークからなる。前述のコミュニティワークを推進していく際の第1段階の活動主体の組織化に相当するものである。さらに，このようなネットワークは，小学校区，市町村，広域連合といったレベルでもつくられる。

　この地域社会を単位とするネットワーキングには，フォーマルセクターとインフォーマルセクターの機関や団体が参加するが，時には，フォーマルセクターのみ，あるいはインフォーマルセクターのみがメンバーになっている場合がある。小学校区といった小地域でのネットワーキングの場合には，インフォーマルセクターを構成組織とする割合が高くなる。一方，市町村や広域連合でのネットワーキングの場合には，フォーマルセクターを構成組織にすることが多くなる。なお，ここでいうフォーマルセクターとは，専門職や行政職員で構成される団体や機関であり，インフォーマルセクターとは，地域で居住する人々で構成される団体や機関をさしている。

　これらのネットワーキングは地域の課題が明らかになり，それを解決する地

域での新たな活動が始まることで形成されていくと捉えることもできるが，逆に，ネットワーキングが進展することで，地域での活動が展開されていくとも捉えることができる。そのため，地域支援計画を実施し，地域での活動が展開していくこと自体がネットワーキングを推し進めていくことであるといえる。ある意味では，コミュニティワークを活用して，地域づくりをしていった結果が，地域の機関や団体といった組織と地域社会全体のネットワーキングを推進することになるともいえる。

また，**図2-7-8**はケアマネジメントに基づく個別支援のネットワーキングと地域支援のネットワーキングを一体化させた例示である。この図はある意味，地域包括ケアシステムを確立するためのスケルトンであるともいえる。個別支援のケアマネジメントは，ワンストップで個々の利用者を支えることが基本であり，そのために，日常生活圏域では，利用者を支援する地域での機関や団体のネットワークが，さらには地域内の個々の機関や団体内のネットワークを確立し，それらが一体的に進められることを示している。

具体的には，個別支援のケアマネジメントで，ある組織や団体のメンバーが新たに利用者支援に関わることにより，利用者の在宅生活の水準を高めたとす

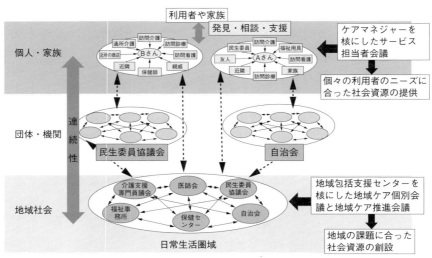

図2-7-8　日常生活圏域でのネットワークの例示

れば，その団体や組織に日常生活圏域でのネットワークに参画してもらうようにする。逆に，日常生活圏域のネットワークにある機関や団体が参画することで，個別支援でのケアマネジメントでその機関や団体に関わるサービスやサポートが円滑に利用できるようになる。このことは，地域の機関や団体そのもの，さらには地域の団体や機関で構成される日常生活圏域そのものの凝集性を高めることであり，結果として，個々の利用者に対するケアマネジメントにおいて，利用者に適切でかつ質の高い社会資源を円滑に提供することができ，在宅の限界点を高めることになる。このことは，すべての住民ができる限り長く地域社会での生活を可能にさせていくことになる。

　この**図 2-7-8** は，ある意味では地域包括ケアシステムを推進する仕組みとして説明可能である。具体的な展開としては，図上段の個人・家族レベルで，生活ニーズを有した利用者を発見し，相談支援を行う仕組みを形成する。ここでは，ケアマネジャーが核になるが，個々の支援事例に対しては，支援に関係するフォーマルおよびインフォーマルな人々が会議（サービス担当者会議）をもつことで，連携が図られ，利用者に必要な社会資源が提供できることになる。

　次に，図下段の地域社会レベルでは，地域のフォーマルとインフォーマルの機関や団体を合わせたネットワークづくりとして，具体的には地域ケア個別会議で実務者による支援困難事例を検討し，社会資源を活用して解決していく。この地域ケア個別会議をもとに，地域ケア推進会議での地域の機関や団体の代表者により地域の課題について検討し，地域の課題に合った社会資源の開発や充実につなげていく。それらの結果として，地域の機関や団体のネットワークが強化されていくことになる。

　また，図中段の団体・機関レベルでは，個人・家族レベルの利用者の生活ニーズを充足するために，団体や機関からフォーマルサービスやインフォーマルサポートを提供している。そのために，組織内のネットワークを形成したり，強化していく。他方で，地域社会レベルの地域の課題を充足するため，すなわち新しい社会資源の開発や充実をするために，団体・機関レベルで新たな組織を創設したり，既存の組織内のネットワークを形成したり，強化していくことになる。

　以上のように，支援困難事例を早期に発見し，実務者の会議で解決してい

き，そこから明らかになる地域の課題を代表者の会議で検討し，会議での成果のアウトプットの一つとして生活支援サービスといった新しい社会資源を生み出していくことにより，地域包括ケアシステムが構築されていくことになる。

　このネットワークの課題について，ラムボルドら（B. Rumbold, et al.）は，水平的ネットワークと垂直的ネットワークに分けて整理している[4]。

　水平的ネットワークについては，市町村等においてさまざまなネットワークの構築が行われており，それらをいかに調整するかが課題となる。市町村レベルでのネットワーキングでは，高齢者領域を例にすると，地域ケア会議以外に在宅医療・介護連携推進事業のもとでも進められており，高齢者以外の住民全体の立場や障害者領域からもネットワーキングは進められている。具体的には，市町村社会福祉協議会では地域全体を対象にした協議会を形成しており，障害者領域では自立支援協議会，児童領域では要保護児童対策地域協議会が，それぞれ市町村レベルでネットワークを形成している。これらはいずれも市町村レベルでのネットワークをつくることであり，本来であれば一体的に行われるべきことである。地域のネットワークづくりの目的は「縦割りを横割りにする拠点づくり」であるが，皮肉にも，その源が縦割りで進められている。そのため，市町村においては，すべての住民を対象としたネットワーキングをもとに，対象領域別のネットワーキングを相互に調整していくことが必要である。

　垂直的ネットワークは，いくつかの圏域レベルでのネットワークが重層的に形成されていることである。地域包括ケアシステムでの基本単位は日常生活圏域であるが，さらに，それと市町村といった行政圏域が異なる場合には，市町村を圏域とし，場合によっては，都道府県の広域圏域でのネットワークづくりが必要になる。他方で，小学校区でのネットワークづくりも求められ，市町村社会福祉協議会では住民の親密性が最も高い小学校区を基本とするネットワークづくりを進めてきた。

　小さな圏域でのネットワークほど，インフォーマルな団体が多くを占め，大きな圏域になるほどフォーマルな組織が多くを占めることになる。そのため，高齢者領域でのネットワークづくりは日常生活圏域やこの以下の小さい圏域では地域包括支援センターが主体となり実施するが，大きな圏域になれば，行政に委ねられることになる。この垂直的ネットワークでの課題は，それぞれの圏

域でのネットワークがどのような役割分担を図るかを明確にすることである。同時に，どの圏域のネットワークを中核にして展開していくかも重要な課題である。

こうしたネットワーキングは，個別支援や地域支援の活動を実施していくことで進められるものであり，ある意味では，ケアマネジメントやコミュニティワーク活動を実施した結果，ネットワーキングが進められることになるといえる。

地域ケア会議の方法

(1) 地域ケア会議とは

地域包括支援センターの機能の一つに，「地域ケア会議」の開催がある。地域ケア会議は，図 2-7-9 に示しているように，支援困難事例を検討する「地域ケア個別会議」と，地域の課題を抽出し，その解決を検討する「地域ケア推進会議」に分けられる。地域ケア個別会議と地域ケア推進会議は連続したものであり，前者ではケアマネジメントで生じる支援困難事例を検討し，そこでの問題解決を図っていくが，そうした支援困難事例を累積することで地域の課題を

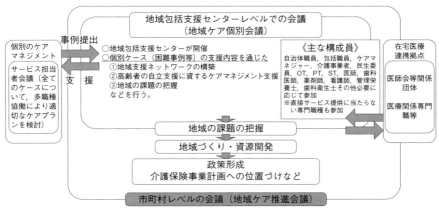

図 2-7-9　地域ケア個別会議と地域ケア推進会議の関係

〔出典：厚生労働省〕

明らかにしたうえで，後者の地域ケア推進会議で地域の課題を検討し，その課題解決を図っていくことになる。

　地域ケア個別会議では，個別ケースの支援内容の検討を通じて，①高齢者の実態把握や課題解決のための地域支援ネットワークの構築，②高齢者の自立支援に資するケアマネジメントに向けての地域の介護支援専門員の支援，③個別ケースの課題分析等を行うことによる地域の課題の把握，を行うこととされている。ここで明らかにされた地域の課題については，市町村レベルで設置される地域ケア推進会議で検討され，課題解決に向けた施策が実施される。ここでは，地域支援計画を作成・実施し，地域の資源開発を行うことで，地域づくりを担っていくことになっている。

　これは，「介護保険法」第115条の48の第1項で，市町村に対して，介護支援専門員，保健医療および福祉に関する専門的知識を有する者，民生委員その他の関係者，関係機関および関係団体により構成される地域ケア会議を設置するよう努力義務を課し，同時に，同第2項で，地域ケア会議は，要介護・要支援者への適切な支援について検討を行うことと，地域において自立した日常生活を営むために必要な支援体制に関する検討を行うものと定め，地域ケア個別会議と地域ケア推進会議を位置づけている。

　また，地域ケア会議への関係者の協力を得やすい体制にするために，同第3項と第4項で，関係者等に対し，関係者等に対し資料または情報の提供，意見の開陳その他必要な協力を求めることができることと同時に，関係者等は会議から資料または情報の提供，意見の開陳その他必要な協力の求めがあった場合には，これに協力するよう努めなければならないこととしている。さらに，同第5項で，会議に参加した者やする者は，正当な理由なく，会議の事務に関して知り得た秘密を漏らしてはならず，これに違反した者は，第205条の第2項で，1年以下の懲役または100万円以下の罰金に処することとしている。

(2) 地域ケア個別会議とサービス担当者会議の共通性と相違性

　介護保険制度においては，個々の事例に対して介護支援専門員が主催するサービス担当者会議に対して，地域包括支援センターが主催する地域ケア個別会議を位置づけている。前者は，ケアマネジャーが作成したケアプラン原案や

修正原案を利用者本人やその家族，サービス提供者が一緒になって検討し，ケアプランを決定・確認する場である。後者は，支援困難事例について，関係者が集まり，その困難について解決方法を検討し，ケアプランを変更し，決定していく場である。

サービス担当者会議は，介護支援専門員が，高齢者本人やその家族と一緒に作成したケアプラン原案をもとに，サービス提供者等に対して，ケアマネジメント過程を説明することから始まる。このケアマネジメント過程とは，①ケースの発見，スクリーニング（仕分け），契約といった入口（エントリー），②アセスメント，③生活ニーズをもとにしたケアプランの作成までが該当する。初回以降のサービス担当者会議であれば，④ケアプラン実施状況，⑤モニタリング，⑥再アセスメント，ケアプランの修正や変更といったことがケアマネジメント過程として説明される。

サービス担当者会議では，このケアマネジメント過程について，参加者が質疑し，意見を述べ合い，最終的なケアプランが確定していくことになる。この会議は，ケアプランについてサービス事業者等が共通理解をし，同時に利用者本人やその家族も自らの役割を認識していくことで，チームアプローチを進めていく基盤になる。

一方，地域ケア個別会議も基本的にはサービス担当者会議と共通するところが多く，支援困難事例について支援方法を検討して，ケアプランを確定し，決定していく。支援困難事例について共通理解をし，それぞれの役割を確認して，チームアプローチを進めていることもサービス担当者会議と共通している。そのため，地域ケア個別会議もケアマネジメント過程を検討する場であるともいえる。

ただ，地域ケア個別会議は支援困難事例に対応することに，サービス担当者会議とは異なる部分がある。地域ケア会議では，どのようなことで支援困難になっているのかを確認・検討し，その困難をどのように解決していくのかを決定していくことが基本である。

これについては，会議の参加者で，ケアマネジメント過程を再点検し，どこに困難性なり問題点が生じているかを明らかにし，それらの解決方法を検討することである。すなわち，ケース発見段階，スクリーニングや契約段階，アセ

スメント段階，ケース目標作成段階，生活ニーズ把握の段階，ケアプラン作成段階のどの段階で困難性が生じているのかを明らかにし，その解決策を決定していくことである。

　例えば，ケース発見段階での問題や困難性であれば「悪徳商法に引っかかった高齢者がいるのだが発見できない」，スクリーニングや契約段階であれば「虐待の可能性がうかがえるが相談に応じない」，アセスメント段階であれば「意思表示がないため利用者の状態が十分理解できない」，生活ニーズ把握の段階であれば「自らできるにもかかわらずさまざまな要求をしてくる」，ケアプラン作成段階では「生活ニーズに合った社会資源がない」ことや「利用者がケアプランを受け入れない」といった事例がある。結果として，高齢者の権利が守られていなかったり，高齢者の在宅生活が難しくなっていたり，高齢者の生活状況を増悪させていたり，高齢者本人とその家族，介護支援専門員，介護サービス事業者，地域の人々との関係が難しくなっていたりといったことに陥っている事例，あるいは，陥る可能性が高い事例である。同時に，支援困難に陥っている状況は，アセスメント過程，ケアプランの作成過程，ケアプラン実施過程で生じている場合が多い。

　地域ケア個別会議は地域包括支援センターが主催する以上，センターの職員が司会をし，全体をまとめていくことになる。そこでは，どのようなケアマネジメント過程の段階で困難性を生み出しているかを確定させ，それについてどのように対応していくかを話し合うことになる。対応した結果について，継続して地域ケア個別会議でモニタリングしていくことになるが，高齢者の生命にも影響するような深刻な事例ほど，地域包括支援センターは実際の支援状況について頻繁に点検し，モニタリングのための地域ケア個別会議が頻繁に開催されることになる。

　ここでの困難性は，介護支援専門員の専門性の欠如，利用者や家族のパーソナリティ特性，地域における社会資源の欠如が相互に関連しているとされるが[5]，こうした困難性に対して，参加者間で話し合われ，解決策を検討していく。この解決策では妥当な解決方法がみつかることもあれば，妥協的な解決方法となる場合もある。その際には，介護サービス事業者や他のサービス事業者，家族，地域の人々と話し合いをし，彼らに新たな役割付与や役割の変更を

272　　　第2編　ケアマネジメントの中核

```
                                              平成　　年　　月　　日
○○○○地域包括支援センター
　管理者　　　○○○○様

                        誓約書

　平成　　年　　月　　日に実施された地域包括ケア会議での内容について，他
の者に対して一切口外しないことを約束します。

                                        署名＿＿＿＿＿＿＿＿＿
```

図 2-7-10　地域ケア会議での守秘義務のための誓約書（例）

依頼することで，解決を図ることになる。

　支援困難事例の対象には，要支援者や要介護者だけでなく，認定を受けてい
ない高齢者も含まれる。また，高齢者のいる世帯ではあるが，その子どもや孫
も対象となる場合があり，家族全体（family as a whole）を支援することにな
る。支援困難事例である自立の高齢者についても，総合相談支援業務として相
談に応じ，支援困難であるがゆえに，生活ニーズを充足するためにケアプラン
を地域ケア個別会議で検討することもある。

　この地域ケア個別会議への参加者は，支援困難事例に関係する人々というこ
とであるが，さらに詳しくいえば，支援困難事例を解決するために作成される
ケアプラン実施に加わるであろうことが予想される人々である。地域ケア会議
への参加者については，事例の提出者と地域包括支援センターが協議して決定
することになる。参加者には，近隣や自治会役員等のインフォーマルケアの人
材にも参加してもらう以上，守秘義務の確保が不可欠である。そのため，支援
困難事例について外部に口外しないことの約束を文書でもらっておくことにな
る。具体的には，**図 2-7-10** に例示したような用紙に署名をもらい，同時に，
取り上げられる事例について，他の人に口外しないことの説明をし，了解を得
ておく。

（3）地域ケア会議の具体的な過程

　すでに述べたことであるが，地域ケア個別会議は，支援困難事例をケアマネ

ジメントの過程に沿って，再検討し，支援の困難性を解決していく場である。
ここでは，手順に沿って，地域ケア会議の具体的な過程を示すこととする。

①地域ケア会議について地域の団体や機関の理解を得る。

　地域包括支援センターは，地域の団体や機関に対して，地域ケア会議の意
義や具体的な実施方法について説明を行い，地域の団体や機関から地域ケア
会議の重要性についての理解を得る。さらには，個々の支援困難事例の検討
会である地域ケア個別会議や，地域の課題を検討・解決していく地域ケア推
進会議に，地域の各団体や機関から関係者に参加してもらえるよう了解を得
ていく。

　そのために，地域包括支援センター職員は，各団体や機関に足を運び，地
域ケア会議について詳しく説明を行い，地域ケア会議への参加の了解を得ら
れるよう努めなければならない。同時に，地域ケア個別会議が各団体や機関
から評価され続けるためには，定期的に地域ケア個別会議で議論している内
容やその成果を，利用者のプライバシー保護に配慮したうえで，各団体や機
関に報告することも重要である。会議について説明する際には，どのような
頻度で開催するのか，どのような内容の事例を扱うのか，提出された事例に
対する守秘義務をどのようにしていくのかを明らかにする。同時に，会議に
際し，支援困難事例を提出してくれるよう，ケアマネジャーの所属する居宅
介護支援事業者だけでなく，介護サービス事業者や民生委員，自治会役員等
の団体や機関に依頼しておく。

②支援困難事例が提出される。

　地域ケア個別会議について地域社会から参加の承認を得られたところで，
居宅介護支援事業者の介護支援専門員や介護サービス事業者，さらには民生
委員など地域の人々から支援困難事例が提出されることが必要となる。

　どのように関わればよいか困っている事例について，地域包括支援セン
ターに提出し，地域ケア個別会議で取り上げてもらいたいと依頼が届くよう
になることが大切である。そのためには，地域包括支援センターが，地域ケ
ア個別会議の目的を示し，支援に困っている事例について例示し，実際の会
議ではどのような議論をするのかの検討過程を示すことで，事例を提出して
もらえるように，介護支援専門員や介護サービス事業者，民生委員等に周知

する。

　一般には，介護支援専門員や介護サービス事業者は支援困難事例を提出することを拒むきらいがある。これは，提出することでだめな支援者であると思われないか，また，自らの支援について非難されないかといった不安な気持ちが生じるからである。そのため，地域包括支援センターは，決してそうしたマイナス感情にならない会議であることを常に周知し，地域ケア個別会議を支援者の悩みや負担感を和らげてくれる場であると認識してもらえるよう導いていくことを心がけなければならない。

③支援困難事例の検討に関係者が参加する。

　地域ケア個別会議への参加の呼びかけは，当日の事例提出者と地域包括支援センターで協議をして決定する。参加者を決定する基準は，当該の事例に関係している者や関係してほしい者，関係することが望ましい者となる。そのため，事例により参加者が毎回異なることになる。利用者や家族が参加する場合もあれば，参加しない場合もある。当然のことであるが，専門職のみの参加とは限らず，近隣や民生委員が参加することも多い。

　地域ケア個別会議の開催に先立って，話し合う事例の守秘義務について説明され，提出された資料が会議終了後に回収される場合が多い。同時に，専門職や民生委員とは違い，近隣や自治会の役員には守秘義務の規定がないため，文書で守秘義務の誓約書をもらい，その際に守秘義務の重要性を説明することになる。

　なお，本人や家族には，適切な支援をしたいために，こうした話し合いの機会をもつことになったと経緯を伝える。ただし，伝えることにより必要な地域ケア個別会議が実施できなくなる，あるいは，支援する人々のチームワークを崩すおそれが生じる場合には，伝えることは難しく，伝えない場合もある。

④支援困難事例が検討される。

　地域ケア個別会議は地域包括支援センター主催で実施される。そのため，司会は地域包括支援センターの職員が務めることが一般的である。ただし，会議のコーディネーターやファシリテーターを別個に配置する場合やスーパーバイザーを置いて会議の進行を行う場合もある。

第7章　ケアマネジメントが捉える地域社会─地域包括ケアシステムでのケアマネジメントの位置　　275

地域ケア個別会議は，事例提供者がケアマネジメント過程に沿って，ケース発見から契約，アセスメント，ケアプラン作成，ケアプラン実施，モニタリングの過程についてまで，当該事例の支援困難状況を順次報告する。この報告に対して，参加者からの質問を受け，どの段階でつまずいているかを明らかにし，その段階でどのように対処していくのかを協議し，困難さを解きほぐしていく。

　解決方法については，アセスメントを深めることであったり，ケアプランの生活ニーズの修正・追加であったり，ケアプラン実施での利用者や家族のストレングスや新たな資源を見いだしたり，既存の資源の役割の変更であったりと，事例によりさまざまである。

　支援困難事例の検討とは，介護支援専門員が実施してきたことを他の医療や福祉の専門職らと再検討することである。あるいは，介護支援専門員を利用するまでには至っていないが，地域のなかで支援が必要と考えられるが，支援できていない事例について検討することである。そのため，ケアマネジメントで有効とされるさまざまな方法が検討されることになる。例えば具体的には，アセスメントでは，利用者の気持ちに気づいたり，利用者のストレングスを検討したりすることである。また，ケアプランの作成においては，新たな生活ニーズを見いだしたり，新たな社会資源を活用したりできるよう計画することを検討する。ケアプランの実施では，実施により利用者や家族がどのように変化するかを予測・検討することである。

　こうした解決方法から，参加している人々に対して新しい役割を依頼したり，今までの役割の変更を求めたりする。また，会議に参加していない人々に対して，同様のことを求めることもある。このようにして，地域社会の資源に修正や変更を求めることになった場合には，その資源に対して修正や変更を依頼していく。これは，当該の事例に対して利用者を弁護し，社会資源に修正や変更を求めることである。

⑤支援困難事例についてモニタリングしていく。

　地域ケア個別会議で検討した事例は，1回の会議でその後の支援がすべてうまくいくとは限らない。逆に，継続して支援していく必要のある事例のほうがはるかに多い。そのため，議論した結論をもとに支援していった，その

結果を報告していくことも地域ケア個別会議の役割である。よって，会議後の支援でどのように変化していったのかを報告する時期を決めておくことが必要となる。事態が深刻で根深い困難性を有している場合には，頻繁に地域ケア個別会議に報告されることになる。このように，地域ケア個別会議を介して，支援困難事例に対してモニタリングを実施し，提出された事例の困難な状況を解決していくことになる。

以上①〜⑤が地域ケア個別会議で実施される基本的な内容である。次の段階からは，地域の機関や団体の代表者による地域ケア推進会議であるが，次の⑥で示す地域の課題を明らかにすることについては，支援困難事例から個々の地域ケア個別会議で地域の課題を抽出し，地域ケア推進会議に提出し，確認することから作業が始まることになる。

⑥地域の課題を明らかにする。

　個々の支援困難事例のなかで，他の社会資源に対して修正や変更を依頼した事例については，地域のどういったところが変われば，そうした依頼をする必要がなくなるのかが明らかになる。それが地域の課題であるといえるが，すべての支援困難事例から地域の課題が抽出されるわけではないし，ある支援困難事例から抽出された地域の課題がただちに地域ケア推進会議に提出されるわけでもない。地域の課題には，極めてまれな課題もある。現実的には，支援困難事例で，ある機関や団体に依頼が累積した場合に，解決が求められる地域の課題として，地域の団体や機関の代表者による地域支援計画の作成・実施につないでいくことが通常の過程である。

　こうした地域の課題の検討は，まずは個々の支援困難事例から抽出される地域の課題を地域ケア個別会議でまとめ，それを受けて，地域ケア推進会議で確認することになる。そのため，地域ケア個別会議と地域ケア推進会議の連携が重要である。

⑦地域の課題の解決方法を決める。

　確定した地域の課題に対して，どのような解決をしていくのかの計画を作成する。ここでの作成過程は，コミュニティワークで示したとおりであり，

第7章　ケアマネジメントが捉える地域社会─地域包括ケアシステムでのケアマネジメントの位置　　277

地域の課題を受けて，どのような地域社会にしていくのかの「地域の目標」を設定し，さらに個々の地域の課題に対して，どのようなことを目標にして，どのような活動を実施していくのかを計画することになる。これが地域支援計画である。さらには，そうした大枠としての計画の実施が合意されるためには，地域での活動を実施してほしい機関や団体については，代表者からの了解を得ると同時に，機関や団体といった組織自体からの了解も得ることが必要になる。

⑧地域支援計画を具体化する。

　そうして大枠として決定された地域支援計画について，人材や場所の確保，予算，具体的な活動のスケジュール等を決める。例えば「サロン活動の実施」をこの⑧の段階で決定したとすれば，そのための財源の確保方法，活動場所，活動に参加する人やその責任者，活動に参加する高齢者への呼びかけ方法，活動のプログラム，実施に向けてのスケジュール等を決めることになる。このように具体的に実施内容を示す計画は，実施計画とよばれている。

　この実施計画の具体化については，地域ケア推進会議で議論されるが，個々の市町村に配置される生活支援コーディネーターが実施計画の作成を進めていくことになる。そのため，地域ケア推進会議には，生活支援コーディネーターが参加していることが不可欠である。また，この段階においては，参加する地域の団体や機関のメンバーも代表者から，実務の代表者に移行する場合がある。当然のことであるが，最終的には，実施計画に関与する団体や機関，さらには実施計画を作成するメンバーから，実施計画についての了解を得る。

⑨地域の課題を解決するための活動を展開する。

　このようにして決定した地域での活動を具体的に展開していくことになるが，活動を側面的に支援していくのは生活支援コーディネーターとなり，地域ケア推進会議から生活支援コーディネーターに役割が移行していくことになる。ただし，次の段階である⑩の活動の評価については，地域ケア推進会議が関わることになる。

⑩地域での活動について評価する。

ここでは，地域支援計画に示された目標の実施期間をもとに，定期的に活動内容について評価される。また，実際に地域での活動を進めていくなかで，「参加者が減少した」，「活動に関わってくれる人が少なくなった」等の支障が生じた場合にも，活動の評価がなされる。このように支障が生じている場合には，再度⑦の地域の課題の検討というアセスメントに戻り，地域支援計画の変更を行っていく。

　これについては，生活支援コーディネーターも参加し，地域ケア推進会議で実施されることになる。

　以上の①〜⑩の段階で示した地域ケア会議は，支援困難事例に対する検討から始まり，新たな社会資源が開発されていくまでの過程として示したが，これらの過程は重層的に実施されていく。ここでの，地域ケア個別会議，地域ケア推進会議，生活支援コーディネーターの役割の変化を示したのが，**図 2-7-11** である。この図から，地域ケア会議では個別支援であるケアマネジメントについての PDCA サイクルと，地域支援であるコミュニティワークの PDCA サイ

個別	推進	①地域ケア会議について地域の団体や機関の理解を得る
個別		②支援困難事例が提出される
個別		③支援困難事例の検討に関係者が参加する
個別		④支援困難事例が検討される
個別		⑤支援困難事例についてモニタリングしていく
個別・推進		⑥地域の課題を明らかにする
推進		⑦地域の課題の解決方法を決める
推進		⑧地域福祉支援計画を具体化する
生活支援		⑨地域の課題を解決するための活動を展開する
推進・生活支援		⑩地域での活動について評価する

「個別」は地域ケア個別会議の役割
「推進」は地域ケア推進会議の役割
「生活支援」は生活支援コーディネーターの役割

図 2-7-11　地域ケア会議のプロセスと分担

第7章　ケアマネジメントが捉える地域社会—地域包括ケアシステムでのケアマネジメントの位置　279

クルが機能していることがわかる。同時に，地域ケア個別会議から地域ケア推進会議，地域ケア推進会議から生活支援コーディネーターへと業務が移行していく段階においては，両者が十分に連携して移行していくことの必要性が理解できる。また，生活支援コーディネーターの活動のベースには協議体が必要であるとされるが，ここでは地域ケア推進会議が協議体としての役割を果たしていることになる。

第4節 地域包括ケアシステムとケアマネジメントの課題

地域包括ケアシステムの課題

　地域包括ケアシステムとは何を意味しているのであろうか。『地域包括ケア研究会 報告書』では，「ニーズに応じた住宅が提供されることを基本とした上で，生活上の安全・安心・健康を確保するために，医療や介護のみならず，福祉サービスを含めた様々な生活支援サービスが日常生活の場（日常生活圏域）で適切に提供できるような地域での体制」[6]としている。これは，地域での生活をできる限り維持していくことをめざすものであるが，その範囲を日常生活圏域として設定していることに特徴があり，30分程度でサービスが届けられる中学校区が想定されている。そこでの中核機能を担うのが地域包括支援センターである。

　地域包括ケアの「包括」に焦点を当てて，その意味を捉えると，①対応する利用者の生活ニーズを包括的に捉えることであり，利用者の医療，介護，住宅，雇用，所得等のあらゆる生活ニーズに包括的に対応することである。これには，個々の利用者に対してワンストップでサービスが提供されることを含んでいる。②生活ニーズに対応するケアの提供者が包括であり，日常生活圏域にある多様なインフォーマルサポートとフォーマルサービスの供給主体が凝集性をもって，包括的に対応することである。結果として，提供機関間で密な連携がとれて，利用者にサービスやサポートが円滑に届けられることになる。③対応する利用者が包括であり，本来であれば，子どもから高齢者までを含めたすべての住民に対応する必要がある。ただし，地域包括ケアシステムは介護保険財源で実施しているため，高齢者が中心になっている。さらに，これらの包括

280　　第2編　ケアマネジメントの中核

的な地域のケアシステムに加えて，利用者の時間的な変化に合わせて継続的に
ケアが提供される継続的ケアの確立が課題である。一般に，「包括的・継続的
ケア」とよばれているが，こうしたシステムの構築が求められる。

　ここでいわれる地域包括ケアシステムはコミュニティケアの推進であること
に違いはないが，地域の単位を，日常生活の場である中学校区を基本に設定し
ていることに特徴がある。また，政策的には，保健・医療・介護といった厚生
労働省の施策だけでなく，住宅といった国土交通省の施策をベースに取り込ん
だものとなっている。ただし，介護保険制度をもとに推進されていることか
ら，高齢者を対象にしたものとする傾向が強い。今後，住民を対象としたもの
へと，財源も含めて，どのようにシフトしていくのかが大きな課題である。同
時に，対象者を拡大することになれば，所得保障，雇用，教育，人権擁護と
いった施策も包含した地域包括ケアシステムを検討していく必要がある。

全世代・全対象型地域包括支援体制の構築

　2015（平成27）年9月，厚生労働省の「新たな福祉サービスのシステム等
のあり方検討プロジェクトチーム」によって「誰もが支え合う地域の構築に向
けた福祉サービスの実現―新たな時代に対応した福祉の提供ビジョン―」が出
された。これは，高齢者，障害者，児童，生活困窮者などの課題を，地域全体
で支える力を再構築することを求め，これまでのように分野ごとに相談・支援
を提供しても，必ずしも十分ではなかったことの反省をふまえて「対象者の状
況に応じて，分野を問わず包括的に相談・支援を行うことを可能にする」地域
づくりをめざすものである。

　「80・50問題」で代表される「世帯単位で複数分野の福祉的課題を抱える」
という現代特有の状況に対応していくためには，介護や障害，子育て，生活困
窮といった分野の垣根を越えるサービスの構想と実践を目標にする「全世代・
全対象型地域包括支援体制」の構築が必要であり，社会福祉ニーズが複雑多様
化していることを受けて，さらに分野ごとの相談・支援では十分にニーズを満
たせるものでなくなっていることをふまえ，地域包括ケアシステムの規模を拡
充し，より広範なニーズをくみ取り，適切な支援が実施される地域福祉制度の
構築を求めている。

ここでは，今後四つの施策を具体的に推進していくことになる。

まずは，新しい地域包括支援体制の確立に向けての基本となる，①分野を問わない包括的な相談支援の実施，②地域の実情に見合った総合的なサービス提供体制の確立である。

①分野を問わない包括的な相談支援の実施

　新しい地域包括支援体制（全世代・全対象型地域包括支援）を実現するためには，複数分野の問題や複雑に絡む問題を抱える対象者や世帯に対し，相談支援を分野横断的かつ包括的に提供することが求められる。これを実現するためには，相談支援において，分野ごとに別々に支援を行っていたのでは，十分な支援は行い得ない。分野を問わずワンストップで相談・支援を行うことや，各分野間の相談機関が連携を密にとることにより，対象者やその世帯について，分野横断的かつ包括的な相談・支援を実現するための方策を推進する。

②地域の実情に見合った総合的なサービス提供体制の確立

　サービスの提供にあたっては，専門性にのっとり高齢者介護，障害者福祉，子育て支援，生活困窮等の支援を別々に提供する方法のほかに，複数分野の支援を総合的にサービス提供する方法を検討する。

以上のような全世代を対象とする相談体制とサービス提供体制を確立していくためには，③生産性の向上と効率的なサービス提供体制の確立と，④総合的な福祉人材の確保・育成が求められる。

③生産性の向上と効率的なサービス提供体制の確立

　生産性の向上や業務の効率化を図り，少ない人数でのサービス提供が可能となるような，将来を見据えた福祉サービスのあり方を検討する。

④総合的な福祉人材の確保・育成

　新しい地域包括支援体制を確立するため，複数分野を束ね，必要とされる支援を実施するために業務や職員をコーディネートする者や，自らの専門分野のほかに分野横断的な福祉に関する基礎知識をもつことにより，さまざまな分野の基礎的な支援については臨機応変に担うことができる人材養成が求められるとしている。同時に，福祉業界における働き方・キャリアの積み方をより魅力的なものとし，福祉業界内には幅広い業務があり，

必ずしも一つの分野のみで働いていくのではなく，ライフステージ等に応じて異なる分野でも活躍できるよう，多様なキャリアステップを歩める環境の整備を推進する。

この人材について，ケアマネジャーはどこを担うことになるのか。こうした地域包括支援体制での相談業務や地域づくりを担う人材として，専門職間の再編成が必要になっていくであろう。

これにより，地域包括ケアシステムについて問題提起をした課題であった，高齢者を超えたすべての住民を対象として地域包括ケアシステムに深化していくであろうことは評価できる。ただ，すべての世代にわたって，生活の継続性を確保するシステムの構築については，今後の課題として残っている。これの制度面での最終的な到着点は，ドイツのように全世代対応型の介護保険制度に転換することでもって，すべての利用者の生活の継続性を確保することにあるといえる[7]。

「我が事・丸ごと」地域共生社会の実現に向けて

さらに，上記の「誰もが支え合う地域の構築に向けた福祉サービスの実現—新たな時代に対応した福祉の提供ビジョン—」を継承して，新たに厚生労働大臣をトップにした「『我が事・丸ごと』地域共生社会実現本部」が2016（平成28）年7月15日に立ち上がった。ここでいう「丸ごと」とは，従来の縦割りによる相談や支援から世代横断的な相談と支援の体制を確立することである。この対応として，世代横断型での相談体制の構築や，障害者や高齢者がともに利用できる訪問介護，通所介護，短期入所といった共生型サービスができていくことになった。これについては，行政施策でもって推進される部分と，さらに世代横断的な相談ができる人材の養成が求められる。また，高齢者に焦点を当ててきた介護支援専門員や，障害者に焦点を当ててきた相談支援専門員が，家族全体に焦点を当ててケアマネジメントをしていくことが求められている。そのためには，ケアマネジャーによる家族成員間での家族力動や世代別に提供されるサービスについての理解やその支援が必要になっている。

一方，「我が事」は，地域づくりや地域の課題の解決に対して地域の住民が他人事であったことから，我が事への転換を図っていくことであり，地域共生

社会を確立していこうとするものである。これについては，行政施策で実施できることがほとんどなく，地域の地域づくりの専門家という人材を養成していくことで推進されていくことになる。「我が事」とは，住民主体のことであり，ある意味では，住民を巻き込む，専門家から住民に役割の移し替え，といった言葉でコミュニティワークの専門職が実施してきたことである。

　具体的に，地域の団体や機関，さらには住民が，地域の問題や課題を我が事として実感し，積極的に関わることができるようにするために，地域で起こっている支援困難事例について検討の場があり，そこにそうした組織や住民が参加することで地域の問題や課題に直面することが基本である。次に，参加した人々が地域の課題を解決していく活動内容をPDCAサイクルで地域支援計画を作成し，自らも活動に参加するよう動機づけを高めることである。そして，地域支援計画を評価することで，地域の団体や機関，さらには住民が実際に活動したことの成果を確認でき，地域に役に立っているという有用感を得ていくよう支援することである。これはまさにコミュニティワークの方法であり，人材を養成し，これを推進する以外に，我が事に対応する特効薬はないといえる。

注

1) 白澤政和（1987）「地域福祉推進ソーシャルワーカー養成のあり方：ケース・マネージメントの視点から」『地域福祉研究』（15），27-39.
　※地域福祉にはケアマネジメントが不可欠であることを明らかにした。
2) 地域包括ケア研究会・三菱UFJリサーチ＆コンサルティング（2010）『地域包括ケア研究会　報告書（平成21年度老人保健健康増進等事業による研究報告書）』平成22年3月.
3) 岡村重夫（1974）『地域福祉論：社会福祉選書1』光生館，69.
4) Benedict Rumbold and Sara Shaw（2010）Horizontal and Vertical Integration in the UK：Lessons from History, *Journal of Integrated Care*, 18（6），45-52.
5) 和気純子（2008）「高齢者の相談援助における『支援困難ケース』：ソーシャルワークからの接近」伊藤冨士江編著『わが国におけるソーシャルワーク実践の展開：小松源助先生の研究業績の継承を願って』川島書店，243.
6) 前掲書2).
7) 白澤政和（2017）「今，問われる介護保険の課題：長期展望での改革の必要性」『地方議会人』（10月号），12.

コラム6 地域での活動を進めていくためには，どのような業務を行うことが必要か？

　地域包括支援センターには地域づくりの役割が求められているが，どのようにして地域での活動を開発しているのかを明らかにすることが求められている。ここでは，地域づくりのために，地域包括支援センターがどのような業務に取り組んでいるのかを検討してみる。

＊＊＊

地域包括支援センターが実践する地域での活動推進に向けての実施内容の構造

　地域包括支援センターが地域の人々が地域での活動を推進することに向けて取り組む実施内容について，その実施内容の構造を明確にすることが研究目的である。研究の方法は，各都道府県のホームページに掲載されている地域包括支援センター一覧から，人口規模に合わせて層化無作為抽出法により合計1,000カ所の地域包括支援センターを抽出し，郵送調査を実施した。回収率は35.5％であり，管理者の基本属性は**表2-7-2**のとおりであった。

　調査票への記入は自記式であり，回答者は「地域包括支援センターが実施する地域での活動に向けての取り組みの実施度」を測ることを目的に，管理者を調査対象とした。調査期間は，2015（平成27）年2月28日〜3月13日であった。「地域での活動に向けての取り組み状況」として，地域包括支援センターとして取り組んでいる地域での活動の推進に向けての具体的取り組み内容である計37の質問項目を設定し，それぞれに6件法の回答選択肢（「まったく実施していない」〜「十分に実施している」）を設けて回答を求めた。「地域活動実施状況」として回答を得た37項目について主因子法斜交モデルによる因子分析を行い，どのような実施内容についての構造がみられるのかについて分析を行った。因子分析の結果，**表2-7-3**に示すように37項目からなる五つの因子が抽出された。また，それぞれの因子を構成する質問項目から各因子に命名を行い，Cronbach'αにより，信頼性（内的一貫性）を確認した。

表2-7-2　管理者および所属センターの基本属性（N = 355)

項　　目	カテゴリー	N （%)
性　　別	男性	143 （40.3)
	女性	209 （58.9)
	無回答	3 （0.8)
年　　齢	30 歳代	29 （8.2)
	40 歳代	128 （36.1)
	50 歳代	164 （46.2)
	60 歳代	30 （8.5)
	無回答	4 （1.0)
所属センターの運営形態	委託	266 （74.9)
	直営	88 （24.8)
	無回答	1 （0.3)

　第1因子は，地域での活動を実施していくうえでの運営方法に関わる項目と，その活動の評価に関する項目によって構成されていた。地域での活動の評価は，活動の実施に合わせて随時行われるべきものであり，「地域での活動の実施とモニタリング」（α = 0.966）と命名した。第2因子は，地域に関わる種々の情報についての情報収集の実践が一つの因子として収束していたことから，「地域についての情報収集」（α = 0.913）と命名した。第3因子は，地域での活動を展開する事前準備として行われていた，地域住民への地域活動の周知（内容・目的・担い手・規模），根回し等に関する項目によって構成されていたことから「地域での活動実施準備」（α = 0.958）と命名した。第4因子は，地域での活動の内容や目的，担い手や規模を計画するプロセスを表す項目から構成されていたことから，「地域での活動プランニング」（α = 0.925）と命名した。第5因子は，情報収集で得られた地域の情報を専門的な視座から読み解き，地域の課題を見極めることを表す項目

表 2-7-3　地域活動に対する取り組み（37項目）の因子分析結果

地域活動に対する取り組み（37項目）	因　子				
	F1	F2	F3	F4	F5
32 地域活動の成果の評価	.956	− .007	.016	− .023	− .066
36 地域活動の継続に向けた人材育成	.874	− .023	− .100	− .038	.082
33 評価をふまえた活動計画の修正・変更	.872	− .076	− .077	.182	− .003
31 地域活動の内容・担い手等の適切性評価	.864	− .066	.124	− .012	− .030
30 目的達成に向けた地域活動の評価	.836	− .033	.138	− .009	− .016
37 包括からの地域活動主体の移行	.777	.042	− .109	− .030	.070
35 地域活動の継続性確保のための計画	.763	− .107	− .027	.190	.023
34 活動成果の住民へのフィードバック	.730	− .060	.044	.090	.090
26 地域活動の担い手確保の取り組み	.649	.065	.254	− .155	.053
27 担い手間の共通認識形成	.619	.012	.335	− .104	.034
29 段階的な地域活動の実施	.598	.165	.247	− .001	− .093
28 柔軟な地域活動の実施	.509	.188	.388	− .024	− .171
5 地域内の人間関係の把握	.093	.974	− .167	− .047	− .146
4 地域内のキーパーソンの把握	− .009	.882	− .100	.088	− .095
6 地域住民の意識把握	.123	.748	− .009	− .054	.059
7 住民組織の把握	− .209	.742	.081	.028	.064
9 地域住民の主義・主張の把握	.112	.721	− .035	− .060	.068
1 自身を知ってもらうために地域へ出向く	.116	.633	.018	.061	− .182
2 包括職員間での地域情報の共有	− .020	.611	− .044	.092	− .117
10 住民組織等の活動状況の把握	− .062	.606	.131	− .093	.208
8 地域資源間の関係性の把握	− .045	.552	.108	− .008	.100
3 統計資料等による地域情報の把握	− .161	.526	− .022	.114	.061
11 地域における問題状況の把握	− .014	.397	.173	− .124	.386
23 地域住民への活動内容の説明	.093	− .052	.882	.047	− .002
24 地域住民への担い手の説明	.122	− .103	.873	.014	.047
22 地域住民への活動目的の説明	.046	− .023	.847	.065	.053

地域活動に対する取り組み（37項目）	因 子				
	F1	F2	F3	F4	F5
25 地域住民への活動規模の説明	.159	− .056	.745	.031	.084
21 地域活動の提案をする人物の見極め	.075	.216	.569	.174	− .135
18 地域活動の具体的目的の設定	.045	.008	.132	.855	− .057
17 地域活動の具体的内容の設定	.138	.015	.084	.808	− .084
19 地域活動の具体的担い手の設定	− .004	.006	.311	.614	.038
16 NW 構築を意図した地域活動計画作成	.282	.087	− .213	.492	.233
20 地域活動を展開する規模の設定	− .042	.073	.423	.491	.011
14 既存資源で対応できない問題の把握	.061	− .039	.032	− .089	.868
13 既存資源で対応可能な問題の検討	− .018	.077	.028	.073	.738
12 多角的な視点による地域の実情把握	.008	.404	.078	− .037	.496
15 問題解決を意図した地域活動計画の作成	.268	.119	− .222	.316	.447

※　因子抽出法：主因子法　Kaiser-Meyer-Olkin（KMO）の標本妥当性 = 0.960
　　回転法：Kaiser 正規化を伴うプロマックス法

で構成されていたことから「地域アセスメント」（$\alpha = 0.871$）と命名した。また，それぞれの因子間相関をピアソンの積率相関係数によって測定したところ，すべての因子間に正の相関が確認され（0.1％水準で有意），析出された因子が相互に関連し合って「地域での活動に向けての取り組み」が実践されていることが明らかとなった。

　因子分析の結果，地域での活動を推進する実践構造を明らかにすることができた。これは，「地域での活動の実施とモニタリング」，「地域の情報収集」，「地域での活動実施準備」，「地域での活動プランニング」「地域アセスメント」の５因子で構造化されていることが示された。以上から，地域での活動は，地域の情報収集をベースにして，地域のアセスメントを実施し，それに基づき地域での活動のプランニングを行い，地域での活動実施の準備を行い，地域活動の実施とモニタリングという PDCA サイクルで展開してい

ると予測できる。さらに，これら五つの実践は相互に関連していることが明らかになった。

＊＊＊

　本研究では，地域包括支援センターの地域での活動についての量的研究に加えて，質的研究も別個行っている。そこでは，ケアマネジメントの個別ニーズへの対応から地域の課題が抽出され，地域の課題に対応した地域での活動が展開することが明らかになった。地域での活動プロセスは，支援困難事例の分析を含めた「地域アセスメント」により抽出した地域の課題から，「地域活動の計画・準備」をし，「地域活動の実施」へと移行し，「地域活動の実施」のなかで新たな課題を抽出した場合には，再度「地域アセスメント」を行い，「地域での活動の計画・準備」の修正を行いながら，PDCA サイクルで地域活動は展開していた。

（出典）Masakazu Shirasawa and Kazutaka Masuda and Ryousuke Hata（2017）*A study on structure to promote development of community-based programs : based on a survey with community comprehensive support centers*, 2017 Asia Pacific Joint Regional Social Work Conference, Shenzhen, China.

第3編

ケアマネジメントの展開

第1章

ストレングスを活用した
ケアマネジメント

第1節 ストレングスモデルの考え方

　本章では，ケアマネジメントの技法のなかでも，アメリカなどで一般化されてきたストレングスモデルをもとにしたケアマネジメントについて明らかにしていく。ストレングスモデル（strengths model）を用いたケアマネジメントの技法とはいかなるものなのかについて検討するとともに，2005（平成17）年の「介護保険法改正」〔2006（平成18）年4月施行〕によって登場した新たな予防給付対象者や，在宅重度者，認知症患者，身体・知的・精神障害者，そして施設の入所者などのケアマネジメントにおけるストレングスモデルについて，さまざまな事例に基づき検討していく。

　なお，その際の基本として位置づけておかなければならないことは，ケアマネジャーを含めた支援者は利用者に対する価値観を再確認しなければならないということである。ケアマネジャーがストレングスモデルによるアプローチを展開させるためには，あらゆる利用者を一人の人間として，尊厳を保持すべく，可能性や希望をもった人として捉え，対応するといった価値や態度が求められる。

ストレングスとは何か

　すべての人々は，生来的な"弱さ"（ウィークネス：weaknesses）と"強さ"（ストレングス：strengths）を併せもっている。そして，前者のウィークネスが，生活上の諸問題を引き起こす背景となる。一方で，後者のストレングスは，その人の成長や生活の充実を促進していくものになりうる。人々は，

292　第3編　ケアマネジメントの展開

ウィークネスを克服し，ストレングスを伸ばすことによって，日々生じる生活
ニーズを自らの自己決定のもとで解決しながら，一人ひとりの人生を歩んでい
るといえる。これはまさに個々人の自立を意味し，これをケアマネジャーが支
援している。

　ところで，こうしたウィークネスのなかにはさまざまな要素が存在する。身
体機能的側面でいえば，疾病や身体機能の衰え〔ADL（Activities of Daily Liv-
ing）や IADL（Instrumental ADL）の低下〕，精神心理的側面では意欲の低下
や他人との関わりの拒否などがある。また，社会環境的側面から考えれば，介
護者のいない独居要介護高齢者や地域からの孤立といった生活環境，さらには
バリアのある住環境といった物理的な環境などが考えられる。

　一方で，ストレングスのなかには，利用者本人の身体機能的側面での潜在的
な身体能力（○○ができる体力や ADL），精神心理的側面での意欲（「○○が
したいという気持ち」）や抱負（「○○がしたいといった希望」），そして，社会
環境的側面での介護してくれる子どもや昔なじみの友人の存在といった地域で
の対人的な関係などが考えられる。さらにいえば，利用者が有している貯蓄や
年金などの経済的な要素も社会環境的側面でのストレングスの一つである。

　そうしたなか，従来のケアマネジメントにおいては，往々にして利用者の
ウィークネスをアセスメントし，それらを背景とした問題を解決するケアプラ
ンを作成してきた。その一方で，ストレングスモデルの考え方とは，利用者が
もつストレングスに着目し支援していくことにある。ストレングスを支援する
ことで，単に生活ニーズを解決することだけではなく，それを超えた，自らが
生活ニーズに打ち克っていく力をも導き出す考え方より，ストレングスモデル
によるケアマネジメントの方法が生まれてきた。

従来の利用者に対する見方を変える

　従来の考え方と比較すると，第一に，これまでのケアマネジメントでは，利
用者のウィークネスともいえる問題状況を背景に生じていた生活ニーズを，ケ
アマネジャーが利用者と一緒になって解決しようとしてきた。このアプローチ
そのものについては，何ら否定されるものではなく，今後も必要不可欠なもの
であり，利用者の生活ニーズを解決するために，その背景となる問題状況にケ

アマネジャーが着目するのは，当然の道理ともいえる。しかしながら，こうした方法は，「医学モデル」によるアプローチに近く，マイナスの状況をゼロの状況に取り戻すといった発想が強い。また，そうした方法では，利用者が生活していくうえで背景となるマイナス面を必ずしも解決できるとは限らない場合が多々ある。例えば，利用者が被った疾病一つをとっても，ケアマネジャーが関わる際には急性期よりも慢性期の状態にあることが多く，常にマイナスの状況をゼロの状況に戻すことができるとは限らない。同時に，ストレングスを活用することでもって，ゼロの状況に戻すことも可能となる。あるいは，別の生活状況について，ゼロからプラスに向けて支援することができる。そうしたことからしても，利用者のもつウィークネスのみに焦点を当てていくだけでは，生活ニーズの十分な解決は図れない。それゆえに，利用者のもつストレングスに着目し，それらを伸ばしていくといった発想の支援が必要となってきた。

第二には，利用者のもつストレングスに焦点を当てることで，従来は「問題をもった人」という発想で捉えられてきた利用者について，弱さだけでなく強さももった人間として捉えることができるようになる。それゆえ，ケアマネジャーの思考としても，単に利用者の生活ニーズを解決していくといったものではなく，その人の生活全体を支援し，成長・発達させていくといった考え方に変わっていくことにつながる。そのため，こうしたアプローチは，利用者のウィークネスを解決し，マイナスをゼロにしていくだけでなく，併せもつストレングスを伸ばしていくといった意味で，一般に「生活モデル」と総称されている。

このように，ストレングスモデルを活用したアプローチを用いることで，ケアマネジャーは，利用者に対する見方や価値観を変えていくことになる。すなわち，単に「問題をもった人」というよりも，「ウィークネスをもっているが，同時に，ストレングスももっている人」といった価値観で利用者に対応することができるようになる。その結果として，利用者との対等な関係が築かれ，その接し方もアットホームなものに変化していくことになる。そうした一連の流れをベースとして，利用者一人ひとりを尊厳のある一人の人間として捉えることは，ストレングスモデルが包摂する一つの目的でもある。

表3-1-1は，ベッキー・ファーストとローズマリー・チャピンが示したスト

294　　第3編　ケアマネジメントの展開

レングスモデルと医学モデルの違いである[1]。

ストレングスモデルが生まれてきた背景

　ストレングスを活用する考え方は，1990年代になり関心が高まってきた。これは伝統的な問題解決的な発想から決別し，不利な状況に置かれている利用者が個別的な問題や問題状況に対して自ら打ち克っていくよう支援することを

表3-1-1　ストレングスモデル対医学モデル

	ストレングスモデル	医学モデル
援助過程における価値基盤	利用者は成長し，回復し，学ぶ可能性がある。 利用者は自分自身の欲求やニーズを認識する能力がある。	問題の解決は専門家の専門的技術に依存する。 利用者はその問題について解決するための観察力や知識に欠けている。
問題解決に向けて	人間の個別性，独自性。 利用者とその環境のなかに存在する。 自然発生的な社会資源を最初に利用する。	専門家本位のアセスメントおよびサービスを提供し，定められた治療方針に従う。
ケアマネジメントとの関係	利用者が望む方向で決める。 関係と信頼を築くことに留意する。 ケアマネジャーは可能ならばインフォーマルな支援者と交代する。	ケア提供者主導の意思決定および援助。 問題の本質を判断するのに専門家の知識に頼る。
ケアマネジメントですべきこと	ケース目標達成のために利用者を支援する。 インフォーマルな支援ネットワークを再生し，つくり出す。 利用者のニーズ，希望の論理に基づくサービス提供。	障害を克服するための技術指導。 モニタリングの結果に従う。 問題を医学的にマネジメントする。
望ましい結果	相互依存。 生活の質向上。 利用者の満足。	問題解決。 身体機能の最高の状態。 治療水準を満たすこと。

〔出典：ベッキー・ファースト，ローズマリー・チャピン（2005）『高齢者・ストレングスモデルケアマネジメント：ケアマネジャーのための研修マニュアル』青木信雄・浅野　仁訳，筒井書房，38.〕

第1章　ストレングスを活用したケアマネジメント　　**295**

目的にするものである。ここには，支援する者が利用者を否定的に認知すれば，利用者の肯定的な変化は期待薄であるという考え方にある。さらにいえば，支援する者が利用者を診断的な範疇や問題をもった者としてみることは，支援する者と利用者の間で距離をつくることになる考えが基本にある。

　それでは，こうしたストレングスの考え方に基づくケアマネジメントがアメリカにおいて生まれてきた背景について，説明したい。

　1970年代の後半にアメリカでケアマネジメントは成立し，ケースマネジメントとよばれていたが，当初，単純に利用者のウィークネスをアセスメントすることで生活ニーズを捉え，その解決を図っていくといった視点からのアプローチが主流であった。このようなアプローチは，一般に「ブローカーモデル」（broker model）とよばれ，利用者のもつ生活ニーズを社会資源に結びつけることによって，問題を解決しようとしてきた。しかしながら，ブローカーモデルに対する評価として，利用者の QOL（Quality of Life）や地域での生活力が十分に高められないことが明らかになってきた。同時に，ケアマネジメントは財源の抑制に寄与すると考えられているが，このブローカーモデルでは必ずしもそうした結果を生み出していないことも指摘された[2, 3]。利用者のQOL の向上と財源抑制という相矛盾する要素が同時に実現できるといった考え方からケアマネジメントが世界の国々に普及していったことを考えると，ブローカーモデルによるケアマネジメントは，そうした期待に十分に応えられるものではなかった。

　そうした反省から，精神障害者を対象として，ブローカーモデルを超えようとするいくつかのケアマネジメントアプローチが生まれてきた。ケアマネジメントとリハビリテーションや SST（Social Skills Training：社会生活技能訓練）を一体的に実施することで効果を高める「リハビリテーションモデル」（rehabilitation model）や，重度者への医療と一体となっての積極的なアウトリーチ手法である「パクトモデル」〔PACT（Program of Assertive Community Treatment）model〕といったアプローチもこれに相当するが，かつ一人の人間としての尊厳を保持すべく，ストレングスモデルによるアプローチが現れ，その効果が高く評価されるようになった。なかでも，チャールズ・ラップ（Charls Rapp）を中心としてカンザス大学を拠点に展開されてきたストレングスモデ

296　　第3編　ケアマネジメントの展開

ルのケアマネジメントは，利用者本人のもっている能力や意欲・抱負・好みといったストレングス，さらには利用者にとっての環境面でのストレングスであるさまざまな社会資源に着目してアセスメントし，ケアプランを作成することで，ブローカーモデルを超えようとするものである。なお，他のモデルと同様に，ストレングスモデルについても多くの評価研究がなされてきた。ちなみに，アメリカにおける精神障害者に向けたストレングスモデルによるケアマネジメントの効果に対する評価研究では，①利用者のケアマネジメントに対する満足度は高く，②利用者がストレスに強くなり，③再入院率も低くなり，結果的に医療費等の社会保障財源を抑制することにつながっていることが示されている[4~6]。

そうした成果を重ねながら，ストレングスモデルは，精神障害者を対象にしたものから，高齢者を含めたさまざまな対象者へのケアマネジメントの実践でも有効であるとされ，広く普及してきた。同時に，そうした考え方は諸外国のケアマネジメントにも影響を与え，昨今では，日本においてもストレングスモデルによるケアマネジメントがさまざまな場面で注目されている。例えば，第3編第4章「ケアマネジメントにおける予防の意味と方法」で詳述するように，「介護保険法改正」により位置づけられた新たな予防給付においても，利用者のもつストレングスをいかに活用して支援を行っていくのかという発想が垣間見られる。具体的にいえば，利用者のもつ能力や意欲を活用し，介護保険制度のなかのサービスだけでなく，その他の多くの社会資源を活用することを介護予防ケアマネジメントとしており，ストレングスを活用する指向性がある。

ストレングスモデルに関連する考え方

サリービー（D. Saleebey）はストレングスモデルでのケアマネジメントで，ケアマネジャーがもたなければならない六原則を挙げている[7]。

第1原則　いずれの個人，集団，家族，地域社会もストレングスを有している。

第2原則　トラウマ，虐待，病気，苦悩は害になるであろうが，それらは挑戦や新たな機会の源にもなる。

第1章　ストレングスを活用したケアマネジメント　　297

第3原則　個人，集団，地域社会の成長や変化，さらには願いには上限の限りがないものとして認識する。

第4原則　利用者と協働することで，最高に利用者に仕えることができる。これは利用者が変化し，成長し，自己実現する能力を信じることである。

第5原則　あらゆる環境は資源の宝庫である。利用者の権利を奪うような家族，集団，地域社会であっても，潜在的な可能性を豊富に有している。

第6原則　ケアされることとすることが重要である（ケアというのは社会的な絆や相互連関性を強めるものである）。

　これらの六原則は，ケアマネジャーが利用者や社会を捉える価値を提示しており，そうした価値を有することで始めて，ストレングスモデルのケアマネジメントが成立するといえる。

　また，ストレングスモデルの考え方は，現在生じているさまざまな支援の理念や方法とも密接に関連している。例えば，第2編第3章「支援する利用者を捉える」で詳述したICF（International Classification of Functioning, Disability and Health）の考え方には，ストレングスモデルと親和性がある。具体的にいえば，従来の概念であるICIDH（International Classification of Impairment, Disability and Handicaps）では，「疾患・変調」「機能・形態障害」「能力障害」「社会的不利」といった利用者のマイナス面を捉えることに重きが置かれてきたが，ICFでは，「健康状態」「心身機能・身体構造」「活動」「参加」というプラス面とマイナス面を併せもつ中立的な概念としての「生活機能」に焦点を当てて利用者を捉えることへと変化している。すなわち，ICIDHでは，利用者本人の低下している機能や能力を回復させること，あるいは社会的不利を解決していこうということに重点を置くことで生活ニーズの解決を図ろうとしてきたが，ICFにおいては，人間はその心身機能や身体構造の一部にウィークネスをもちながらも，同時にストレングスの要素ももっているといった視点で利用者を捉え，ストレングスを活用して支援を行うものとしている。そのうえで，活動や参加といった概念を使うことにより，人間はウィークネスだけでなくストレングスをもって活動や参加しているとして捉える特徴もみられる。

第二には，近年の保健・福祉分野の世界で「エンパワメント」（empower-
ment）という言葉が頻出されるようになってきたが，このエンパワメントと
ストレングスの関連性が挙げられる。エンパワメントとは，利用者自らが日常
生活上で力を身につけ，さまざまな課題を解決していく能力を獲得し，実際に
その解決に立ち向かっていくことを意味している[8〜10]。一方，ストレングス
モデルによるケアマネジメントは，単に利用者の生活ニーズを解決していくだ
けでなく，本人が力をつけ他の生活ニーズに遭遇したときにも，自らその解決
に向かっていくことを目的にしている。すなわち，ストレングスモデルによる
ケアマネジメントは，利用者のエンパワメントを支援することを目的としてい
るといえる。なぜなら，利用者は，ストレングスが強化されることによって力
を得て，自らの生活ニーズを解決する能力が高まるからである。それゆえ，ス
トレングスモデルによるケアマネジメントは，利用者に対するエンパワメント
にも寄与することになる。換言すれば，利用者に対するエンパワメントこそが
ストレングスモデルの終着点である。そこでは，利用者が支援者であるケアマ
ネジャーから自立し，独り立ちしていく可能性をもつものである。

　第三に，昨今よく耳にする「ナラティブアプローチ」（narrative approach）
とストレングスモデルとの関係を整理しておく。ナラティブアプローチとは，
人々の物語性を重視する支援であり，ナラティブアプローチにおいては，利用
者こそが自らを最もよく知っていることを前提として，利用者本人が物語る内
容に本当の姿があるといった考え方をベースにしている。そのなかで，利用者
は自らを低く評価する「ドミナントストーリー（dominant story）」に支配され
がちとなるが，別のストーリーである「オルタナティブストーリー」（alterna-
tive story）に気づくことで，自らの居場所をみつけることができるとされてい
る。その際に，利用者が自らのストレングスをみつけ出し，オルタナティブス
トーリーを物語れるよう支援することが，ナラティブアプローチである。その
根底には，利用者の課題を支援者が専門的な立場から診断することへの批判が
ある。それゆえ，ナラティブアプローチは，利用者が自ら物語ることで内在す
る課題を外在化させ，利用者が自らのストレングスによってその可能性をみつ
け出していくことをねらいとしている。

第1章　ストレングスを活用したケアマネジメント

第2節 ストレングスモデルを活用したアセスメントとケアプラン

ストレングスモデルを活用したケアプランとは

　本節では，前述したアメリカにおけるストレングスモデルの第一人者，チャールズ・ラップ（Charles A. Rapp）が取り上げている二つの事例から[11]，ケアマネジャーが行うストレングスモデルでのアプローチについて検討してみたい。

事例1

　Aさん：精神障害をもっている若い男性。在宅で生活をしているが，ずっと入浴を拒否している。

　この事例に対して，「あなたが利用しているデイサービスセンターの他の利用者に迷惑をかけるから入浴しましょう」，あるいは「身体を清潔にしないと，職業安定所にいっても仕事は得られませんよ」などといった導き方をしても，Aさんは入浴しないだろう。なぜなら，Aさんはすき好んでデイサービスに通っているわけでもなく，新たな仕事に就きたいという強い熱意ももっていないからである。つまり，適切な動機づけがなければ，Aさんを入浴させることはできない。

　そうしたなか，ストレングスモデルのアセスメントツールを用いたことによって，Aさんが一番興味をもっていることがわかった。それは，ファンであるディスクジョッキーのラジオ番組を聞くことである。そこで，ケアマネジャーが「あなたの好きなディスクジョッキーを見にいくために入浴しましょう」と提案すると，Aさんは入浴し，ケアマネジャーと一緒にディスクジョッキーをガラス越しに見にいった。その後，Aさんはその好みを生かして，デイサービスセンターにおいて自らディスクジョッキーとなって，参加している人に音楽を聞かせるようになり，当然のことながら，自ら進んで入浴するようにもなった。

　これは，利用者本人の"好み"というストレングスに焦点を当てることによって，支援が進展した事例といえる。

300　第3編　ケアマネジメントの展開

事例2

Bさん：統合失調症で，しばしば過度なアルコール飲酒がある。統合失調
　　　　症については適切な投薬管理ができているが，過度な飲酒がやめ
　　　　られない状況にある。

　Bさんはグループホームに入居しているが，Bさん本人の意志としてア
パートを借りて一人で暮らしたいという強い思いがあった。しかし，グ
ループホームの担当職員は，Bさんの状況からして無理だと反対してき
た。その一方で，担当のケアマネジャーは，Bさんの強い思いであるア
パート生活を実現できるよう支援を行い，それを実現しようとした。

　そうしたなか，飲酒についての話し合いがケアマネジャーとBさんの間
で行われた。Bさんは，「グループホームには居続けたくないので，飲酒
を減らす」という決心を固めた。すなわち，Bさんは自ら目標を定め，
「日曜日以外は飲酒しない」というケアプランをケアマネジャーと一緒に
つくり実行した。

　この事例では，自分でアパートを借りて一人暮らしがしたいというケー
ス目標のなかで，Bさんの意欲を支援することによって，生活ニーズの解
決が図られている。

　二つの事例は，どちらも精神障害者に対するケアマネジメントであるが，そ
のなかでケアマネジャーは，利用者のもっているストレングスに着目すること
によって，困難であった生活ニーズを解決している。

　【事例1】では，本人の"好み"に着目することで入浴が可能となり，【事
例2】では，利用者本人の"意欲"を重視することで過度な飲酒を抑えるこ
とができた。さらには，双方ともに利用者本人から潜在的な力を引き出すこと
につながっている。具体的には，【事例1】では，デイサービスセンターで
ディスクジョッキーとして活躍するようになり，【事例2】においては，積極
的な在宅生活ができるようになることにより，再入院が防げ，医療費財源を抑
制することにも寄与している。二つの事例は，こうした付加的な価値も生み出
している。日本のケアマネジャーも，知らず知らずのうちにこうしたストレン
グスモデルによるケアマネジメントを活用していることと思われるが，その際

第1章　ストレングスを活用したケアマネジメント　　**301**

には，支援者側がストレングスモデルについて明確に意識し，理論的にも理解しながら活用していくことが重要となる。

　そこで，どうすればストレングスモデルを活用したケアプランが作成・実施できるのかについて，次項で具体的に説明していく。

アセスメントと支援目標の設定でストレングスを捉える

　まず，利用者やその社会環境がもつストレングスをどの場面で把握し，ケアプランの作成・実施につなげていくのかについて考えてみる。

　現在では，さまざまなアセスメントシートが開発され，そうしたシートを活用して利用者の生活の全体像を捉えることが一般的になっている。このアセスメントプロセスにおいて把握していなくてはならないこととして，第一に，利用者の身体機能的状況である健康状態，ADL や IADL が挙げられる。第二には，精神心理的状況の理解が必要となる。そこでは，利用者本人の心理的な特性や人との関わりの程度について理解しなくてはならない。そして第三に，利用者の社会環境的状況として，居住環境，家族環境，介護者の状況，地域との関係などといったことが把握すべき内容となる。こうしたアセスメント情報をもとにして，ケアマネジャーは，利用者と一緒に生活ニーズを導き出していく。

　これが一般的なアセスメントの方法であり，ケアマネジャーは，アセスメントをとおして利用者と彼らを取り巻く環境とがうまく機能していない状態についての問題や課題を捉え，それらの解決する目標・結果を導き出していくことになる。

　こうしたアセスメントが，利用者のもつストレングスを把握していく第一の場面である。具体的には，身体機能的状況・精神心理的状況・社会環境的状況のそれぞれに，利用者のウィークネスだけでなく，併せもつストレングスを捉えていく視点が重要となる。なお，こうした場面で利用者のもつストレングスを把握するためには，ケアマネジャーが，「すべての利用者はストレングスを有している人」として捉える価値観を有していることがポイントとなる。なぜなら，従来のケアマネジメントでは，生活ニーズを抽出する際には，利用者のウィークネスを把握し，それらの関係から生じる生活ニーズを導き出すことが

302　　第3編　ケアマネジメントの展開

基本になっていたため，得てして，利用者のウィークネスをアセスメントすることに終始しがちであった。これが，従来実施されてきた，生活ニーズの解決に向けての支援方法であるブローカーモデルの基本的な視点である。

　利用者の立場からすれば，このようなアセスメントはウィークネスのみに関心が向けられ，時には利用者の自尊心をさらに低めることにつながり，また，利用者はケアマネジャーとの関係を上下関係と意識することにもなるおそれがある。その意味では，ケアマネジャーが利用者のストレングスを理解しようとすることは，利用者との信頼関係を形成する重要な要素であり，さらに信頼関係が確立されるにつれて，利用者のストレングスを把握しやすくなる。そのため，ストレングスの把握には，時間的な経過が必要なことも認識しておく必要がある。

　また，利用者のストレングスを捉える第二の場面としては，ケース目標の設定が挙げられる。アセスメントをもとにケアマネジャーと利用者が一緒にケアプランを作成する過程では，「どこでどのような生活を送るのか」といった大きなケース目標を設定しなければならない。その際には，利用者のマイナスの状態を解決するという目標の設定もあれば，プラスの状態をより一層高めていこうといった目標の設定もある。このケース目標の設定にも，ストレングスを活用することは可能であり，アセスメントで明らかになった要素が活用されることになる。

　第三のストレングスの活用は，生活ニーズを捉える際に，利用者が生活をしていくうえで困っている問題や課題を把握するのが一般的である。これ自体は当然であるが，さらには，利用者がしたいことや自信があるストレングスを生活ニーズとして捉えることが必要である。

　さらに，第四の場面としては，利用者が抱く個々の生活ニーズに対して，それを解決する目標・結果を明らかにすることになる。この時点でも，アセスメントによって捉えられたストレングスが活用される。

　こうした観点でみれば，ケアマネジメントにおけるストレングスの活用は，前述した四つの場面のなかで捉えることが可能となる。ここに，**図3-1-1**のように，ストレングスモデルでのアセスメントから生活ニーズの抽出過程を示すことができる。これまでのアセスメントにおける視点は，利用者のウィークネ

第1章　ストレングスを活用したケアマネジメント　　303

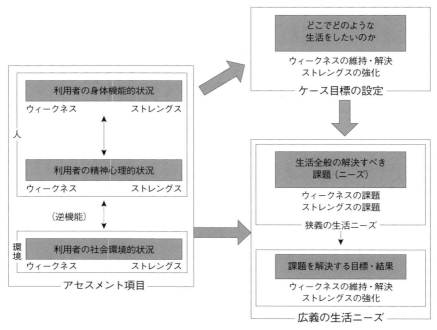

図 3-1-1 アセスメントからの生活ニーズの抽出過程

スをどのように解決していくのかといったことが中心であった。例えば、「入浴ができない」「疾病がある」「意欲がない」「一人暮らしで介護者がいない」「屋内外に段差がある」等のアセスメント項目に基づいて生活ニーズを捉えてきた。しかし現在では、そうしたことにプラスして利用者の有しているストレングスをアセスメントで捉えて支援するケアプランを作成することが重要となってきている。

第3節 ストレングスモデルでのケアマネジメントのケアプラン作成

ここでは、ストレングスを活用したケアマネジメントでのケアプランの作成過程を具体的に提示していく。その際に、ケアマネジメントでのケアプラン作成では、利用者の問題解決をめざす場合と、利用者の望む目標の達成をめざす

ことに分けることができる。前者を問題指向とよび，後者を目標指向とよぶ。ケアプラン作成では両方の指向が求められる。以下，それぞれについて，ストレングスの活用を具体的に検討してみる。

問題指向でのストレングスの活用

　まずは、問題指向でのストレングスモデルの視点に立つとどのような支援が可能となるのかについて，Cさんの事例を介して具体的に説明していく。

> ### 事例3
> Cさん　身体機能的状況：洗髪・洗身に一部介助が必要である。
> 　　　　社会環境的状況：介護者は高齢で腰痛がある。

　Cさんの場合，その身体機能的状況として「洗髪・洗身が一部介助であること」，また，社会環境状況としての「介護者が高齢で腰痛がある」ため「入浴ができないで困っていること」がウィークネスといえる。そうしたなかで，ケアマネジャーがCさんのウィークネスのみをアセスメントで捉えたとすれば，Cさんからは「洗髪・洗身に一部介助が必要であり，かつ，介護者に腰痛があるため入浴できないで困っている」といった生活ニーズが導き出される。そして，その解決方法として，「自宅での入浴を介助してもらいたい」という目標が検討されるはずである。そのため，訪問介護や通所介護の利用といった社会資源の活用につながっていくであろう。これが，従来のブローカーモデルによるケアマネジメントの考え方である。これは**図3-1-2**に示すことができる。

　しかしながら，ここでもストレングス視点による支援は可能である。ただし，一般的に，利用者のもつストレングスを捉えるためには時間がかかる場合もある。そのため，初回のアセスメントにおいて，そのすべてが捉えられるとは限らない。そこで，ここでは，例示として，初回のアセスメントから1カ月後に判明したCさんのもつストレングスについて，以下の四つのパターンに分けて整理していく。

　①利用者自身のもつ能力を捉える。

　担当のケアマネジャーが，1カ月間，丁寧に観察したことで，Cさんは認知

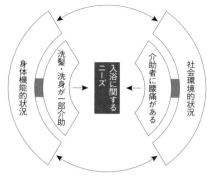

図 3-1-2　ブローカーモデルでの生活ニーズ

機能は低下しているが、「順番に指示をすれば洗髪・洗身ができる」ということがわかった。これは、Cさんのもつストレングスといえる。とすれば、Cさんの生活ニーズは「順番に指示すれば洗髪・洗身ができるが、洗髪・洗身に一部介助が必要であり、介護者に腰痛があるため、入浴ができないで困っている」というものに変わってくる。これに伴って、支援の目標も修正され、自分でできることはできる限り自分でするということを盛り込んだケアプランになるであろう。ひいては、ホームヘルパーの介助を受けて入浴していたこれまでの姿から、介護者の入浴での指示を得ながらCさんが自力で入浴するといった形に変わり、その結果として、Cさんの能力が活用されることにつながる。

②利用者の意欲を捉える。

Cさんに関わってから1カ月が経過した頃、ケアマネジャーは、Cさんから「自分一人で入浴したい」といった本人の意欲を聞くことができた。この言葉から、Cさんの生活ニーズは「自分で入浴したいが、洗髪・洗身に一部介助が必要であり、介護者に腰痛があるため、入浴できないで困っている」といったものに変化する。そこから、一人でできることはできる限りやってもらうという支援目標の設定ができ、洗顔や衣服の着脱、手すりを設置しての移動など、これまではホームヘルパーにしてもらっていたことの一部をCさん自身が行うといったケアプランに修正され、そのことでCさんの意欲が活用されることにつながる。

③利用者の嗜好を捉える。

1カ月後にCさん宅を訪問すると，介護をしている妻から「主人は，サラリーマン時代にはお風呂が大好きで，休日はいつも温泉にいっていました」という情報を得ることができた。そうしたなか，Cさんと話し合うことで，「入浴が好きであるにもかかわらず，洗髪・洗身に一部介助が必要であり，介護者にも腰痛があるため，入浴できないで困っている」といった生活ニーズに変わることになる。その結果，入浴の機会を増やすことになり，ホームヘルパーによる入浴介助に加えてデイサービスを利用しての入浴サービスを利用するようになる。このことによって，Cさんの嗜好を生かす支援ができることになる。

④利用者の社会環境のストレングスを捉える。

1カ月後に，ケアマネジャーがCさん宅を訪ねてみると，隣の町に住む息子が来ていた。この息子からの「日曜日であれば，入浴を手伝うことができる」という発言を受けて，Cさんの支援について協力を得ることができた。こうした場合，具体的なニーズは「日曜日なら入浴を介助してくれる息子がいるが，洗髪・洗身に一部介助が必要であり，介護者に腰痛があるため，入浴できないで困っている」という生活ニーズに変化する。これに伴って，Cさんの支援目標も息子家族からの介助を得て入浴する機会を確保するといったものになり，それまで週3回利用していたホームヘルパーの利用が2回に減り，日曜日には息子家族が入浴介助してくれるといった支援が可能となることが考えられる。

これら①〜④の四つのパターンについて，図で示したものが，**図3-1-3**である。

目標指向でのストレングスの活用

ここまで，問題指向でもって個々の利用者の生活ニーズを解決していく際に，ストレングスを活用することを示してきたが，これは生活上で困っている課題を解決していくうえでストレングスを活用することである。さらに，ストレングスそのものを活用するアプローチも重要である。それは，利用者の能力，嗜好，意欲等を実現していくよう支援することである。例えば，ケアプランにおいて，「配膳さえしてもらえば，食事が一人でできる」，「好きな掃除を

第1章　ストレングスを活用したケアマネジメント　307

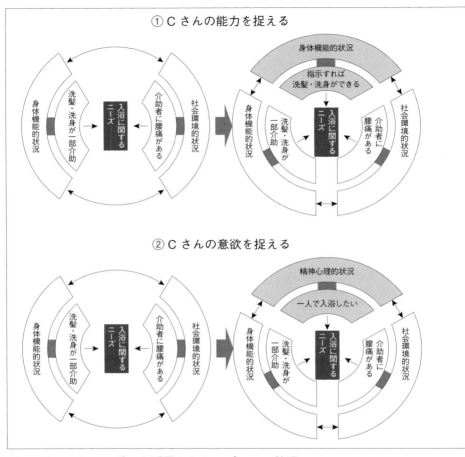

図 3-1-3 ストレングスを活用したケアプランの整理

したい」,「右上肢に麻痺があるが,料理をしたい」といったことが検討され,ケアプランにすることである。

　これが目標指向型のケアプラン作成である。ケアマネジメントでは,問題指向に加えて,目標指向の視点で生活ニーズを捉えて支援していくことが必要とされる。利用者を支援するにあたり,利用者の生活を維持していくうえでの生活ニーズを明らかにして,そのニーズを解決したとしても,利用者がその後に

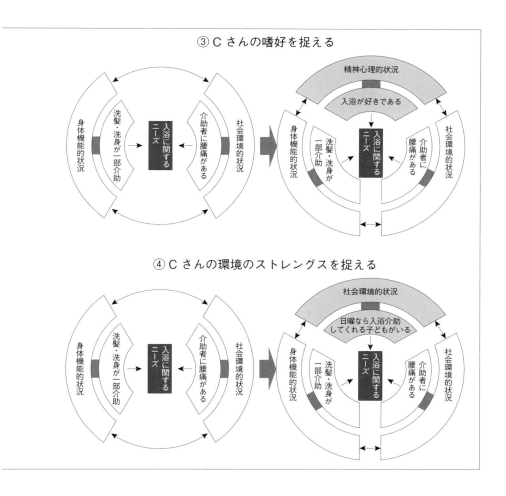

生じる他の生活ニーズに対して自ら解決していく力にはならない。自らの力で生活ニーズを解決していけるよう支援していくためには、利用者の有している目標の達成に向けて支援することが必要である。ここから問題指向から目標指向の支援が考えられ、実施されてきた。

問題指向から目標指向への考え方の重点の移行は、医療の領域で始まった。モルドら（Mold JW, et al.）は、問題指向モデルは診断と多くの病気の治療に

多大な貢献をしてきたが，慢性の不治の病気，健康増進，疾患予防，ターミナルケアには適していないとし，目標指向モデルは人々が健康を管理していくことや，多職種協働によるチームアプローチには適しており，医者―患者の協同に重点を置くうえで有用なアプローチであるとしている[12]。その後，このアプローチは，医療領域だけでなく，ケアマネジメントや介護福祉の領域においても活用されるようになり，同時に，利用者の目標達成に向けて支援するため，利用者，家族，さらには地域社会が有しているストレングスが重視されることになってきた。

　目標指向の考え方は，介護領域にも普及しており，辻一郎は，介護予防を進める視点として，従来は「これができない，あれが足りない，こうしてほしい」という問題やニーズをできるだけ掘り起こし，それを補うための介護サービスを選定していた問題指向型であったとしたうえで，目標指向型は「できること，していること」を増やそうとすることであり，自分のできる範囲を広げていくことであるとしている[13]。そして，介護予防において，この目標指向型の支援が重要であると指摘している。

　介護予防ケアマネジメントにおいても，利用者の主体性を引き出すために，目標指向型アプローチが強調される。『地域包括支援センター運営マニュアル』での介護予防ケアマネジメントは，ケアマネジャーが利用者に可能性を示唆するとともに，利用者自身がどのようになりたいかという目標を掲げ，その目標を達成するために，本人の意欲を高めるとともに，環境を整え，問題や障害となっていることを解決し，利用者の健全な機能をより強化するための具体的な取り組みが，目標指向ケアマネジメントであるとしている[14]。

　妹尾弘幸は，「目標指向的アプローチ」の対に「課題解決型アプローチ」を位置づけており，後者は問題を探し出し，問題を課題として捉え解決することで，もとの状態やよりよい状態にすることであり，前者は目標を設定し，その目標を達成することで，よりよい状態をつくることとしている。さらに，介護においては課題解決型アプローチを併用しながら，目標指向型アプローチを中心に実施することとしている[15]。

　この目標指向を具体化するために，大川弥生は WHO（World Health Organization）の ICF の考え方をもとに，目標指向の重要性を指摘している。すな

わち，利用者を支援するためには，主目的である「参加」と「活動」の目標（「する活動」）を同時に決定し，そこから「心身機能」の目標を定めるべきとしている。この目標について利用者や家族が主体的に関与・決定することが大切であり，「活動」での「している活動向上プログラム」と「できる活動向上プログラム」を相互に関連させながら，合わせて「心身機能向上プログラム」と「参加向上プログラム」を実施していくこととしている[16]。そして，介護職の業務は「している活動向上プログラム」に，理学療法士等の業務は「できる活動プログラム」に重点を置くとした[17]。これらは「できる」といったストレングスに着目するものであるが，さらに，意欲や嗜好といったストレングスを加えた，目標指向型の支援が進められている。

　一方，諏訪さゆりは，ICF の考え方をもとに，医学モデルと社会モデルを整理し，医学モデルが問題指向型，社会モデルが目標指向型であるとし，目標指向型の支援では社会や環境の側の改善により対応することとしている。それを具体的な例示でもって説明しており，例えば，白内障による視力障害と下肢機能低下という障害があり，玄関からの外出を支援する場合に，問題指向型支援では，白内障の手術や下肢筋力を高めるためのリハビリテーションを行う，一方，目標指向型支援では，靴を整頓しておき，履く靴をわかりやすくしておくことや，玄関に椅子を置いて腰かけられるようにする，と整理し，両者を統合した支援を求めている[18]。ここでの目標指向型の支援は社会環境に働きかけることとしているが，目標指向の基本的な考え方は，利用者のできる活動，さらには他のストレングスに働きかけることによって，問題を解決していくというより，むしろ利用者の目標達成を根ざすことを指向しており，そこから社会面に働きかけるだけでなく，身体面や心理面にも働きかけていくことに特徴がある。

　目標指向型アプローチとしては，次のような事例を例示できる。

事例4

　Ｄさんはアルツハイマー型認知症であり，自宅で夫と生活しているが，長年趣味として家庭菜園を好んでいたことから，ケアプランにおいて，Ｄさんの同意を得て，「デイサービスで再度野菜づくりを行う」ことになった。

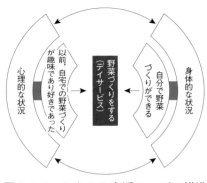

図 3-1-4　Dさんの生活ニーズの構造

　これを図にすると，**図 3-1-4**のようになる。
　以上から，第一に，利用者がもつストレングスはアセスメントの段階でつかんでおくことが大切であるということが理解できる。そのとき，ケアマネジャーとしては，利用者の現在の状況だけでなく，過去の実態や将来に向けての思いといった身体機能的状況・精神心理的状況・社会環境的状況の三つの側面について，ストレングスを把握しておくことが重要となる。そうすることにより，ストレングスを反映させたケアマネジメントを展開していくことができる。アセスメントにおいてストレングスを捉えることは当然のこととして，それを生活ニーズに結びつけていくことがさらに重要なポイントとなる。
　第二に，ケアマネジャーとしては，利用者と一緒にケース目標の設定や個々の生活ニーズの望ましい目標や結果を設定していかなければならない。305頁に示したCさんの事例によれば，入浴のみがニーズである利用者に対して，当初は「入浴の機会を確保する」ことが支援の目標であった。しかしながら，ストレングスの把握により，支援目標は変わっていく。例えば，①では「指示のもとで自力で入浴する」，②であれば「自分でできることはできる限り行う」，③では「できる限り入浴の機会をもつ」，④の場合は「子どもの支援を得る」といった利用者自身や環境面でのストレングスを示すことができる。このように，利用者のもつ能力や意欲・抱負・好みといったストレングス，さらには活用可能な社会資源に常に着目することで，ストレングスを活用した支援目

標の設定やケアプランの作成が可能となる。

ストレングスモデルの長所と課題

　ストレングスモデルを活用してケアプランを作成・実施していくうえで，長所として考えられることは，第一に，利用者の QOL を向上することができる点が挙げられる。利用者本人の意欲や能力といったストレングスが活用できれば，利用者にとっては，より充実した在宅生活が可能となり，当然のことながら利用者の QOL の向上に結びついていく。さらには，こうした利用者の能力や意欲を活用することで，新たに生じる生活ニーズに対しても，自ら立ち向かっていけるようになることが指摘されている。このことが利用者が力をつけていくエンパワメントを支援していくことにつながっている。

　また，近年では，ケアマネジメントにおいて，利用者のモチベーション（motivation：動機づけ）を高めることが重要であるといわれている。そうしたなか，ストレングスモデルによって利用者のもつ能力や意欲・抱負・好みなどを活用することは，個々の行為や考えに対する利用者のモチベーションを高めることにつながる。その意味から，ストレングスモデルは，利用者のモチベーションを向上させることにも貢献できるとされている。

　同時に，ストレングスモデルによるケアマネジメントは，介護保険財源や社会保障財源の全体にも影響を与えるものと考えられる。介護保険サービスを使わずに「自分でできることは自分でする」，あるいは介護保険サービス以外の社会資源を活用するといったことは，介護保険財源のコストコントロールにも結びつく。

　ただし，そうした長所と同時に，ストレングスモデルには次のような課題があることも認識しておかなければならない。第一に，利用者のもつストレングスをアセスメントや支援目標の設定時に理解するには，利用者との間で相当の時間をかけて信頼関係を確立しておく必要があること，第二に，ケアマネジャーには，人間は誰でも生来的にそうしたストレングスをもっているといった人間観なり価値観を有していることが求められ，あわせて，ストレングスを引き出す高度なコミュニケーション能力が必要とされることである。

　支援を求めている利用者は，得てして否定的な自己を有している場合が多

第1章　ストレングスを活用したケアマネジメント　313

い。こうした自己を有している場合には，自発的に自らのストレングスを表出しにくい。そのため，こうした場合には，利用者が否定的な自己から肯定的な自己に変わっていくような支援が求められる。そこでは，利用者の否定的感情表出に対して肯定的な解釈をするリフレーミングやリラベリングとよばれるコミュニケーションの活用が有効である。具体的には，「このような身体になって，外に出たくない」といった否定的な自己の表出に対して，利用者の今までの肯定的な自己として表出していた「何とか昔と同じような生活がしたい」「退職したときは，友達のところに遊びに出掛けていた」等の発言を，再度ケアマネジャーが利用者に戻してあげることで，肯定的な自己づくりを支援していくことで，ストレングスを引き出していくことが必要となる。

　しかしながら，ケアマネジャーは，アセスメントシートを活用する際に，主に利用者の身体機能的・精神心理的・社会環境的側面でのウィークネスや問題点を探し出すことに眼目を置きがちであり，それによって利用者のもつストレングスがみえにくくなっている傾向がある。そのうえ，ストレングスには個別的な側面が強く，フォーマット化しにくいといった特徴もある。それゆえに，アセスメントにおいて自由記述欄をしっかりと使いこなすことが求められるが，そこにも高度な技術が求められる。そのため，アメリカでは，ストレングスモデルのアセスメント用紙の開発が進められている。

　また，アメリカでは，ストレングスモデルによるケアマネジメントを実施する際に，ケアマネジャーは多くのケースを担当することができないとしている。そうした課題があることもふまえて，ケアマネジャーが個々の事例に対して十分に時間を割いて利用者の思いを聞き取るために，ケアマネジャーがもつべき価値観や技能についての創意工夫をこらした研修が求められているといえる。

　チャールズ・ラップとリチャード・ゴスチャ（Richard Goscha）は，ケアマネジメントに適合しているストレングスモデルの程度を示すフィデリティ尺度の開発を行っている[19]。これは，ストレングスモデルを実施する望ましい状況であるかどうかを尺度化したものであり，今後の日本でのケアマネジメントにおいても研究開発が求められる部分であるといえる。具体的には，構造特性である7項目（「担当者のケアマネジメントに費やす時間の割合」，「担当ケー

ス数」,「一人のスーパーバイザーのもとでのチームの人数」,「他の専門家の参加の程度」,「スーパーバイザーのケアマネジャーをサポートする時間の割合」,「グループスーパービジョンに費やされる時間の程度」,「グループスーパービジョンで特定利用者に限定して討論する時間の割合」),および実践者の行動に関連する5項目(「ストレングス・アセスメントのツールを使用している割合」,「ストレングスモデルの個別計画についてツールに準じている割合」,「利用者と関わる時間の割合」,「公的サービス以外の地域の資源を活用している割合」,「利用者の希望を引き出す行動の程度」)であり,総計12項目を5段階の尺度で基準化している。日本においても,ストレングスモデルのケアマネジメントを進めていくうえでは,このようなケアマネジメントの質を高めるための基準づくりも必要であるといえる。

なお,フィデリティ尺度の項目の一つである担当ケース数について,介護保険制度が開始されて2年目の2001(平成13)年に第3回日本ケアマネジメント学会が大阪で開催された際,本書の共著者であるリチャード・ゴスチャを特別講演者として招聘し,拙者がシンポジウムのコメンテーターを担当したが,当時は介護保険制度が始まった当初で介護支援専門員の際限のない担当ケース数が気になっていたため,彼にケアマネジャーの適正担当数を尋ねたところ,30ケース以下が望ましいとのコメントをいただいた[20]。シンポジウムには厚生労働省からも担当者が参加されており,翌年の介護報酬改正で40ケース以上担当した場合には減算が打ち出されたが,ゴスチャのコメントが日本の介護保険制度におけるケアマネジメントのあり方に貢献したのではないのかと推測している。

また,ストレングスモデルには,常にリスクが伴うことも認識しておかなければならない。利用者本人の能力や意欲を活用する際には,慎重なリスク管理が必要となる。そのため,ケアマネジャーとしては,利用者本人の能力や周囲を取り巻く環境を十分に理解し,どの程度までの能力・意欲・好みであれば支援が可能であるかを常に理解しておく必要がある。そのため,生活ニーズに対する支援目標を設定する際には,長期目標だけでなく,リスクを意識した短期目標を設定することで,順次長期目標に向かっていくことが必要である。同時に,どのようなリスクの可能性があるのかを具体的に検討し,利用者本人や家

族などとの話し合いのもと，リスクをどのようにして回避するのか，さらには万が一，そうした事態が生じた場合にどのように責任を負うのかについて，事前にしっかりと整理しておく必要がある。

　往々にしてケアマネジャーは，そうしたリスクの存在ゆえに利用者のもつストレングスを活用せずに支援を進めがちになるが，利用者の自立支援にリスクはつきものである。それゆえ，そうしたリスク管理にも細心の注意を払いながら，ストレングスを活用していくことが求められる。

ストレングスモデルにおけるケアマネジメント過程の特徴

　本項では，ストレングスモデルを活用した場合に，ケアマネジメント過程においてどのような視点が求められるのかについて明らかにしていきたい。

　まず，支援の入口（entry）の段階で利用者と関わる際の原則としては，次の4点が挙げられる。

・信頼関係をつくることをねらいとして話し合いをする。
・利用者の満足感や利便性を中心にして話し合いをする。
・フェースシートに示してある質問をするだけでなく，十分な観察によって利用者についての情報を把握する。
・単に介護上の問題を理解するだけでなく，利用者を取り巻く生活上のすべての状況を共有化するという意識をもつ。

　次に，アセスメントの段階では，利用者に関する情報を収集することになるが，その際には，専門家の視点からニーズを捉えるのではなく，利用者が何を望んでいるか，求めているのかに焦点を当てる必要がある。また，アセスメントをとおして明らかにしなくてはならないこととしては，利用者ができることは何か，何を楽しみにしているのか，何を有意義だと思っているのか，誰が支えてくれているのかが中心となる。アセスメントシートの自由記述欄にはそうした内容が記述されることが大切であり，利用者の問題や欠点・欠陥を理解することに終始するものではあってはならない。

　カウガーら（C. D. Cowger, et al.）は，ストレングスモデルでのアセスメントについて，以下の12の原則を示している[21]。

　①利用者の事実を理解することに重点を置く。

316　　第3編　ケアマネジメントの展開

②利用者を信じる。

③利用者の望んでいることを見い出す。

④個人やその環境上でのストレングスのアセスメントに心がける。

⑤多様なストレングスをアセスメントする。

⑥利用者の特異性を見い出すようアセスメントする。

⑦利用者が理解できる言葉を使う。

⑧アセスメントを利用者との共同作業とする。

⑨アセスメントについて利用者の合意を得る。

⑩利用者を責めることを避ける。

⑪原因と結果という思考をしない。

⑫アセスメントはするが，診断はしない。

さらにサリービー（D. Saleebey）は，アセスメントで利用者からストレングスを導き出すために，ケアマネジャーは利用者に以下のように尋ねることが望ましいとしている[22]。

①「あなたは，何を望んでいますか」

②「あなたは，何が必要ですか」

③「あなたは，どのようにしてそれを得ようと考えていますか」

④「あなたは，自らの状況（問題と可能性）についてどのように思っていますか」

⑤「あなたは，どのような価値が実現できることを望んでいますか」

⑥「あなたは，今日まで生きるためにどのようにがんばってきましたか」

そのうえで，ケアマネジャーは，利用者とともに話し合いを重ね，ケース目標や生活ニーズを決めていくことになる。そこでは，何が利用者にとって優先順位が高いのかを理解することによって，利用者本人のモチベーションを高める支援が求められる。

なお，ベッキー・ファーストとローズマリー・チャピンは，ストレングスモデルによるケアプランの作成にあたって，ケース目標や個々の生活ニーズについて，以下に示す基準に基づくことを提案している[23]。

①積極的な表現で表す。

　利用者に何かを禁止するのではなく，何かをしてもらおうとする形で表

第1章　ストレングスを活用したケアマネジメント　**317**

す。
②成功の可能性を高める。

　目標は，現実的で達成可能なものでなければならない。失敗しないように
といって勝手に利用者の限界を決めてはいけない。目標達成に重要なこと
は，利用者の努力や取り組みの熱心さである。

③適切な，成果がわかりやすい目標。

　目標は，目にみえる，わかりやすい結果があるとよい。各目標が一つの行
動段階を反映するようにする。

④具体的，かつ小さな目標や時間制限を設ける。

　当面の（短期的な）目標には3カ月以内の時間制限を設け，小さな段階
に分解する。適切な時間制限を設けると，目標達成の可能性が高くなる。

⑤利用者が理解できる，意義のある目標にする。

　目標が利用者のニーズに関連しており，利用者の言葉をできる限り反映し
ている場合には，計画プロセスを自分のものであるとより実感できる。

　こうした過程を経て，ストレングスモデルによるケアマネジメントは展開さ
れることになる。

　以上，ストレングスモデルを高齢者領域や障害者領域で活用することについ
て説明してきた。しかしながら，こうしたアプローチは，高齢者や障害者に限
られるものではない。海外では，児童虐待領域，あるいは公的扶助領域・更生
保護領域といった場面でも活用されている。すなわち，ストレングスモデルの
思想は，ただ単に「利用者の生活ニーズを解決する」ということではなく，
「利用者本人がもつ意欲や能力を活用して質の高い生活をめざすアプローチで
ある」とまとめることができる。そうした意味から，個々の利用者は「ストレ
ングスをもっている人」という肯定的な人間観をケアマネジャーは確立し，ス
トレングスモデルによるケアマネジメントの技法を身につけ，その活用をして
もらいたい。

　さらに，ストレングスモデルを活用したケアプランにおいては，利用者は自
分で自分の人生を切り開いていくといった意味での自立に重きが置かれる。そ
の一方で，自立を実現していく過程ではさまざまなリスクが生じる可能性があ

318　　第3編　ケアマネジメントの展開

り，ケアマネジャーとしては，それらのリスクを的確に予見し対処することで，利用者の安全を確保していかなくてはならない。そのうえで，「自立」と「安全」という二つに加えて，利用者とその家族が心地よく生活していくという意味での「快適」という要素も，ケアマネジャーが利用者と一緒にケアプランを作成する際の重要なキーワードとなる。ストレングスモデルによるケアマネジメントでは，前述した三つの要素のなかでも，特に自立を重要視する考え方である。

　本章では，ストレングスモデルのケアマネジメントについて論述してきたが，近年，利用者の塑性力・強靱力（resilience）や回復力（recovery）という用語を用いて，その力を明らかにする試みが始まっている[24]。これらの力とストレングスの違いは，ストレングスは利用者視点からみれば外在的な側面が強いが，塑性力・強靱力や回復力は内在的な側面が強い。その意味では，利用者の内在的なものに信頼を置いて支援していくうえで，ストレングスモデルを超えて，ケアマネジャーが塑性力・強靱力や回復力を，利用者とともに見いだしていく過程は重要であり，そうした視点での実践と理論のフィードバックが必要な時期にきている。

注

1) ベッキー・ファースト，ローズマリー・チャピン（2005）『高齢者・ストレングスモデルケアマネジメント：ケアマネジャーのための研修マニュアル』青木信雄・浅野　仁訳，筒井書房，38.
2) J L Franklin, B Solovitz, M Mason and J R Clemons, et al.（1987）An Evaluation of Case Management, *American Journal of Public Health*, 77（6）, 674-678.
　　※ブローカーモデルでの評価結果について，ケアマネジメントを実施した者としなかった者でQOL に有意差がみられず，平均入院日数については実施したほうが多かったことを示した。
3) Fisher, G., Landis D. and Clark K.（1988）Case Management Service and Client Change, *Community Mental Health Journal*, 24（2）, 134-142.
　　※ブローカーモデルのケアマネジメントの機能がクライエントの変化に関連していないことを示した。
4) Charles A. Rapp（1998）*The Strengths Model : Case Management with People Suffering from Severe and Persistent Mental illness*, Oxford University Press.
5) Becky Fast and Rosemary Chapin（2000）*Strengths Based Case Management for older Adults*, Health Professions Press.

6) Kishardt, W.（1993）An empowerment agenda for case management research：Evaluating the Strengths model from a consumer's perspective, W. Kishardt Ed., *Case management for seriously mentally ill patients : Theory and practice.*

7) Dennis Saleebey（2002）Introduction Power in the people, Dennis Saleebey ed., *The strengths perspective in social work practice*, Allyn and Bacon, 13-18.

8) Karla Krogsrud Miley, Michael O'Meila, Brenda Dubois and Michael O'Melia（1998）*Generalist Social Work Practice : An Empowering Approach, 2nd ed.*, Allyn and Bacon.

9) Louise C. Johnson and Stephen J. Yanca（2004）*Social Work Practice : A Generalist Approach*, 8th ed., Person.

10) Dennis Saleebey（2001）*The Strengths Perspective in Social Work Practice, 3rd ed.*, Allyn and Bacon.

11) Charles A. Rapp and Walter Kisthardt（1996）Case management with people with severe and persistent mental illness, Carol D. Austin and Robert W. McClelland eds., *Perspectives on case management practice*, Families International Inc, 35-37.

12) Mold JW, Blake GH and Becker LA（1991）Goal-oriented medical care, *Family Medicine*, 23（1）, 46-51.

13) 辻　一郎（2005）「介護予防と老年歯科科学」『老年歯科科学』20（2）, 113-118.

14) 地域包括支援センター運営マニュアル検討委員会編（2012）「第5章　介護予防ケアマネジメント」『地域包括支援センター運営マニュアル 2012』長寿社会開発センター.

15) 妹尾弘幸（2012）『実践認知症ケア1』QOLサービス.

16) 大川弥生（2004）『介護保険サービスとリハビリテーション：ICFに立った自立支援の理念と技法』中央法規出版.

17) 大川弥生（2004）「リハビリテーションに携わる者としての資質：職業倫理と科学性」『理学療法学』31（4）, 227-232.

18) 諏訪さゆり編著（2007）『ICFの視点に基づく施設・居宅ケアプラン事例展開集, 第2版』日総研出版, 12.

19) チャールズ・A. ラップ, リチャード・J. ゴスチャ（2008）『ストレングスモデル：精神障害者のためのケースマネジメント』田中英樹監訳, 金剛出版, 291-293.

20) 第3回研究大会シンポジウム（2005）「ケアマネジメントは何か？　利用者中心のケアマネジメントの基本原則」『ケアマネジメント学』4, 64.

21) Charles D. Cowger and Carol A. Snively（2002）Assessing client strength：individual, family, and community empowerment, Dennis Saleebey ed., *The strengths perspective in social work practice*, Allyn and Bacon, 112-115.

22) Dennis Saleebey（2002）The Strengths Approach to Practice, Dennis Saleebey ed., *The strengths perspective in social work practice*, Allyn and Bacon, 87-89.

23) 前掲書1）, 85.

24) Elaine Norman ed.（2012）*Resiliency Enhancement：Putting the Strength Perspective into Social Work Practice*, Columbia University Press.

第2章

認知症のある人への
ケアマネジメント

　認知症についての対応や施策は，現状では「治す」というより，その認知症のある人の生活が維持・向上できるよう，どのように外部環境を整えて，支えていくのかに主題が置かれている。古くは，2004（平成16）年に厚生労働省が「『痴呆』に替わる用語に関する検討会」を設置し，同年12月24日に「痴呆」から「認知症」へと，その呼称を変更した。この理由には，認知症のある人への社会からの誤解や偏見を取り除くことや，認知症のある人には十分に感受性が残っていることの理解を広げていくことを社会に発信する意図があった。

　近年では，「認知症施策推進5か年計画（オレンジプラン）」〔2012（平成24）年9月厚生労働省公表〕を改め，2015（平成27）年1月27日に策定された「認知症施策推進総合戦略（新オレンジプラン）」をみると，副題が「認知症高齢者等にやさしい地域づくりに向けて」とされている。これは，認知症のある人への対策は，認知症のある人の意思が尊重され，できる限り住み慣れた環境で自分らしく暮らし続けることができる社会を実現することをめざすものであり，外部環境を整えることを示している。すなわち，認知症のある人の最も大きな課題は日々の生活の中にあり，そのためには，認知症のある人を生活上での障害を有する者として捉えて支援することになる。このように，認知症のある人そのものに対する周囲の認識を変えていこうとしているなか，ケアマネジャーとしてはどのような支援を実践していけばよいのであろうか。本章では，ケアマネジメントにおいて認知症高齢者を捉える際の特徴もふまえながら，その課題について考えていく。

第1節 ケアプラン作成での自己決定・選択支援

認知症高齢者とケアプラン

　認知症のある人は2012（平成24）年で約462万人であり，健常者と認知症のある人との中間段階にあたる軽度認知障害（Mild Cognitive Impairment；MCI）と推計される人の約400万人を合わせると，65歳以上の高齢者の約4人に1人が認知症，またはその予備群の人であるとされている。また，2025年には認知症のある人は約700万人になることが予想されている。要介護認定者のうち認知症日常生活自立度Ⅱ以上の認知症高齢者は，約6割を占めている。

　そのため，認知症高齢者は要介護者の多数を占め，認知症高齢者に対するケアマネジメントは極めて重要となってきている。ところが，在宅も施設も同様に，認知症高齢者のケアプランはつくりづらいという意見がケアマネジャーから寄せられている。

　例えば，在宅における認知症高齢者に対するケアプランの内容をみると，デイサービスやショートステイの利用といったステレオタイプのケアプランにとどまっている場合が多い。では，なぜ，そうしたステレオタイプなケアプランになるのであろうか。その大きな理由として，在宅の場合は，家族の介護負担の軽減に目を向けたケアプランの作成に終始している状況が挙げられる。そのため，認知症高齢者本人の意向や生活ニーズに基づいたケアプランの作成には至っていない状況にあるといえる。同時に，認知症のある人が利用することに有効な介護保険制度での給付サービスのメニューが少ないことも影響していると考えられる。

　たしかに認知症のある人を抱える家族の介護負担感は大きく，レスパイトとしてデイサービスやショートステイを活用することが決して問題となるわけではないが，利用者自身にも焦点を当てたケアプランの作成も求められる。

　そこで，本節では，認知症高齢者に対するケアプランはどのように作成・実施されるべきかについて，その本質的な問題を探ってみることとする。なお，こうした考察をさらに突き詰めていけば，認知症高齢者に限らず，意思表示が

322　第3編　ケアマネジメントの展開

十分でない人に対するケアプランの作成はいかにあるべきかを問うことにもつながる。同時に、そのことは、ケアマネジメントの原点を示すことにもなる。

自己決定・選択への支援

在宅であろうが施設であろうが、ケアマネジメントの目的は、高齢者をはじめとする利用者が自ら有している力を発揮し、より質の高い生活をしてもらえるよう支援していくことにある。介護保険制度下での介護支援専門員の役割は、利用者の生活を支援していくために、その生活ニーズに合わせて適切なサービスを提供することにある。昨今では、医療の分野でも、患者の困っている状況をしっかりと把握し、問題解決のために有益で科学的な情報を可能な限り集め、患者との話し合いによって解決方法を決めていくという、「エビデンスベースドメディシン」（Evidence Based Medicine：EBM）の重要性が叫ばれている。同様に、ケアマネジャーが作成するケアプランにおいても、背景としての利用者の身体機能的状況・精神心理的状況・社会環境的状況についてのエビデンスを把握し、それらをもとに利用者と一緒に生活ニーズを明らかにし、利用者の同意のもとで計画的に支援することが求められている。

ケアマネジメントの目的の一つである自立支援は利用者が自己決定・選択することでもあるが、認知症のある人の場合には、利用者が意思表示を十分にできないこともあり、利用者側のフェルト（体感的）ニーズとケアマネジャー側のノーマティブ（規範的）ニーズをすり合わせることが一層重要になってくる。このことは、認知症高齢者に限らず、意思表示が十分にできない一部の知的障害者や精神障害者に対するケアプランの作成においても同様である。そのため、これらの利用者ができる限り自己決定でもって、自らの生活ニーズやそれを充足する社会資源について明らかにしていくことが、大きな課題である。

よってケアマネジャーには、認知症高齢者の生活の全体像を捉えること、および認知症高齢者自身の主体的な立場から捉えることに、研ぎ澄まされた感性や能力が求められる。認知症のある人が有する生活ニーズについて、利用者自身の主体的な立場から捉えるためには、ケアマネジャーが利用者の精神心理的世界に入ることにより、感じたり気づいたりする事実の間で意味づけをしていくことが必要となる。その過程で、生活ニーズやその解決方法が浮かび上がっ

第2章　認知症のある人へのケアマネジメント　　323

てくる。ケアプランの作成にあたって，利用者の主体的立場に立つことの重要性を主張してきたが，特に認知症高齢者に対してケアプランを作成する場合には，ケアマネジャーが利用者と同じ目線に立ち，いかに寄り添っていくのかという専門的態度が重要となる。

それゆえ，ケアマネジャーには，利用者の思いに敏感になる感受性が求められる。つまり，身体的な理由で生活の範囲を狭められている利用者の場合には，相対的にレスポンスが得やすく，そのためにケアプランの作成も比較的容易であるが，認知症高齢者の場合には，言語面での意思表示によりレスポンスが十分でない部分をケアマネジャーがもつ専門性によって補っていくことが求められる。そこでは，利用者側の表情や行動といった対応から，気づいたり，感じたり，気になったりするといった感受性が特に重要となる。

このことは，利用者の行為に対して，行為そのものに対応するのではなく，行為の背景にあるものに対応しようとすることである。これは，「現象学的アプローチ」とよばれるものであり，そうした視点での研修や訓練が重要となる。現象学的アプローチとは，自らの体験から出発することをもとにして，人間の経験をそのままの形で記述する方法である。このアプローチにちなみ，広瀬寛子は，利用者について "わかる" ことを三つに整理している。すなわち，「第一の "解る" は，利用者について理解を得ることで全体を分解してわかることであり，第二の "判る" とは，判断するわかり方で評価やタイプ分けをすることである。これらの "わかる" も大切であるが，第三の "分かる" は，分かち合うという意味であり，その人をあるがままに受け入れ（受容），その人の心のあり様に添う（共感）ことであり，その人の体験世界や気持ちをわかろうとすることが重要である」[1] としている。まさに第三の "分かる" ことこそが，現象学的アプローチの本質であり，認知症高齢者に対するケアマネジメントでは，こうした視点が求められる。

また，ケアマネジャーがそうしたサインを敏感に感じ取るためには，利用者についてのさまざまな情報を得ておくことが必要となる。その際には，現在の身体機能的状態・精神心理的状態・社会環境的状態だけでなく，「どのような仕事をしていたのか」「どのような思いで生活を送ってきたのか」「どのような環境のなかで生活をしてきたのか」といった利用者の生活史も，ケアプランに

つなげていくためのアセスメント資料として大切なものとなる。これは利用者の過去の生活史を理解し，それを生かしたケアプランの作成を行うことの重要性の指摘であるが，別の視点としては，認知症のある人が生活史を自ら語ることにより，人生を振り返り，自己の人生を再評価することで，自尊心を向上させることにもつながることができる。さらに，生活史を活用することで認知症のある人とのコミュニケーションが可能になるだけではなく，自己効力感や自尊感情を高めることができるとされている。また，認知症のある人の行動・心理症状（Behavioral and Psychological Symptoms of Dementia；BPSD）の背景を理解するうえで，生活史が役立ち，ケアプランの作成にも有効に寄与することができる[2]。

　こうした際，第一に考えるべきことは，作成したケアプランについての了解を利用者から可能な限り得ることである。認知症高齢者であっても，時間帯によっては本人から理解を得られる場合がある。それゆえ，理解を得やすい時間帯をねらって話し合いをするといった工夫が必要である。第二には，本人にとって身近な理解者と一緒にケアプランをつくることである。そして第三には，日常生活自立支援事業における生活支援員や成年後見制度の後見人等と一緒にケアプランをつくっていくこと，第四には，他職種の専門職とのケアカンファレンスのなかで，相互のディスカッションによる複合的な視点から，より的確に生活ニーズを把握し支援方法を得ていくこと，第五として，職場の上司のスーパービジョンを受けてケアプランを作成し実施していくことが重要となる。

　以上から，認知症高齢者に対するケアプランを円滑に作成・実施するためには，利用者への尊厳といった価値を基本にして，以下に挙げる五つの点を念頭に置き対応していくことが肝要となる。

・アセスメントの際の資料としては，事実やコミュニケーションによって得られる事実だけではなく，ケアマネジャー自身が気づいたり感じたことも重要である。

・アセスメントの際には，現在の生活状況だけではなく，過去の生活状況についての理解も必要である。

・利用者の行動や動作をもとにしたコミュニケーションにより，気づいたり

感じたことをデータとして捉えて，ケアプランを作成する。

・ケアマネジャーが気づいたり感じたことについては，他の専門職と的確な
ものであるか否かを議論し合い，より多くの人たちが同意できるものとし
ていく。

・作成したケアプランの評価は，利用者本人の表情の変化やBPSDの頻度
や程度から判断する。

第2節 認知症のある人のストレングスを引き出す支援

目標指向型の生活ニーズを把握した支援

　特に認知症のある人に対するケアマネジメントにおいては，本人の「できる
こと」「好きなこと」「したいこと」に着目し，本人の有している能力，意欲，
嗜好といったストレングスを増大させる支援が大切である。従来のケアマネジ
メントでは，利用者の「できないこと」を解決していく問題指向が強いが，特
に認知症のある人の場合には，自身の有している能力，嗜好，意欲を生活ニー
ズとして把握し，それ自体を支援していく目標指向的なケアプランの作成が有
効である。これは，「できること」「したいこと」「好きなこと」を直接実現し
ていくことであり，目標指向型の生活ニーズ把握方法であり，支援方法でもあ
る。

　具体的な例を示すと，認知症のある人で，生活史ではお花の先生であったの
で「生け花に関心がある」，主婦として「料理の準備や片づけができる」，昔か
ら「散歩が好きである」といった場合に，こうしたストレングス自体を生活
ニーズとして捉え，生け花をしてもらう，料理の準備や片づけをしてもらう，
一緒に散歩をするといったケアプランを作成することである。

　この目標指向型の生活ニーズも，一般的なケアマネジメントの生活ニーズ把
握同様に，人と環境との関係での逆機能といった観点から説明可能である。例
えば，「料理の準備や後片づけをしたい」という生活ニーズは，認知機能面で
は「料理を準備したり片づけることができる」が，社会環境面で「料理や後片
づけの機会が与えられていない」ことから生じているといえる（**図3-2-1**）。
一般に認知症のある人は今まで覚えていたことやできたことができなくなって

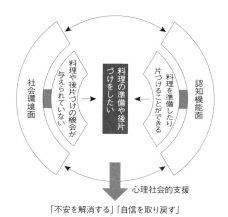

図 3-2-1　ストレングスを活用したニーズ把握

いくことで，不安が高まり，自信を失っている。そうした人に対して，不安を解消したり，もう一度自信を取り戻してもらうためには，本人のストレングスを活用したり，高めていく支援が必要である。こうした支援により，認知症のある人が不安を解消し，自信を取り戻していくことができ，心理社会的支援が可能になる。

　このケアプラン作成過程は，従来のケアプラン作成の発想過程とは根本的な違いがある。それは，生活上直面している問題を解決するということではなく，生活をより豊かにしていくことをめざすことにある。生活ニーズの把握には，問題指向型の生活ニーズをもとにケアプランを進めていくことと，他方，目標指向型の生活ニーズを捉えてケアプランを進めていく方法がある。

　問題指向のケアプランは，生活ニーズを解決し，基本的な在宅生活を続けていくうえで必要であるが，さらに質の高い生活を得ていくためには，ストレングスや目標指向の視点をもって，ケアプランを作成していくことが重要である。

認知症高齢者に対する他のケアの方法

　認知症高齢者を対象とする各種の療法も開発されつつある。回想法や園芸療法，音楽療法，芸術療法，ダンスセラピーなど多様なものがあるが，なかで

も，認知症高齢者に対して一見異なるようにもみえる二つの方法を，ここでは取り上げておく。それは，リアリティオリエンテーション（Reality Orientation；RO）対バリデーションやユマニチュードである。

リアリティオリエンテーションは，古くから活用されてきた方法であり，認知症高齢者の行動障害を正しい方向に導くために，現実見当識を高めることや維持することを目的にしたものである。そのため，利用者に名前や年齢・時間・場所・日時・人物や物の名前などの情報を提供し，認識してもらうアプローチとなる。また，情報を提供する方法としては，言語だけでなく，季節の花や食事，利用者にとって思い出の人物や品物，時計やカレンダーなどを活用することになる[3]。

その一方でバリデーションは，「認知症高齢者が経験していることを否定しないで，それが本人にとっての『現実』であることを受け入れ認めることであり，特に経験のなかでもその人が感じている感情や感覚を尊重し，感情や感覚レベルで応えることを大切にする」ものである。こうした考え方のもと，認知症高齢者との言語的コミュニケーションや非言語的コミュニケーションにおいて，次の16種類のバリデーション・テクニックが使われる。それは，①共感と同意をもって聴くために，精神の統一・集中（センタリング），②事実を聞く質問に集中，③本人の言うことを繰り返す（リフレーミング），④極端な表現を使う，⑤本人の好きな感覚（視覚・聴覚・運動感覚）を活用する，⑥正反対のことが起きたことを想像させる，⑦思い出話をする，⑧アイコンタクト，⑨はっきりとした低く優しい声で語りかける，⑩優しくふれる（タッチング），⑪本人しかわからない言葉には曖昧の表現をする，⑫本人が感じていることを感じ取る，⑬本人の感情に合わす，⑭音楽を使う，⑮満たされない欲求と行動を結びつける，⑯相手の動きや感情に合わせる（ミラーリング）とされている[4]。

こうしたリアリティオリエンテーションとバリデーションの相違は，前者が認知症高齢者の虚構の世界を否定し，現実の世界を認識させようと働きかけるのに対して，後者は，虚構の世界を受容することでその人の存在を支援していくことにある。これらの方法の今後については，どのような認知症高齢者か，どの程度認知機能の低下があるのか，あるいはどういった見当識障害等がある

のかなどによって，どの方法が適切かといった議論が必要となるが，少なくとも後者のバリデーションによる働きかけは，認知症高齢者に対する新たな支援のなかの一方法であるといえる。

このバリデーションと類似するものとして，体育学を専攻する2人のフランス人，イブ・ジネストとロゼット・マレスコッティによって開発された「ユマニチュード（humanitude)®」がある。これは，知覚・感情・言語による包括的なコミュニケーションに基づいたケア技法であり，①見つめること（同じ目の高さ，正面から，近くから長く），②話しかけること（頻繁に，やさしく，前向きな言葉で），③触れること（やさしく），④立つこと（立つことを支援）を四つの柱とし，人間の尊厳を主眼としたケアを体系化したものである。この方法を活用することで，怒りが治まったり，意欲が喚起されたりすることになる[5]。

このユマニチュードはバリデーションと共通する部分が多く，認知症のある人に対する尊厳をどのように保持しながら，コミュニケーションを取っていくかという視点である。こうした観点から関わることで，認知症のある人との信頼関係が確立でき，認知症のある人からの反応を得ることができるといえる。

第3節 認知症のある人の BPSD に対する支援

認知症のある人の6〜8割があるステージで呈するという BPSD に対して，どのようにケアプランを作成していけばよいのであろうか。これについて，国際老年精神医学会によれば，BPSD は認知症のある人の遺伝面・身体生理面・精神心理面・社会環境面を背景にして生じるとしており[6]，このような視点から，BPSD に関連するニーズを把握し，ケアプランを作成することが重要である。また，「徘徊」「暴力・暴言」「介護拒否」といった BPSD は，認知症のある人の「したいこと」「好きなこと」が変形して生じるとされているが，こうした視点で BPSD を捉え，支援することも必要である[7]。

BPSD に対応するアセスメントは，事実として認識したアセスメント項目だけでなく，家族介護者を含めて関わっている多職種がどうしてそうした BPSD を呈しているのかを気づくアセスメントが大切である。また，BPSD に対する

第2章　認知症のある人へのケアマネジメント　329

適切な支援方法に気づくことも重要である。それらの気づきを，アセスメントとして捉え，ケアプランを作成していくことが求められる。

例えば，精神心理的な気づきでは，会話の途中で暴力をふるう人は，本当は話をしたいという思いがあるのに，理解できなくなると暴力をふるってしまうということに気づいたとしたら，「ゆっくりと会話をする」「クローズドクエスチョンでの会話を心がける」等のケアプランを作成・実施していくことになる。また，支援方法の気づきの例であれば，レビー小体型の認知症のある人で悪魔が出るという幻視があった場合に，介護職が入所者の背中をさすり，大丈夫ですよと声かけすると，「あなたが来ると悪魔が逃げていく」と本人が発言したことをもとに，幻視を呈した場合には，安心してもらうためのタッチングと声かけを行うといったケアプランを作成し，対症療法ではあるが，実施していくことで，幻視に対応していく。

以上，ケアマネジャーは気づきをアセスメントし，それをニーズに取り込んでいくことの重要性を示してきたが，それは図 3-2-2 のように説明できる。この図が示していることは，大部分の BPSD は身体生理面，精神心理面，社会環境面から生じるが，いくつかの BPSD は「したい」や「好きである」と

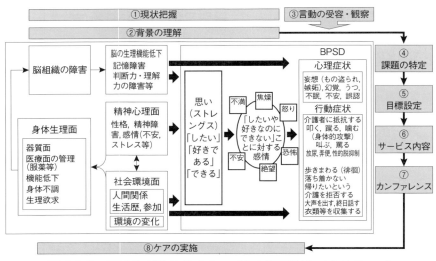

図 3-2-2　BPSD が生じるメカニズムと認知症ケアのステップ

いった思い（ストレングス）ができないために「不安」「不満」「焦燥」「怒り」「恐怖」「絶望」といったことから生じる行為や心理症状として捉えることができる。それらについて，どのような対応をすれば，利用者が安心するかの視点から，ケアプランを作成・実施していくことになる。その結果，ケアマネジャーだけでなく，家族を含めたサービス提供者はBPSDに対して適切に対処できることになる。

　このように，ケアマネジャーに求められる認知症のある人のBPSDといった症状や行動を意味づけるという役割について，個々のケアマネジャーにとっては，自信をもって「そうに違いない」と言い切れない部分も多い。それゆえ，こうした意味づけは，時には試行錯誤が繰り返されることになり，最終的には，利用者の状態が変化することで，その正当性が評価されることになる。

　認知症高齢者の場合の徘徊，暴力・暴言，介護拒否といったBPSDについては，本人にそうせざるを得ない思いから起こっている。ケアマネジャーとしては，そうした本人の思いを理解して支援の方法を探っていかなければならない。

　こうした生活ニーズを捉えるためにどうしたらよいのか。それは，従前からいわれてきたように，アセスメントを行うことに尽きる。本人は話せないけれども，認知症という疾病により生じるBPSDは，身体生理的側面や精神心理的側面から生じていることが考えられ，あるいは，社会環境的な影響から生じている場合もある。そうした要因を捉えつつ，BPSDとよばれている事象を本人が発する生活ニーズとして把握していくことで，表出した生活ニーズの解決を求めていく必要がある。そうしたケアプランの作成・実施が求められる。

　例えば，徘徊といったBPSDへの対応は，ケアマネジャーが利用者の主体的な立場になり，利用者の身体生理面，精神心理面，社会環境面を理解する努力なくしては，背景となる事実と関連づけて意味づけることは難しい。そこで，徘徊についてのBPSDをどのように捉えるかについて，認知症高齢者の立場から意味づけしていくことにより，より適切なケアプランが作成可能となることを，次の三つの事例をもとに考えてみたい。

事例1 [8]

　介護老人福祉施設に入所中のAさん。Aさんには，昼夜の逆転・徘徊・

第2章　認知症のある人へのケアマネジメント　　331

失禁があった。ケアワーカーは，緊密に寄り添う関わりをしていくなかで，失禁と徘徊や昼夜の逆転が関係していることに気づいた。失禁による気持ちの悪さから夜眠れずに昼夜の逆転となり，同時に夜間に徘徊を引き起こすのでは，と気づいた。

　こうしたケアワーカーの気づきをもとに，ケアマネジャーは，失禁が少なくなるよう随時トイレに誘導するといった排泄介助をケアプランに含め，Aさんの排泄時間を確認し，それに合わせてトイレ誘導を実施した。その結果，Aさんの失禁はほとんどなくなり，夜間も熟睡できるようになり，徘徊の頻度も大幅に少なくなっていった。

事例2 [9]

　グループホームに入居しているBさん。以前はケアハウスに入居していたが，グループホームに転居以降，夕食時間に徘徊があり落ち着かない状況がみられた。そこで，Bさんの立場からこうした状況を考えてみようと，ケアハウスに入居時の担当ケアワーカーから情報を得た結果，当時は，夕方になると三男である息子が食事の介助にきてくれていたことがわかった。しかし，グループホーム入居後は，この息子との関わりが薄くなってしまっていたことがわかった。

　ケアマネジャーはケアワーカーからそのような情報を提供され，Bさんに「息子に会いたい」という思いが，特に夕食時にあるのではないかという観点から，前もって息子に依頼したうえで，食事の前に徘徊症状がみられた場合には，息子と電話で話す時間がもてるようなケアプランを作成し実施した。その結果，Bさんは落ち着いて夕食がとれるようになり，徘徊も改善の方向に向かっていった。

事例3 [10]

　商売で成功し，地元の経済団体の役員も務めた70歳代のCさん。朝方を中心に徘徊が非常に多いという状況にあった。こうした徘徊の意味を，どのように捉えたらよいのだろうか。

　担当のケアマネジャーは介護にあたる家族がCさんに寄り添いながら感じたことや気になることを話し合うなかで，以前は毎日仕事で外に出掛けていたため，徘徊の理由が過去の仕事と関わりがあるのではないかという

結論に至った。すなわち，Ｃさんの「仕事に出掛けられなくて困る」という気持ちから，徘徊していることを生活ニーズとして捉え対応することにした。

　具体的に，この話し合いの後では，「仕事に出掛けたい」というＣさんの思いをより理解して寄り添うことにした。同時に，仕事に行くという思いをもとに，徐々にデイサービスの利用回数を増やしていった。その結果，Ｃさんの徘徊する時間は少なくなり，穏やかな表情も多くみられるようになった。このように，ケアマネジャーがＣさん本人の行動を把握し，介護者とＣさんについての受容的な話し合いをすることで，徘徊というBPSDの背景にあるＣさんの感情が理解できた。そのことで，Ｃさんだけでなく，介護者にとっても質の高い生活へと変えていくことが可能となった。

　以上，徘徊についての三つの事例を示してきた。徘徊は，認知症のある人だけでなく介護者の心身にも大きな負担を与える。そのため，適切なケアプランの作成・実施によって，可能な限りその負担を少なくしていくことが求められる。なお，徘徊の原因として，①記憶障害や見当識障害に基づく徘徊，②不安に基づく徘徊，③幻覚・妄想などの異常体験に基づく徘徊，④身体欲求や身体的不快感に基づく徘徊，⑤睡眠覚醒リズムの障害による徘徊，⑥まったく目的のない徘徊の六つに分類されるが[11]，認知症高齢者の場合は，とにかく寄り添うことでこうした背景を推察し，適切な支援方法を見いだしていくことが重要となる。さらにいえば，⑥に示されているように，徘徊の背景が解明できない場合も多い。そうしたなかで，個々の事例から背景と思われるものを明確化し，それらを蓄積していくことによって，より適切なケアプランが作成しやすくなっていく。

　そこで次に，徘徊といったBPSDではなく，認知症高齢者のある行為に手がかりを得て，適切な対応ができるようになった事例を示す。

事例4 [12]

　介護老人福祉施設に入所しているＤさん。認知症のある高齢者である。表情が乏しく，しゃべることもほとんどないまま，介助式の車いすに乗っ

第2章　認知症のある人へのケアマネジメント　333

ていた。しかし，担当のケアワーカーは，Dさんの立ち上がろうとするし
ぐさや車いすを後ろに動かそうとする動作から，自由に移動したい意識の
表れではないかと感じた。こうした情報を得たケアマネジャーは，Dさん
の意思による移動がしやすいようにと，自走式の車いすに切り替え，さら
に，車いすではなく，ソファで座っている時間が多くとれるよう，ケアプ
ランを修正した。

　その結果，Dさんは自分で動こうとすることが多くなり，発語もでき，
快活となっただけでなく，排泄も誘導すれば可能となり，失禁までが少な
くなってきた。これは，Dさんのなにげない行為をサインとして受けと
め，その思いを意味づけていくことで，ケアプランを修正し実施した効果
が如実に表れた事例といえる。

事例5 [13]

　アルツハイマー型認知症と診断されて精神科病院に入院していたEさん
が，介護老人福祉施設に移ってきた。入所後1カ月ほどは何の問題も起こ
らなかったが，その後，精神科病院に入院していたときに起こしていた自
傷行為や暴力行為がひどくなってきた。なかでも自傷行為がひどく，部屋
のなかには何も置けないという状態にまで陥ってしまった。そこで，施設
長が精神科医に相談するまでに至った。

　そうしたなかで，二つのことがわかってきた。一つは，Eさんの暴力行
為や自傷行為が一定のリズムのなかで起こっていることである。家族は毎
日面会に来ているが，その面会が終わったあとに不穏行動が起こり，暴力
行為につながっていくことが明らかになった。つまり，面会者が帰ってし
まったという環境的な要因と同時に，Eさんが寂しいと感じる心理的な問
題が関連して，自傷行為や暴力行為となっていることを気づいた。

　二つ目には，Eさんは常に便秘気味であるため，週に一回は浣腸をして
いたが，そのときに特に機嫌が悪く，すごい罵声を発するということで
あった。また，浣腸の前々日くらいから，自傷行為や暴力行為は激しく
なっていた。Eさんは何もいわないが，便が出ないことに対する不快感
が，自傷行為や暴力行為とつながっていたことを気づいた。つまり，便が
出ないという身体機能的状況と，それによる不快感という精神心理的状況

が相互に影響し合って，BPSD が生じていることに気づいた。

　そのため，ケアマネジャーは，E さんへのケアプランとして，第一に，家族との面会直後に E さんとケアワーカーとの親密な関係をもつように，一対一の関係を強化していくことにした。第二に，水分補給を徹底することや適度な運動の導入など活動を活発化することにより，自然便が可能となるよう努力するというケアプランを作成した。こうしたことを徹底したところ，E さんの便秘も徐々に改善され，自傷行為や暴力行為はきれいに解消された。

　これと同様の支援が，意思表示が十分でない人に対しては重要である。以下は知的障害者への支援においてであるが，岩崎隆彦らは，激しい行動障害や意味のわかりにくい行動自体に目が行き，それらの行動への対応に追われがちであるが，本人の立場に立って行動の背景にある意思や気持ちを理解し，主体的な表現・意思決定に向けて支援する方法として「意味了解的アプローチ」を提案している。これには，①どんな行動にも意味があるとの認識に立ち，本人の行動の意味を推測・確認・理解していくこと，②支援者が本人の立場に立って相談にのり，本人との信頼関係を築くこと，③本人が自信をもって意思表示や意思決定できる，主体的な生き方に向けて支援すること，の三つを柱として進めることとしている[14]。このことは，認知症のある人への支援にも共通しており，認知症高齢者が発信する事象の一つひとつを認知症のある人の立場になって検証しながら，これらを積み上げ，支援者間で共有していくことで，支援方法を検討していかなければならない。

第4節　認知症のある人の権利擁護への支援

　認知症高齢者の場合，自分の意思を必ずしも十分に表示できないために，ケアマネジャーとしては，利用者の意向をさまざまな方法を使って確認しながら，認知症のある人の自己決定を支援していくことが原則である。そうしたなかで，認知症高齢者の人権を守り，それを遂行するケアプランの作成・実施が求められる。

第 2 章　認知症のある人へのケアマネジメント　　**335**

しかしながら，在宅におけるケアマネジャーの対応は，介護保険サービスの利用への対応に限定されがちになり，認知症高齢者の権利擁護に関わるニーズを把握し，必要なサービスに結びつけることの意識が十分ではない。同時に，利用者は必ずしも自らの意向を言語化できないことから，そうした権利が十分に守られた支援がなされているとは限らない可能性もある。こうしたことから，ケアマネジャーには認知症高齢者の権利を擁護する視点でのケアプランの作成が必要不可欠である。

　そうしたなか，ケアマネジャーが認知症高齢者の権利を擁護する際には，二つの手段が考えられる。一つは，権利擁護に関わる制度に結びつけたケアプランの作成・実施である。もう一つは，認知症のある人の権利が侵害されないようサービス事業者や地域の人々への対応である。

　前者については，具体的には，権利擁護サービスとしての主に次のような四つのサービスと結びつけることになる。

・利用者に財産管理や身上監護が必要な場合には，「成年後見制度」を活用し，家庭裁判所から“後見”“保佐”“補助”という三類型の法定後見人を選任してもらうことで，財産の管理と身上の監護を依頼する。

・利用者が介護保険サービスの利用契約や利用料金の支払いに支障をきたしている場合や，そのおそれがある場合には，市町村社会福祉協議会などが実施している「日常生活自立支援事業」を活用して，日々の生活費を高齢者に手渡す等の形で，日常の金銭管理について生活支援員を介して支援してもらう。

・利用者が虐待されている，あるいはそのおそれのある場合には，「高齢者虐待防止法（高齢者虐待防止，高齢者の養護者に対する支援等に関する法律）」に基づき，市町村に通報し，被虐待の高齢者や介護者に対して適切な対応をする。

・不必要な買い物をした場合には，消費者保護のために特別に認められた制度である「クーリングオフ」を活用し，商品の返却を支援する。

　以上に挙げた4点が権利擁護に関する主なサービスであるが，こうしたサービスの活用によって，認知症高齢者の在宅生活や施設生活への支援が可能となってくる。これらのサービスの具体的な内容を以下に示す。

①成年後見制度

　一人暮らしや身寄りのない認知症高齢者の場合に，自らの財産を管理したり身上の監護をしたりするために，家庭裁判所に申し立てを行う。その結果として，家庭裁判所から，利用者の判断能力の低い順に“後見”“保佐”“補助”という三類型の法定後見人が選任されることになる。

　なかでも，最も判断能力が衰えている人に対する“後見人”の選定は，「民法」第7条（精神上の障害により事理を弁識する能力を欠く常況にある者）による，従前の禁治産者に相当する類型である。この場合には，後見人が利用者に代わって代理権や取消権を認められることになる。

　また，“保佐人”は，従前の準禁治産者に相当する類型であり，その選定は「民法」第11条（精神上の障害により事理を弁識する能力が著しく不十分である者）によっている。具体的には，日常の買い物程度は自分でできるが，不動産などの売買や自宅の増改築，金銭の貸し借りなどの重要な財産行為などは自分でできない者に保佐人がつくことになる。なお，この場合には，保佐人が本人に代わって売買における代理権や取消権を認められることになる。

　三類型のなかで最も判断能力が高い人に対する“補助人”は，2000（平成12）年に成年後見制度が創設されたときにつくられた類型である。その対象は，「民法」第15条（精神上の障害により事理を弁識する能力が不十分である者）により，重要な財産行為は自分でできるかもしれないが，その際に危惧があるため，利用者の利益のために誰かが代わって行ったほうがよい程度の人とされる。この場合の補助人は，代理権や同意権，特定の法律行為についての取消権が認められている。

　このように三つの類型からなる成年後見制度においては，利用者本人や配偶者，四親等以内の親族が家庭裁判所に申し立てをすることが基本であるが，それができない場合には，行政機関である市区町村長からの申し立ても可能である。そのうえで，調査官による調査のもと，三類型のいずれかの法定後見人が選定されることになる。なお，一般には，申し立てから審判までには3カ月から4カ月の日数を要する。

　さらに，成年後見人の義務としては，利用者本人の意思を尊重することと

本人の心情に配慮するという二つの義務が「民法」で定められている。ただし、成年後見人はその業務内容として財産の管理や身上監護は行うが、医療に関する行為に対する後見人の同意権は明らかにされていない。また、住居の確保に関する事項や施設の入退所、介護や生活の維持、教育などに関する事項についても、通説としては、同意権はないとされ、今後の課題として残っている。

このように、成年後見制度と認知症高齢者を結びつけることによって、利用者の権利擁護を推進していくことも、ケアマネジャーが果たすべき業務となる。この制度は、認知症高齢者の財産の管理だけでなく、認知症のある人の身上監護を目的にしており、ケアマネジャーにはそうした視点でのアセスメントやケアプラン作成が必要である。

②日常生活自立支援事業（旧：地域福祉権利擁護事業）

日常生活自立支援事業は、「社会福祉法」において定められているものであり、認知症高齢者の日常生活を支援するために活用される制度である。この事業の窓口は、市町村の社会福祉協議会などが行っており、そこに申請することによってサービスが利用できることになる。サービスの利用が認められると、生活支援員が認知症高齢者の通帳の管理を行い、必要な場合には、介護保険サービスの利用契約や利用料金の支払いを支援したり、日々の生活費を高齢者に手渡したりといった形の金銭管理を行っていく。成年後見制度との違いは、財産などの管理といった重大な要件よりも、認知症高齢者の日常生活を支援していくという軽微な部分に力点が置かれている。

なお、日常生活自立支援事業における問題点を指摘しておくならば、利用者本人が認知症を患いサービスの利用契約の判断ができなくなってしまうと、この事業の利用契約ができなくなってしまうことが挙げられる。そのため、ケアマネジャーとしては、できる限り早くそうした利用者を発見し、この事業に結びつけることが重要である。さらにいえば、こうしたケースは、成年後見制度と同様に、特に一人暮らしの高齢者あるいは身寄りのない高齢者に対して求められている支援であり、両者が一体的・連続的に利用できる仕組みが求められる。

③高齢者虐待防止法（高齢者虐待の防止、高齢者の養護者に対する支援等に

関する法律）

2006（平成18）年4月より施行された高齢者虐待防止法は，在宅でも施設でも，高齢者への虐待を禁止するものである。この法律によれば，在宅・施設ともに高齢者虐待についての事実があれば，それを発見した人は市町村への通報の義務があるとされている。同時に，通報を受けた場合には，市町村がその事実を確認するために立ち入り調査をすることが認められている。さらに施設の場合は，事実の確認のあとに，施設等からの報告を聴取したうえで，立ち入り調査を実施し，場合によっては認可や指定の取り消しなどもできるとされている。

そのため，高齢者への虐待などの問題について，ケアマネジャーは，市町村や市町村が運営する地域包括支援センターなどと連携しながら，虐待の可能性やおそれが見られる場合には，事実確認や対応の協議，立ち入り調査といったことを，市町村などとの連携を密にして行っていかなければならない。そうしたなか，時には認知症高齢者を行政の措置決定のもとで虐待者と切り離すといったことへの支援も，ケアマネジャーの業務としては必要となってくる。こうした場合には，特別養護老人ホームへの送致の手配といったことも，ケアプランのなかで考えられるべき必要な内容となる。

④クーリングオフ

クーリングオフとは，特定商取引に関する法律のなかで定められている制度であり，消費者が業者と交わした契約について，一定の期間内（訪問販売および割賦販売では8日）であれば一方的に解除できる権利とされている。一般に買い物をする，あるいは何かをリースするといった場合，例えば業者と消費者の間で契約が成立する。この場合の契約は，法律上の約束であり，業者と消費者が対等な関係で結ばれることが原則となる。

しかしながら，実際に消費者は十分な知識をもって判断し，納得して購入するとは限らないケースも多々ある。つまり，「売る」ことと「買う」ことで契約が成立するとして捉えれば，お互いが対等・平等の立場のなか，双方の自由意思に基づいて契約したということになるが，こうした契約の自由平等の原則がいかなる場合にも守られるとは限らない。

特に認知症高齢者の場合には，消費者という立場にあったとしても，十分

第2章　認知症のある人へのケアマネジメント　　339

な判断能力があっての購入なのか否かを，ケアマネジャーは常にモニタリングしていく必要がある。そこでは，家族だけではなくホームヘルパーなどとも連絡をとって情報交換を密にし，必要とあればケアマネジャーは，悪徳商法に引っかかっている可能性はないか，また，明らかに不必要なものを購入していないかといったことについて，家族とともに事実確認する必要もある。すなわち，必要に応じてクーリングオフの制度を活用すべく，関係機関あるいは消費者センターに相談して適切な処置が図られるよう支援することが求められる。

　ただし，契約を守ることはあくまでも原則となる。したがって，クーリングオフの制度が活用できるのは，特別の場合に限られる。それは，(1) 法律に規定がある場合，(2) 業界が自主的に規定している場合，(3) 業者が個別的に契約内容に盛り込んでいる場合である。なお，契約の解除は必ず文書で業者に通知することとされており，クーリングオフできる期間も決まっているが，いずれにしても，消費者である利用者を守る必要がある場合には，消費者センターなどに相談して，迅速で適切な処置を心がけることは，ケアマネジャーの責務といえる。

　実際の，ケアマネジャーによる権利擁護への関与の成果をみると，まずは，成年後見の 2012（平成 24）年の総申立件数 3 万 4,689 件のうちで市町村長申立件数は 4,543 件で，13.2％を占めている。この申し立てにはケアマネジャーが大きく関与している可能性が高いが，この比率は近年急激に増加している（最高裁判所事務総局家庭局『成年後見関係事件の概況：平成 24 年 1 月〜 12月』）。

　一方，日常生活自立支援事業については，2013（平成 25）年 7 月分の新規利用者の申請件数は全国で 958 件であるが，そのうちで初回の相談者はケアマネジャーが 25.4％で最も多い。なお，この事業は高齢者に限らず，知的障害者や精神障害者も活用しており，両者の 604 件を除外した高齢者については，40.0％がケアマネジャーからの初回相談に相当している（全国社会福祉協議会地域福祉部『平成 25 年 7 月分利用状況調査における新規利用契約者の集計結果』）。

高齢者の虐待事例については，被虐待者は必ずしも要介護・要支援者には限らないが，2014（平成26）年度の在宅の虐待事例は1万5,739件であったが，そのうち「認知症高齢者の日常生活自立度Ⅱ以上」は7,573人で69.9％を占めている。一方，通報件数については，介護サービス事業者も含めたケアマネジャーからの通報ケースは8,637件54.9％と半数を超えている（厚生労働省『平成26年度高齢者虐待の防止，高齢者の養護者に対する支援等に関する法律に基づく対応状況等に関する調査結果』）。

　以上，ケアマネジャーが高齢者の権利擁護に貢献していることを示したが，こうした内容もケアプランのなかに盛り込むことで，ケアマネジャーの業務を可視化することができる。同時に，ケアマネジャーは認知症のある人を中心にして，高齢者の人権を守るとりでであることを示している。

　さまざまな制度を活用した権利擁護について述べてきたが，利用者の権利擁護に関わる場合には，制度を活用することなく，ケアマネジャー自らが認知症のある人本人の人権を擁護していくことも重要なポイントとなる。例えば，地域のなかの一人暮らしの認知症高齢者に対して，火事を起こしたら怖いということで，近隣から施設入所を求められることもある。そうした場合，ケアマネジャーは利用者に代わって，安全・安心に在宅生活ができるようにリスク管理をしたケアプランを作成・実施しながら，近隣に対しても，在宅生活が可能であることを弁護していく役割が求められる。

　さらに，この弁護的な役割は，地域住民に対してだけでなく，認知症高齢者の家族や介護サービス事業者に対しても果たしていかなければならない場合がある。例えば，利用者本人はできる限り長く在宅生活を続けたいという思いをもっていても，認知症高齢者が自らの意思を十分に表現できないことを考慮すると，利用者本人に代わってケアマネジャーは家族に対して弁護的役割を果たすことが求められる。また，介護サービスについても，利用者の生活ニーズに合致したサービス提供がなされているかを点検し，必要な場合には，介護サービス事業者に対して，利用者に代わって弁護的役割を果たすことが必要となる。それゆえ，認知症高齢者の支援に関わる場合には，権利擁護の諸サービスと結びつけるという支援だけでなく，ケアマネジャーが自ら弁護的役割を果たすことで，認知症のある人の権利を擁護していくことも重要であるという認識

が求められる。

このように個々の認知症のある人の権利を擁護することを「ケースアドボケート」というが，個々人への権利擁護を介して，認知症のある人を支える地域の課題が明らかにされ，地域づくりに結びついていくことになる。例えば，認知症のある人の徘徊について安全に見守れる地域づくりが目的になり，徘徊模擬訓練を行ったり，徘徊があった場合の地域の機関や団体での連絡網の整備を図ったりといった活動につながっていく。こうした地域の認知症のある人全体をターゲットにした権利活動は「コーズアドボケート」とよばれ，ケアマネジャーは地域包括支援センターや生活支援コーディネーターと協力して実施していく必要がある。

第5節 若年性認知症のある人への支援

2009（平成21）年3月，厚生労働省が老人保健健康増進等事業調査結果に基づいて発表したデータによれば，全国の若年性認知症者数は約3万7,800人，18〜64歳人口10万人あたりの若年性認知症者数は47.6人で，性別では，男性57.8人，女性36.7人と，男性のほうが発症率は高くなっている。基礎疾患の内訳は，脳血管性認知症39.8%，アルツハイマー型認知症25.4%，頭部外傷後遺症7.7%の順で，次いで前頭側頭葉変性症，アルコール性認知症，レビー小体型認知症・認知症を伴うパーキンソン病と続いている。若年性認知症は発症年齢，基礎疾患が多岐にわたるため，認知障害・神経症状・精神症状や行動障害の内容にも多様性があり，個人差も大きいとされている。若年性認知症のある人の家族介護者の約6割が抑うつ状態にあるとされ，約7割が発症後に収入が減ったとしている。多くの家族介護者が経済的に困難となり，若年性認知症がある人に特化した福祉サービスや専門職を充実することの必要性が挙げられている[15]。

介護保険制度での介護サービスは高齢者を想定して設計されており，また個々のサービスの利用者も高齢者が圧倒的多数を占めており，若年性認知症のある人にとってはサービスが利用しづらい側面が多々みられる。都市部のごく一部では，若年性認知症のある人に特化した通所介護や通所リハビリテーショ

ン（デイケア）もみられるが，対象者が散在している現状にあり，遠方からの利用者もおり，身近に利用できる実態にはなっていない。

若年性認知症のある人のニーズとしては，多くが就労期間に発症することから，経済的なニーズが大きい。また，発症後，離職することが多く，就労や社会参加のニーズに応える社会資源が求められる。

経済的なニーズに対しては，①自立支援医療（精神通院医療），②傷病手当金，③雇用保険，④障害者手帳，⑤障害年金，⑥住宅ローン支払い免除等のサービスがあり，そうしたサービスと結びつけていくのもケアマネジャーの業務である。これらのサービスについては，具体的には以下のとおりである。

①自立支援医療（精神通院医療）

指定された医療機関での治療に関しては，通院にかかった医療費が1割負担になる。所得が低い人については，負担の上限が決められている。

②傷病手当金

休職を余儀なくされた場合に支給される手当金で，3日以上続けて休んだときに，4日目から標準報酬日額の2/3の金額を，最長1年半支給される。途中退職となった場合でも，退職時から傷病手当金を受けることができ，健康保険の被保険者期間が1年以上あれば，退職後1年半まで続けて支給される。

③雇用保険

傷病手当金受給期間が終了したとき，求職活動の意思能力などの一定の要件を満たす場合には，雇用保険を受給できる。原則は離職した日の翌日から1年間であるが，その間に病気，けが，妊娠，出産，育児などの理由により引き続き30日以上働くことができなくなったときには，働くことができなかった日数だけ受給期間を延長することができ，最長で3年受給できる。

④障害者手帳

認知症との診断を受けた場合に，精神障害者保健福祉手帳を申請できる。麻痺などが身体にあり，身体的な障害が大きければ，身体障害者手帳も申請できる。これらの障害者手帳を保持していることで，税金の控除や減免，交通料金の割引などが受けられる。再就職する場合には，企業などの障害者枠で働くことができる。

第2章　認知症のある人へのケアマネジメント　　343

⑤障害年金

　障害基礎年金と障害厚生年金があり，認知症との診断を受けるために受診した日から1年半後から申請ができる。障害基礎年金は，1級または2級の障害状態で，認知症と診断された月の前々月まで加入している年金の2/3を滞らず納めていることが要件となる。また，厚生年金に加入していた人は，障害厚生年金を障害基礎年金に上乗せして受給できる。

⑥住宅ローン支払い免除

　住宅ローンが残っていても，ローン契約内容に特約制度として「高度障害状態になった場合，支払いが免除される」と書かれている契約もあり，契約内容を確認する必要がある。

　他方，就労ニーズに対しては，ハローワーク（公共職業安定所）や障害者就労センターなどでの相談に結びつけることで，若年性認知症のある人に対して職業相談・職業評価，就職に向けた職業準備支援，職場適応のためのジョブコーチの派遣，休職中の人に対する職場復帰支援（リワーク）などを利用することが可能になる。さらに，「障害者総合支援法」による就労支援事業を利用することができ，これは市町村に申請し，特定相談支援事業者の相談支援専門員と一緒にサービス利用計画を作成し，就労能力のレベルにより，**表3-2-1**のような「就労移行支援」「就労継続支援（A型）」「就労継続支援（B型）」の支援を受けることになる。

　若年性認知症のある人の社会参加ニーズについては，介護保険での通所系のサービス（通所介護，通所リハビリテーション，認知症対応型通所介護）に対応できる部分があるが，これらは主に高齢者を想定したサービスであり，ほかの利用者との年齢差が大きいことから利用しにくい側面がある。そうしたなかで，地域で「認知症カフェ」「オレンジカフェ」がつくられ，認知症のある人やその家族，地域の人々や専門職も参加してさまざまな活動を行っており，多様な世代が参加していることもあり，若年性認知症のある人も参加しやすくなっている。また，時には若年性認知症のある人に特化した認知症カフェもみられる。

　また，特に若年性認知症のある人の場合には，受診で認知症と告知を受けて

表 3-2-1　就労レベルによる就労支援事業

	就労移行支援	就労継続支援	
		A　型	B　型
対象者	就労を希望する 65 歳未満で，通常の事業所に雇用されることが可能と見込まれる人	通常の事業所に雇用されることが困難であり，雇用計画に基づく就労が可能である人	通常の事業所に雇用されることが困難であり，雇用計画に基づく就労が困難である人
利用者像	就労していて，体力や職場の適正などの理由で離職したが，再度，訓練を受けて，適正に合った職場で働きたい。または，就労したいが，必要な体力や職業能力などが不足しているため，これらを身につけたいという人	一般就労していて，体力や能力などの理由で離職したが，再度，就労の機会を通して，能力などを高めたい。または，就労を希望するが，一般就労するには必要な体力や職業能力などが不足しているという人	就労移行支援事業を利用したが，必要な体力や職業能力の不足などにより，就労に結びつかなかった人。一般就労していて，年齢や体力などの理由で離職したが，生産活動を続けたい。または，50 歳に達しており，就労は困難な人
サービス内容	一般就労などへの移行に向けて，事業所内や企業における作業や実習，適性に合った職業探し，就業後の職場定着支援を実施	通所により，原則雇用契約に基づく就労の機会を提供するとともに，一般就労に必要な知識・能力が高まった人について支援	事業所内において，就労の機会や生産活動の機会を提供（雇用契約は結ばない）するとともに，一般就労に向けた支援

から介護保険サービスを利用するまでの間を「空白の期間」とよばれ，本人だけでなく，家族についても介護支援専門員からのケアマネジメント支援を受けることが制度的にできないことになっている。ただ，認知症の告知を受けた時点や経済的ニーズや就労へのニーズが生じるこの空白の期間についても，ケアマネジメントは必要である。そのためには，この時点のケアマネジメントを病院や診療所の医療ソーシャルワーカーや精神科ソーシャルワーカー，あるいは地域包括支援センターの職員が担っていくことが求められる。一方，この時点で障害者手帳の取得や障害者サービスの利用が開始される時期であり，特定相談支援事業者の相談支援専門員がケアマネジメント業務を担うことも可能である。

本章では，認知症のある人に対するケアマネジメントのあり方を示してきたが，これは突き詰めれば，認知症高齢者に限らず，意思表示が十分でない人に対するケアプランの作成はいかにあるべきかを問うものでもある。同時に，そのことは，ケアマネジメントの原点を示すことになり，認知症のある人へのケアマネジメントはケアマネジメントの原点を示しているといえる。

注

1) 広瀬寛子（2007）「現象学的アプローチと臨床との接点：研究者の姿勢を中心に」『看護研究』40 (3).
2) 白澤政和（2014）「介護福祉での生活史の効果」日本介護福祉学会事典編纂委員会編『介護福祉学事典』ミネルヴァ書房，440-441.
3) 浦上克哉（2014）『新版　認知症よい対応・わるい対応：正しい理解と効果的な予防』日本評論社.
4) ナオミ・フェイル（2001）『バリデーション：認知症の人との超コミュニケーション法』藤沢嘉勝訳，筒井書房.
5) 本田美和子，ロゼット・マレスコッティ，イヴ・ジネスト（2014）『ユマニチュード入門』医学書院.
6) 国際老年精神医学会（2005）『BPSD 痴呆の行動と心理症状』日本老年精神医学会訳，アルタ出版.
7) Donna L. Algase, Cormelia Beck, Ann Kolanwski and Ann Whall, et al.（1996）Need-driven dementia-compromised behavior：An alternative view of disruptive behavior, *American Journal of Alzheimer's Disease*,（6）10, 12-19.
8) ※事例 1 は，結城拓也・白澤政和（2001）「施設入所を利用し生活リズムの再構築を図る」『痴呆ケアサポート』2 月号，pp.6-9. をもとに，整理し直したものである。
9) ※事例 2 は，中川泰恵・白澤政和（2001）「グループホーム利用時のケアプラン作成」『痴呆ケアサポート』10 月号，pp.8-11. をもとに，整理し直したものである。
10) ※事例 3 は，白木裕子・小野隆生・白澤政和（2010）「頻繁に外出を望む本人をデイサービスの利用で支援する」『デメンシア サポート』4 月号，pp.14-19. をもとに，整理し直したものである。
11) 小山恵子（2002）「高齢者ケアのガイドライン：徘徊」『ジェロントロジー：ニューホライズン』14（1），48-50.
12) ※事例 4 は，渡辺美紀子・安藤雅美・松井雅史・白澤政和（2003）「『座らせ老人』からの解放が利用者の活性化を生み出した」『痴呆ケアサポート』4 月号，pp.12-15. をもとに，整理し直したものである。
13) ※事例 5 は，堀江みゆき・白澤政和（2004）「自傷行為や暴言・暴力のある痴ほう性高齢者が安心して暮らせる支援」『痴呆ケアサポート』3 月号，pp.10-13. をもとに，整理し直したものである。
14) 岩崎隆彦・加藤啓一郎・黒田千珠・ほか（2016）「意思決定支援の『落とし穴』：知的障がいのある人の支援事例を通して考える」『大阪市社会福祉研究』（39），36-37.
15) 朝日　隆・ほか（2009）『若年性認知症の実態と対応の基礎整備に関する研究（平成 20 年度厚生労働科学研究費補助金　長寿科学総合研究事業）』.

346　　第 3 編　ケアマネジメントの展開

コラム7 個々の利用者のストレングスをアセスメントし支援することは，高齢者ケアの水準を高めるか？

　認知症のある人へのケアプラン作成について，介護職員を対象にして，ストレングスに着目した事例検討会を継続して実施した。こうした介入により介護職員が認知症のある人だけでなく，要介護・要支援高齢者一般に対する捉え方や支援に変化がみられるのかを明らかにした。

＊＊＊

有料老人ホームの介護職員に対する認知症のある人のストレングスをもとにした事例検討会の効果に関する研究

　本研究の目的は，介護職員が認知症のある人が有するストレングスに着目した事例検討会をコーディネーターの指導のもとで実施し，その効果を明らかにすることである。A法人が運営する39の有料老人ホームから認知症ケアリーダー1名を選出してもらい，彼らを対象にして，2014（平成26）年11月から2015（平成27）年10月までの月1回，合計12回にわたり，認知症のある人のストレングスをみつけ出し，その支援を検討する事例検討会を実施した。具体的には，1回ごとに有料老人ホームで支援に困っている認知症のある人の1事例を提出してもらい，5～6名の7グループに分けて事例検討を行った。ここでは，事例提供者から認知症のある人のアセスメントや支援状況について事例報告をしてもらい，それに対して，全員からアセスメントを深める質問を受けることとした。その後で，各グループで提出された認知症のある人が有しているストレングスおよびその活用方法について検討し，各グループで発表してもらい，それに対してコーディネーターがコメントを行うこととした。なお，提出する事例については，本人および家族から，検討会へ提出することの了解を文書で得て実施した。

　参加者39名について，事例検討会の実施前，中間時点，終了時点の3回に分けて，調査を実施した。調査内容は，①認知症のある人を肯定的に捉える能力（「身の回りのことができる」「希望をもっている」「楽しみがある」

第2章　認知症のある人へのケアマネジメント　347

「好みがある」「意欲がある」「人とのつながりを望む」「役割をもちたい」の
7項目）について5件法で，②要介護・要支援高齢者のストレングスの把握
（アセスメント）状況（「食事」「入浴」「排泄」の身体面3項目，「趣味」「楽
しみ」「関心」「希望」「意欲」の心理面5項目，「家族から受けられる支援」
「仲のよい利用者」「気に入りの職員」「気に入りの場所」の社会面4項目，
合計12項目）について4件法で，さらに，③上記の12項目のストレング
ス支援について，4件法で実施状況を尋ねた。その結果，30名から3回す
べてに回答を得ることができた。

30名の認知症ケアリーダーの基本属性は，**表3-2-2**のとおりである。認
知症ケアリーダーの認知症のある人の捉え方，高齢者のストレングスのアセ

表3-2-2 認知症ケアリーダーの基本属性

項　目	カテゴリー	N（%）
性　別	男性	14（46.7）
	女性	16（55.5）
保有している資格（複数回答）	介護福祉士	4（13.3）
	ホームヘルパー2級	28（93.3）
	介護支援専門員	1（3.3）
ケアワーカーとしての経験年数	5年未満	25（83.4）
	5年〜10年未満	4（13.3）
	10年以上	1（3.3）
現在の施設での経験年数	1年未満	5（16.7）
	1年〜2年未満	9（30.0）
	2年〜3年未満	7（23.3）
	3年以上	9（30.0）

スメント，高齢者のストレングスの支援について，事例検討会実施前，中間時点，終了後の3回の調査結果についてt検定を行った（**表3-2-3**）。

その結果，認知症のある人の捉え方は，前半の半年間や1年間で有意に肯定的に捉えられるように変化していた。また，高齢者のストレングスについてのアセスメントは，事例検討会開始以前から，心理面や社会面に比べて身体面は相対的に実施できており，事例検討会終了後と比較で有意な差が出なかった。一方，高齢者の心理面や社会面でのストレングスのアセスメントは，事例検討会の前半の期間でも，また1年間でも，アセスメントができる

表3-2-3 討論会の実施前・中間点・終了後の3時点間での認知症ケアリーダーの認知症のある人や高齢者の見方の変化

項　目	平均±標準偏差			各時点間での変化（t検定）		
	実施前	中間点	終了後	実施前〜中間点	中間点〜終了後	実施前〜終了後
認知症のある人を肯定的に捉える能力（7項目）	27.2 ± 3.7	29.2 ± 3.6	28.9 ± 4.9	＊＊	n.s.	＊
高齢者のストレングスをアセスメントする能力（身体面・3項目）	9.6 ± 1.3	10.1 ± 1.2	9.7 ± 1.5	n.s.	n.s.	n.s.
高齢者のストレングスをアセスメントする能力（心理面・5項目）	13.4 ± 2.0	14.8 ± 2.0	15.0 ± 2.4	＊＊	n.s.	＊＊
高齢者のストレングスをアセスメントする能力（社会面・4項目）	10.9 ± 1.9	11.9 ± 1.5	12.7 ± 1.9	＊＊	＊	＊＊
高齢者のストレングスを支援する能力（身体面・3項目）	8.6 ± 1.5	9.8 ± 1.4	9.6 ± 1.5	＊＊	n.s.	＊＊
高齢者のストレングスを支援する能力（心理面・5項目）	12.4 ± 2.3	14.5 ± 2.4	15.0 ± 2.3	＊＊	n.s.	＊＊
高齢者のストレングスを支援する能力（社会面・4項目）	10.7 ± 1.8	12.1 ± 1.7	12.7 ± 1.7	＊＊	n.s.	＊＊

＊＊：$P < 0.01$，＊：$P < 0.05$，n.s.：有意差なし

よう有意に変化していた。高齢者のストレングスの支援については，身体面，心理面，社会面とも，ストレングスのアセスメントに比べて低く，前半の半年間や1年間で有意に支援できるように変化していた。

　以上のことから，介護職に対してではあるが，認知症高齢者のストレングスに焦点を当てて，コーディネーターが支援する事例検討会が，認知症のある人の捉え方や高齢者のストレングスのアセスメントや支援を高めるうえで有効であることが実証された。

＊＊＊

　認知症のある人に対するストレングスを把握し，それを活用することのコーディネーターを交えての事例検討会を継続することが，認知症のある人を肯定的に捉えるようになるだけでなく，要介護高齢者のアセスメントや支援において，ストレングスの活用につながっていく。特に，要介護高齢者の心理・社会面でのアセスメントや身体・心理・社会面での支援において，ストレングスが活用できるようになることがわかった。

（出典）M. Shirasawa, A. Yamamoto, S. Kitahara, S. Tsutui and S. Zheng（2015）*Effectiveness to dementia care by strengths-based group supervision for care staffs at the nursing facility*, The 10th International Association of Gerontology And Geriatrics-Asia/Oceania 2015 Congress, Chiang Mai, Thailand,（2015.10.19-22）, 93.

第3章

障害者ケアマネジメントの方向性

　日本で使われている「ケアマネジメント」という用語は，主にイギリスにおいて使用されている。一方，アメリカでは一般に「ケースマネジメント」という用語が使われる。そして，その歴史は，アメリカのほうがイギリスよりも古い。

　アメリカにおいてケースマネジメントが必要とされた理由は，1970年代の後半，精神障害者の多くが社会的入院を余儀なくされているなか，彼らが精神病院から地域に戻ることで，彼らの生活の質（Quality of Life：QOL）の向上をめざすコミュニティケアの推進を試行したことに起因する。そこでは，州立の精神病院の1/2のベッド数を閉鎖するという手段によって，精神障害者のコミュニティケアが推進された。そうしたプロセスのなかで，退院する精神障害者を地域で支援するうえでケースマネジメントが必要不可欠であるということが明らかになり，コミュニティケアを推進する重要な方法としてケースマネジメントが確立してきた。

　具体的にいえば，地域精神保健センター（community mental health center）にケースマネジャーを配置し，在宅に暮らす精神障害者の生活ニーズにあったサービスのすべてが利用できる権限をセンターに与え，そこで業務を担うケースマネジャーがワンストップで精神障害者の在宅生活を支援していくという，システムづくりとケアマネジャーという人材養成でもって，仕組みをつくり上げた。

　ここで示されているように，アメリカでのケースマネジメントのスタートは，精神障害者に対するものであった。

　しかし，日本におけるケアマネジメントは，1990年代の前半に在宅介護支援センターにおいて，介護が必要な高齢者を対象にしてスタートした。ここに，日本とアメリカの大きな違いがある。そして，日本での障害者ケアマネジ

メントは，高齢者領域から10年ほど遅れて展開することになった。アメリカのように障害者からケアマネジメントが始まっていたならば，日本のケアマネジメントは現状とは大きく異なったものになっていたのではないかと想像する。

　本章では，日本における障害者ケアマネジメントの現状と，そこでの課題を明らかにし，課題解決に向けての検討を行う。さらに，第2編第2章「生活の連続性への支援」で言及した生活の連続性で示した連続性が分断されている65歳以降の高齢障害者について検討する。具体的には，「障害者総合支援法」で障害福祉サービスを利用していた障害者が65歳になり介護保険制度を利用する際，生活の連続性をいかに確保していくかについて検討する。

第1節　日本の障害者ケアマネジメントの実態

障害者ケアマネジメントの発展過程

　日本における精神障害者を対象に含む障害者領域でのケアマネジメントは，アメリカとは異なる形で，要介護高齢者へのケアマネジメントから一歩遅れてスタートを切った。日本の障害者に対するケアマネジメントは，1995（平成7）年に公益財団法人日本障害者リハビリテーション協会が厚生省（当時）の委託を受けてスタートした「障害者に係る介護サービス等の提供方法及び評価に関する検討会」にさかのぼる。その後，三障害（身体障害・知的障害・精神障害）が別々にケアマネジメントを検討することを経て，2000（平成12）年に「障害者ケアマネジメント体制整備検討委員会」が発足し，2002（平成14）年に，『障害者ケアガイドライン』という形で，三障害に共通するケアマネジメントの方向づけがなされた。

　この間には，三障害別に都道府県や政令指定都市・中核市が主催する三障害別のケアマネジメント従事者研修会が開催されてきた。この研修会では，行政の福祉・保健担当者，特別支援学校の教諭，さらには市町村の委託を受けて社会福祉法人などが運営する市町村身体障害者生活支援事業，市町村知的障害者療育等支援事業，市町村精神障害者生活支援センターに配置されている相談員を中心として，障害者領域においてケアマネジメントを実施するケアマネジメ

352　　第3編　ケアマネジメントの展開

ント従事者を養成してきた。

さらに，2000（平成12）年4月，介護保険制度と同時に施行された「社会福祉法」により，今後の福祉サービスは利用者の自己選択のもとで提供されていくといった理念が明らかにされた。こうしたなか，2003（平成15）年に導入された支援費制度により，利用者はサービス事業者との契約のもと障害福祉サービスを利用することになり，障害者領域でもケアマネジメントを制度化する必要性がより一層高まることとなった。結果的には，2005（平成17）年10月に「障害者自立支援法」が制定され，2006（平成18）年度から，障害者ケアマネジメントが制度として実施されることになった。障害者ケアマネジメントは，市町村が行う必須事業であり，都道府県知事の指定を受けた障害者相談支援事業者が新たに設置され，そこでケアマネジメント業務を実施することになった。そして，2012（平成24）年度より市町村長の指定により特定障害者相談支援事業者と障害児相談支援事業者が実施することになった。

ちなみに，「障害者自立支援法」に先立つ支援費制度の時代には，市町村の職員や生活支援事業所の職員が都道府県や政令指定都市などが実施する「障害者ケアマネジメント従事者研修」を受けて，一部の障害者に対して自主的にケアマネジメントを実施してきた。それが，「障害者自立支援法」の施行により，障害者領域にも制度としてケアマネジメントが導入されることとなった。具体的には，介護保険制度における要介護状態区分と同様に障害程度区分の認定がなされ，すべての障害者ではなく計画的な支援を必要とする人に限定して，障害者相談支援事業者がケアマネジメントを実施することとなった。

ただ，ケアマネジメントの対象者を以下の3点のいずれかを要件としたため，ケアマネジメントの利用者はごく一部の障害者に限定されてしまった。

①重度障害者等包括支援の対象者の要件に該当する者のうちで，重度訪問介護等，他の福祉サービスの支援決定を受けた者

②入所・入院から地域生活に移行するため，一定期間，集中的な支援を必要とする者

③単身であり，自ら福祉サービスの利用に関する調整を行うことが困難であり，計画的な支援を必要とする者

こうした「障害者自立支援法」による利用要件は，介護保険制度における利

用要件がすべての要介護・要支援高齢者を対象としているのと比べて，極めて限定的にケアマネジメントを活用していこうとしていたことに特徴があった。さらに，この三つの要件は，必ずしも身体的な要因によって決められているわけではなく，利用者本人にサービスを調整する能力が低いといったセルフケアプラン能力が十分でないといった視点や，単身といった社会環境的な側面からも，ケアマネジメントを必要とする人がいることを示していることでは評価できる。ただ，ケアマネジメントの必要性は，利用者の身体機能的要因・精神心理的要因・社会環境的要因が相重なって生じているとされたことでもわかるとおり，障害者がどのようにしてケアプランを作成し，障害福祉サービス利用につながっていくのかという基本的な観点に立ち，障害者ケアマネジメントを必要としている人を抽出していくことが求められていた。換言すれば，ケアマネジメントによる支援を必要としない人は，一体どのようにして自ら思考し，必要な障害福祉サービスが利用できていくのかということの検討が必要であるといえる。

　結果的に，2013（平成25）年6月分での障害者ケアマネジメント実績をみると，ケアマネジメントの利用者は3.6万人に過ぎず，ごく一部の障害者のみしかケアマネジャーからの支援を受けられていないことが明らかになった。そのため，2012年公布の「障害者総合支援法」では，①障害福祉サービスを申請した障害者または障害児，②地域相談支援を申請した障害者に，ケアマネジメント対象者を広げ，その後段階的に対象者の拡大を図っていき，2015（平成27）年3月末までに障害福祉サービスを利用するすべての障害児者がケアマネジメントを利用していくことになった。

　その結果，期限であった2015（平成27）年3月末より9カ月後の2015年12月時点での厚生労働省調査では，全国の特定障害者相談支援事業者での計画相談支援の実施率は93.5％であり，障害児相談支援事業者での障害児通所支援利用者の障害児相談支援の実施率は97.0％になっている。ただ，都道府県別では差が大きく，前者の計画相談支援については，第一の島根県が99.8％であり，最下位は京都府の67.3％である。後者の障害児相談支援も同様で，島根県が100％であるのに対して，京都府が69.1％であった。

　この実績のうちで，利用者自らが市町村に提出するセルフプランが，前者で

354　　第3編　ケアマネジメントの展開

は18.0％，後者では28.8％となっており，相談支援専門員がケアプラン作成の支援をしていないケースが多いのが現状である。これは，基本的に身体障害者や障害児の保護者はセルフプラン作成能力を有している場合が多く，それなりに理解できるが，ただ相談支援専門員とマッチングができず，セルフプランになっている障害児者が相当いるものと考えられる。そのため，個々の利用者が相談支援専門員と一緒に，ケアプランを作成・実施していく体制確保のいまだ過程にあるのではないかと推測できる。

形のうえでは，ほぼすべての障害福祉サービスを利用している障害児者に対して，ケアマネジメントが実施され，作成されたケアプランのもとで，在宅生活が支えられることになった。この結果から，ケアマネジメントはケアマネジャーと利用者の共同作業で実施されるものであり，「ダイレクトペイメント（direct payment）」とよばれるセルフプランにおいても，相談支援専門員による情報提供的な側面的な支援が必要である。他方，意思決定が十分でない利用者については，できる限り自らの意思を引き出すことをめざすが，多くの決定をケアマネジャーが代理するケアマネジメントまでが存在する。

ここに，特定障害者相談支援事業者は，市町村からの委託を受けて身体・知的・精神のいわゆる三障害を別々に捉えるのではなく，障害者全体を視野に入れてケアマネジメントを実施していくことになった。しかしながら，相談支援事業者の主たる受託先は，従来は三障害別に実施していた市町村身体障害者生活支援事業・市町村知的障害者療育等支援事業・市町村精神障害者生活支援センターを運営してきた事業者が中心となり進められており，現実はともかく制度的には，いずれの障害者にも対応できる特定障害者相談支援事業者となることで，障害者領域でも本格的にケアマネジメントが実施されることになってきたといえる。

第2節　相談支援専門員の特徴

障害児者に対する相談支援体制

障害児者に対する相談支援は，**図3-3-1**に示しているように一般相談支援事業と特定相談事業の二つがあり，前者は一般相談支援事業者が地域相談支援と

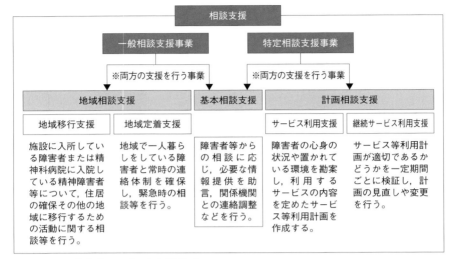

図 3-3-1　障害者への相談支援体系
〔出典：坂本洋一（2017）『図説よくわかる障害者総合支援法第2版』中央法規出版，64.を一部削除〕

基本相談支援を行い，後者は特定障害者相談支援事業者と障害児相談支援事業者が計画相談支援と基本相談支援を行う。一般相談支援事業者は施設の退所や精神病院の退院に際して連続した支援を実施していくため，地域移行支援と地域定着支援の両方の指定を都道府県知事から受ける。計画相談支援はケアマネジメントのことであり，サービス利用支援と継続サービス利用支援を行い，利用者のアセスメントに基づきサービス等利用計画（ケアプラン）を作成することになる。

そのため，ケアマネジメント機関は，特定障害者相談支援事業者と障害児相談支援事業者が担当しており，ここにケアマネジメントを実施する相談支援専門員が配置されている。同様に，一般相談支援事業者の地域移行支援や地域定着支援においても相談支援専門員が配置されている。ここでは，精神病院からの退院や障害者施設の退所だけでなく，生活保護や司法領域での障害者の退所にも関わることになっており，施設や病院から在宅移行について相談支援する柱が存在していることは評価できる。ただ，こうした地域移行支援・地域定着支援と計画相談支援をいかに連携させていくのかが課題である。

介護支援専門員と比較した相談支援専門員

　ここでは，ケアマネジメントが行われる特定障害者相談支援事業者および障害児相談支援事業者に配置されている相談支援専門員と介護保険制度での介護支援専門員との比較をすることで，まずは，相談支援専門員やそこでのケアマネジメントの特徴を整理してみる。

　この結果は**表3-3-1**に示すとおりであるが，相談支援専門員は介護支援専門員から6年遅れでつくられた。両者の目的の内容はほとんど同じであるが，相談支援専門員が作成するサービス利用計画案は市町村の支給決定の参考になる資料としての位置づけであり，介護支援専門員が利用者との合意でサービス利用計画を確定させるのとは大きく異なる。そのため，介護支援専門員は，作成したサービス利用計画に基づき給付管理を行うが，相談支援専門員ではそれはなく，市町村が給付管理を実施することになっている。

　これ以外の大きな違いは，介護支援専門員の資格取得には国家資格保持者等に限定され，試験が課せられているが，相談支援専門員は国家資格の保持は問わず，研修の受講で資格を取得できることである。また，相談支援専門員には継続した法定研修が介護支援専門員に比べて量的に少なく，スーパービジョン機能を果たす上位の資格制度がない。

　ただ，表には示していないが，相談支援専門員は利用者の意思決定支援やセルフケアプランの支援といったことを，任意の専門研修コースに含めるなど，利用者の人権や自己決定の視点が強いことに，研修の特徴がある。

　さらに，障害者領域では介護保険制度での地域包括支援センターに相当する基幹相談支援事業者が配置されている。これについても両者の比較を**表3-3-2**に示してあるが，両者に求められている目的や役割についてはさほど違いはない。両者ともに，相談支援専門員なり介護支援専門員に対する支援を担っているだけでなく，総合相談，権利擁護，地域づくりの機能をもっている。異なっていることとしては，地域包括支援センターでは要支援者等に対するケアマネジメント機能を有しているが，基幹相談支援事業者ではそうした機能は課せられていない。

　設置している市町村数や設置カ所数については大きく異なり，地域包括支援センターは全市町村で配置されているのに比べ，基幹相談支援事業者は1/4

表 3-3-1　相談支援専門員と介護支援専門員の比較

	相談支援専門員	介護支援専門員
創設年	2006 年	2000 年
根拠法	障害者総合支援法，児童福祉法	介護保険法
目的	「サービス利用支援」および「継続サービス利用支援」をいい，障害者等が障害福祉サービス等を適切に利用できるよう，心身の状況，置かれている環境，障害者等の希望等を勘案し，サービス等利用計画を作成するとともに，継続して障害福祉サービス等を利用できるよう関係者との連絡調整を行う	居宅の要介護者が居宅サービス等を適切に利用できるよう，心身の状況，置かれている環境，要介護者の希望等を勘案し，居宅サービス計画を作成するとともに，サービス事業者等との連絡調整を行い，介護保険施設等への入所を要する場合は，当該施設等への紹介を行う
利用者	障害福祉サービス等を利用するすべての障害者と，障害児通所支援を利用するすべての障害児およびその保護者	要介護者および要支援者（介護予防・生活支援サービス事業利用者も含む）
ケアマネジメントによるサービス利用までの過程	申請→障害支援区分の認定→サービス等利用計画案の作成→支給決定→サービス担当者会議→支給決定時のサービス等利用計画→サービス利用	申請→要介護認定→居宅サービス計画案の作成→サービス担当者会議→居宅サービス計画決定→サービス利用
モニタリング	対象者の状態により，1 月，3 月，12 月ごとに行うめやす（標準期間）を決めている	要支援者は 3 カ月に 1 回以上，要介護者は 1 カ月に 1 回以上
給付管理の有無	なし	あり
実施機関	特定相談支援事業者，障害児相談支援事業者	居宅介護支援事業者（要支援等の一部を地域包括支援センターが担当）
実施機関での人員配置	管理者は常勤の者，相談支援専門員を 1 名以上配置	管理者は常勤の介護支援専門員，介護支援専門員は利用者 35 名に対し 1 名を配置
資格取得の要件	実務経験（3 年〜10 年）試験なし相談支援専門員初任者研修（31.5 時間）の受講	看護師，保健師，介護福祉士，社会福祉士等の 21 の保健・医療・福祉に関する国家資格保持者，相談支援専門員，主任相談支援員，生活相談員，相談支援専門員実務経験（5 年）試験あり実務者研修（87 時間）の受講

	相談支援専門員	介護支援専門員
法定研修	5年ごとの相談支援従事者現任研修（18時間） 任意の専門コース別研修あり	更新研修〔専門研修Ⅰ（56時間），専門研修Ⅱ（32時間）〕
上位資格の有無	なし	主任介護支援専門員
上位資格取得と更新	―	主任介護支援専門員研修（70時間），5年ごとに主任介護支援専門員更新研修（46時間）
両資格制度での互換性	なし	相談支援専門員としての5年の経験で，受験可
利用者数	823,643人（障害福祉サービス利用者738,136人，障害児通所支援利用者85,507人）[※1]	5164.9千人（介護予防サービス利用者1021.6千人，介護サービス利用者4143.3千人）[※2]
事業所数	7,927[※1]	40,127[※3]
事業所の運営主体	社会福祉法人（54%）特定非営利法人（17%）営利法人（13%）[※1]	営利法人（会社）48.7%[※3] 社会福祉法人　25.7%
専門職の人数	15,971人[※1]	86,036人（常勤79,421非常勤6,615[※3]
1ケースあたりの報酬単価（月単位）	サービス利用支援1,611単位 継続サービス利用支援1,310単位	介護予防　430単位 要介護1〜2　1,042単位 要介護3〜5　1,353単位
高齢障害者に対する一体でのケアプラン作成の減算	要支援1〜2 112単位，要介護1〜2　705単位，要介護3〜5　1,007単位の減算	なし
報酬での特定事業者加算	あり（1段階）300単位	あり（3段階）300〜500単位

※1　「障害者相談支援事業の実施状況等の調査結果について」2015（平成27）年度障害福祉課調べ，2015（平成27）年4月1日現在，より一部改変。
※2　「介護給付費実態調査平成29年4月審査分」2015（平成27）年4月サービス分，より。
※3　「平成27年介護サービス施設・事業所調査」2015（平成27）年10月1日現在，より。

程度の市町村しか設置されていない現状である。そのため，現状では基幹相談支援事業者が全市町村で設置されるようインセンティブを働かせていく必要がある。同時に「我が事・丸ごと」地域共生社会の確立が求められるなかで，障害児者と高齢者を合わせた「丸ごと」相談に向けて，類似の機能の統合や連携についての検討も求められる。

　障害者ケアマネジメントにおいては，単に障害者の介助を中心とした支援だ

表 3-3-2 基幹相談支援事業者と地域包括支援センターの比較

	基幹相談支援事業者	地域包括支援センター
創設年	2012 年	2006 年
根拠法	障害者総合支援法	介護保険法
目的	地域の相談支援の拠点として総合的な相談業務および成年後見制度利用支援事業を実施し，地域の実情に応じて業務を行う	住民の健康の保持及び生活の安定のために必要な援助を行うことにより，地域の住民を包括的に支援する
主たる役割	総合相談・専門相談，権利擁護・虐待防止，地域の相談支援体制強化の取組，地域移行・地域定着	総合相談支援，権利擁護，包括的・継続的ケアマネジメント支援，介護予防ケアマネジメント
設置主体	市町村	市町村
人員配置	定めなし	保健師，社会福祉士，主任介護支援専門員の配置が基本
ねらいとする地域の範囲	市町村が基本	日常生活圏域（中学校区単位）
事業所数	309 [※1]	4,557（ブランチ等を含めると7,228） [※2]
設置市町村（保険者）数（割合）	429（25％） [※1]	1,579（100％） [※2]
市町村直営の割合	80（26％） [※1]	1,239（27.2％） [※2]
委託機関	一般相談支援事業者と特定相談支援事業事業者の両方を実施70％　特定相談支援事業者を実施23％　一般相談支援事業者を実施7％ [※1]	社会福祉法人（社協を除く）39.6％　社会福祉協議会13.4％　医療法人12.2％ [※2]

※1 「障害者相談支援事業の実施状況等の調査結果について」2015（平成27年）度障害福祉課調べ，2015（平成27）年4月1日現在，より。

※2 三菱総合研究所「地域包括支援センターにおける業務実態に関する調査研究事業報告書」2015（平成27）年3月，2016（平成26）年9月実施，より。

けではなく，就労や社会参加・教育とも結びつけた生活を支えることを目的としている。そのため，障害者ケアマネジメントを可能にするためには，雇用先の開発や調整，ジョブコーチや職業リハビリテーションなどの雇用支援サービスとの連携が求められてくる。こうした障害者領域でのケアマネジメントが確立していくことで，介護保険制度でのケアマネジメントに対して，介護を超えた生活支援としてのケアマネジメントにシフトしていくことに影響を与えることができる。

第3節 障害者領域と介護保険領域でのケアマネジメントの相違

　ケアマネジメントはシステムと実践の二つの要件で成り立っている。具体的には，前者は，どのようにケアマネジメントが制度化されているかであり，利用者に対するサービス・デリバリー・システムの確立に関してである。後者は，この制度を進めていくケアマネジャーの実践能力のレベルに関することである。そのため，ケアマネジメントの水準を高めるためには，ケアマネジメントの制度的な仕組みをより有効性の高いものとし，さらにケアマネジャーの資質を高めることにある。

　本節では，障害者領域での相談支援事業と介護保険制度での居宅介護支援事業を比較し，まず「介護保険法」と「障害者総合支援法」でのケアマネジメントシステムの違いをもとに，「障害者総合支援法」での相談支援業務のあり方について検討する。次に，両者のケアマネジャーは，「介護保険法」では「介護支援専門員」，「障害者総合支援法」では「相談支援専門員」とよばれているが，両者の養成方法の違いをもとに，相談支援専門員のあるべき方向を示すことにする。ただし，両者のケアマネジメントはそれぞれ特徴を有しており，一方がよくて，他方が悪いということではない。そのため，利用者本位の立場から，両者が相互に学び合い，吸収し合っていくことについて明らかにしたい。

ケアマネジメントシステムでの相違と課題

（1）ケアマネジメント対象者の拡大に伴う課題

　介護保険制度のケアマネジメントにおいては，利用者や家族が自らケアプラ

第3章　障害者ケアマネジメントの方向性　　361

ンを作成する余地を残しているが，現実には要介護・要支援者のほぼすべてが，介護支援専門員がケアプランを作成して支援している現状である。一方，障害者については「障害者自立支援法」でもってケアマネジメントが制度的に始まった。当初は利用者を限定してスタートしたが，その対象は2015（平成27）年3月末までにすべての障害福祉サービスを利用する障害児者に拡大された。この結果，介護保険制度で要介護・要支援者のほぼすべてにケアマネジメントを実施しているように，「障害者総合支援法」でも障害福祉サービスを利用するすべての障害児者に対してケアマネジメントを実施することになった。これによって障害者ケアマネジメントが拡大され，高齢者だけでなく障害者もケアマネジメント支援を受けることで，連続的に生活を支援していく基礎ができたことになる。それ自体は高く評価できることである。

　ただし，両制度に共通することであるが，これらすべての障害者や要介護・要支援高齢者に，ケアマネジメントが必要であるかどうかの課題がある。ケアマネジメントは，アセスメントに基づきケアプランの作成・実施，さらにはモニタリングが繰り返される，まさに重装備で高コストの相談支援方法である。ケアマネジメントではケアプランの作成等を実施するが，そこまでの支援にいたらない，相談を受けて情報提供のみで対応可能な利用者も存在する。要介護・要支援高齢者や障害者のなかには，生活ニーズがさほど複雑でなく，本人や家族にアセスメント力やコーディネーション力があり，情報提供・送致サービス（information and referral service）で十分な利用者もいる。そのため，今後の課題として，どのようにケアマネジメント該当者を抽出するのかについての基準づくりとその制度化の再検討が求められている。

（2）ケアマネジメントと給付管理の関係での課題

　両制度ともケアマネジメントを組み込んだものであるが，ケアマネジメントの機能なり過程に一つ異なる点がある。介護保険制度では利用者が利用する介護サービスについて介護支援専門員からの支援で利用者が決定し，介護支援専門員が介護サービスの給付管理業務を実施することになっている。一方，「障害者総合支援法」では，**図3-3-2**に障害者のサービス利用のプロセスを示すように，ケアマネジメントは利用者と相談支援専門員との支援過程による障害福

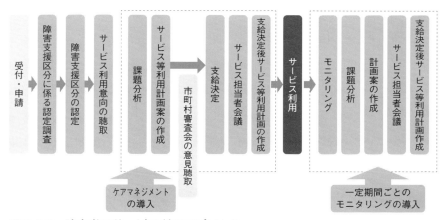

図3-3-2　障害者のサービス利用のプロセス
〔出典：坂本洋一（2017）『図説よくわかる障害者総合支援法第2版』中央法規出版，38.〕

祉サービス等利用計画の決定・サービス利用・モニタリングであり，作成したサービス等利用計画を市町村に提出し，市町村が市町村審査会の意見聴取のもとでサービスの支給を決定し，それに基づき，必要な場合はサービス等利用計画の修正を行い，その後市町村がその給付管理を実施する。この給付管理に関連することとして，認定の程度に基づく支給基準額を超えたサービスについては，介護保険制度では利用者とケアマネジャーに委ねられ，全額自己負担で介護サービスを利用できることになっているが，「障害者総合支援法」では，支給決定基準に基づくケアプランが作成され，なおかつ基準を超えた場合は非定型の支援決定とされ，原則は1割の自己負担でサービスを利用することになるが，市町村は自己負担について審査会に意見を求めることができるとされている。

　これは，求められるケアマネジメント機能や過程が制度的に異なることを意味している。「介護保険法」では，ケアマネジメントに保険者が関与することを少なくし，同時に，保険者が責任をとることを限定している。他方，「障害者総合支援法」では，ケアマネジメントに行政が関与し，その代わり，行政責任で支給決定を行っている。両者は財源が保険か租税によることから生じており，どちらがよいかの判断は難しいが，障害を有している人々は連続して両方

のケアマネジメントを利用する以上，どこかで一体感のあるものにしていく必要がある。

(3) ケアマネジメントを規定することの課題

　ケアマネジメントシステムというよりは，ケアマネジメントを促進していくこととして，介護保険制度では，開始からこの17年間に多くの規定が順次設けられてきた。具体的には，介護保険制度が始まった初期の時代には100ケースを超える担当者がいたことから，2006（平成18）年度からケアマネジャー1人あたり要介護者40ケースを上限にし，それを超えた場合には，介護報酬が減算されることになった。それに合わせて，モニタリングが十分なされていないケースがみられたことから，1カ月に1回以上のモニタリングが義務づけられた。なお，要支援者に対しては3カ月に1回以上のモニタリングが義務づけられた。

　一方，障害者領域では，ケアマネジメントが制度化されてまださほど時間がたってないこともあり，担当ケース数についてはケアマネジャーの専門性に大きく委ねられている。

　具体的には，国はモニタリングの標準となる期間を決めており，通常の障害福祉サービス利用者は6カ月に1回のモニタリングとし，退所等に伴い一定期間集中的な支援が必要な者や単身等で自らサービス事業者に連絡できない者，常時介護が必要で意思疎通を図ることが難しく，重度の障害等がある者の場合には，毎月実施となっている。また，新規の支給決定者や支給決定が大きく変更した者に対しては，3カ月間は毎月実施することとなっている。これらはあくまで標準であり，相談支援専門員の専門職としての自由裁量に委ねられている。

　介護支援専門員のモニタリングの頻度に関する規定は，たしかに介護支援専門員の質の水準を担保するうえで重要である。ただ，例えば，1カ月に最低1回の家庭訪問を義務化することにより，最低基準が最高基準になり，どのような事例に対しても月に1回の訪問が常態化することになる。これは，利用者の心理的な状態や社会的な状態について，利用者と介護支援専門員間でのアセスメント内容の一致度が時間の経過により低下していくという結果もある[1]。

364　　第3編　ケアマネジメントの展開

また，担当ケース数についても，介護支援専門員としての経験の程度や就労形態の違いを問わず，誰もが 40 ケース担当することについての検討が必要である。

　現実には，制度側は介護支援専門員の専門性に委ねることで，質の低下をきたすことを恐れ，介護支援専門員の自由裁量をできる限り抑え，制度で枠にはめようとする。そのことが，結果的に専門性を低下させ，質の低下をきたし，同時にケアマネジメントの硬直化を招くことになる。そのため，制度側は介護支援専門員の専門性を高めていくという観点に重心を置き，介護支援専門員に対する制度的な規制を考えていく側面も必要である。

　一般に，介護支援専門員が作成するケアプランが介護保険財源を左右することから，制度側としては適正なケアプランになるよう，さまざまなコントロールをかけることになる。障害者領域でのケアマネジメントは本格的に広がってきているが，いまだ介護保険制度に比べて枠にはめ込むことが少ないが，今後は相談支援専門員に対しても制度で枠にはめていくことが大きくなっていく可能性が高い。そうしたことが，ケアマネジャー側の専門職の自律性を弱めることにならないかの視点が必要となる。

(4) 公正中立なケアマネジメントの課題

　介護保険制度の領域でいわれている介護支援専門員の公正中立の課題は，障害者領域でも生じている。特定障害者相談支援事業者・障害児相談支援事業者の多くは市町村が委託しており，直営である地方公共団体はわずかに 4% に過ぎず，主として社会福祉法人（54%），特定非営利法人（17%），営利法人（17%）が運営主体になっている。当然事業者窓口の設置場所も，障害福祉サービスを提供する障害福祉サービス事業所内が 2/3 近くを占めており，公正中立なケアプランが作成されるかの危惧がある[2]。特に，障害児相談支援事業者の場合は，事業所設置の要件が通園施設となっていることからすれば，逆に通園施設を障害児やその保護者が選択した後に，実質ケアプランが作成されることが通常となる。そのため，ケアマネジメントがニーズ・オリエンテッドではなく，サービス・オリエンテッドの考え方がベースとなり，利用者が障害福祉サービスを自己選択するという視点が弱くなっているといわざるを得ない。

こうした公平中立の議論が障害者領域では，介護保険制度と比べてさほど大きな議論にならないのは，利用者が選べるサービスが相対的に少ないことから利用者の自己選択が十分にできないことや，保険でなく租税で実施しているために措置的な要素が残っていること等が混在しているためと考えられる。ただ，利用者の自己選択はケアマネジメントの基本的な理念であり，かつ，そうした理念が促進されることにより，障害福祉サービス事業者間での競争が起こり，個々の事業者のサービスの質を高めることにつながっていくことを考えると，今後の検討課題であるといえる。

(5) セルフプランについて

障害福祉サービスを利用しているすべての障害児者にケアマネジメントの実施が始まった2015（平成27）年12月末においても，セルフプランが2割程度あることが示された。一方，介護保険での要介護・要支援者に対するケアマネジメントでもセルフケアプランは制度としては存在するが，ほとんど実績がない。これは，身体障害者等では，自らの意思決定権を高める方法として，セルフケアプランの必要性がいわれてきた。同時に，利用者が最も自らの生活ニーズを知っているといった反専門職の視点から主張されてきた側面もある。また，セルフプランになれば，ケアマネジャーに費やされているコストの削減に貢献できる。

ケアマネジメントの考え方として，利用者とケアマネジャーの共同作業で実施するものであり，同時に最終的な決定は利用者に委ねられるということであれば，共同作業の大部分を利用者が担うことになれば，当然セルフプランは一つのケアマネジメントの形態として認識されなければならない。

海外の場合には，「ケアマネジメントの担い手は誰なのか」といった根源的な議論がいつも問われている。ケアマネジャーと利用者が一緒にケアプランを作成し実行していくことがケアマネジメントであること，これが前提にある。そのなかで，ある人の場合には，ケアマネジャーが99％の力を尽くさなければ，ケアプランをつくれないこともある。しかし，ケアマネジャーが利用者の意志や意向をまったく抜きにしてケアプランのすべてをつくることはありえない。例えば，意思表示のまったくできない人であっても，本人の意向の確認や

尊重といったことまで含めれば，最後の1%は利用者が決定する。その意味では，利用者もケアマネジメントにおける役割を必ず担うことになる。また，時には家族がケアマネジャーの役割を担うこともある。

　そうしたことから，カナダやオーストラリア，イギリスなどでは，利用者が自らケアマネジメントを行い，利用者がサービス事業者を直接決定・手配し，行政から得た手当からサービス事業者に利用料を支払うというダイレクトペイメント（direct payment）の形態をとることが，身体障害者の場合にはよくみられる。また，高齢者などに対しては，長期ケアの患者が退院する際に，家族に対してケアマネジャーとしての役割を果たせるような教育を病院が行い，家族をケアマネジャーとして育てていく試みも，「ファミリーアズアケアマネジャー」（family as a care manager）といった呼称のもと，アメリカなどで行われている。このようなことから考えれば，利用者自らが自分のケアプランをつくるというセルフケアマネジメントも，障害者を対象とする場合には一つの方向性として，当然不可欠である。

　しかしながら，セルフプランを実施していく際に専門家は必要ないのかといえば，やはり必要である。セルフプランによるケアプランを作成する際には，「ニーズは当事者が最もよく知っている」といわれる。たしかに，フェルトニーズという意味では，当事者が一番知っているであろう。しかしながら，フェルトニーズがすべての生活ニーズになるとは限らない。時には，フェルトニーズが社会的にみて過大なものであったり，過小なものであったりもする。また，利用者自らがケアマネジメントを展開していく場合もたしかにあるだろうが，「ここはどういう専門家にお願いすべきなのか」「この人よりもあの人のほうが適切な対応をとってくれるのではないか」といった，サービスの選択における微細部分については，障害者自身はそうした情報をもち合わせていないことが多い。

　つまり，セルフケアマネジメントにおいてもサポートする専門職が必要となる。それこそが，情報提供・送致サービスが該当する。ケアマネジメントの展開においては，利用者か専門家かといったオール・オア・ナッシング（all or nothing）の発想で考えるのではなく，両者が信頼関係を築き上げていく過程で進めていくことが重要である。それが，本来のケアマネジメントの仕組みと

第3章　障害者ケアマネジメントの方向性　　367

もいえる。

そのうえで，セルフプランが包含する課題として，前述したように，ケアマネジメントの展開は，ケアマネジャーと利用者の共同作業によるということが挙げられる。とすれば，セルフプランにおいては，誰かが利用者にアドバイスをしたり，相談にのったりしながら，利用者本人がうまくケアマネジメントができるよう支援をしていくことが求められる。その意味では，利用者がケアマネジメントの専門性を高めていくことも，ケアマネジャーは役割として担っているといえる。

ケアマネジメント実践での課題

（1）ケアマネジャー資格制度の課題

高齢者に対するケアマネジメントは，1989（平成元）年に創設された在宅介護支援センターで，まだケアマネジメントシステムとして確立されたものではなかったが，看護師と社会福祉士等のソーシャルワーカー，または保健師と介護福祉士がペアになり，要援護高齢者に対してケアプランを作成する支援を行うことが始まった。その後，2000（平成12）年度からの介護保険制度により本格的にケアマネジメントを実施することになったが，そこでは，実務経験のある医療・福祉等の国家資格取得者を核に筆記試験と実務研修でもって，ケアマネジャーを養成してきた。一方，障害者に対するケアマネジャーは，障害者領域での相談支援業務や介護業務での実務経験年数を基本にして初任者研修を修了した者とされている。前者は法定資格や試験を，後者は実務経験を強調することに違いがある。

介護支援専門員については，実際の正確な国家資格者の実就労人数はわからないが，第1回（平成10年度）から第18回（平成27年度）の間試験に合格した人数からみると，介護福祉士が42.2％とトップであり，次いで看護師・准看護師の25.1％，第3位が相談援助業務従事者・介護等の業務従事者の11.0％，第4位が社会福祉士の6.1％となっている。2015（平成27）年10月11日に実施された第18回試験での合格割合では，介護福祉士が63.1％で断トツであり，次が看護師・准看護士の11.4％で，相談支援業務者・介護等の業務従事者の10.9％，社会福祉士の8.7％が続いており，介護支援専門員は福祉

368　第3編　ケアマネジメントの展開

系の専門職が担うようになりつつある[3]。

　一方，障害者領域では，2008（平成20）年度に8都道府県で実施した現任研修受講者対象の調査における資格取得状況（複数回答）をみると，社会福祉主事任用資格の20.3％が最も多く，次に社会福祉士の17.4％，介護支援専門員の12.8％，介護福祉士およびホームヘルパー（1級・2級・3級）がそれぞれ11.3％，精神保健福祉士の10.8％となっている[4]。

　最新の特定障害者相談支援事業者・障害児相談支援事業者に配置されている相談支援業務に従事する者（相談支援専門員＋その他の相談支援業務に従事する者）での国家資格等の取得状況をみると，図3-3-3となる。分母を相談支援専門員（1万5,575人）に他の相談支援に従事する者（4,343人）を合わせた1万9,918人とした場合，社会福祉士資格取得者が25.4％と最も多く，次に介護福祉士資格取得者の23.7％，精神保健福祉士資格取得者の17.3％となっており，介護支援専門員との重複資格者も13.8％となっている。

　ここでは，介護支援専門員と相談支援専門員のどちらがケアマネジャーとしての資質をもった人材が得られるかということであるが，一概にはいえない

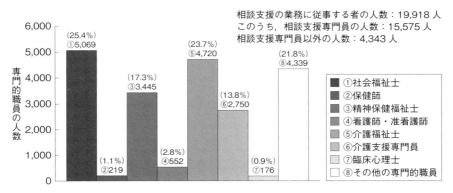

図3-3-3　特定相談支援事業者・障害児相談支援事業者に配置されている専門的職員の割合

※1　一人の者が複数の資格を有する場合は，複数に人数を計上。
※2　「相談支援事業者」の指定以外に，一般相談支援事業者の指定もあわせて受けている場合，一般相談支援事業者の相談支援の業務に従事する者の人数も含めて計上している。
〔出典：「障害者相談支援事業の実施状況等の調査結果について」別添資料1，2015（平成27）年度障害福祉課調べ，2015（平成27）年4月1日現在，3.〕

第3章　障害者ケアマネジメントの方向性　　369

が，介護支援専門員に比べて相談支援専門員のほうが，ケアマネジャーになるうえでのスクリーニングが弱いことから，資質的に差が生じやすいとはいえる。同時に，一部のケアマネジャーは両方の資格をもち，障害者にも高齢者にもケアマネジメントを実施している場合もあり，両者のケアマネジャーへの資格者選定方法をより連続性のあるものにすることを検討すべきである。これについては**表 3-3-1** で示したように，相談支援専門員として 5 年以上の実務経験があれば，介護支援専門員の受験資格が得られる。他方，介護支援専門員の実務経験は相談支援専門員初任者研修の受講要件とはなっておらず，相互に資格が互換できる仕組みについての検討が緊急に求められている。

(2) ケアマネジャーの研修体系の課題

　ケアマネジャーの継続研修の体系も高齢者領域と障害者領域では大きく異なる。介護支援専門員は，2016（平成 28）年度の研修から大きく変更され，筆記試験合格後に実務研修を受けることでケアマネジャーになれるが，その実務研修の時間数が 44 時間から 87 時間と大幅に拡大された。その後の法定研修の体系も大きく充実され，更新研修の内容ともなる専門研修課程Ⅰ（56 時間）と専門研修課程Ⅱ（32 時間）の見直しが図られ，大幅に受講時間を拡大した。専門研修課程Ⅰの研修対象者は，原則として，介護支援専門員として実務に従事している者であって，就業後 6 カ月以上の者とし，就業後 3 年以内に受講することが望ましいとされる。専門研修課程Ⅱの研修対象者は，介護支援専門員として実務に従事している者であって，専門研修課程Ⅰを修了している就業後 3 年以上の者とし，一定の期間ごとに，技術の再確認および向上のために繰り返し受講することが望ましいとされている。さらに，介護支援専門員としての実務経験が 5 年以上の者でスーパーバイザーや地域づくりの担い手をめざす主任介護支援専門員資格を得るための主任介護支援専門員研修（70 時間以上）が設置されているが，5 年ごとに主任介護支援専門員更新研修（46 時間）の受講が義務づけられている。

　他方，相談支援専門員は，相談支援専門員になるための初任者研修（31.5時間）と 5 年以内ごとに現任研修（18 時間）の受講が義務づけられている。さらに，任意で受講する研修として専門コース別研修があり，ここでは，①障

害児支援（6.5 時間），②権利擁護・成年後見制度（14 時間），③地域移行・定着，触法（13 時間），④セルフマネジメント（6.5 時間），⑤スーパービジョン・管理・面接技術（6.5 時間）の五つのコースがある。

以上，2016（平成 28）年度からの介護支援専門員研修は大幅に見直されたが，相談支援専門員に対する法定研修は介護支援専門員に対する研修に比べて量的に貧弱である。そのため，相談支援専門員については，上位資格の研修制度を創設していくことが検討されているが，相談支援専門員のキャリアパスをどのように体系化していくのかといった研修体系の確立が求められている。他方，介護支援専門員については，5 年の実務経験を経るとスーパーバイザーを想定した主任介護支援専門員研修の受講資格が与えられるが，スーパーバイザーになるために必要な実務経験の年数や，スーパーバイザーになるために必要な研修以外の要件についての検討も必要である。

(3) ケアマネジメントの効果や評価の課題

ケアマネジメントの基本的な目的は，在宅生活を継続していくことや病院や施設から在宅生活への円滑な移行をめざすことである。要介護・要支援高齢者と障害者を対象にしてケアマネジメント過程で利用者の在宅生活を継続することへの自信の程度について，別個に二つの調査を行った。要介護・要支援高齢者はケアマネジメント支援利用 6 カ月後，1 年 6 カ月後，2 年 6 カ月後の 3 段階での変化について，障害者については 6 カ月後と 1 年 6 カ月後の 2 段階での郵送による縦断調査を試みた。3 回の調査に協力を得られた要介護・要支援高齢者についてみると，**表 3-3-3** に示すように，在宅生活への自信の低下が生じており，6 カ月後と 1 年 6 カ月後（$P<0.01$），6 カ月後と 2 年 6 カ月後（$P<0.01$）で有意差が生じていた[5]。一方，障害者については，2 回の調査に協力を得られた者についての結果を**表 3-3-4** に示してあるが，在宅生活への自信の程度が高くなっており，2 回の結果に有意差（$P<0.01$）がある[6]。

以上の結果から，ケアマネジメントを始めて 6 カ月から 2 年 6 カ月の間に，要介護・要支援者については，在宅生活に自信を徐々になくしていくことが生じているが，障害者の場合はケアマネジメント開始 6 カ月後から 1 年間に自信を高めていくことが示された。これは高齢者の特性である加齢による心身機

表 3-3-3　要介護・要支援高齢者の在宅生活への自信の程度の変化

	6カ月後 （平成22年度）		1年6カ月後 （平成23年度）		2年6カ月後 （平成24年度）	
	度　数	%	度　数	%	度　数	%
在宅で暮らす自信ある	60	49.2	36	30.5	30	25.0
どちらかといえば，在宅で暮らす自信がある	46	37.7	61	51.7	65	54.2
どちらかといえば，在宅で暮らす自信はない	11	9.0	17	14.4	20	16.7
在宅で暮らす自信ない	5	4.1	4	3.4	5	4.2
合　計	122	100.0	118	100.0	120	100.0

※　不明を除外して合計とした。
　　「6カ月後と1年6カ月後」$P < 0.01$，「6カ月後と2年6カ月後」$P < 0.01$，「1年6カ月後と2年6カ月後」n.s.
〔出典：白澤政和・ほか（2013）『平成23年度厚生労働省補助事業「老人保健健康増進等事業」報告書：介護支援専門員の資質向上と今後のあり方に関する調査研究』，89.〕

表 3-3-4　障害者の在宅生活への自信の程度の変化

	6カ月後 （平成24年度）		1年6カ月後 （平成25年度）	
	度　数	%	度　数	%
地域で暮らす自信ある	17	33.3	21	38.2
どちらかといえば，地域で暮らす自信がある	20	39.2	19	34.5
どちらかといえば，地域で暮らす自信はない	6	11.8	11	20.0
地域で暮らす自信ない	8	15.7	4	7.3
合　計	51	100.0	55	100.0

※　不明を除外して合計とした。
　　「6カ月後と1年6カ月後」$P < 0.01$
〔出典：白澤政和・ほか（2014）『平成25年度厚生労働科学研究費補助金障害者対策総合研究事業（身体・知的等障害分野）研究調査報告書：障害者のQOL評価に基づくケアマネジメント手法開発の研究』，130.〕

能の低下が影響しているものと考えられる。その意味では，要介護・要支援高齢者に対するケアマネジメントでは，どのような側面を支援することで在宅生活への自信を維持・促進していくのかの議論が必要であり，障害者ケアマネジメントでは，さらに在宅への自信を深めるための支援についての検討が求められる。

第4節 高齢障害者についてのケアマネジメントの連続性の確保

　以前筆者は「障害者ケアマネジメント体制整備検討委員会」の委員長をお引き受けし，『障害者ケアガイドライン』（厚生労働省社会・援護局障害保健福祉部）を2002（平成14）月3月にまとめたが，介護保険制度でのケアマネジメントが先行していた当時，それと共有化していくというよりも，別個のものをつくる志向が，制度立案者側だけでなく，障害者に関わる実務者側にも強かったように感じていた。その典型的な例が，介護保険制度下で「ケアマネジャー」と言っていたのに対し，あえて「ケアマネジメント従事者」という用語を取り入れたことに表れている。この背景には，介護保険制度のケアマネジメントにも課題点があるということもあり，また，高齢者とは異なる障害者の特性や租税で実施するという観点から，独自性を主張しようとする正当な側面もある。しかしながら，利用者が継続してケアマネジメントを活用する以上，より連続性のあるものにしていくことが重要であり，ケアマネジメントの目的，機能，過程については基本的に誰を対象にしようと共通したものである以上，基本的な部分について共通した認識を深めていくことが求められている。このような観点に立ち，両者のケアマネジメントを相互に見直し，切磋琢磨していく必要がある。

障害者と要介護・要支援高齢者のケアマネジメントが一体化する高齢障害者への支援

　介護保険制度は65歳以上の要介護・要支援者や，老化に伴う疾病による40歳以上65歳未満の要介護・要支援者を対象としている。一方，「障害者総合支援法」では，2015（平成27）年4月からはすべての障害福祉サービスを利用している障害児者に対してケアマネジメントを実施していくことになった。

第3章　障害者ケアマネジメントの方向性　　373

ここから，「障害者総合支援法」での障害者ケアマネジメントと「介護保険法」での高齢者ケアマネジメントをできる限り一体化させ，障害者や高齢者を問わず，利用者の生活の連続性を確保していくことが緊急の課題となっている。

　障害者が65歳の高齢者になり，介護保険制度の該当者になった場合に，現

表3-3-5　65歳以上の者についてのサービス利用状況

区　　分	人　　数	構成割合
障害福祉サービス利用人数（65歳未満も含む全体）	350,205	—
障害福祉サービス利用人数（65歳以上）	34,400[※1]	9.8%
併給（介護保険・障害福祉）人数	12,198	[35.7%][※4]
介護保険サービスに係る保険給付の居宅介護サービス費等区分支給限度基準額の制約から障害福祉サービスを上乗せしている人数	5,575	
障害福祉サービスのみ利用人数	21,953[※2]	[64.3%][※4]
要介護認定等の結果非該当となったため	1,374	
介護保険サービスでは適切な支援は困難と判断したため	1,705	
障害福祉サービス固有のもの（行動援護，同行援護，自立訓練（生活訓練），就労移行支援，就労継続支援）であるため	6,514	
要介護認定等の申請をしていない等その他の理由[※3]	11,291	

※1　「障害福祉サービス利用人数（65歳以上）」欄の記載はあるが，そのうちの「併給（介護保険・障害福祉）人数」や「障害福祉サービスのみ利用人数」について不明としている自治体があることにより，「併給（介護保険・障害福祉）人数」欄と「障害福祉サービスのみ利用人数」欄を合算した数値が「障害福祉サービス利用人数（65歳以上）」欄の人数と一致しない。
※2　「障害福祉サービスのみ利用人数」欄の記載はあるが，その理由ごとの内訳人数が不明と回答している自治体があるなどにより，「要介護認定等の結果非該当」欄から「要介護認定等の申請をしていない等その他の理由」欄までを合算した数値が「障害福祉サービスのみ利用人数」欄の人数と一致しない。
※3　「介護保険被保険適用除外施設（障害者支援施設等）入所中」の場合等。
※4　「併給（介護保険・障害福祉）人数」欄と「障害福祉サービスのみ利用人数」欄の人数を合算した数値を基にした場合の構成割合。
〔出典：厚生労働省社会・援護局障害保健福祉部障害福祉課（2015）『障害者の日常生活及び社会生活を総合的に支援するための法律に基づく自立支援給付と介護保険制度の適用関係等についての運用等実態調査結果』，2.〕

状ではどのような連続性が確保できているか，厚生労働省が市区町村（285市区町村を対象）に対して，2014（平成26）年8月に調査を行っている。調査結果として，**表3-3-5**のように，65歳以上で，障害福祉サービスを利用している者が3万4,400人おり，これは障害福祉サービス利用者のうちの約1割を占めている。この65歳以上で障害福祉サービス利用者のうち，介護保険サービスと障害福祉サービスの併給者は約1/3で，介護保険のサービスを使わず，障害福祉サービスのみを利用している者が約2/3を占めている。障害福祉サービスのみの利用者は，障害福祉サービス固有のサービス利用者，介護保険被保険適用除外施設利用者以外に，要介護認定で非該当になった者や介護保険サービスでは適切な支援が困難と判断された者が含まれている。65歳になると介護保険制度が優先であり，こうした障害者も被保険者として保険料を納付しているにもかかわらず，サービス利用については，障害者が円滑に介護保険制度の利用者に移行できていないことを示している。

　また，2013（平成25）年度に障害者が65歳になり介護保険制度を受ける際での，障害程度区分〔2014（平成26）年4月1日より，「障害支援区分」に変更〕と要介護認定区分の対応をみると，**表3-3-6**のようになっている。必ずしも，両区分において介護なり支援の必要度がパラレルにはなっていない。障害程度区分が6の場合にも，要介護2から要支援1までの軽度者が5.6％もおり，一方，障害程度区分が1の場合にも，自立が3割近くおり，要介護3以上が3.1％という実態であることがわかる。この結果は，新たな認定で，利用者の65歳誕生日の前後で状態に変化がないにもかかわらず，サービス利用の基礎となる認定区分に大きな差が生じている。そのため，両者の認定での連続性の確保が緊急の課題となっている。

　一方，障害者の高齢化が進んでおり，障害者に占める65歳以上の高齢者割合は，身体障害者が2009（平成21）年（施設は平成23年時点）で69％，知的障害者が2011（平成23）年で9％，精神障害者が2011（平成23）年で36％を占めている。そのため，介護支援専門員は，高齢障害者を相談支援専門員から引き継ぎ支援する機会が今後も増加していくことが予想される。

　その際に，社会保障制度の原則である保険優先の考え方があり，原則介護保険サービスに係る保険給付を障害福祉サービスに優先して受けることになって

表 3-3-6 障害程度区分認定者の要介護状態区分等

障害程度区分	人数	要介護状態区分等	人数	構成割合	障害程度区分	人数	要介護状態区分等	人数	構成割合
区分6	461	要介護5	336	72.9%	区分3	934	要介護5	11	1.2%
		要介護4	74	16.1%			要介護4	29	3.1%
		要介護3	25	5.4%			要介護3	82	8.8%
		要介護2	15	3.3%			要介護2	218	23.3%
		要介護1	7	1.5%			要介護1	208	22.3%
		要支援2	2	0.4%			要支援2	183	19.6%
		要支援1	2	0.4%			要支援1	136	14.6%
		自　　立	0	0.0%			自　　立	67	7.2%
区分5	341	要介護5	74	21.7%	区分2	1,129	要介護5	12	1.1%
		要介護4	108	31.7%			要介護4	18	1.6%
		要介護3	71	20.8%			要介護3	29	2.6%
		要介護2	51	15.0%			要介護2	121	10.7%
		要介護1	14	4.1%			要介護1	232	20.5%
		要支援2	18	5.3%			要支援2	291	25.8%
		要支援1	5	1.5%			要支援1	283	25.1%
		自　　立	0	0.0%			自　　立	143	12.7%
区分4	442	要介護5	20	4.5%	区分1	387	要介護5	4	1.0%
		要介護4	52	11.8%			要介護4	1	0.3%
		要介護3	95	21.5%			要介護3	7	1.8%
		要介護2	118	26.7%			要介護2	17	4.4%
		要介護1	93	21.0%			要介護1	48	12.4%
		要支援2	37	8.4%			要支援2	63	16.3%
		要支援1	16	3.6%			要支援1	133	34.4%
		自　　立	11	2.5%			自　　立	114	29.5%

※　平成25年度中に65歳に到達した障害福祉サービス利用者が対象。
〔出典：厚生労働省社会・援護局障害保健福祉部障害福祉課（2015）『障害者の日常生活及び社会生活を総合的に支援するための法律に基づく自立支援給付と介護保険制度の適用関係等についての運用等実態調査結果』，4.〕

いる。ただし，一律に介護保険サービスを優先的に利用するのではなく，申請者の個別の状況に応じ，申請者が必要としている支援内容を介護保険サービスにより利用できるかを判断することになる。結果として，市町村が適当と認める支給量が介護保険サービスのみによって確保することができないと認めた場合（上乗せ部分）などには，「障害者総合支援法」に基づくサービスを利用することができるとされている。また，障害福祉サービス固有のサービスと認められるものを利用する場合（横だし部分）についても，「障害者総合支援法」に基づくサービスを利用することができるとされている。

　以上について，2015（平成27）年2月18日に厚生労働省の社会・援護局障害保健福祉部企画課・障害福祉課は，老健局とも協議し，「障害者の日常生活及び社会生活を総合的に支援するための法律に基づく自立支援給付と介護保険制度の適用関係等に係る留意事項等について」の事務通知にて示している。そこでは，高齢障害者が円滑にサービスを利用できるよう，次のことを求めている。

①要介護認定等の申請は，65歳到達日（誕生日の前日），特定疾病に該当する者の40歳到達日（誕生日の前日）の3カ月前に要介護認定等の申請を受理でき，65歳到達日に認定が可能となり介護保険制度を円滑に利用できるよう，適切な時期に要介護認定等に係る申請の案内を行う。その際に，市町村職員や相談支援専門員は障害福祉サービスをまったく利用できなという誤解が生じないことを案内する。

②障害福祉サービス利用者が介護保険サービスを利用する際には，相談支援専門員は必要な介護保険サービスを円滑に利用できるよう利用者に対し，介護保険制度に関する案内を行い，介護保険サービスの利用に際しては，本人に了解のうえ，居宅介護支援事業者等に対し，利用者の状態や障害福祉サービスの利用状況等，サービス等利用計画に記載されている情報を提供することで，適切に引き継ぎを行う。介護保険サービス利用開始後も，引き続き障害福祉サービスを利用する場合には，サービス担当者会議等を活用して，相談支援専門員と介護支援専門員が随時情報の共有を図る。

③介護保険の被保険者である障害者に対して，障害福祉サービスに相当する介護保険サービスによって適切な支援ができるかの可否，介護保険サービ

スを利用することの可否等について判断するためには，障害者の生活に急激な変化が生じないよう配慮しつつ，まずは要介護認定等申請を支援したうえで，介護保険制度からどのようなサービスをどの程度受けられるかを把握する。したがって，要介護認定等の申請を行わない障害者に対しては，申請をしない理由や事情を十分に聞き取り，継続して制度の説明を行い，申請について理解を得られるよう働きかける。ただし，障害者支援施設等の入所者は，当分の間，介護保険の被保険者とはならないこととされている。一方で，個々の事情に応じてそうした施設を退所または退院する場合には，介護保険の被保険者となり，「介護保険法」に基づく要介護認定等を受けることにより，これに応じた介護保険サービスを利用することが可能となる。例えば，介護保険適用除外施設からの退所者が介護老人福祉施設等へ入所しようとする場合には，通常，一定の期間を要することから，障害者支援施設等の退所日と要介護認定申請の時期の兼ね合いで必要な手続きや調整が円滑に行われるよう，関係者間での密な情報共有や連携を図ることにより，柔軟に対応する。

　具体的には，介護保険サービスの支給量・内容では十分なサービスが受けられない場合に，介護給付費等を支給することや，障害福祉サービス利用者が介護保険サービス利用者に移行した際に，利用可能なサービス量が減少した場合には，介護保険利用前に必要とされていたサービス量が開始後に大きく変化することがないよう，個々の実態に即した適切な運用を市町村に求めている。

　高齢障害者の生活の連続性の確保にあたり，利用するサービスでの連続性とケアマネジメントの連続性がある。とりわけ，障害者ケアマネジャーである相談支援専門員と高齢者ケアマネジャーである介護支援専門員との連続性の確保については，両者の連携を求めている。具体的には，利用者が介護保険サービスを利用する際には，相談支援専門員は利用者の了解を得て，利用者の状態や障害福祉サービスの利用状況等サービス等やケアプラン情報を介護支援専門員に提供することや，障害福祉サービスを引き継いで利用する場合には，サービス担当者会議等を活用して相談支援専門員と介護支援専門員が随時情報共有を図ることを求めている。一方，障害者支援施設等の入所者は，当分の間，介護保険の被保険者とはならないこととし，障害者支援施設等を退所し介護保険施

設に入所する場合には，関係者間での密な情報共有や連携を図ることで，円滑に移行できるよう柔軟に対応を求めている。

　以上，高齢障害者に焦点を当て，いかに生活の連続性を確保するかについて言及してきた。今後，訪問介護，通所介護，ショートステイについては，障害福祉サービスと介護保険サービスの両方を提供する共生型サービスが2018（平成30）年度からつくられること，さらには相談支援専門員と介護支援専門員の両方の資格を確保し，同じ法人内で指定相談支援事業者と居宅介護支援事業者を運営することで，高齢障害者のある程度の生活の連続性が確保に貢献することができるようになっていくであろう。

　ただし，自己負担の上限月額が両制度では異なっており，2018（平成30）年4月1日から始まる，一定の高齢障害者に対して高額障害福祉等給付費を支給する仕組みでどの程度連続性が確保できるかは明確でないが，根本的な連続性の確保は難しいといえよう。「障害者総合支援法」は介護保険制度同様に自己負担原則1割の応益負担制度が基本であるが，ボーダーライン層の自己負担がないことが介護保険と異なる点である。その意味では，「障害者総合支援法」で障害者に配慮している施策を介護保険制度の中に取り込んで，障害者が現状より不利にならないことを前提にして，障害者が介護保険制度の対象になる全世代・全対象型の介護保険制度について再度検討することが求められている。その際には，高齢障害者について述べてきたすべての課題が消滅することになる。このことは，「我が事・丸ごと」地域共生社会での「丸ごと」を実現していく，当面の最終到達点であるともいえる。

注 ─────────────

1）※第3編第6章「ケアマネジメントの評価と将来への提案」のコラム10において，利用者の心理面，社会面，将来の意向についてケアマネジャーは時間の経過とともに，利用者の意識と一致度が低くなることを示した。
2）厚生労働省社会・援護局障害保健福祉部障害福祉課（2015）『障害者相談支援事業の実施状況等の調査結果について』2015（平成27）年4月1日現在，3.
3）厚生労働省（2015）『第18回介護支援専門員実務研修受講試験の実施状況について』.
http://www.mhlw.go.jp/stf/seisakunitsuite/bunya/0000108135.html
4）日本社会福祉士会　障害者相談支援専門員の継続研修の必要性とプログラム構築に関する研究事

業プログラム検討委員会（2009）『平成20年度障害者保健福祉推進事業：障害者相談支援専門員の継続研修の必要性とプログラム構築に関する研究事業報告書』，40.
5) 白澤政和・ほか（2013）『平成23年度厚生労働省補助事業「老人保健健康増進等事業」報告書：介護支援専門員の資質向上と今後のあり方に関する調査研究』，89.
6) 白澤政和・ほか（2014）『障害者のQOL評価に基づくケアマネジメント手法開発の研究：研究調査報告書：平成25年度厚生労働科学研究費補助金障害者対策総合研究事業（身体・知的等障害分野）』，130.

第4章

ケアマネジメントにおける予防の意味と方法

　ケアマネジメントでは，今後起こり得ることを予測し，それを予防する視点が不可欠である。それは，介護保険でのケアマネジメントで進められてきた介護予防ケアマネジメントについてもしかりであり，これについては，どのようなケアマネジメントの考え方が必要かを検討していく。同時に，予防という視点からは，介護予防だけでなく，リスク予防も不可欠である。これについて，ケアマネジメントでどのように対応すべきかも検討していく。

第1節 介護予防ケアマネジメントの意義

　2006（平成18）年4月からの介護保険制度の改正では，要支援者ならびに軽度の要介護者の大幅な増加への対策として，また，これら軽度者へのサービスが状態の改善につながらなかったという，従来の制度が抱えていた問題点をふまえ，「予防重視型システムへの転換」が大きな柱として位置づけられた。具体的には，要支援者に対する「予防給付」を創設し，要介護者に対する介護給付と明確に区分するとともに，従来は居宅介護支援事業者の介護支援専門員が行ってきた要支援者に対するケアマネジメントを，市町村が実施主体である新たに創設された「地域包括支援センター」が原則として担うこととした。さらに，要支援状態となるおそれが高い高齢者を「特定高齢者」（high risk population）（その後，「二次予防事業対象者）と名称変更）と位置づけ，彼らに対して市町村が「地域包括支援センター」を中心に積極的に介護予防事業を展開していくこととした。

　2011（平成23）年の「介護保険法改正」により，地域支援事業の一環として，市町村の判断で，要支援者・介護予防事業対象者向けの介護予防・日常生

活支援のためのサービスを総合的に実施できる「介護予防・日常生活支援総合事業」（総合事業）が創設された。この事業を導入した市町村は，市町村自らや地域包括支援センターが，利用者の状態像や意向に応じて，予防給付で対応するのか，総合サービスを提供するのかを判断し，総合事業の場合には生活支援サービス（配食，見守りなど），権利擁護，社会参加も含めて総合的で多様なサービスを提供することとなった。これは，市町村が地域の実情に合わせて介護保険の予防給付としての訪問型や通所型の予防サービスと配食や安否確認・緊急時対応等の生活支援サービスを組み合わせて提供できることを意図するものであった。

さらに，2014（平成26）年の「介護保険法改正」による介護予防・日常生活支援総合事業（新しい総合事業）が始まり，介護保険サービス利用の予備軍ともいえる介護予防・生活支援サービス事業対象者と要支援者に対して，介護予防ケアマネジメントを実施していくことになった。2011（平成23）年の総合事業は市町村が選択できるものであったが，2014（平成26）年の新しい総合事業は，2017（平成29）年4月1日までにすべての市町村が実施するものであった。

従来の介護予防に対する評価であるが，市町村が新しい総合事業を始める際には，二次予防事業対象者に対象を絞った介護予防支援は実施しないことになった。その背景を以下のように説明している。

介護予防は，機能回復訓練などの高齢者本人へのアプローチだけではなく，生活環境の調整や，地域のなかに生きがい・役割をもって生活できるような居場所と出番づくりなど，高齢者本人を取り巻く環境へのアプローチも含めた，バランスのとれたアプローチが重要である。今後の介護予防事業（一般介護予防事業）については，元気高齢者と二次予防事業対象者を分け隔てることなく，住民運営の通いの場を充実させ，人と人とのつながりを通じて，参加者や通いの場が継続的に拡大していくような地域づくりを推進する等，機能強化を図るとしている[1]。

これは，二次予防事業対象者に対する介護予防がうまく機能しなかったことを意味しており，その原因は本人へのアプローチだけでなく，環境へのアプローチが弱かったためとしているが，果たしてそれだけが原因であろうか。高

382　　第3編　ケアマネジメントの展開

齢者本人へのアプローチにおいても，より適切な支援ができなかったことが，介護予防を促進できなかったといえる。ここでは，介護予防ケアマネジメントにおける普遍的な視点を示すこととする。

　まず，この介護予防ケアマネジメントにおいても，高齢者が住み慣れた自宅や地域で安心して生活を継続することができるように支援するとともに，二次予防事業対象者であれば要支援状態にならないよう，また，要支援者であれば要介護状態にならないよう，総合的かつ効率的に課題解決を図っていくことが必要である。ただし，ケアマネジメントの前提には「自らの人生は自らの責任で自己決定していく」という自立の理念があり，この精神的自立への支援が介護予防ケアマネジメントにおいても重要である。

　前述したように介護予防の考え方に対してはこうした否定的な見方が強いが，介護予防ケアマネジメントには新たにケアマネジメントが発展していく要素が含まれている。それは，従来のケアマネジメントでは，セルフケアは所与のものとして捉えられがちであったが，介護予防ケアマネジメントでは本人の潜在的な能力を活用することが強調され，セルフケアを生かすためにインフォーマルケアやフォーマルケアを活用する，という予防的な視点が入っていることである。本節では，このような介護予防ケアマネジメントの考え方が利用者のエンパワメントを高めることになり，同時にケアマネジャーが社会資源に対してアドボケート機能を果たしていくことの必要性について論述したい。

セルフケアを活用したアセスメントとケアプラン

　介護予防ケアマネジメントの基本は，「可能なことはできる限り本人が行う」よう支援していくことである。これについては，利用者の有している能力であるセルフケアをもとに検討していくことができる。

　セルフケアの定義は多様であり，専門職と利用者の関係をもとに示すと，①反専門職の立場から自らの健康を自分で守るといった考え方としてセルフケアを捉えることが一方の極にあり，②専門職主導により利用者を指導する立場からセルフケアを高めていくという考え方が他の極にある。他方，③利用者自身は力を有しており，自分で決定し，実行していくことがセルフケアの基本であり，セルフケアで不足している部分を，専門職からのアドバイスでもって，自

第4章　ケアマネジメントにおける予防の意味と方法　　383

ら補っていこうとするセルフケアの考え方がある[2]。この③の考え方に立つオレム（D. E. Orem）は，セルフケアを個人が生命，健康，および良好（well-being）を維持するために，自分自身で開始し，遂行する諸活動の実践であり，日常生活に無意識のうちに組み込まれている熟慮的行為を特徴とする人間の努力と学習された行為としている[3]。これは，利用者が自らの健康や生活を自ら管理し，責任をもつことでもある。

こうしたセルフケアについては，医療領域での一次予防や二次予防として，あるいは慢性疾患を有している人々を対象として，多くの研究や実践が蓄積されてきたが，生活の支援であるケアマネジメントにおいても，セルフケアを理解し，それを支援していくことで，オレムがいう利用者の良好な生活状況が保たれ，ひいては健康の改善や維持につながっていくことが考えられる。

「介護保険法」第1条の介護保険制度の目的において，また「社会福祉法」の第3条の福祉サービスの基本的理念において，利用者の有する能力に応じた自立支援をめざすとしている。この自立支援に向けて，利用者が自らの生活に対して自己で管理し責任をもつセルフケアの育成を目的にして，それを実現するために，ケアマネジャーを含めたすべての専門職は支援することになる。そうしたなかで，「しているケア」と「できるケア」を整理し，目標指向でもって，できるケアを拡大していくことが求められることになり，このできるケアの拡大こそが，セルフケアを進めていくことであるといえる。

セルフケアは利用者自らがもっている潜在的な能力が発揮できることであり，そのためには，利用者の意欲や嗜好を活用した支援が不可欠になる。よって，利用者の有している潜在的な能力が発揮できるよう，利用者の能力，意欲，嗜好，自信等であるストレングスを把握し，それらを支援に反映させていく視点が必要である。そのためには，ケアマネジャーはいずれの利用者も能力，意欲，嗜好，自信，抱負等のストレングスを有しているとする価値観をもっていることが前提になる。また，セルフケアを高めるためには，肯定的な自己づくりが不可欠であり，否定的な自己に対して肯定的な理解を示すリフレーミングやリラベリングといったコミュニケーション手法の活用も有効である[4]。

セルフケアについては，利用者本人だけでなく，家族もセルフケア機能を

もっており，利用者が直面している生活ニーズや健康問題に主体的に対応し，問題解決していけるよう，家族のセルフケア機能を高める支援の重要性も指摘されている。それには，生活や健康の課題に対する解決能力，ストレスに対処していく対処能力，そうした問題を抱えながら生活していく適応能力を高めることが求められる。このような能力である家族のセルフケアは，地域のインフォーマルケアやフォーマルケアとの関連性が強く，ソーシャルサポートが家族成員のケア観を高め，それにより家族が本来もっているセルフケア機能が高まるという循環がある[5]。それは，ケアマネジャーや介護サービス事業者から介護者等の家族成員への支援そのものが，家族のセルフケアを高めることに有効に機能することを示している。

　利用者の自立支援が求められているが，これは利用者のセルフケアを基本にして，その不足分を補うという視点から支援することである。ケアマネジャーには，利用者のセルフケアを高めるよう支援していくことが求められる。そのためには，利用者の有している問題を解決していくとする問題指向に加えて，利用者の有している目標を実現していくとする目標指向の視点も重要である。その意味では，利用者を問題と同時に能力や可能性をもった人として捉える視点での支援が必要である。

　一般に，人々は，セルフケア，インフォーマルケア，フォーマルケアでもって自らの生活を支えられている。個々人により，セルフケアが多くを占めて生活している人もいれば，少ない人もいる。ある意味，ケアマネジメントは利用者のセルフケアをアセスメントし，不足している部分についてインフォーマルケアとフォーマルケアで補うことといえる。ただ，ここでのセルフケアは固定されたものではなく，ケアマネジメントはセルフケアを広げていくことの，また時には狭めていくことの必要性ももっている。

　そのため，介護予防ケアマネジメントは，**図3-4-1**に示すように，セルフケアをベースにして，インフォーマルケアおよびフォーマルケアを活用することで成り立っているが，介護予防ケアマネジメントの視点としては，セルフケアを高めていくことにある。それは図に示してあるように，利用者の「できること」だけでなく，「したいこと」や「好きなこと」を支援することでセルフケアをできる限り高めることになる。また，インフォーマルケアやフォーマルケ

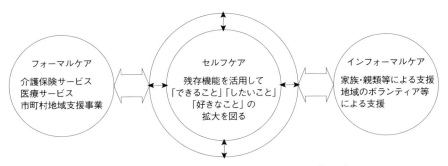

図 3-4-1　介護予防ケアマネジメントの考え方

アは利用者のセルフケアの欠落している部分を単に補うだけではなく、利用者のセルフケアを高めるための支援として機能していくことが求められる。

　ただし、ここでケアマネジャーが配慮しなければならないことは、利用者の達成可能なセルフケアの程度が明確化できるわけではない場合も多く、必ずしも単純に目標の実現に向けて支援できるものではないということである。「できる限り」セルフケアを活用すると前述したように、その際の「セルフケア」はあくまでも目標概念である。現実の利用者の達成しうるセルフケアには振幅があるため、無理のない短期の目標を設定し、それを順次こなしながら、長期の目標を達成すべく、時間をかけて計画を実施していくもの、という認識をもつことである。

　そのため、アセスメント段階においては、利用者の問題状況といったマイナス面だけでなく、能力や意欲、抱負といったプラス面も把握することが不可欠である。同時に、利用者の社会環境面でのインフォーマルケアやフォーマルケアを受けられる態勢についてもアセスメントすることが必要であり、そうしたプラス面を活用したケアプランの作成が求められる。このようなケアマネジメントは介護予防・生活支援サービス事業対象者や要支援者に対する介護予防ケアマネジメントだけでなく、要介護者に対するケアマネジメントにおいても重要な視点である。

　さらに、介護予防ケアマネジメントを進めていくうえでは、利用者がサービス利用後の生活をイメージしやすいよう、具体的な日常生活における行為につ

いて明確な目標を掲げ，支援を行っていくことがポイントとなる。その際，達成可能な具体的目標を定めて支援していくことにより，目標指向性が強調されることになる。そして，この目標を達成するためには，定期的にサービスの達成状況を評価し，必要に応じて計画の見直しを行うことが可能となる。

　近年，要介護・要支援高齢者のケアマネジメントにおいては，「できないこと」「困ったこと」に対応するのではなく，利用者の「できること」「したいこと」「好きなこと」といったストレングスを探し出し，それらを広げていくことで，できるだけ住み慣れた自宅や地域で安心して暮らしていけるよう支えていく考え方が基本となっている。

　つまり，従来の「できないこと」をいかに補うかということに加えて，「できること」「したいこと」「好きなこと」を中心に支援のあり方が求められている。これらを十分に活用して，利用者の社会生活への積極的な関わりを促すことにより，潜在的な能力を活用しての生活意欲の向上を図りながら，利用者にとって満足度の高い，いきいきとした生活の構築をめざすことである。

　介護や支援を必要とする状態となっても，それぞれの状態に応じて残存機能を活用する支援を行えば，能力の維持や改善を図ることにつながる。反対に「できること」を本人に代わって行ってしまえば，サービスの提供が利用者の状態の悪化を招くことにもなりうる。例えば，本人が「できる」にもかかわらず「していない」からといって，訪問介護員が代わりに洗濯や掃除，調理を漫然と行ってしまう「家事代行」サービスでは，本人の「できること」をみつけ出すプロセスが失われ，本人の「潜在的な能力」までも次第に低下させてしまうことになる。

　このため，ケアマネジャーは，「していないこと」の状況を分析するなかで「できること」を見いだしていく視点をもつことが大切である。そのうえで，利用者とケアマネジャーが「できること」と「できないこと」を共有することにより，利用者が自ら「〜したい」という意欲，「〜が好きである」という嗜好を見いだすことができれば，その実現をめざすことで生活意欲が高まることとなる。また，介護や支援を要する状態となっても，それぞれの状態に応じて残存機能を活用することにより，能力の維持や改善をめざすことにもつながる。これらは，利用者のストレングスを生かして支援していくということであ

第4章　ケアマネジメントにおける予防の意味と方法　　387

る。

　同時に，「家族介護者も外出することに協力的である」「近所に世話をしてく
れる友人がいる」，あるいは「室内がバリアフリーになっている」といった社
会環境面におけるストレングスのアセスメントも不可欠である。すなわち，利
用者の身体機能面と精神心理面に加えて社会環境面でのストレングスもアセス
メントし，ケアプランに活用することで，達成可能なセルフケアを活用する支
援が可能となる。

　利用者の現状のセルフケアと達成可能なセルフケアのギャップを埋めるケア
プランを作成していくためには，本人の身体機能面での能力，精神心理面の意
欲や嗜好，社会環境面で有している利用者独自のストレングスを活用していく
ことになる。ただし，このギャップを埋めるためには，利用者が徐々に自ら達
成可能なセルフケアの範囲を理解しながら，そこに向けて進んでいくための自
己決定や自己選択ができるような支援をしていくことが重要である。現状の生
活を超えた「できること」「したいこと」「好きなこと」があれば，それをアセ
スメントにより引き出すことで，セルフケアの範囲を広げていくことになる。

　以上のような過程を経て，最終的に，セルフケア，家族や近隣によるイン
フォーマルケア，介護保険サービス等によるフォーマルケアを適切に活用した
ケアプランが作成されることになる。ここで，利用者の能力や意欲，さらには
嗜好といったストレングスを活用し，それを「セルフケア」という形でケアプ
ランのなかに含めることとなり，可能なことはできる限り自分でやるといった
ことが実現するケアプランになる。

　このことは，セルフケアを最大限発揮することをめざすことであり，ひいて
は，個々の利用者の問題解決能力を高めることになり，エンパワメント支援と
位置づけることができる。同時に，そうした利用者のセルフケアを実現するた
めに，ケアマネジャーはインフォーマルケアやフォーマルケアといった社会資
源に対して利用者のセルフケアを高める視点で具体的な支援をしてくれること
を依頼することになり，ケアマネジャーは社会資源に対するアドボケート機能
を果たしていくことになる。そして，介護予防の考え方やストレングスモデル
の視点から，ケアマネジメントは単なる調整（コーディネーション）機能だけ
でなく，利用者のエンパワメントを高めていく機能やサービスやサポートにセ

388　　第3編　ケアマネジメントの展開

ルフケアを高める依頼をするアドボケート機能を備えたものへと発展していくことになる。

意欲を引き出す支援方法

　ここまで介護予防ケアマネジメントの積極的な側面についての考え方を説明してきたが，意欲が低い利用者の場合には，「できる能力」をもっていても，実際に「している」状態にまで導くことは極めて困難である。そのため，意欲を高める方法として，ガーハート（U. C. Gerhart）は，ケアマネジャーに対して以下の八つのテクニックを提案している [6]。

　①利用者自らが考えている計画を尋ねることから始める。

　②利用者の生活を高めたり，再発を予防したりするうえでの現実的な提案を行う。

　③利用者との間で一致していないことについて話し合い，現実的な妥協点を探し出す。

　④利用者と共通する目標を明らかにし，利用者と契約を結ぶ。

　⑤実施しなければならないことを段階別に示しながら，利用者の同意した目標が到達できるよう支援する。

　⑥サービス提供者に関する情報を，利用者に提供する。

　⑦提案したサービスを利用者が利用することで生じるおそれのある障壁について話し合う。

　⑧特定のサービスを利用した場合に生じる，利用者と支援者のそれぞれの責任について話し合う。

　ガーハートのこうした考え方に加えて，利用者の意欲を引き出すには，次のような視点が必要である。

　・利用者ができないことよりもできること，したくないことよりもしたいこと，嫌いなことよりも好きなことに着目し，これらのことが自由に話せる雰囲気をつくり，同時にそうした発言を得た場合には，できる限りそうしたことが可能となるよう支援していく。こうすることによって，利用者は喜びを感じたり，自信を得たりすることができ，同時に，尊厳ある一人の人間として対等な関係でケアマネジャーが支援してくれているといった感

情をもつことができる。

・利用者の生活全体のケース目標を一緒に考えて設定し，その目標に向かうよう支援することである。さらには，個々の生活ニーズについても，その目標を定めて支援をしていくことで，意欲を引き立てることが可能である。この生活ニーズでの目標については，長期の解決に向けた目標だけでなく，短期間で達成が可能であり，かつ可視的，数値的な目標をもって生活ニーズを設定することが有効である。

・どのようなささいなことでも利用者が自己決定・選択をしていけるよう時間をかけて接していくことである。そして，決定・選択をしたことで生じた内容について，利用者と一緒に確認・評価し，成果が得られたことを喜び合うことで，次の自己決定・選択につないでいく。

以上の3点をふまえ利用者に接することが，意欲を引き出すうえで有効となるが，ストレングスに基づく支援というものは，あくまでも利用者の意欲を「できる限り」活用していくものであり，すべての利用者が意欲をもつことができるわけではない。さらに，たとえ意欲が十分でない利用者であっても，そうした利用者の価値や生き方をも認め，心を込めて支えていくことが前提となる。

第2節 介護予防ケアマネジメントの具体的展開

介護予防ケアマネジメントは，潜在能力の活用を基本にしている。利用者本人のもつ能力や意欲を活用したセルフケアを引き出していくこととそれだけでは補えないインフォーマルケアやフォーマルケアを活用して，一人ひとりの生活を支えていくことである。その際には，利用者のセルフケアをどのようにして捉えるのかといったことが重要なポイントとなってくる。

第一に，利用者本人が実際にどの程度まで生活動作を行っているのかといった状態についてアセスメントを行う。これは，時には利用者の状況の観察から，また，面接のなかでの言葉から判断する，あるいは要介護認定項目の結果から明らかにしていくことになる。第二には，ケアマネジャーがもつ専門職としての客観的な視点で，利用者本人がそうした生活動作をしていない場合に，

390　　第3編　ケアマネジメントの展開

行うことができるか否か（その能力があるか）を判断することになる。この判断には，利用者や家族からの情報も重要であるが，さらに他専門職からの情報提供が重要である。第三には「できるがしていない」生活動作について，「したい」という意欲をもっているか否かを明らかにする。意欲をもっていない場合には，「したい」という気持ちを引き出していく支援をする。

①利用者の状態像の把握

　利用者本人が実際に行っているか否かという「状態像」の把握は，ケアマネジャーの観察や本人の申告によることとなる。それは，例えば「外出している」のか「外出していない」のか，自分で「入浴している」のか「入浴していないのか」を確認することになる。つまり，セルフケアの現状を把握することにほかならない。

　このセルフケアの"現状"は，さまざまな要素が相互に作用して発生している。「外出している」か「外出していない」かは，身体面の要素〔麻痺の有無，歩行の ADL（Activities of Daily Living）等〕だけでなく，心理面の要素（外出するのが億劫であるのかどうか，人と会うのが好きであるのかどうか等），環境面の要素（屋内外でのバリアフリーの状況，交通手段の有無，家族の介助の有無等）などが関わっている。そのため，セルフケアの現状での，身体面・心理面・環境面の要素についても把握することが，どういった対応をすれば，能力が発揮できるかを検討する際の重要な材料となる。

②利用者の能力の評価・予測

　次に，とりわけセルフケアとして生活動作ができていない状態で，「できる」のか「できない」のかを評価なり予測する必要がある。この評価については専門職の客観的な視点が必要となる。特に，疾病や障害による場合は，医療的な視点やリスクマネジメントの要素も必要とされる。主治医や他の専門職の意見を取り入れながら，総合的に評価なり予測をしていくことが大切となる。また，本人との最初の面接時などアセスメントの初期段階でそうした能力について明らかにできない場合には保留とし，面接を重ねるなかで評価や予測をしていくことになる。

　この評価なり予測でも，生理身体能面を高めることで「できる」ことが予測できることもあれば，心理面での意欲や好みを支援することで「できる」

ことが予測できる場合もある。また，環境面で住宅の改修や福祉用具の活用，家族の意識の変更で「できる」ことを予測することも可能である。その際には，「できる」ことを勧めていくことで生じるおそれのあるリスクについても予測することが求められる。

③本人の気持ちの把握と支援

　一定の条件が整えれば生活動作ができると評価なり予測ができた場合に，ここでは，本人が生活行為を実施する気持ちがあるかどうかを把握することになる。一方，そうした行為をする意欲が十分でない場合には，それを高める支援が必要となる。そのためには，本人の願望や好み，支援が得られる環境といったストレングスの側面から，本人のしたいといった意欲を導き出すことが求められる。具体的にいえば，外出における「友人に会うために外出をしたい」といった願望，「昔からの知り合いと交流をするのが好きである」といった好みをアセスメントできれば，意欲をもってしたいという意識を形成していくことが可能である。また，身体機能面で，福祉用具を活用することで一人で外出できる能力を本人が確認できれば，意欲を高めることができる。さらには，環境面で，近隣からの外出への支援があれば，意欲を高めることができる。そのため，利用者の有する身体面・心理面・環境面でのストレングスをアセスメントし，それを活用することで，意欲を高める支援が可能になっていく。こうして，利用者本人が自己決定し，生活行為をしていくことになる。

　ただ，意欲が高くなり，ある生活行為ができるとしても，本人自身が強い意志をもって拒否をする場合もある。それは，そうしたことができるとしてもしたくないという意思表示である。例えば，「外出する」よりも「自宅で読書する時間を取りたい」，「一人で入浴する」ことで多くの時間をかけるよりも「今までからやってきた実益を兼ねた野菜づくりに時間を使いたい」といった意思を表明されることが，時には生じる。これらも本人の自己決定であり，そうしたことも自立支援のケアマネジメントであり，ケアマネジャーは利用者の意思を尊重しながら，生活行為の選択について調整をしていくことになる。

　このような利用者のセルフケアの能力を評価や予測し，できる限り利用者が

392　　第3編　ケアマネジメントの展開

できることを自ら行うように支援していくことが，介護予防ケアマネジメントである。この介護予防ケアマネジメントが，特に要支援者や介護予防・生活支援サービス利用対象者といった軽度者で求められるのは，生活行為を実施する能力を実施できる可能性が高いことによるのだが，このような考え方は，重度の要介護者のケアマネジメントについても活用できることである。

こうした介護予防ケアマネジメントを国や保険者等は強く推奨しており，大分県作成資料として，多くの場面で自立支援型のケアマネジメントのモデルとして示されているのが図3-4-2である。これは，要支援2の利用者の例であり，介護予防ケアマネジメントでもある。この図では，自分で「入浴していない」状態で，地域ケア会議での多専門職の支援で「自分で入浴することができる」ことを導き出している。これは，前述してきた①利用者の状態像の把握，②利用者の能力の評価・予測までを示したものである。介護予防ケアマネジメ

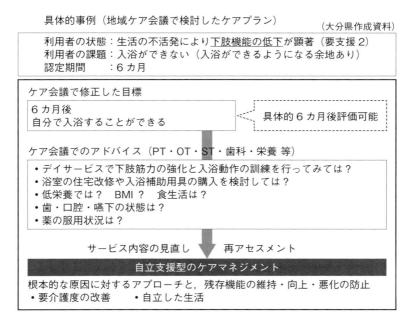

図 3-4-2　介護予防ケアマネジメントのモデル事例
〔出典：厚生労働省資料を一部削除〕

第4章　ケアマネジメントにおける予防の意味と方法　　393

ントでは，①②の次に③の「自分で入浴する」ことに向けた気持ちを確認し，それを高めていく支援が必要である。これ抜きには，利用者が自分で入浴することができるまでの介護予防ケアマネジメントは実効性のあるものとはならない。

　地域ケア会議では利用者や家族が不在のなかでの検討であるため，この後の業務は現実にはケアマネジャーに委ねられることになる。そのため，ケアマネジャーは6カ月後には入浴したいという気持ちを高め，具体的に他職種からアドバイスのあった提案から，妥当性の高いメニューを選んで実施していくことになる。そのためには，利用者のストレングスをアセスメントし，それを活用しながら，一人で入浴したい気持ちを高めていく支援をしていくことになる。同時に，たしかに数時間かけて入浴はできるが，そのような時間があれば，趣味の野菜づくりがしたいといった意思をもっている高齢者もいる。障害者であれば，時間がかかる入浴であれば仕事に支障が出るという場合もある。そうしたことを調整しながら支援していくのも，自立支援型のケアマネジメントである。

第3節　リスク予防のケアマネジメント

　ケアマネジメントでのケアプラン作成は，利用者のリスクを予防することも目的としている。介護リスクには，在宅か施設かを問わず，転倒，転落，誤嚥，無断外出，感染，医療ケアなどでの事故がある。これらの介護事故の予防には，介護等のマニュアルの作成・実施，ヒヤリハットによる点検の実施といったことに加えて，ケアプランが重要である。アセスメントを実施し，そこから生活ニーズに基づくケアプランを作成する際に，リスクを予見し，回避することである。

　次の事例は，人工呼吸器をつけて退院してきた高齢者についてである。新潟県中越地震は2004（平成16）年10月23日土曜日の午後5時56分頃に発生した。発生時，担当ケアマネジャーはこの高齢者のことが最も気になったのだが，ライフラインが途絶え，当日は家庭訪問ができなかった。翌朝早くに自宅を訪れたが，高齢者の命が救われており，安堵したということである。

事例 1

　Ａさんは人工呼吸器をつけての生活で，この家庭は高齢者夫婦世帯である。ケアマネジャーは退院時のサービス担当者会議に，万が一電気がつかなかったときのことを想定して，消防署の署員と民生委員に参加してもらった。消防署員にはＢ病院に搬送するように依頼し，同時に民生委員には，搬出を手伝ってくれるように依頼していた。このことが功を奏し，みごと消防署の救助や民生委員の協力のもと，Ａさんを病院に搬送することができた。ただ，このとき，Ｂ病院も半壊していたため，長野県のＣ病院にヘリコプターで搬送され，命が救われたということである。

　この事例から，ケアマネジャーのケアプラン作成には，いかに将来のリスクを予測する視点が大切であるかがわかる。そして，そうしたリスクマネジメントが，高齢者の生活を支援するだけでなく，生命を守ることも可能にしている。

　以上のような利用者に対するケアマネジメントでは，利用者の身体状態，心理状態，社会状態を把握することで，どのようなリスクがあるのか，さらにはそのリスクの深刻度を把握することになる。同時に，モニタリングを介して，それらのリスクについて評価し，時には生活ニーズやサービス内容が変更することになる。そのため，リスクは必然的に生活ニーズとして表されたり，生活ニーズのなかに含まれたりすることになる。例えば，「○○○で心配である」や「○○○の可能性がある」といった言葉で表現されることで，リスクを直接管理することになる。また，「○○○が困っている」や「○○○をしたい」といった生活ニーズに対して，リスクを意識した具体的な支援内容に落とし込んでいる場合もある。

　これを法律用語でいえば，アセスメントを介してリスクの予見が可能となり（予見可能性），ケアプランの作成を介してリスクを回避することが可能となる（回避可能性）ことである。そのため，介護事故が訴訟となった場合でも，事故を予見できたのかの予見可能性と，事故を回避することができたのかの回避可能性が争点となる。

　例えば，転倒のリスクであれば，ケアマネジャーはアセスメントでの身体面

での移動や歩行の ADL，環境面での段差や家族の介護状況等を把握し，リスクやその程度を予見する。さらに，この予見したリスクについて，転倒のリスクを回避するケアプランを作成することになる。

在宅の場合には，利用者への具体的なケアの提供は介護サービス事業者が作成する個別援助計画に基づき実施する以上，ケアマネジャーのアセスメントとケアプランはサービス事業者の個別援助計画と連動させながら，リスクの予見と回避ができているかを相互に点検する必要がある。具体的な支援過程では，ケアマネジャーのアセスメントとケアプランでリスクの予見と回避がなされており，それが個別援助計画に具体的に反映され，最終的にはリスクに対して訪問介護，訪問看護，通所介護等は個別援助計画に基づいて具体的にケアを提供する際に，リスクへの対応がなされていることになる。そのため，個別援助計画でリスクを予見し，それを回避することが計画され，かつ計画が実行されているかを，介護サービス事業者の管理者だけでなく，ケアマネジャーも継続的に確認することでリスクマネジメントができることになる。

一方，利用者側のリスクは常に変化が伴っているため，ケアマネジャー以上に頻繁に利用者と関わることが時間的に多い介護サービス事業者からケアマネジャーへの情報提供も重要であり，ケアマネジャーのアセスメントシートとケアプラン表と，提供されている介護サービス事業者のアセスメントと個別援助計画書が相互に交換され，リスクマネジメントをしていくことが必要である。その意味では，サービス担当者会議はリスクマネジメントにおいて重要な機能を果たす場であるといえる。

このようなリスクマネジメントの結果，介護事故が予防できる。また，万が一介護事故が生じても，ケアマネジャーの過失が問われることは難しくなる。現実の介護事故は直接介護サービスを提供することに関わって生じることが多いが，そうした介護事故が生じた場合，事故が結果として予見できたのか，同時に結果として回避できたのかを検証する際には，介護サービス事業者のアセスメントや個別援助計画書，さらにはヒヤリハットやマニュアルに加えて，ケアマネジャーのアセスメントシートやケアプラン表も重要な検証の材料になる。

以上，介護リスクを予見し，リスクを回避するうえで，ケアマネジャーの役

割が大きいことを示してきた。逆にいえば，ケアマネジャーがそうした予見可能性や回避可能性ができていないなら，その責任を問われることにもなり，アセスメントとケアプランの作成・実施のサイクルが重要であることが理解できる。

　以上のような介護事故が生じないようなケアプランの作成・実施が必要であるが，平田厚は，特に施設のケアプランについてであるが，介護事故に関する法的責任の回避への意向が行き過ぎると，過度な利用者の行動の抑制や，経管栄養への移行といった利用者の尊厳を保持したケアプランから遊離していくことになると指摘している。そのため，「ケアマネジメントにおいては，利用者の尊厳を重視することを大前提にしながら，事業者の法的責任回避をも意識した取り組みを行っていくことが大事である」としている[7]。

　このように，ケアマネジャーは「介護保険法」の第1条でうたわれている利用者の尊厳の保持をもとに，リスクを予防するケアプランを作成し，それを介護サービス事業者の個別援助計画に連動させることが求められている。

注

1) ※「介護保険制度の見直しに関する意見」（平成25年12月20日社会保障審議会介護保険部会）で示され，2014（平成26）年度からの介護保険制度が改正された。
2) 宗像恒次（1989）「セルフケアとソーシャルサポートネットワーク：理論概説」『日本保健医療行動科学会年報』4，1-20.
3) ドロセア E. オレム（2005）『オレム看護論：看護実践における基本概念』小野寺杜紀訳，医学書院.
4) 白澤政和編著（2009）『ストレングスモデルのケアマネジメント』ミネルヴァ書房.
5) 鈴木和子（1997）「介護における家族機能の成り立ちに関する研究：日米における調査結果の比較から」『千葉看護学会会誌』3（1），15-23.
6) Gerhart, U. C.（1990）*Caring for the chronic mentally ill*, Peacock, 213.
7) 平田　厚（2003）「福祉施設におけるリスクマネジメント」『ノーマライゼーション：障害者の福祉』23，258.

第4章　ケアマネジメントにおける予防の意味と方法　　397

第5章

施設のケアプランを考える

　介護保険制度創設の際に，介護保険施設にケアマネジャー（介護支援専門員）の配置が兼務でもよいが，必置となり，個々の入所者に対して，ケアプランの作成が義務づけられた。また，「障害者自立支援法」でも，障害者福祉施設にはサービス管理責任者の必置が制度化され，サービス管理責任者による個別支援計画であるケアプラン作成を義務化した。しかし，海外では，施設へのケアマネジャーの配置は，退院や退所時に在宅生活に円滑に移行することを目的にするものとして捉えられている。なぜなら，ケアマネジャーとは，利用者の在宅生活に向けた支援を行う，あるいは在宅生活をより質の高いものにするために支援を行う人材であるとされているからである。その意味では，日本の介護保険施設などにおけるケアマネジャーは，たしかに介護老人保健施設などにおいてのケアプランは退所支援の意図が大きいが，全体としては海外で考えられている施設に配置されるケアマネジャーの役割とは大きな違いがあるといえる。

　制度的には，すべての介護保険施設は退所を目的とすることを理念的には掲げているが，ほとんどの入所者（介護保険施設のうちで，介護老人福祉施設および介護老人保健施設は入所者，介護療養型施設は入院者としている。また，介護老人福祉施設のなかでも，ユニットケアについては入居者としているが，以下，入所者とする）が退所・退院しない介護老人福祉施設や介護療養型医療施設〔法的には，2017（平成29）年の介護保険法改正により，介護療養型施設は廃止（6年の経過措置）され，その受け皿として「介護医療院」が創設された〕においても，施設内という前提ではあるが，入所者のより質の高い施設生活の実現に向けてケアプランを作成・実施していくといった意味では，在宅におけるケアマネジメントと共通した考え方が必要となる。また，そのこと

398　　第3編　ケアマネジメントの展開

が，介護保険施設などにケアマネジャーが必置される大きなねらいでもある。そうしたことから，介護保険施設などにおけるケアマネジャーの仕事は，施設内の多職種と協働しながら，一人ひとりの入所者がより質の高い生活をできるよう支援していくことが目標となる。つまり，施設のケアプランの作成は在宅におけるケアマネジャーの支援内容と基本的に変わらないといえる。ただし，こうした施設におけるケアマネジャーの業務内容は，日本独特のものであり，独自で考えていかなければならない課題であるといえる。

そのため，施設のケアマネジャーが，そこに暮らす利用者に対して質の高い生活を送れるようなケアプランをどのようにして作成していくのかは重要な課題である。従前からいわれているように，たとえ介護老人福祉施設が「終の棲家」であったとしても，生活という場面は在宅でも施設でも一緒である。そのような視点もふまえて，本章では，なぜ施設のケアプランをつくられなければならないのか，そして，在宅におけるケアプランとの関係はどうあるべきか，の2点を中心に検討する。

第1節 施設のケアプラン作成での四つの疑問

介護保険制度では，介護保険施設に個々の利用者に対するケアプランの作成を義務づけている。そのため，介護保険施設の三団体（全国老人保健施設協会，全国老人福祉施設協議会，介護療養型病院連絡協議会）が合同して作成してきた三団体版のケアプラン作成（「包括的自立支援プログラム」）等に対して，いくつかの疑問を感じてきた。そこで，本節において，四つの素朴な疑問を提示することで，問題提起してみたい。

実現できないニーズへの対応

施設のケアプラン作成においては，従来，実施できる生活ニーズについてのみケアプランを作成し，実現できない生活ニーズについては記述しないよう指導されてきた。このこと自体に何ら疑問はないが，実現できない生活ニーズにこそ，施設の理念・体制やサービス内容，さらには職員の質を高めていくうえでの重要な要素が潜んでおり，第一の疑問は，実現できない生活ニーズが施設

第5章　施設のケアプランを考える　　**399**

の理念・体制やサービス内容，職員の意識・技術を高めていくことと結びつけていないことに対する疑問である。

利用者本人の思いや感じたこと，気づいたことの記述が少ないこと

　施設ケアプランの作成では，多くの場合，"包括的自立支援プログラム"と"MDS-RAPs"（Minimum Data Set-Resident Assessment Protocols）といった二種類のアセスメントシートが活用されている。そのいずれのアセスメントシートも，本人のADL（Activities of Daily Living）や健康状態に焦点を当て，詳細な資料を得ることになっている。そのため，それぞれの生活領域における「利用者の思い」や「利用者の好み」を記述する，あるいは，アセスメントした職員が「感じた・気づいた」ことを記述する部分がほとんどない。これが二つ目の疑問である。アセスメントをもとにケアプランを作成するにあたっては，単に利用者本人のADLや健康状態のみに焦点を当てるだけではなく，利用者が日々のさまざまな生活領域のなかのストレングスを反映させることが重要となる。同時に，意思表示が十分できない利用者に対しては，アセスメントをする職員が「感じた・気づいた」ことや「生活史」をアセスメントの資料に含めることで，利用者の生活ニーズに基づくケアプランが作成できる。こうしたことを記述する項目が施設のアセスメントシートにほとんどないことに疑問を感じていた。

マニュアルとケアプランの関係の不明瞭さ

　従来，施設でケアプラン作成する際に，施設におけるケアやリスクのマニュアルとの関係がまったく切り離されて議論されてきた。一般に，施設内の業務を遂行していくうえでは，施設の理念に基づいた業務マニュアルを作成することが不可欠といえる。これは第一に，利用者の個々の生活領域においてどのような手順でケアをしていくのかといったケアを標準化するためのケア・マニュアルである。第二には，入所者が施設生活において生じる可能性のあるリスクを回避するためのリスク・マニュアルである。こうしたマニュアルの存在によって，各施設は，画一的ではあるが，標準化された一定水準のサービスを利用者に提供することができる。

一方で，そうした標準化をベースに，画一的には対応できないケアの部分については ケアプランを作成し，個々の入所者に個別化した支援を実施していくことになる。そうしたなか，具体的にケアプランに記載されることは，入所者が求めている生活ニーズがマニュアルと矛盾していることやマニュアルに記載されていないことであり，かつ入所者の QOL（Quality of Life）を高めるうえで必要不可欠なことである。そのうえで，ケアプランを介してマニュアルが加筆・修正されたり，逆に，マニュアルの変更によってケアプランが変更されたりすることにつながっていく。その意味では，ケアプランは，ケアやリスクについてのマニュアルとの連続性のなかに位置づけられるべきであり，基準化と個別化の緊密な関係のなかでケアプランは作成されていくと考える。こうした議論がなされなかったことが第三の疑問である。

ケアマネジャーがケアプランを作成すること

　在宅の利用者については，たしかに一人のケアマネジャーが独自でアセスメントを実施し，ケアプラン原案を作成している。しかしながら，さまざまな職種が同じ施設のなかで協働して業務にあたっている施設においては，一人のケアマネジャーがアセスメントを実施しケアプランを作成することのみでは，必ずしも他のスタッフと適切に連携したケアが展開できない。アセスメントを例にとっても，担当するケアワーカーの日々の関わり，生活相談員などによる入所者や家族との相談，看護師による利用者の健康状態の把握，管理栄養士等による食事状況の観察などを介して，さまざまな職種がアセスメントに参画している。本来ならケアプランの作成は，さまざまな専門職がカンファレンスに参画し，収集されたアセスメントに基づいて決定されていくものである。第四の疑問は，一人のケアマネジャーがケアプラン原案を作成するといった在宅と同様の発想が施設においても通用するのかという疑問である。

　以上に挙げた四つの疑問は，前述した「そこに暮らす利用者の質の高い生活の実現」といった理念のもと，施設サービス計画書（以下，「施設のケアプラン」とする）の基本的なあり方を明確化することで解決していけるものと考える。そこで，次節からは，いかにして施設のケアプランを作成していくのかを

明らかにすることで，その答えも示していきたい。

第2節 施設のケアプラン作成の視点

　介護保険施設では施設のケアプランが作成され，それをもとに個々の入所者に対する支援がなされている。この計画を作成する施設の介護支援専門員は約2万人で，介護支援専門員総数の約12.8％にすぎない[1]。そうしたこともあるのか，マイナー的な位置づけが強く，法定研修においても施設の介護支援専門員に焦点を当てた研修制度になっていない。2016（平成28）年度から実施されている研修制度の見直しにおいては，施設の介護支援専門員向けの側面が一層弱くなっており，施設のケアプランに関する研修内容はほとんど存在しない。そのため，施設の介護支援専門員は法定研修とは別に，自ら知識・能力・方法を高めていくことが求められている。

　入所者にとって施設は生活の場であるため，主要な業務は介護職員でまかなわれており，施設のケアプランは，主として施設内の介護職員を含めた多職種の職員が個々の入所者にどのような業務を果たすのかを計画したものである。当然介護支援専門員を含めて，すべての職員が施設のケアプランの作成に関与し，多職種の職員による入所者の状態がアセスメントされ，それを反映したケアプランを作成していくことになる。そのため，在宅のように介護支援専門員のみでケアプラン原案を作成するということではなく，施設の介護支援専門員は，施設の多職種と一緒にケアプランを作成するうえでの調整的な役割を担うことが大きいといえる。

　本節では，入所者のQOLを高めるべく施設のケアプランの展開過程とそこでの課題を検討していく。

施設での入所者の QOL を高める要件

　施設入所者のQOLを高めるためには，次の四つの要件が重要である。①施設の理念，②個々のケアやリスクに対するマニュアル，③個々の入所者に対する施設のケアプラン，④ヒヤリハット，である。

　まず，施設の理念は，尊厳ある人として入所者を捉えることを掲げたもので

402　　第3編　ケアマネジメントの展開

あり，加えて，入所者の自立支援やプライバシー保護につながるものである。そのため，施設職員は常時，自らの実施している業務が施設の理念に基づくものであるかを自問自答していく必要がある。同時に，職員の業務を介して施設の理念が修正されていくことも必要である。ここに，施設の理念と職員の業務との間では常に相互にフィードバックし合うことが求められる。

次に，施設の理念に基づき，入所者に対して支援がなされることになるが，そこではまず，介護職員等はマニュアルに基づきケアを行う。このマニュアルには，入浴，排泄，食事，移動の介護といったケアに関わるマニュアルもあれば，感染予防や災害時避難といったリスク回避のためのマニュアルもある。これらの業務マニュアルを職員全員に周知徹底することで，最低限のケアの質を担保することができる。そのため，施設にとってマニュアルの作成・活用は不可欠であり，新人職員の研修では不可欠な教材である。

一方，個々の入所者に対する施設のケアプランは，入所者個々人の生活ニーズに合わせて作成されるものであり，これにより，個別的な介護を可能にする。マニュアルと施設のケアプランの関係は，マニュアルにより一定のケアの水準を確保し，ケアプランにより個別的なケアを進めていくことになる。そのため，施設のケアプランでは，マニュアルには記述されていない，マニュアルと矛盾する，あるいはマニュアルで示されているが，このケアがなされなければリスクが大きいため強調しておくべき個別的な介護内容について記述されることになる。ここに，業務マニュアルと施設のケアプランは相互に補完し合う関係にあって，両者でもって入所者の質の高い生活を支援することが可能となる。

さらに，施設で実施されているヒヤリハットには，業務マニュアルや施設のケアプランの修正を導き出すものである。ヒヤリハットはリスクマネジメントに活用される手法であるが，ヒヤリハットの結果を受けて，マニュアルの修正や個々の入所者のケアプランの修正がなされることになる。修正されたマニュアルや施設のケアプランは，その後，介護職員を含めた全職員に周知徹底されることになる。

こうして実施される施設のケアプランは，関係職員が参加する会議で検討され，個々のケアプランについて検討されるだけでなく，時には実施できない生

第5章　施設のケアプランを考える　　403

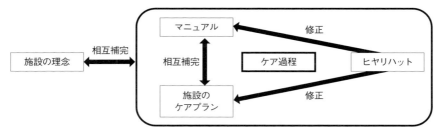

図 3-5-1　ケア過程と四つの要件の関係

活ニーズをもとにして，施設の物理的環境が変更されたり，介護職員等の介護内容が変更・追加されたり，職員の研修内容が再考されたりすることになる。ひいては，そこから施設の理念が補強されたり，修正されたりしていくことにもなり，さらには，理念が修正されることで，また，施設のマニュアルや個々の入所者に対する施設のケアプランが修正されていくことになる。ただし，こうしたダイナミックな関係が生み出されるためには，実務者レベルでのサービス担当者会議と，管理者レベルでの会議が連続性をもって対応していかなければならない。

　以上，四つの要件が相互に関連しながら，入所者の生活の質を高めていく支援がなされることについて述べてきた。このような関係のもと，施設での多職種がそれぞれ実施するケアの過程を「ケア過程」とよぶことにすると，このケア過程は図 3-5-1 のように示すことができる。

入所者に対するケア過程の枠組み

　前述の四つの要件が相互に関連するなかで，入所者に対するケアが展開していくことになるが，具体的には，マニュアルをベースにしながら，個々の入所者の生活ニーズに基づき作成される施設のケアプランのもとで，ケアは実施される。前者のマニュアルに基づくケアが下部構造であり，その上に後者の施設のケアプランに基づくケアが上部構造に位置づけられ，両者は一体的に併せもって，ケア過程が展開していくことになる。

　一般に，ケア過程は，個々の入所者に対するアセスメント→計画の作成→計画の実施→評価→再アセスメント，という PDCA（plan-do-check-action）サ

イクルで展開される施設のケアプランに基づくものである。これは先に述べた上部構造でのケアを意味しているが，現実には，この上部構造でのケア過程の基盤として，マニュアルに基づく一定の水準を担保する基本的なケア過程が下部構造として存在している。

そのため，ケア過程は，図3-5-2のような二重構造で展開することになり，基本となるマニュアルは，すべての入所者に対するケア過程を示すものである。さらに，個々の入所者の生活ニーズに合わせたケア過程が展開されることになる。両者の関係は，上部構造は下部構造を補完することになるが，時には下部構造と一部異なる場合もある。

一般には，施設のケアプランに基づき職員が個別に対応するケア過程である上部構造のみでもって，ケア過程は位置づけられてきたが，本来は両者を合わせることでケアが展開されている。同時に，下部構造のケア過程は，当該施設においてではあるが，いずれの入所者に対しても対応できる一定の普遍化したケアであり，上部構造のケア過程は個々人で異なるケアと整理することもできる。

そのため，施設での入所者のケア過程を進めるにあたっては，入浴，排泄，食事，移動，コミュニケーション等での，普遍化したケア過程がマニュアルとして位置づけられてきたといえる。この普遍化した部分を，個別の生活ニーズへの対応をもとに強化していくことになる。一方，ケア過程の普遍化が進めば進むほど，より深みのある個別ニーズに合わせたケアが可能になる。それは，

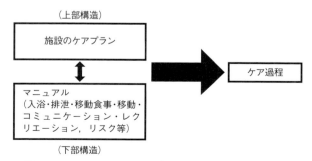

図3-5-2　マニュアルと施設のケアプランの関係

普遍化するマニュアルが深化することから，より詳細な個別ケースのケアが可能になってくるからである。

こうしたケア過程では，次のような六つのことが目標になる。

①入所者に質の高い生活を提供すること。

②入所者の自立の支援を行うこと。これは，自らの有している力を最大限活用しながら，自らが決定したケアを受けることである。

③入所者へのケアがどのような効果をもっているのかの評価をすること。そこから，評価に基づき再アセスメントがなされ，継続的に支援していくことになる。

④入所者に可能性のあるリスクを予見し，回避する支援を実施すること。

⑤入所者に対して，誰もが同じケア方法でもって，チームで支えていくこと。

⑥生活ニーズを満たせないことから，施設のハード面だけでなくソフト面での環境が改善されること。

施設におけるケア過程の展開

ここまで，施設におけるケア過程は二重構造で進められていることを述べてきたが，それぞれの過程で，どのような展開が考えられるのかについて示していく。

(1) マニュアルによる基本的なケア過程

マニュアルに基づくケア過程は，すべての入所者に対応して作成され，実施されることになる。例えば，入浴に対するマニュアルをみると，そこには入所者にとっての入浴の目的が示され，次に入浴の手順なり過程が示されている。具体的には，入浴への声がけから始まり，移動，脱衣，入浴，洗髪・洗身，着衣，移動，水分補給等での介護内容やその方法が示されている。ここでは，入所者の身体状態や心理状態に合わせた対応方法が，マニュアルとして作成されている。例えば，身体面で右上下肢や左上下肢に麻痺がある場合に，それぞれの入浴や着脱についてのケア内容が示される。また，裸になることによる心理面での羞恥心に配慮した脱衣や着衣のケア内容も示されている。

406 第3編 ケアマネジメントの展開

ケアに関わるマニュアルは，入所者の一般化できる特徴をもとに，ケア過程を示すことであり，そこに入所者の特徴の違いによるケア過程の違いが示されることになる。まず，入所者全般を想定したケア過程が示されており，具体的なマニュアルの作成は，個々の介護内容について，どのような目的でケアを行っているのか，さらにどのような手順でケアを行っているのかを職員間で話し合い，そこで合意された内容がマニュアルにまとめられている。すなわち，個々の高齢者のアセスメントから集約された平均的な入所者の状態像を基礎にして，マニュアルは作成されることになる。同時に，そのマニュアルは，当然施設の理念が反映したものとなっている。

　そのため，マニュアルは個々の施設の職員等の話し合いのなかでつくり上げることが有効であるとされ，個々の施設ではそれぞれに住環境，入所者の状態，介護職員の水準が異なり，どこの施設でも同じマニュアルで一般化できるものではない。

　以上，マニュアルでもって，基本的なケア過程が進められていくことを示したが，現実の介護保険施設では，マニュアルは作成されてはいるが，マニュアルの活用が個々の職員のケア方法として定着しておらず，徹底されていない施設も多くみられる。こういった施設では，職員はバラバラに基本的なケア過程を実施していることになり，ケアの質が担保できていないことになる。また，マニュアルはあるけれども，何年も修正されることなく，ほこりがかぶっているような状態の施設もある。ましてや，マニュアルがつくられていない施設などは論外である。

　同時に，施設でのケアは個別的に対応すべきであり，マニュアルがあればケアが画一化されるとの意見もあるが，マニュアルは入所者に一定水準の標準化したケアを提供することがねらいであり，そこでの画一化を防ぐために，次に述べる個々の入所者に対する施設のケアプランが求められる。

(2) 施設のケアプランによるケア過程

　ケア過程を現実の施設のケアプランとの関係で整理すると，施設のケアプランとは，すべての施設職員，さらには外部の専門職やインフォーマルな支援者のケア内容を示した計画である。そのため，正確には，施設のケアプランか

第5章　施設のケアプランを考える　　**407**

ら，介護職等のそれぞれの専門職は自らが実施する部分を抽出して，ケア過程が進められることになる。ただし，個々の入所者に対する主要で大部分のケアは，介護職員により実施されるため，施設のケアプランは介護職の個別援助計画に近似しているといえる。

この施設のケアプランは，個々の入所者に対する①アセスメント→②計画の作成→③計画の実施→④評価→⑤再アセスメント，というPDCAサイクルで展開されることになる。

①アセスメント

施設のケアプランでのアセスメントは，入所者の身体機能状態や精神心理状態について情報を収集することになる。入所者の社会環境状態についてのアセスメントも必要であるが，在宅のアセスメントとの違いとして，施設ではすべての入所者に所与の物理的な環境があり，家族や友人などとの関係，自宅からの距離や経済状況や住環境といった社会環境についての情報収集に限られることになる。

現状の施設のケアプランでの既存のアセスメントシートについては，入所者の身体機能についてのマイナス面をこと細かく把握する傾向が強いが，入所者のストレングスをもアセスメントし，それをケアプランにつなげていく必要がある。このストレングスとは，入所者の能力，意欲，嗜好といったものであり，マイナス面に加えて，これらをアセスメントすることで，入所者に対して尊厳ある人として関わることができる。さらには，入所者と一緒に，自らの能力や意欲を活用したケアプランを作成できるだけでなく，能力を引き出すケアプランを作成することができる。

また，過去の生活史からの情報も重要である。入所者自らが生活史を語ることを支援することで，入所者の肯定的な自己形成や自尊感情を引き出すことにつながる場合もある。アセスメントとして生活史や生活歴を捉えることは，入所者の現在の状態を理解して支援するだけではなく，過去における出来事や事実だけでなく，その時々の思いを理解して支えていくことになる。マデリン・M・レイニンガーは「生活史の聴取は，個人の思考と経験を年代的な流れをおってその人の独自の視点から捉える専門的な方法であり，個人の主観的・客観的生活経験をその人の記憶や回想をもとに自己開示させる方

法」[2]と生活史の把握の重要性を指摘している。これにより，ケアマネ
ジャーと入所者の相互関係が強化され，入所者の肯定的な自己形成に寄与
し，質の高い生活を支えるケア過程が可能となる。

　また，意思表示が十分でない入所者に限らず，入居者との非言語的なコ
ミュニケーションによるアセスメントが必要な場合もある。具体的には，入
所者の表情やしぐさの観察から，ケアマネジャーや介護職が気づいたことや
感じたこともアセスメント情報として重要な意味がある。

②ケアプランの作成

　施設のケアプランの作成においては，入所者の生活ニーズを明らかにする
ことから始まる。この生活ニーズは，施設が生活の場である以上，生活して
いくうえでの困ったこと，解決したいことであり，理論的には，入所者の身
体機能・精神心理的状態と施設側のハード面やソフト面での社会環境状態と
の間でうまく機能していないこと（逆機能）から生じていることになる。こ
のソフト面の社会環境状態には施設のマニュアルも該当する。具体例とし
て，入所者は「汗かきで，身体の清潔が保持できない」が，施設のマニュア
ルに示された入浴機会は「週に2回」であることから，逆機能が生じ，そ
れが生活ニーズとして，「もっと身体の清潔を保持したい」や「身体の清潔
が保持できないで困っている」となる。

　その意味では，個々の入所者の身体機能面や精神心理面はそれぞれ異なる
ことから，施設のケアプランも当然入所者誰もが異なったものとなる。こう
した生活ニーズには，マニュアルに記述されていないことや，マニュアルに
は基本的なことが書かれているが，入所者にはリスクが大きいため，確認の
ため重要なこと，またマニュアルとは一部矛盾したこと，が相当することに
なる。

　このような生活ニーズのなかには，入所者のリスクを管理していくものも
含まれる。入所者のリスクを予見し，回避するための施設のケアプランを作
成する必要があるが，その際のケアが過度なリスク回避のケアプランになる
可能性もある。リスクの予防に過敏になると，例えば，誤嚥のリスク回避の
ために経口栄養から経管栄養に，また，徘徊のリスクがあるために，施設の
玄関を閉じてしまうといったケアプランが作成されることになることも想定

第5章　施設のケアプランを考える　　409

できる。こうしたことから，リスクの回避の前提に，利用者に対する尊厳の維持といった理念に基づく自立支援の視点でもって，施設のケアプランは作成される必要がある。

さらに，生活ニーズに対して，解決に向けての目標を設定することになるが，ここでは最終的な達成目標とそれを段階的に実現するための期限を定めた短期の目標を設定することが必要になる。この目標は，後で述べるケアがどこまで達成できたかを評価するためのベースとなる。

ただ，現実の施設のケアプランについては，マニュアルとの関係が不明瞭で，本来であればマニュアルで対応すべきことまで生活ニーズとして捉えられており，大量の生活ニーズが示されている場合が多い。そのため，職員が常時ケアプランを確認しなければならず，個々の入所者に対する業務の遂行を困難にしていると考えられる。これについては，施設のケアプランを整理することで，マニュアルと施設のケアプランの業務内容の相違について徹底を図ることが必要である。

③ケアプランの実施

施設のすべての職員は作成された施設のケアプランに基づいてケア過程を実施することになる。ここで，すべての職員がチームで個々の入所者を支援していくことになる。そのため，施設では，関係する職員が集まり，個々の入所者に対する施設のケアプランを検討する会議が実施される。これは，入所時や要介護度が変更された時に開催する会議だけでなく，入所者等から要求があったり，新たに問題が生じていると職員が気づいたりしたときには，随時実施していくことになる。このようにして，モニタリングのもと，ケアプランは変更されていくことになる。

現実には，職員はケアプランを十分に理解してケア過程を実施していないという状況もある。それは，施設のケアプランとマニュアル内容が混在しているため，ケアプランが見にくかったり，ケアプランを日々確認する時間がなかったりということから，マニュアルにのみ基づいてケアを実施している場合も見受けられる。さらにひどい場合には，職員はマニュアルも十分に熟知することなくケア過程が進められている。

④評　価

施設のケアプランの評価は定期的に行われ，プランに示された個々の生活ニーズについての短期目標が達成されたか，また，長期目標に近づいているかを確認することである。そして，それぞれの生活ニーズに対して個々の職員のケア過程が適切に遂行されているかを評価・点検することになる。これについては，たしかにPDCAサイクルでの評価に基づき，ケアプランが変更されていくが，具体的な評価方法が明示されていない。施設のケアプランでは，生活ニーズに対して，広く入所者の視点で「長期目標」や「短期目標」が示されているが，それを職員の立場からの「長期目標」や「短期目標」に置き換えることで，職員がめざす目標が定められることにより，長期目標に向かっているかどうかを確認しながら，短期目標が達成されたのかどうかの評価が可能となる。一般に「短期目標」は3カ月なりをゴールにするならば，そこで職員の業務も目標を達成したかどうかを3カ月で評価すればよいことになる。

　この評価結果に基づき，⑤再アセスメントがなされ，施設のケアプランの修正がなされることになる。そのため，ケア過程の内容も施設のケアプランに基づき変化していくことになる。

　さらに，ケアプラン全体に対する評価は，施設でどのような生活をしたいのかといった大目標が設定されており，その目標の実現に向かっているのかを確認することになる。

在宅のケアプランと比較しての施設のケアプランのあり方

　施設におけるケアプランの作成について，利用者に対する生活支援という観点から明らかにしてきたが，現在の施設のケアプラン作成における最大の問題は，「なぜ，施設においてケアプランを作成しなければならないのか」といった基本的な目的が明確化されていないことにある。これは，介護保険制度の成立により，施設のケアプランの導入についての議論が十分になされることなく，職員の自発性によるものではなく，外部から押しつけられた義務といった形で，施設のなかでのケアプランの作成が始まったことと関係しているからである。しかしながら，本章において明らかにしてきたように，ケアプランの作成は，入所者が施設のなかで質の高い生活を確保するために必要不可欠なもの

第5章　施設のケアプランを考える　　**411**

である。そして，それは入所者の ADL の向上や維持に関連する生活ニーズといったことだけにとどまらず，「この施設で生活をしてよかった」という思いを入所者にもってもらうためのケアプランでなければならない。そのため，施設のケアプランについても，入所者の参加でもって作成されるものであり，作成されたケアプランは，入所者や家族に提示されて了解を得られるものでなければならない。

2003（平成 15）年 6 月に厚生労働省老健局の高齢者介護研究会〔委員長：堀田力（公益財団法人さわやか福祉財団理事長）〕が報告書『2015 年の高齢者介護：高齢者の尊厳を支えるケアの確立に向けて』を公表した。この報告書は，日本における介護保険制度を含めた介護のあり方の行く末を示すものとして高く評価される。なかでも，報告書における大きなポイントの一つは，在宅と施設の関係について論じた部分である[3]。そこで，この報告書をもとに，日本における在宅と施設の関係，およびそのなかでのケアプランのあり方について考えてみる。

まず，今後に向けた施設のあり方といった問題が取り挙げられている。従来の施設では，集団ケアが行われていたが，入所者側からしても，必ずしも入所者自らの思いをきちんと施設側に伝え，それがサービス内容に反映されるという形には十分なっていなかった。その意味では，今後は，自宅で生活をしているのと変わらない支援が施設のなかでも求められることになる。

そのため，これからの施設にはユニットケアの考え方が必要不可欠となる。つまり，ハード面では個室と共有スペースをもちながら，個々人のプライバシーが守られた生活を可能としなければならないということである。また，ユニットケアの〝ケア〟という言葉のなかには，単なるハード面だけでなく，ソフト面で一人ひとりの入所者の生活ニーズに応えた個別的な支援を展開していくという意味も含まれる。そうした意味合いに沿った対応がすべての介護保険施設に求められている。

こうしたことが実現できれば，在宅においてケアマネジャーがケアプランを立案して利用者を支援するのと同じような生活が，施設のなかの個室でも可能になる。そのため，今後は，「施設が在宅化する」といった方向でもって，施設のあり方を考えていくことが求められる。すなわち，地域社会のなかには，

自宅もあれば，介護老人福祉施設や介護老人保健施設などもある。さらには，介護保険施設ではないが，有料老人ホームも存在する。そして，そこに暮らす利用者は，常に生活の連続性を保ちながら，在宅と施設の間を行き来できるといった思想のもとに，施設が位置づけられていかなければならない。このことは，施設のケアプランにおいては，入所者というよりも入居者という視点でもって，生活ニーズを施設内の社会資源だけでなく，施設外の家族，近隣，友人等のインフォーマルサポートとも結びつけていくことが求められている。

　同時に，この在宅と施設の連続性の間には，より一層多様な住まい方があってしかるべきである。こうした住まいを支える拠点としては，グループホームやケアハウス，サービス付き高齢者向け住宅，あるいは小規模多機能型施設などが位置づけられる。このような中間的拠点を多様につくっていくことにより，在宅と施設の生活の連続性を，より一層強化することができる。すなわち，自宅と中間的拠点，中間的拠点と介護保険施設といったケアシステムのなかで，生活の連続性を担保できる仕組みが，新しい形の住まいをつくることによって可能となっていく。

　このように考えれば，在宅と施設の間での生活の連続性を担保していくことは非常に重要であることがわかる。それゆえ，ケアマネジャーとしては，在宅と施設，双方におけるケアプランの作成とその関係性の重要性を認識しておかなければならない。

　そこで，在宅と施設において作成されるケアプランがどのような類似性と相違性をもっているのか，そして，両者をいかにして連携させていったらよいのかについて検討していく。

　図3-5-3は，在宅と施設におけるケアプランの枠組みの概略を示したものである。この図にあるように，在宅の場合は，ケアマネジャーのケアプランとサービス事業者による個別援助計画と2段階に分かれる。前段のケアプランは，ケアマネジャーが作成するケアプランであり，後段の個別援助計画は，訪問介護や通所介護といった個々のサービス提供者による計画である。その一方で，施設の場合は，在宅での2段階の要素を一つのケアプランのなかに包摂している。

　こうした違いが生じるのは，在宅では，一つの組織を越えて多くの機関がケ

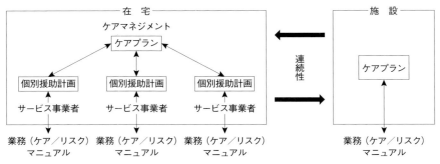

図 3-5-3　施設と在宅のケアプランの関係

〔出典：『新版・社会福祉学習双書』編集委員会編（2002）『ケアマネジメント論：新版・社会福祉学習双書 2002・17』全国社会福祉協議会，193. を一部改変〕

アプランに関与しており，個々の組織においてもサービスごとの個別援助計画が求められるのに対し，施設のケアプランは，同じ単一組織内のプランであり，かつ，ほとんどが施設内のスタッフで業務を分担するものであるからである。

　図3-5-3からもわかるように，在宅であっても施設であっても，生活ニーズとは「生活をしていくうえで困っている課題（生活のしづらさ）」であり，その意味では，同じ手法が活用されることになる。また，前述したように，在宅・施設ともに，個々のケアについてのマニュアルが必要となる。その場合，在宅については，個々の組織ごとにマニュアルが必要となるが，施設では，一つの組織内におけるマニュアルに統合されることになる。

　なお，こうしたマニュアルとケアプランとの関係は，前者がケアを標準化するものであり，後者はケアを個別化するものであるため，両極の関係にあるといえる。そのなかで，マニュアルは，ケアの内容を画一化する側面が強いため，個別性を強調する従前の社会福祉関係者にはなじみの薄い，時には忌み嫌われる存在であった。しかしながら，マニュアルは，すべての入所者に一定の基準に基づくケアを提供することを担保するうえで必要不可欠であり，マニュアルに対する職員の徹底の程度が個々の入所者へのケアの水準を高める基本となる。

　マニュアルと施設のケアプランの両者が相互に補完し合うことができれば，

施設や在宅での利用者の支援をより一層図ることが可能となる。前述したように，ケアプランの眼目は，マニュアルに示されていないことや，マニュアルの内容と矛盾することを計画し，実行することにある。

一方で，支援を実践していくなかでスタッフが「ヒヤリハット」したことがケアプランの修正，あるいはマニュアルへの追加や変更につながることになる。そのため，今後の方向としては，ケアプランの作成とマニュアルの充実を，車の両輪として考えていかなければならない。

さらに，利用者の立場から考えれば，在宅と施設，両者のケアプランが連続したものとなることにより，円滑な入所・退所が可能となる。そのためには，アセスメントやケアプランの内容の重複部分についての情報が，利用者の了解のもとで，在宅と施設双方の事業者間に円滑に交換されていくシステムづくりが求められている。そのうえで，両者に共通して必要となるアセスメント項目について，共同して検討していくことが重要となる。

施設のケアプランで留意すべきこと

（1）自立支援としての施設のケアプランの作成

施設のケアプランにおいては入所者の自立の支援が必要とされる。自立には，入所者が自己責任のもと自己決定することにあるとする精神的自立がある。他方，入所者の身辺機能が改善・維持されることを含めた，潜在的に有している能力が発揮できる能力的自立がある。施設のケアプランにおいても，従来両極で捉えてきたこれらの自立を一体的に捉えた自立支援が求められる。

そのためには，入所者のアセスメントで潜在的なものも含めて有する力を把握することが求められる。この有する力は「ストレングス」という用語に置き換えることができるが，このストレングスをアセスメントし，施設のケアプランにストレングスを活用することで，有する力をさらに高めることができる。

従来は，ケアを提供することで入所者の生活ニーズを解決することに主眼が置かれてきたが，今後，入所者が自ら有している潜在的能力や意欲を生かすことをめざして，ケアを提供していくことが求められている。入所者の能力や意欲を引き出すためには，まずは入所者の潜在的な能力，意欲，嗜好，自信，抱負等のストレングスをアセスメントの資料として捉えることが必要となる。さ

らに，そうしたストレングスを施設のケアプランの作成において具体的に活用することになるが，アセスメントされたストレングスは，生活ニーズを解決するために活用される場合と，ストレングス自体が生活ニーズとして活用される場合がある。前者については，生活ニーズを解決している際に，ストレングスを活用することである。例えば，入浴が困難な人について，「着脱ができる」といった能力，「一人で入浴したい」といった意欲，「入浴が楽しみ」といった嗜好をアセスメントし，それを施設のケアプランに反映することができれば，入所者の能力，意欲，嗜好が実現することができる。後者については，例えば，アセスメント過程で明らかになった「料理をしたい」「花をいけることができる」といった意欲や能力を生活ニーズとして，施設のケアプランを作成・実行していくことができる。一般に，前者は問題指向による支援とされ，後者は目標指向による支援とされている。

　このように能力や意欲といったストレングスを施設のケアプランに反映させていくことが重要であるが，入所者は自らの能力，意欲，嗜好を積極的に表出することが少ない。そのため，ケアマネジャーは，入所者に対する価値観を確立し，同時に必要な手法を有することで，ストレングスを引き出していくことが求められる。

　具体的には，ケアマネジャー等の入所者に対する見方として，ウィークネスだけでなくストレングスを有している人であるという価値観をもち，常にマイナスと同時にプラスの面を見いだすことである。その際に，ケアマネジャーは，入所者が「好きなこと」「したいこと」「できること」を発言できる雰囲気をつくり出し，同時に「好きなこと，したいこと，できることを，一緒にできる限り実現しましょう」といった思いをストレートに伝えていくことが大切である。こうして，入所者が自己決定・選択していける状況をつくり出していくことこそ，尊厳ある支援であるといえる。単に生活ニーズに合わせてケアを提供するだけでなく，入所者のストレングスを活用することで，潜在的な能力や意欲を引き出す支援が期待できる。

　一方，入所者が自己責任でもって自己決定することが必ずしも誰もができるわけではなく，入所者の主体性を引き出していく支援が求められる。それを実現していくためには，入所者の主体性をどのように引き出せるかについて，そ

の知識や方法が重要である。これには，利用者が発言できる雰囲気をつくっていくといったコミュニケーション手法の習得も効果的である。また，入所者の肯定的な自己づくりを支援するナラティブアプローチ（語りの療法）から学べることも多く，利用者の否定的自己に対して肯定的な解釈をしていくリフレーミング（リラベリング）といった方法も有効である。とりわけ，入所者は病気や障害ゆえに否定的な自己を形成しがちであり，否定的な自己から肯定的な自己を導き出していくことで，自己決定への意欲を高めていけるよう支援をする必要がある。

いずれにしても，利用者の自立支援という目標を実現していけるよう，ケアマネジャーは自立支援についての考え方をすべての職員と共有化し，それに向かって価値・知識・方法を身につけていくことが必要とされる。同時に，こうした施設のケアプランの考え方は施設の理念からも導き出されることになる。施設の理念をもとに，施設のケアプランが入所者の自立に資することができ，その有効性を発揮することができることに結びついている必要がある。

（2）認知症等の意思表示が不十分な入所者に対する施設のケアプラン

介護保険施設の入所者の約8割が認知症のある人といわれるなか，認知症のある人を対象にした施設のケアプランについての検討が必要である。認知症のある人は意思表示が十分でないため，入所者の状態をつかみにくい。そこで，認知症のある人のアセスメントには，非言語的コミュニケーションでの情報収集が必要である。本人の表情やしぐさを観察しての，ケアマネジャー側の気づきや感じたことが重要なアセスメント資料となる。同時に，入所者本人だけでなく，家族や関係者から情報を得ることも必要である。また，本人の生活史のアセスメントも重要な意味をもっている。

そこから，認知症のある人に対する施設のケアプランでは以下の二つが重要であるといえる。

第一は，本人の「できること」「好きなこと」「したいこと」に着目し，本人の有している能力，意欲，嗜好を増進させる支援がより一層重要になる。

従来の施設のケアプランは，利用者の「できないこと」を補う問題指向的な傾向が強かったが，認知症のある入所者自身の有している能力，嗜好，意欲を

第5章　施設のケアプランを考える　417

ニーズとして把握し，それ自体を支援していく目標指向的な施設のケアプランづくりが有効である。これは，「できること」「したいこと」「好きなこと」を直接強化していくものであり，目標指向型の生活ニーズ把握方法であり，支援方法である。

例えば，認知症のある人で，主婦としての実績が長く「料理の準備や片づけができる」，昔の趣味が散歩であり「散歩が好きである」といった場合であれば，それ自体を生活ニーズとして捉え，生け花をしてもらう，料理の準備や片づけをしてもらう，一緒に散歩をする，といったケアプランを作成することである。

この目標指向型の生活ニーズも，人と環境との関係での逆機能といった観点での説明が可能である。例えば，「料理や後片づけをしたい」という生活ニーズは，身体機能面では「料理をつくったり片づけたりすることができる」のに，社会環境面で「料理や後片づけの機会が与えられていない」ことから生じているといえる。

こうした支援が，とりわけ認知症のある人への支援では重要であるといえる。認知症のある人は今まで覚えていたことやできていたことができなくなっていくことで，不安が高まり，自信を失っている。そうした人に対して，不安を解消する，あるいは，もう一度自信を取り戻してもらうためには，本人の能力，嗜好，意欲を活用してもらうことや高めてもらうことが必要である。こうした支援により，認知症のある人が自信を取り戻し，不安を解消していくことができ，社会心理的支援が可能になる。

この目標指向型のケアプラン作成過程と従来の問題指向型のケアプラン作成過程には根本的な発想の違いがある。それは，前者は生活上に直面している問題を解決するということではなく，生活をより豊かにしていくことをめざすことにある。入所者の生活ニーズ把握には，問題指向型の生活ニーズでもって施設のケアプランを進めていくことと，他方，目標指向型の生活ニーズを捉えて施設のケアプランを進めていく方法がある。

問題指向の施設のケアプランは，生活ニーズを解決し，最低限生活を続けていくうえでは必要であるが，さらに質の高い生活（QOL の向上）を得ていくためには，ストレングスや目標指向の視点をもって，施設のケアプランを捉え

ていくことが重要である。

第二の留意点として，認知症のある人の6〜8割があるステージで呈する行動・心理症状（Behavioral and Psychological Symptoms of Dementia；BPSD）に対して，どのように展開していくかである。これについては，国際老年精神医学会が，BPSDは認知症のある人の遺伝面・身体生理面・精神心理面・社会環境面を背景にして生じるとしている[4]。このような視点から，BPSDに関連するニーズを把握し，施設ケアプランを作成することが重要である。また，いくつかのBPSDは，認知症のある人の「したいこと」「好きなこと」が変形して生じるとされているが[5]，こうした視点でBPSDを捉え，支援することも必要である。

ここでは，事実として認識したアセスメント項目だけでなく，どうしてそうしたBPSDを呈するのかを気づくアセスメントが大切である。また，BPSDに対する適切な支援方法を気づくことも重要である。それらの気づいたことをアセスメントとして捉え，ケアプランを作成していくことが求められる。例えば，精神心理的な気づきでは，会話の途中で暴力をふるう人に対しては，本当は話をしたいという生活ニーズがあるが，相手の話の内容が理解できなくなると暴力になることに気づき，ゆっくりと会話をする，あるいはクローズクエッションでの会話を心がける等の施設のケアプランを作成・実施していくことになる。生理身体面のBPSDについては，レビー小体型の認知症のある人で悪魔が出るという幻視があった場合に，職員が入所者の背中をさすり，大丈夫ですよと声かけすると，「悪魔が逃げていった」と本人が発言してくれたことをもとに，幻視を呈した場合には，安心してもらうためのタッチングと声かけを行うといったケアプランを作成し，実施していくことである。

以上のことから，ケアマネジャーが気づきをアセスメントし，それを生活ニーズに取り込んでいくことの重要性を示してきた。BPSDの多くは生理身体面，精神心理面，社会環境面から生じるが，そこからいくつかのBPSDは「したい」や「好きである」ができないために「不安」「不満」「焦燥」「怒り」「恐怖」「絶望」といったことから生じる行為や心理症状として捉えることができる。それらについて，どのような対応をすれば，入所者が安心するかの視点から，施設のケアプランを検討していくことになる。その結果，ケアプランの

なかで，BPSD への適切な支援が実施されることになる。

第3節 施設のケアプランの今後のあり方

　施設のケアプランについては，在宅のケアマネジメントと比較してマイナー的な立場にあることもあり，介護保険制度が始まって以降，これまで十分に議論されてこなかった印象が強い。本節では，施設のケアプランについて今後検討が必要な七つの課題を提示することとし，施設のケアプランのあり方について活発な議論がなされることを期待したい。

課題1　施設のケアプランの目標は「自立の支援」

　在宅であろうか，施設であろうが，介護支援専門員は，利用者の自立を支援することに変わりはない。この自立には自らの責任で自己決定していく側面と，利用者の身体機能である ADL や IADL（Instrumental ADL）を含めて，本人の有している潜在的な力を引き出していく側面があり，二者択一ではなく，両者を一体化して捉えるべきである。これについては，いずれの介護保険施設においても同様であり，ひいては，施設での入所者の質の高い生活（QOL の向上）を追求することになる。

　そのためには，入所者のアセスメントおよびケアプラン作成において，入所者の力を引き出すことが求められ，好み，意欲，関心，能力といったストレングスを活用し，自立の支援を行っていくことが必要になる。その意味では，ユニットケアを対象にして開発された「24H シート」は入所者の能力，意向，好みをアセスメントし，それをもとにケアを実施しているため，従来活用しているアセスメント用紙と併用して利用することで，自立支援に結びつけていくことが可能になるといえる[6]。

　また，ケアプランでの自己決定支援においては，入所者とうまく接することのできるコミュニケーション能力や傾聴的態度が重要となる。特に，認知症の人のストレングスを理解し，自己決定を支援していくためには，過去の生活史の活用や，入所者の動作や表情からの気づきが有効である。こうした能力を施設の介護支援専門員がいかに得ていくのかについての課題がある。

420　　第3編　ケアマネジメントの展開

課題 2　施設機能の違いによるアセスメント・ケアプランの違い

　介護保険施設には介護老人福祉施設，介護老人保健施設，今後廃止となる介護療養型医療施設の 3 種類があるが，当初「3 団体版」という共通のアセスメント用紙である「包括的自立支援プログラム」が開発され，活用されてきた。しかしながら，三者はそれぞれ目的や機能が異なる以上，当然アセスメント内容も異なってくることになる。介護老人保健施設であれば，退所を目的にした施設である以上，退所先になるであろう自宅における家族の状況や住宅状況も重要なアセスメント項目となる。また，入所者本人の ADL の変化だけでなく，退所への意欲といったことのアセスメントも重要となる。こうしたアセスメントをもとに，施設退所への支援が可能になる。その意味では，2010（平成 22）年に公益社団法人全国老人保健施設協会が独自のアセスメント用紙「全老健版ケアマネジメント方式 R4 システム」を開発しているが[7]，評価できることである。当然，この用紙は，在宅復帰をサポートすることを目的に開発されたことになる。

　一方，介護老人福祉施設では，生活の場であることを考慮すると，在宅から施設への生活の連続性を確保することが重要であり，そのためには，それまでの在宅生活の状況，入所者が実施できていたこと，家族・友人・近隣といった人々との人間関係等のアセスメントが重要となる。こうした意識でもってケアプランを作成することで，在宅から施設への生活の連続性を保つことができる。同時に，生活の場であることを主眼に置くと，入所者のできること，好きなこと，したいこと，興味のあることをアセスメントし，その実現に向けて支援するケアプランの作成が必要である。ただ，「包括的自立支援プログラム」のアセスメント用紙では，そうした視点に立っての項目が十分でないといえる。その意味では，介護老人保健施設と同じように，共通のアセスメント用紙から介護老人福祉施設の目的に合致したアセスメント用紙の開発のついての検討が必要である。

課題 3　施設のケアマネジャーはチームアプローチの推進者

　在宅に比べての施設のケアプランの特徴は，ケアプランに示されているサービス提供者が施設内にほぼ在籍しており，同時に 1 枚のケアプラン用紙にす

第 5 章　施設のケアプランを考える　　421

べてのサービス提供者の業務を書き込むため，施設内カンファレンスが必要不可欠であり，そこから施設内での職員間のチームアプローチが強調されることになる。同時に，ケアマネジャーだけでなく，他のスタッフもアセスメントを行うため，ケアマネジャーがケアプラン原案を提示するというよりは，全職種のアセスメントを合わせて，それらをもとに，施設の担当者によるカンファレンスでもってケアプランを確定していくことになる。このカンファレンスを主催し，ファシリテートするのがケアマネジャーであり，ケアマネジャーはチームアプローチの中核を担う側面が大きい。

　そのため，居宅介護支援事業者のケアマネジャーとは異なり，施設のケアマネジャーは一人でケアプラン原案を作成するというよりは，多職種と一緒にケアプランを作成するところに主眼があり，ケアマネジャーの主たる役割は多職種をコーディネートしていくことにあるといえる。ここから，ケアプラン作成過程でのケアマネジャーの業務内容を整理する必要がある。

課題4　マニュアルとケアプランの関係

　介護保険施設には，それぞれの介護領域やリスク対応のマニュアルを準備することが求められ，存在する。このマニュアルとケアプランの関係を整理しておく必要がある。マニュアルはすべての入所者に対応するよう検討・作成されたものであり，個々の施設においてすべての職員に周知徹底されている必要があり，新入職員研修でも教材として活用されるものであるが，必ずしもその活用が徹底されていない施設もみられる。このマニュアルとケアプランの関係は，前者がすべての入所者に対して日々の対応で実施することの手順を示すものであり，後者はマニュアルに含まれていないこと，マニュアルと異なる対応が必要なこと，場合によっては，マニュアルに記述されているが，リスクが大きいために書きとどめられていること等を個別に計画するものである。

　なお，マニュアルやケアプランと同時に，ヒヤリハットを実施している施設も多い。これはリスク管理にために実施されるものであるが，これとケアプランやマニュアルとの関係の整理も重要である。ヒヤリハットが提出されれば，それに関係するマニュアルやケアプランの点検が必要となり，リスク管理の委員会で検討され，場合によってはマニュアルやケアプランが修正され，それを

422　　第3編　ケアマネジメントの展開

職員に周知徹底することになる[8]。このように，マニュアル，ケアプラン，ヒヤリハットの三者は相互に関連して実施されるべきであり，三者の関係を確認する必要がある。

課題5　施設の理念とケアプランの関係

　在宅での支援困難事例は，地域ケア個別会議で事例関係者が集まり，検討・解決され，それらの事例をもとにして地域の機関や団体の代表者による地域ケア推進会議で地域の課題を明らかにし，そこから新しい社会資源を開発していくことになっている。これら二つの会議が地域包括ケアシステムを構築するツールであるとされるが，このメカニズムを介護保険施設のケアプランについても当てはめることができる。施設での支援困難事例に対しては，施設の担当者間で話し合う実務者会議と，そうした支援困難事例から施設の課題が明らかになり，それらについて話し合う役職者会議が必要不可欠である。在宅の支援困難事例は，「利用者や家族の抱える課題特性」，「支援者の力量（知識・価値・技術）」，「制度・政策の特性」の三つの要因の相互作用で生成されると捉えることができるが[9]，施設の場合は，これら三つのうちの「制度・政策の特性」はハード面とソフト面を合わせた施設のサービス環境に相当し，施設のサービス環境の改善が求められる場合には，役職者の会議で検討されることになる。

　個々の入所者に対するケアプランには，施設の基本理念が反映されている。基本理念から，施設の物理的環境がつくられ，同時に，ケアプランに基づくケアが実施されている。そのため，支援困難事例のケアプランを変更した結果，サービス環境が整えられるという結果が導き出されるだけでなく，基本理念の変更・追加にもつながることが求められる。このように，支援困難事例を介して，施設の理念が見直され，設備やケア内容といったサービス環境が改善され，ケアの質を施設全体で高めていくことにつなげていく仕組みの構築が求められる。

課題6　自立支援とリスク管理の一体化したケアプラン

　施設のケアプランは，入所者のリスク予防も目的としている。介護リスクに

は，転倒，転落，誤嚥，無断外出，感染，医療ケアなどでの事故が考えられる。これらの介護事故の予防には，ケアに関するマニュアルの作成・実施，ヒヤリハットによる点検の実施といったことに加えて，ケアプランが重要な位置づけをもっている。アセスメントを実施し，そこからニーズに基づくケアプランを作成することで，リスクを予見し，回避することになる。例えば，アセスメントでの身体面での移動や歩行の ADL，環境面での段差といった物理的環境を把握し，リスクやその程度を予見する。さらに，この予見したリスクについて，ケアプランで，転倒のリスクを回避する計画が作成されることになる。

このような予見可能性や回避可能性をケアプラン作成者が理解・習得し，介護事故が生じないようなケアプランの作成・実施が必要である。ただし，介護事故に関する法的責任の回避への意向が行き過ぎると，利用者の自立支援のケアプランから遊離していくことにもなり，その基本には入所者への尊厳をもとにした自立支援を進めていくケアプランの作成を基本にし，その際，常にリスク管理を行っていくことが原則になる。

課題7　生活相談員・支援相談員とケアマネジャーの役割分担

介護保険施設のケアマネジャーは入所者 100 人に対し 1 名の配置が法律で義務づけられており，専任でも兼務でも可となっているが，どのようなスタッフがケアマネジャーの役割を担うのかが多様になっており，施設間での違いも大きい。現実には，生活相談員や支援相談員，介護職，看護職が担っているが，入所者の相談機能を担う生活相談員や支援相談員の役割と重複する部分がある。

介護老人福祉施設の生活相談員を対象とした調査結果では，自らが重要とする八つの業務が明らかになり，そのうちには「入所者のアセスメント」と「入所者のケアプラン作成・実施」の業務も含まれていた。現実には，当然のことであるが，この二つの業務は介護支援専門員資格保持者や介護支援専門員と兼務している生活相談員に有意に実施率が高いという結果になっていた[10]。こうしたこともあり，厚生労働省が出した『介護支援専門員（ケアマネジャー）の資質向上と今後のあり方に関する検討会における議論の中間的な整理』では，「生活相談員や支援相談員について，介護支援専門員との現状の役割分担

424　　第3編　ケアマネジメントの展開

にも留意しながら介護支援専門員等の資格取得を進めていくべきである」[11] としている。このため，生活相談員や支援相談員がケアマネジャーの役割を担うことが望ましい姿であるといえる。

　ただ，生活相談員や支援相談員がケアマネジャーになるためには，生活相談員等として5年の実務経験が必要であり，かつ試験に合格しなければなることができない。同時に生活相談員や支援相談員は別の業務も担っているため，ケアマネジャーとの間での業務分担についての整理が求められている。

七つの課題のまとめ―介護保険施設の地域包括ケアシステムでの位置づけの確立

　高齢者ができる限り地域での生活が継続できることを目的とする地域包括ケアシステムに，病院や介護保険施設も包含されている。病院については，入院の際，ケアマネジャーが利用者情報を病院に伝えておくことで，円滑な入院治療が可能となる体制ができてきた。また退院時には，病院での退院カンファレンスにケアマネジャーが参加し，円滑に地域に戻れる仕組みが整いつつある。そのため，病院は入院した高齢者を再度地域生活に戻していくべく，地域包括ケアシステムの一部としての位置づけを確保してきた。

　他方，介護保険施設のうちで，介護老人保健施設は退所施設としての機能を現在は十分に果たしきれていないが，本来のこの機能が果たせれば，地域包括ケアシステムに包含されることになる。他方，介護老人福祉施設が地域包括ケアシステムの一部になるためには，当該地域住民の施設として位置づけられ，入所者は地域との関係を保ちながら生活をしていくことが求められる。そのため，施設のケアプランは，単に介護職を中心とした施設職員による支援内容だけでなく，近隣や友人，地域の団体や機関との関係も含めたものになっていく必要がある。同時に，このことは，ケアプランだけでなく，入所者というよりも入居者という観点に立ち，業務マニュアルが作成され，施設の理念が確立されていることが重要である。逆に，そうした地域に立脚した施設の理念のもとで，ケアプランや業務マニュアルが作成されることが求められている。

注

　1）厚生労働省『平成25年介護サービス施設・事業所調査の概況』平成26年10月21日.

2) マデリン M. レイニンガー（1997）『看護における質的研究』近藤潤子・伊藤和宏監訳，医学書院，154.

3) 厚生労働省（2003）「（3）高齢者の在宅生活を支える施設の新たな役割：施設機能の地域展開，ユニットケアの普及，施設機能の再整理」『2015 年の高齢者介護：高齢者の尊厳を支えるケアの確立に向けて』.

http://www.mhlw.go.jp/topics/kaigo/kentou/15kourei/3.html

※このなかで，生活の継続性を維持するための，新しい介護サービス体系の一部として取り上げられた。

4) 国際老年精神医学会（2005）『BPSD 痴呆の行動と心理症状』，日本老年精神医学会訳，アルタ出版.

5) Donna L. Algase, Cormelia Beck, Ann Kolanwski and Ann Whall, et al.（1996）Need-driven dementia-compromised behavior：An alternative view of disruptive behavior, *American Journal of Alzheimer's Disease*,（6）10, 12-19.

6) 秋葉都子（2013）『24H シートの作り方・使い方：高齢者ケアを変える　ユニットケアのアセスメントツール』中央法規出版，1-144.

※ユニットケアで利用者の望む生活を支援するためのアセスメントツールとして開発された 24H シートは，ストレングスを活用した用紙として評価できる。24H シートは施設のケアプランに加えてユニットケアの入居者に対して実施されるアセスメントであるが，1 日の各時間帯での個々の「日課」について，「意向・好み」「自分でできること」といった入居者のストレングスをアセスメントし，そこから「支援すること」を示す。結果的に，入居者の個々の日課を支援する際に，入居者の思いや嗜好，さらには潜在的な能力そのものを支援するとともに，それらのストレングスを活用して日課での個々の支援を提供していくことができることになっている。そのために，入居者の生活リズムに合わせた日課を示し，個々の日課についての職員の「気づき」の書き込みが徹底されることになる。その結果，入居者のストレングスがアセスメントされ，入居者の思いや意向をかなえることができ，潜在的な能力が発揮でき，入居者の 1 日の生活の連続性を支えることができることになる。これこそが，自立支援の方法である。

7) 全国老人保健施設協会（2010）『新全老健版ケアマネジメント方式：R4 システム』社会保険研究所.

8) 白澤政和（2003）『生活支援のための施設ケアプラン：いかにケアプランを作成するか』中央法規出版.

9) 和気純子（2008）「高齢者の相談援助における「支援困難ケース」：ソーシャルワークからの接近」伊藤冨士江編著『わが国におけるソーシャルワーク実践の展開』川島書店，85.

10) M. Shirasawa and H. Ishida（2016）The Ideal Working Situation for Residential Social Workers at Intensive Care Homes, *The International Long Term Care Policy Network 2016 Conference*.

11) 厚生労働省　介護支援専門員（ケアマネジャー）の資質向上と今後のあり方に関する検討会（2013）『介護支援専門員（ケアマネジャー）の資質向上と今後のあり方に関する検討会における議論の中間的な整理』，16.

第6章

ケアマネジメントの評価と将来への提案

　介護保険制度創設から18年が経過しようとしているが，その際に導入されたケアマネジメントはどのような現状にあるのかを概観的に捉え，その効果・効率を高めていくために求められる改革案を提案することとする。ケアマネジメントはシステムと実践から成り立っているとされるが，前者の介護保険という制度面と後者のケアマネジャーという実践面，両面からどのように改革すれば有効性の高いケアマネジメントになるのかを展望してみたい。

第1節　ケアマネジメントの現状の点検

　ケアマネジメントの目的は，介護保険制度創設時から利用者の自立の支援にあるとされてきたが，自立支援の意味が曖昧なままで今日に至っている。そのため，個々のケアマネジャーにより，さらには保険者，ケアマネジャー，利用者，介護サービス事業者の間で，自立についての考え方に違いがある。現実には，身辺的な自立支援から自己決定支援に至るまで，自立の捉え方には幅がある。自立支援がケアマネジメントの重要な目的である以上，この考え方を統一していく作業が必要不可欠である。

　また，ケアマネジメントの目的は，利用者の自立支援に加えて，同時に介護者の介護負担を軽減することにある。しかし，この目的は制度創設以降，あまり強調されてこなかった。それは，「介護保険法」第1条で，法の目的が「利用者の尊厳の保持と自立の支援」とうたわれているだけで，介護者支援については明記されていないことも大きいと考えられる。その結果として，介護保険制度が創設された前後でも，また，その後介護保険制度が実施されてきた17年間でも，介護者の介護負担感の軽減につながっていないとの調査結果が多く

第6章　ケアマネジメントの評価と将来への提案　　427

出されている。現に介護による離職者も依然として多く，介護により仕事を辞めた人数は，介護保険制度創設前の時期と現在とではほとんど変わっていない。

　一方で，2016（平成 28）年 6 月に閣議決定された「ニッポン一億総活躍プラン」では，2025 年をめどにして介護離職ゼロをめざすことがうたわれている。これは介護保険制度全体の課題であるが，介護保険法の理念や目的についての再検討が必要であり，ひいてはケアマネジメントについても目的の再検討を行い，介護者支援にも焦点を当て実践を促進していくことが求められている。現実に，ケアマネジャーを介して提供される訪問介護，通所介護，短期入所，福祉用具といった介護サービスは利用者の自立と介護者負担の軽減という二重に機能を本来担っており，制度の理念が明確になれば，ケアマネジャーや介護サービス事業者は介護者支援をも目的にサービスを提供することを当然のこととして業務を実施でき，結果として，介護負担軽減に有効な効果を発揮することになる。

第2節 ケアマネジメントの評価

　ケアマネジメントの評価とは，大きく二つに分けられる。第一は，個々の事例について評価することである。第二は，個々の事例を集積したケアマネジメントから有効性を評価することであり，それは当該の居宅介護支援事業者内や当該地域を対象に評価する場合と，事業者や地域を超えて，介護保険制度での居宅介護支援事業全体を評価する場合がある。ケアマネジメントの評価には，このような二つの面からの評価が必要であり，そこで一定の評価を得られれば，前者の評価からは，個々の利用者や保険者に対する責任をより果たすことができ，後者の評価からは，社会に対する責任をより果たすことができる。

　ただし，ケアマネジメントの評価は，利用者がケアマネジャーの調整により多様な社会資源を利用した結果であり，ケアマネジャーの効果とサービス事業者等のフォーマルサービスやインフォーマルサポートの効果を分離することは難しく，むしろ両者でもって，利用者にどのような効果をもたらしたかを明らかにするものである。

428　　第3編　ケアマネジメントの展開

本節では，後者の個々の事例なりケアマネジャーを集積したケアマネジメントの評価について論述するが，その際，医療の評価に使われるドナベディアン（A. Donabedian）の「構造（structure）」「過程（process）」「アウトカム（outcome）」の三つの評価に分けて議論を進めていく[1]。

ここでは，ケアマネジメントを，構造，過程，アウトカムの三つの視点から評価した場合の課題を浮き彫りにしてみたい。

構造評価

構造評価からみたケアマネジメントの現状には，三つの大きな課題がある。

第一の課題は，ケアマネジャーが所属する居宅介護支援事業者が，介護サービスを直接提供している法人に属している場合が大多数であり，ケアマネジャーの公正中立が保ちにくい構造になっていることである。さらに，現状では，住宅型の有料老人ホームやサービス付き高齢者向け住宅が多く建設され，それらの大多数は，住宅・施設部分とケアマネジャーを含めた介護サービス部分を一体的に経営している形式をとっており，利用者への介護サービスを自法人のサービスで囲い込みやすい構造になっている。そのため，適正な介護保険財源のもとで利用者の自己選択等の権利を守るべく，ケアマネジャーと介護サービス事業をできる限り切り離すことが必要不可欠である。よって，利用者に対し公正中立にサービスを提供していくうえで，ケアマネジメントの介護保険制度内での位置づけを再検討していくことが求められている。

第二の課題は，ケアマネジメントの適切な対象者についての検討である。2017（平成29）年度からすべての市町村で新しい総合事業が始まっており，要介護・要支援者に加えて，介護予防・生活支援サービス事業対象者についてもケアマネジメントを実施することになっている。一方，ケアマネジメントは重度者（要介護度だけでなく，家族等に問題があったり，本人を含めた家族の問題解決能力が十分でない者）には効果が大きいとされるが，軽度者には効率性が低く，情報提供・送致サービス（information and referral service）を実施すべきとされている。そうした峻別を行い，効果的・効率的なケアマネジメントを介護保険制度の枠内で確立していくことが課題として残されている。この課題をクリアするためには，ケアマネジメントを必要とする人の要件について理

論的に整理し，それを介護保険制度上で具体化していく必要がある。

これについては，質的な事例研究から，**図 3-6-1** のような，利用者の生活ニーズの広域度・複雑度・緊急度等を基本に，利用者や家族のアセスメント力とコーディネーション力の 2 軸を基準にして，ケアマネジメント支援，情報提供支援，支援の不要，の三類型に整理することを提案している[2]。

第三の課題は，介護保険制度が創設された時点では予期していなかった認知症高齢者が要介護・要支援者の半数を占めており，今後も増加していくことに対する課題である。制度創設当初のケアマネジメントは身体面での問題をもった要介護者を想定していた。現状においてケアマネジメントの基本的な考え方は変わらないが，意思表示が十分でなく，権利が侵害されやすく，また 6 〜 8 割が BPSD（Behavioral and Psychological Symptoms of Dementia）を呈するとされる認知症高齢者に，適切に対応できる認知症高齢者バージョンのケアマネジメントを確立していくことが求められている。本書では，非言語的コミュニケーションを活用した，BPSD への対応方法とストレングスの活用の必要性を示してきたが，これらについての実証研究が待たれる。これらをもとに，意思表示が十分でない人に対するケアマネジメントを介護保険制度での重要なケアマネジメントとして体系化していく必要がある。

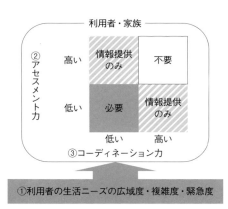

〔出典：白澤政和・ほか（2008）『ケアマネジメントのあり方：ケアマネジャーの必要な人，そうでない人に焦点をあてて　報告書』ケアマネジメントシステム研究会，10. を筆者修正〕

図 3-6-1　ケアマネジメントの必要性の有無

過程評価

　ケアマネジメント過程の評価については，ケアマネジャーがアセスメントを実施していないということが指摘され，厚生労働省の介護支援専門員（ケアマネジャー）の資質向上と今後のあり方に関する検討会の中間的な整理でも，「利用者像や課題に応じた適切なアセスメント（課題把握）が必ずしも十分でない」[3]と報告された。これについては，一部のケアマネジャーはたしかに該当するであろうが，サービス担当者会議でアセスメントやケアプラン原案を提示する以上，アセスメントを十分行っていないケアマネジャーは本来淘汰される仕組みになっている。そのため，十分アセスメントを行っていないケアマネジャーとは，サービス担当者会議を自法人のメンバーで構成し，利用者やサービス事業者からの評価機能が働かない囲い込みの場合に生じているものと考えられるため，むしろ居宅介護支援事業者の構造上の位置づけでの問題として整理することができる。

　以下は，少し古い調査になるが，介護保険制度が始まって間もない2001（平成13）年に，介護支援専門員を対象に実施した郵送調査の結果である。ここでは，ケアマネジメント過程を①エントリー（入口）（6項目），②アセスメント（9項目），③居宅サービス計画の作成（10項目），④居宅サービス計画作成での連絡調整（10項目），⑤居宅サービス計画の実施（4項目），⑥モニタリング・再アセスメント（8項目），⑦評価（3項目）の七つの過程に分けて，4段階尺度の実施度を尋ねるものであった[4]。介護支援専門員の基本属性は**表3-6-1**のとおりである。ケアマネジメント過程の各段階での実施度の平均値を**表3-6-2**に示しているが，相対的に「エントリー」や「居宅サービス計画の実施」過程で実施度が高く，「居宅サービス計画の作成」や「評価」の過程で実施度が低かった。さらに，介護支援専門員の属性をもとに，各過程での実施度のt検定ないしは一元配置の分散分析を行った結果，**表3-6-3**に示すとおり，「在宅介護支援センターでの勤務経験」がある者や「雇用形態」が専任である場合に，「エントリー」の過程で有意に実施度が高かった。また，「基礎資格」が社会福祉士や看護師で「居宅サービス計画の作成」の実施度が高く，「ケアマネジメントに関する研修受講」があれば，「アセスメント」「居宅サービス計画の作成」「居宅サービス計画作成での連絡調整」で実施度が高くなっ

第6章　ケアマネジメントの評価と将来への提案　　431

表 3-6-1　介護支援専門員の基本属性

基礎属性	カテゴリー名	変　数	比率（%）
性　別	男　性	96	25.9
	女　性	275	74.1
年　齢	20 代	20	5.5
	30 代	136	37.2
	40 代	132	36.1
	50 代以上	78	21.3
専門領域	保　健	45	12.8
	看　護	138	39.2
	社会福祉	66	18.8
	介　護	64	18.2
	その他	39	11.1
相談援助職としての経験年数	1 年未満	156	49.4
	2 年以上 3 年未満	160	50.6
在宅介護支援センターでの勤務経験の有無	有	105	28.7
	無	261	71.3
雇用形態	専　任	150	40.5
	兼　任	220	59.5
ケアマネジメント関連の研修受講の有無	有	243	65.1
	無	129	34.9

※　欠損値があるため，N = 373 とならない場合がある。
〔出典：綾部貴子・岡田進一・白澤政和・岡田直人（2003）「ケアマネジメント業務における介護支援専門員の課題実施度に関する研究」『厚生の指標』50（2），12-13.〕

ていた。また，介護支援専門員の「性別」「年齢」「相談援助職としての経験年数」はいずれの過程の実施度にも関連していなかった。この調査は 2001（平成 13）年のものであるが，現時点においてもこうした調査を実施し，ケアマネジメント過程が円滑に遂行できているかの評価を行い，研修等を介して，実施力を高める対応を検討していく必要がある。

　また，ケアマネジメント過程での課題は，モニタリングの段階でも大きい。介護保険制度では，要支援者は 3 カ月に 1 回以上，要介護者は 1 カ月に 1 回以上家庭訪問をし，その際の記録をすることで，ケアマネジャーに毎月の介護

表 3-6-2 「介護支援専門員のケアマネジメント業務における課題実施度」得点（領域別）の平均値

課題実施度の領域（項目数）	平均値	標準偏差
エントリー（6）	3.24	0.55
アセスメント（9）	3.19	0.50
利用者や家族との居宅サービス計画の作成（10）	2.94	0.53
居宅サービス計画作成での連絡調整等（10）	3.19	0.46
居宅サービス計画の実施（4）	3.23	0.59
モニタリング・再アセスメント（8）	3.09	0.54
評価（3）	2.74	0.69

〔出典：綾部貴子・岡田進一・白澤政和・岡田直人（2003）「ケアマネジメント業務における介護支援専門員の課題実施度に関する研究」『厚生の指標』50（2），12-13.〕

表 3-6-3 「介護支援専門員の基本属性」を独立変数とし，「介護支援専門員のケアマネジメント業務における課題実施度」（領域別）を従属変数とした t 検定あるいは一元配置分散分析の結果

介護支援専門員の基礎属性	エントリー	アセスメント	利用者や家族との居宅サービス計画の作成	居宅サービス計画作成での連絡調整等	居宅サービス計画の実施	モニタリング・再アセスメント	評価
性　別	n.s.	n.s.	n.s.	n.s.	n.s.	n.s.	n.s.
年　齢	n.s.	n.s.	n.s.	n.s.	n.s.	n.s.	n.s.
専門領域	n.s.	n.s.	＊＊	n.s.	n.s.	n.s.	n.s.
経験年数（相談援助）	n.s.	n.s.	n.s.	n.s.	n.s.	n.s.	n.s.
在宅介護支援センターでの勤務経験有無	＊＊	n.s.	n.s.	n.s.	n.s.	n.s.	n.s.
雇用形態	＊＊	n.s.	n.s.	n.s.	n.s.	n.s.	n.s.
ケアマネジメント関連研修受講有無	n.s.	＊＊	＊＊	＊	n.s.	n.s.	n.s.

※ 　＊：$P < 0.01$，＊＊：$P < 0.05$，n.s.：有意差なし

〔出典：綾部貴子・岡田進一・白澤政和・岡田直人（2003）「ケアマネジメント業務における介護支援専門員の課題実施度に関する研究」『厚生の指標』50（2），12-13.〕

第 6 章　ケアマネジメントの評価と将来への提案　　433

報酬が出ることになっている。そのため，ケアマネジャーは3カ月に1回や1カ月に1回といった画一的な頻度での家庭訪問となりがちになり，個々人の生活ニーズの変化に合わせたモニタリング頻度になっていないのではないかという危惧がある。

　これについては，本章の**コラム10**で詳述するが，利用者とケアマネジャーの間での，利用者の心理面や社会面での状態像や今後の生活の目標について，ケアマネジメント開始6カ月後，1年6カ月後，2年6カ月後の3回のパネル調査で，両者間での一致度が有意に下がっていく結果が示されており，ケアマネジャーのモニタリング機能が弱いことを意味している。**コラム10**の最終年の翌年の2013（平成25）年に回答を得た同じ介護支援専門員に対して調査を実施し，当該要介護・要支援者に対して，どの程度家庭訪問によるモニタリングを実施しているかを**表3-6-4**に示してみると，約2/3の65%が，国が決めた頻度の最低限度である「月に1回程度」にとどまっていることがわかる。これはモニタリングの最低基準を国が示したにすぎないが，現実には要介護者家庭に月に1回訪問する画一化なモニタリングになってしまっている状況がみえてくる[5]。そうしたことが，利用者とケアマネジャーのアセスメント情報や生活の目標についての一致度に影響を及ぼしているものと推測され，介護支援専門員はモニタリングの意義を再確認し，モニタリングの頻度について根本的に見直すことが求められている。

表3-6-4　家庭訪問の頻度

訪問の頻度	割合（人数）
週に2回程度	2.0%（1）
週に1回程度	2.0%（1）
2週間に1回程度	28.6%（14）
月に1回程度	65.3%（32）
2カ月に1回程度	2.0%（1）
合　計	100.0%（50）

〔出典：白澤政和・ほか（2014）『介護支援専門員の資質向上と今後のあり方に関する調査研究　ケアマネジメントに関するアンケート調査結果報告書』ケアマネジメントQOL研究会，41.〕

アウトカム評価

　アウトカムの評価方法については，さまざまなことが考えられるが，ここでは利用者満足度（consumer satisfaction）評価（以下，CS評価とする）と，具体的なケアマネジメントの目標が達成されたかのアウトカム評価を示すこととする。後者の評価研究においては，本来，統制群（control group）があれば，その有効性が明確になるが，すべての要介護者がケアマネジメントを利用するために，そうした統制群の設定が難しい。そのため，どのような属性を有するケアマネジャーが効果に影響しているかを検証することとする。そこから，どのようにケアマネジャーを育成していくべきかみていくこととする。ただし，その効果はケアマネジメントの効果というよりは，ケアマネジメントを介して提供されるさまざまなサービスやサポートの効果との全体として捉えるべきものである。

　まず，介護支援専門員に対するCS評価については，高い評価が得られている。**表3-6-5**は，介護支援専門員と関わり，6カ月後，1年6カ月後，2年6カ月後のパネル調査での結果であるが，ケアマネジャーに対する四つの機能に対して全般的に満足度が高く，かつ維持されている[6]。

　概して，こうしたCS評価では，通常高い結果が出るものではあるが，障害者に対するケアマネジャーである相談支援専門員へのCS評価について，同じ方法で，相談支援専門員との関わり6カ月後と1年6カ月後の2回のパネル調査を実施したが，その結果は**表3-6-6**に示すとおりである[7]。要介護高齢者の介護支援専門員に対するCS評価に比べて，障害者の相談支援専門員に対するCS評価は厳しい評価結果となっており，同時に時系列的には満足度が下がっていく特徴がある。この違いについては，評価する利用者側の意識特性の違いから生じているのか，あるいは支援するケアマネジャーの水準の差に起因するのかは明確でないが，CS評価が，必ずしも常に高い評価が出るわけではないことを示している。

　次に，ケアマネジメントの目的は，利用者の在宅生活の質を高めていくことであるが，それについてのアウトカム評価であるが，QOL（Quality of Life）を利用者の身体面，心理面，社会面の多面的な改善であると捉え，ケアマネジメントによる効果をみたのが本章の**コラム9**である。利用者の主体的評価とし

第6章　ケアマネジメントの評価と将来への提案　　**435**

表 3-6-5　ケアマネジャーに対する利用者の満足度の変化

〔構成比：％（人数）〕

	とても満足	満　足	どちらでもない	不　満	とても不満	計		
不安や心配なことの話を聞いてもらう	47.3（53）	45.5（51）	6.3（7）	0.9（1）	0.0（0）	100.0（112）	n.s.	n.s.
	43.5（54）	45.2（56）	9.7（12）	1.6（2）	0.0（0）	100.0（124）	n.s.	
	45.8（55）	42.5（51）	8.3（10）	0.8（1）	2.5（3）	100.0（120）		
介護サービスの調整をしてもらう	45.1（51）	47.8（54）	5.3（6）	1.8（2）	0.0（0）	100.0（113）	n.s.	n.s.
	48.0（59）	43.9（54）	4.9（4）	2.4（3）	0.8（1）	100.0（123）	n.s.	
	48.7（58）	43.7（52）	3.4（4）	1.7（2）	0.0（0）	100.0（119）		
病院や診療所への連絡をしてもらう	29.7（33）	33.3（37）	36.0（40）	0.9（1）	0.0（0）	100.0（111）	n.s.	n.s.
	26.4（32）	33.9（41）	37.2（45）	2.5（3）	0.0（0）	100.0（121）	n.s.	
	33.3（39）	29.9（35）	34.2（40）	0.0（0）	2.6（3）	100.0（117）		
何かあった時のために見守ってもらう	33.9（38）	44.6（50）	21.4（24）	0.0（0）	0.0（0）	100.0（112）	n.s.	n.s.
	32.5（40）	46.3（57）	19.5（24）	1.6（2）	0.0（0）	100.0（123）	n.s.	
	31.9（38）	44.5（53）	20.2（24）	0.8（1）	2.5（3）	100.0（119）		

n.s.：有意差なし

※　上段は 2010（平成 22）年 11 月，中段は 2011（平成 23）年 11 月，下段は 2012（平成 24）年 11 月調査。
〔出典：白澤政和・ほか（2013）『厚生労働省　平成 24 年度老人保健健康事業推進費等補助金　老人保健健康増進等事業　介護支援専門員の資質向上と今後のあり方に関する調査研究』，109-111.〕

て，1 年間おいてのパネル調査で，40％以上の者が改善したとする項目は 10 項目のうちで，身体面での「健康に対する心配」，心理面での「生活への意欲」，社会面での「家族の負担」「生活状況」の 4 項目あった。逆に，全 10 項目のうちで最も悪化したのは，「認知機能」で 19.2％であり，2 割以下の者であった。この結果をどのように捉えるかであるが，ケアマネジメントとそれを介して提供されるさまざまなサービスやサポートの効果は利用者の QOL を高めることに相対的には効果があったといえる。

　同時に，ケアマネジメントの目的は，利用者ができる限り長く在宅生活ができるよう支援することである。本章の**コラム 8** では，利用者が在宅生活の自信を維持・促進していくことに，どのような要因が関係しているかを調べたが，介護支援専門員についてはその経験年数が影響を与えるとし，利用者側では，食事と排泄の ADL（Activities of Daily Living）の低下や介護者の介護負担増がリスク因子であることがわかった。また，第 1 編第 3 章「ケアマネジメント

表 3-6-6　相談支援専門員に対する利用者の満足度

〔構成比：%，（人数）〕

	とても満足	満　足	どちらでもない	不　満	とても不満	計	
不安や心配なことの話を聞いてもらう	40.0　(22)	38.2　(21)	16.4　(9)	5.5　(3)	0.0　(0)	100.0　(55)	n.s.
	29.1　(16)	49.1　(27)	16.4　(9)	1.8　(1)	3.6　(2)	100.0　(55)	
障害福祉サービスの調整をしてもらう	32.7　(18)	41.8　(23)	23.6　(13)	1.8　(1)	0.0　(0)	100.0　(55)	＊
	20.0　(11)	38.2　(21)	36.4　(20)	1.8　(1)	3.6　(2)	100.0　(55)	
病院や診療所への連絡をしてもらう	22.6　(12)	22.6　(12)	54.7　(29)	0.0　(0)	0.0　(0)	100.0　(53)	＊
	14.8　(8)	14.8　(8)	64.8　(35)	1.9　(1)	3.7　(2)	100.0　(54)	
何かあった時のために見守ってもらう	25.9　(14)	51.9　(28)	20.4　(11)	1.9　(1)	0.0　(0)	100.0　(54)	＊
	25.5　(14)	30.9　(17)	38.2　(21)	1.8　(1)	3.6　(2)	100.0　(55)	

＊：$P < 0.05$，n.s.：有意差なし
※　上段は 2012（平成 24）年 12 月，下段は 2013（平成 25）年 12 月調査。
〔出典：白澤政和・ほか（2014）『平成 25 年度厚生労働科学研究費補助金　障害者対策総合研究事業（身体・知的等障害分野）研究調査報告書　障害者の QOL 評価に基づくケアマネジメント手法開発の研究』，112-115．より作成〕

の目的と焦点」での**コラム 1** からは，施設入所へのリスク要因としては，「認知症」と「介護者の不在」が示された。

　以上の結果から，ケアマネジメントよりも利用者側の諸要因が在宅生活の継続に大きく影響することがわかったが，ケアマネジャーは，利用者側の在宅生活への自信を継続したり，施設入所のリスクとなる要因に対してどのように予防し，適切に対応していくのかの知識や技術といった能力を得ていくことが求められている。

　一方で，最も重要なアウトカム評価についての研究は十分に実施されておらず，今後こうした研究の成果をもとに，ケアマネジメントの水準を高めていくことが求められている。

第3節　ケアマネジメント改革の提案

　今後，要介護者が急増していく時代を迎え，介護保険財源が厳しくなるなか

で，サービスの効果・効率が一層問われることになる。その際に，ケアマネジメントも，単にサービスの質である効果が求められるだけでなく，同時にコストを抑制する効率性が求められることになる。そこには，制度面での改革とケアマネジャー自体の実践力の改善が不可欠である。本節では，2025年に向けて，ケアマネジメント改革の青写真を描いてみる。

ケアマネジメントの目的の確立

(1) ケアマネジメントの目標としての自立支援の明確化

　ケアマネジメントの目的は自立の支援にあるとされるが，介護保険制度での自立の意味が明確でない。2012（平成24）年に行われた「介護支援専門員（ケアマネジャー）の資質向上と今後のあり方に関する検討会」においても，自立支援の考え方が十分に共有されていないことが検討課題であるとされたが，2013（平成25）年1月7日に出された検討会の中間的な整理においても，そのことについての明確な回答が示されていない[8]。

　自立支援の「自立」には大きく分けて二つの側面があり，一つには利用者が自己責任のもとに自己決定することにある，とする精神的自立がある。他方，介護の領域では，利用者の身辺機能が改善・維持されるとする身辺的自立がある。このどちらか一つだけを「自立」として主張するには，誰からも納得が得にくい部分がある。例えば，ケアマネジャーが利用者の精神的自立を目標にして支援しているため，これを自立支援であると主張した場合に，それは「言いなりのケアプラン」「御用聞きのケアプラン」ではないのかと反論される可能性がある。他方で，ADL等の身辺的な自立を求められると，加齢とともにADL等が低下していく高齢者にそうした自立が成り立つのかという課題がある。とりわけ認知症の場合やターミナルケア期においては，ADLや要介護度の改善は難しいといえる。そのため，ケアマネジメントが目的とする自立は，精神的自立や身辺自立に割り切って説明できるものではない。

　前述の介護支援専門員の資質向上と今後のあり方に関する検討会に向けて，日本社会福祉士会が提出した『介護支援専門員の資質向上と今後のあり方について』（2012年12月20日）で示した見解では，自立支援に資するケアマネジメントは，「利用者の有する力（意欲，他者との関係性，思考，知識，自己

決定，サービス活用等）を高めるとともに，利用者のニーズに適合した多様な社会資源を利用者が活用できるように支援すること」[9]であると位置づけている。ここでは，前者は利用者の身体能力を超えて，多様な力を引き出すことを意味している。また，後者については，利用者が活用できるという利用者の主体性を支援するなかでの自己決定・選択を含めた意味合いが込められている。

これは一職能団体から発出されたものであるが，従来両極で捉えられてきた自立を一体的に捉えるものであり，自立支援について，ケアマネジャーが共有できる定義として位置づけることができるといえる。

利用者のADLとするよりも「有する力」とすることで，心理面での自立支援を含めることが可能となる。ただし，この「有する力」には定義に例示されていないADLやIADL（Instrumental ADL），さらには，健康も含めることが必要である。そのため，利用者の「有する力」にはどのようなものがあり，それをどのような方法で高めていくのかが重要である。これについては，利用者の「ストレングス」に着目して支援することにも通じることである[10]。

一方，後者の利用者が社会資源を活用できるよう支援するということは，誰もが自己責任で自己決定することを必ずしもできるわけではなく，利用者の主体性を引き出していく支援をすることを意味している。それを実現していくためには，利用者の主体性を引き出していく知識や方法の習得が必要である。これには，利用者が発言できる雰囲気をつくっていくといったコミュニケーション手法の習得が有効である。また，利用者の肯定的な自己づくりを支援するナラティブアプローチから学べることも多く，利用者の否定的自己に対して肯定的な解釈をしていくリフレーミング（リラベリング）といった方法も効果が高い。

いずれにしても，ケアマネジメントを介して利用者の自立支援という目標を実現していけるよう，ケアマネジャーは自立支援についての考え方を共有化し，それに向かって価値・知識・方法を身につけていくことが必要である。そうすることで，ケアマネジメントは利用者の自立に資することができ，その有効性を発揮することが可能となる。

第6章　ケアマネジメントの評価と将来への提案　　439

(2) ケアマネジメントの目的として介護者支援の追加

　介護保険制度は，創設前には国民の介護不安を解消すべく，家族介護者の介護負担の軽減が目標であるとされていたにもかかわらず，創設後その目標はぼやけてしまっている。介護保険制度が要介護・要支援者の自立支援が重要な目的であることを決して否定するものではないが，本来であれば，介護者の負担軽減がそれに並列的に目的として加えられるべきである。つまり，公的介護の目的は，利用者の自立と介護負担の軽減にあるが，後者については十分焦点が当てられてこなかった。

　介護保険制度が家族の介護負担感にどのように影響してきたのかについて，介護保険制度創設前後での変化と，介護保険制度17年間での変化に分けてみると，創設前後での変化について，否定的な結果を示すものも多い。桑原裕一らによる訪問看護サービス利用者を対象とした1999（平成11）年10〜12月調査と2001（平成13）年1〜3月調査の比較では，介護者のZarit介護負担尺度（Zarit Burden Interview；ZBI）に有意な変化はみられず，実際の介護者の介護時間や観察時間についても有意差がみられなかった[11]。同様の結果は，杉原陽子らの調査においても示されており，介護保険制度創設後に，精神的負担は有意に増加傾向を示したという[12]。

　そこで，介護保険制度ではケアマネジメントも含めて，保険者でもある家族介護者に焦点を当てた支援が不可欠である。日本の介護の実態は，家族が主たる介護の担い手であり，介護保険制度が補完的な役割を果たしているのが現実である。そのため，介護保険制度と家族介護者がパートナーとなって高齢者の介護を実施することが基本であり，それゆえに介護保険制度には家族介護者を支援するといった視点が必要不可欠である。ちなみに，海外の介護者支援施策をみると，制度と家族の両者が介護の担い手という視点に立ち，家族介護者を支援する仕組みがつくられている。

　例えば，ドイツの介護保険制度は介護者支援の視点が強く，介護者は要介護者を週14時間以上自宅で介護する者と定義され，介護者支援としての現金給付はよく知られていることだが，これ以外にも，介護者が休息・休暇・病気その他の理由で介護ができない場合に，要介護度に関係なく年に最長4週間，代替介護サービス（短期入所サービス）を現物として受けることができる。ま

440　　第3編　ケアマネジメントの展開

た，介護により支払えない公的年金保険の一定の保険料を負担する等の施策が講じられている。さらに，家族介護を所与のものとして位置づけているため，無料の介護講習会が実施されている[13]。

　ほかにも，イギリスでは「2014年ケア法」（Care Act 2014）が制定され，介護者を要介護者と同格の支援対象として捉え，ケアマネジャーは両者に対するアセスメントを行い，要介護者と介護者のニーズに合わせてサービスを提供することになっている[14]。

　わが国でも，ケアマネジメントにおいては，介護者からのアセスメントも重視し，介護者のニーズを明らかにして，そのニーズと要介護者側のニーズを調整しながら，介護者の日常生活を支援していく仕組みや方法が必要とされている。それを可能にする短期入所のレスパイトサービスの充実が不可欠であることはいうまでもない。また，デイサービス等は自立支援よりも介護者の介護負担の軽減を目的にして利用されているのが現実であることを認識し，そうした視点を施策に反映させるべきである。

ケアマネジメント構造の改革

（1）公正中立なケアマネジメントを可能にする仕組みづくり

　ケアマネジメントを実施する居宅介護支援事業者の位置づけであるが，基本的にこれを介護サービス事業所と同じ法人に置くことには問題が多い。海外でも，ほとんどのケアマネジメントは都道府県レベルと市町村レベルに分けられるが，自治体で実施されており，そのため公正中立の議論は起こらない。イギリスでは，自治体でケアマネジメントが実施されているが，そもそもケアマネジメントの起こりは購入者側であるケアマネジメントと提供者側である介護サービス事業者を切り離すことにあった。それは「購入側と提供側の分離」（purchaser-provider split）にあり，ケアマネジメント創設の最も基本をなすことでもあった[15]。

　このような流れからも，日本において，ケアマネジメントが居宅サービス事業の一つとして位置づけられていることについて再検討する必要がある。2015（平成27）年度の介護保険制度の見直しで，居宅介護支援事業者の指定権限を2018（平成30）年度から1年の経過措置でもって，都道府県から市町

第6章　ケアマネジメントの評価と将来への提案　　441

村に移行することになってはいるが，これだけでは公正中立を担保することはできない。

　つまり，公正中立なケアマネジメントを可能にするためには，他の居宅介護サービス事業者から独立した居宅介護支援事業者を増やしていくことを，短期的に対応することは可能であるが，将来的には他の国々同様に，居宅介護支援事業者を市町村業務とし，居宅サービスから切り離すことで，保険者である市町村から委託された業務を担うものとし，地域包括支援センターと同じ位置づけにすることを検討すべきである。ただし市町村業務になると，市町村は保険者であり，介護保険財源に強い関心を示すことでの課題が新たに生じてくる可能性も高い。すなわち，ケアマネジメントを保険者機能とすることで，ケアマネジャーには，ある意味で利用者のサービス利用を抑制する役割を担うことが求められる可能性が出てくる。そこで，イギリスの例をみると，「利用者の代弁者の役割を果たしにくくなる。そのため，ケアマネジメントの体制を整えることと並行して，利用者の不服の申立てやケアマネジャーによる代理の申立て機会を拡充する必要がある」[16] としており，ケアマネジャーに対してできる限りの自由裁量を認め，同時に結果に対する責任をもたせる体制になっていることがわかる。日本においても，そうした体制づくりが必要であり，さらにケアマネジャーには，自らの専門性を高め，利用者の生活ニーズや必要なサービスについて，利用者の代弁者として他の人々に説明することのできる能力と裁量が求められる。その意味では，ケアマネジャーが所属する居宅介護支援事業者は介護サービス事業者を運営する法人からも，行政からも一定の距離を置いた位置づけにすべきである。

(2) ケアマネジメントと情報提供との機能分離

　次に，現状の介護保険制度での要介護・要支援者のすべてがケアマネジメント対象者であるべきかどうかの議論が必要である。ケアマネジメントと情報提供サービスは連続性があり，本人や家族だけで，生活ニーズに合った社会資源にアクセスできない場合にはケアマネジメント支援が求められることになる。そこで，情報提供のみで，生活ニーズに合った社会資源にアクセスできる人と峻別する必要が出てくる。

ケアマネジメントはケアプランを作成し，モニタリングをするといった重装備で，コストのかかる支援であるため，利用者をケアマネジメントと情報提供の提供者に峻別でき，それと同時に両者の連続性を確保できれば，個々の利用者が自らの生活を自らが支えられるよう支援するとともに，コスト削減にもつながる。

　理論的には，ケアマネジメントが必要かどうかの基準は，個々の利用者の生活ニーズの複雑性をもとに，さらには本人や家族のアセスメント力やコーディネーション力がどの程度あるのかであり，それを基準にして区分すべきである。同時に，情報提供のみの利用者であっても，ケアマネジメントが必要になった場合には，そこに円滑に結びつけられる仕組みづくりを進めることも不可欠である。そのためには，どの程度サービスを利用しているのかのサービス・オリエンテッド（service oriented）な基準ではなく，生活ニーズの複雑性を基本にして，利用者や家族のアセスメント力やコーディネーション力を付加して，両者を峻別するための基準化が求められる。そのことは，要介護度が低い者が必ずしもケアマネジメントを必要としないことを意味するものではない。このように基準化することが，介護保険制度内で効果的・効率的な相談支援体制の仕組みへとつながっていく。

（3）認知症高齢者バージョンのケアマネジメントの確立

　今後も増大していく認知症のある人に対するケアマネジメントの確立が求められているが，ここでは，認知症のある人の特性に合わせたものにする必要がある。これをケアマネジメント過程で捉え，入口（ケース発見，スクリーニング，契約）→アセスメント→ケース目標の設定とケアプランの作成→モニタリングの流れをもとに整理してみる。

　入口でのケース発見については，認知症のある人は病識がないことから医療機関にいくことを拒否する場合があり，また，家族も他の人に知られたくないという感情をもっている場合もあるため，いかにして認知症のある人を早期に発見し，早期に対応するかが課題である。これについては，認知症初期集中支援チームが地域包括支援センター等に設置されているが，地域の人々と地域包括支援センター等の密接な連携が図られ，そうした事例が認知症初期集中支援

チームに届けられるような地域づくりが重要であるといえる。

次のアセスメントでは，利用者との言語的コミュニケーションが十分にとれないことが多いため，非言語コミュニケーションでの情報や過去の生活史等の情報収集が不可欠である。さらに重要なアセスメントは，ケアマネジャーや他の専門職が感じたことや気づいた主観的な情報であり，こうしたアセスメント情報を活用して，適切なケアプランに結びつけていくことが必要とされる。

ケアプランの作成においては，できる限り自己決定を推し進め，さらには認知症のある人の場合には覚えられない，忘れてしまうことから生じている日々の不安や自信の喪失に対して，それを解消すべく，認知症のある人が有しているストレングスを引き出し，目標指向のケアプランの作成が必要である。また，認知症のある人の6～8割があるステージで呈するBPSDに対しても，利用者に関与する人々がチームになり，BPSDの背景に気づき，感じたことをケアプランに反映させていくことも重要である。さらには，広く認知症のある人の権利擁護の視点から，人権擁護，財産保全，身体監護を進めていくことが求められる。この場合でも，できる限り利用者の自己決定を最優先し，代理決定を最小限にすることが原則である。

以上，認知症のある人の特性からケアマネジメントの特徴を示してきたが，つまりは，認知症高齢者バージョンのケアマネジメントの確立は生活モデルのケアマネジメントの基本になるといえる。

ケアマネジメント過程の確立―適切な頻度でのモニタリングの実施

高齢者の生活の連続性を確保していくためには，モニタリング機能が重要であるが，モニタリングの頻度は制度的に，要介護者では月に1回以上，要支援者は3カ月に1回以上と決められている。これは最低基準であり，本来は利用者のニーズの緊急性や変化の度合い，要介護者や家族とケアマネジャーとの関係の程度により，個々で家庭訪問をする頻度は本来異なることになる。とりわけ，利用者の生活ニーズの変化の度合いは，高齢者自身の心身状況や介護者等の環境状況が変化しやすい状況が影響しており，そうした状況を把握することが，モニタリングの頻度を決める決定要因になる。

こうしたモニタリングの頻度については，専門家であるケアマネジャーが個

444　　第3編　ケアマネジメントの展開

別に判断すべきであり，画一的に実施すべきものではない。そのため，適切な頻度のモニタリングを実施することで，利用者の状態をより理解できることになり，利用者の生活ニーズの変化に合わせたケアプランの変更を可能にする。同時に，制度側でケアマネジメントにある種の最低基準を制度化すると，ケアマネジャーにとってはそれが最高基準になり，最も重要である利用者の生活の連続性を支援する視点を見失う危険性がある。そのため，どこまでを制度化し，どこまでをケアマネジャーの自由裁量に委ねるかについては慎重でなければならない。

　2025年をめざして，ケアマネジメントを効果的・効率的に実施していくために必要な改革を介護保険の制度面とケアマネジャーの実践面の両面から提案してきた。個々の提案には，重点に違いこそあるが，制度面と実践面の両面での改革を求めるものであり，ひいてはケアマネジメントが一専門職として確立していくうえでの条件を示したともいえる。専門職には自律性が求められる。専門職であるケアマネジャーには，利用者主体の立場に基づき，自由裁量を得て，自律的に業務を遂行していくことが求められている。そのためには，ケアマネジャーは利用者主体の立場から，自らの実践能力を高めていくことが求められ，同時にそうした実践を可能にする制度づくりが求められている。今後の両者の改革を強く期待したい。

注

1) Avedis Donabedian（1966）Evaluating the Quality of Medical Care, *Milbank Memorial Fund Quarterly*, 44（1966），166-203.
2) 白澤政和・ほか（2008）『ケアマネジメントのあり方：ケアマネジャーの必要な人，そうでない人に焦点をあてて　報告書』ケアマネジメントシステム研究会，1-31.
3) 介護支援専門員（ケアマネジャー）の資質向上と今後のあり方に関する検討会（2013）『介護支援専門員（ケアマネジャー）の資質向上と今後のあり方に関する検討会における議論の中間的な整理』，5.
4) 綾部貴子・岡田進一・白澤政和・岡田直人（2003）「ケアマネジメント業務における介護支援専門員の課題実施度に関する研究」『厚生の指標』50（2），12-13.
5) 白澤政和・ほか（2014）『介護支援専門員の資質向上と今後のあり方に関する調査研究　ケアマネジメントに関するアンケート調査結果報告書』ケアマネジメント QOL 研究会，41.

6) 白澤政和・ほか（2013）『厚生労働省　平成24年度老人保健健事業推進費等補助金　老人保健健康増進等事業　介護支援専門員の資質向上と今後のあり方に関する調査研究』，109-111.

7) 白澤政和・ほか（2014）『障害者のQOL評価に基づくケアマネジメント手法開発の研究：研究調査報告書：厚生労働科学研究費補助金障害者対策総合研究事業（身体・知的等障害分野）』，112-115.

8) 介護支援専門員（ケアマネジャー）の資質向上と今後のあり方に関する検討会（2013）『介護支援専門員（ケアマネジャー）の資質向上と今後のあり方に関する検討会における議論の中間的な整理』，5.

9) 日本社会福祉士会（2012）『介護支援専門員（ケアマネジャー）の資質向上と今後のあり方について』，2012年12月20日.

10) 白澤政和編著（2009）『ストレングスモデルのケアマネジメント：いかに本人の意欲・能力・抱負を高めていくか』ミネルヴァ書房，1-233.

11) 桑原裕一・鷺尾昌一・荒井由美子・ほか（2003）「要介護高齢者を介護する家族の負担感とその関連要因：福岡県京築地区における介護保険制度発足前後の比較」『日本公衆衛生学生学誌』51(3)，156.

12) 杉原陽子・杉澤秀博・中谷陽明（2012）「介護保険制度の導入・改定前後における居宅サービス利用と介護負担感の変化：反復横断調査に基づく経年変化の把握」『厚生の指標』59(15)，6-7.

13) 齋藤香里（2013）「ドイツの介護者支援」『海外社会保障研究』(184)，16-29.

14) 井上恒夫（2016）『英国における高齢者ケア政策—質の高いケア・サービス確保と費用負担の課題』明石書店，42，145.

15) イギリス保健省（1997）『ケアマネジャー実践ガイド』白澤政和・広井良典・西村淳訳著，医学書院，15.

16) 前掲書15)，23.

コラム8　利用者が在宅生活を継続する自信は，どのような要因から生じるのか？

ケアマネジメントの目的は，利用者ができる限り長く在宅生活が送れるようにすることである。そのためには，利用者が在宅生活を続けていることの自信を維持・促進していくことが重要である。そこで，こうした自信の維持・促進に，ケアマネジャーがどの程度関与しているかを明らかにしたい。

＊＊＊

要介護・要支援者が在宅での生活に自信を高めていくことに関連する要因

介護保険サービスを利用する要介護・要支援者が急速に増大しており，利用者の希望にかなうよう，介護保険制度は「在宅生活の支援」に焦点を当て

446　第3編　ケアマネジメントの展開

ている。本調査研究は，在宅で生活している要介護・要支援者やその家族が在宅生活を継続する自信に影響する要因を明らかにすることである。それによって，どのような支援をすることで，できる限り長い在宅生活が可能になるかを示すことを目的とする。

調査方法は，ケアマネジメント開始後6カ月にある要介護・要支援者ないしはその家族と介護支援専門員をマッチングし，2010（平成22）年11月に両者の調査を行い，その後2011（平成23）年と2012（平成24）年の11月にも，同じ調査を行った。これら3回の調査において両者から回答を得られた137ケースについて分析を行った。

調査結果として，まず，要介護・要支援者の基本属性は**表3-6-7**に示しているとおりである。また，介護支援専門員の基本属性は**表3-6-8**に示してある。在宅生活を継続していく自信がある要介護・要支援者の割合は2010年調査の86.8％から，2011年の82.2％，2012年の79.2％と徐々に減少していった。3年間の時系列での結果では，在宅生活の自信が維持や増進した者と減少した者（維持・増進＝1，減少＝0）に分けると，**表3-6-9**のようになった。要介護・要支援者は，2010年から2011年では38.1％が，2011年から2012年では26.3％，2010年から2012年では42.5％と半数近くが，在宅生活の自信を減少させていた。時系列的に在宅生活の自信を減少させる要因を明らかにするために，2010年から2011年，2011年から2012年，2010年から2012年の三期に分けて，在宅生活自信の維持・増進と減少をカテゴリーとする在宅生活自信の変化（維持・促進＝1，減少＝0）を目的変数とし，要介護・要支援者の基本属性（性別，要介護度，認知症の有無）と介護支援専門員の基本属性（性別，介護支援専門員としての経験年数，担当ケース数），さらに要介護・要支援者のその期間内での身体機能状況の変化の5項目（健康状態，食事の能力，入浴の能力，排泄の能力，家事の能力），心理的状況の変化の3項目（生活の意欲，コミュニケーション能力，社会参加への意欲），社会的状況の変化の3項目（介護者の介護負担感，住環境，経済状況）の全17項目を説明変数にして，2項ロジス

表 3-6-7 要介護・要支援者の基本属性 (N = 137)

項　　目	カテゴリー	N（%）
性　　別	男性	48（38.7）
	女性	76（61.3）
年　　齢	64 歳以下	12（9.6）
	65 ～ 69 歳	9（7.7）
	70 ～ 74 歳	18（14.4）
	74 ～ 79 歳	20（16.0）
	80 ～ 84 歳	24（23.2）
	85 ～ 89 歳	27（21.6）
	90 歳以上	10（8.0）
要介護度	要支援 1	9（7.3）
	要支援 2	10（8.1）
	要介護 1	31（25.2）
	要介護 2	32（26.0）
	要介護 3	26（21.1）
	要介護 4	13（10.6）
	要介護 5	2（1.6）
認知症	あり	59（43.4）
	なし	77（56.6）

※ 2012 年調査結果（不明を削除）

ティック回帰分析（ステップワイズ法）を行った。

　その結果，2010 年から 2011 年での在宅生活継続自信の変化には要介護・要支援者の食事能力と排泄能力の変化が影響していた（**表 3-6-10**）。また，2011 年から 2012 年での自信の変化には，要介護・要支援者の排泄能

表 3-6-8 ケアマネジャーの基本属性　　　　　　　(N = 137)

項　　目	カテゴリー	N（％）
性　　別	男性	21（15.3）
	女性	116（84.7）
ケアマネジャーとしての経験年数	4 年未満	7（5.1）
	4 ～ 6 年	24（17.5）
	6 ～ 8 年	29（21.2）
	8 ～ 10 年	22（16.1）
	10 年以上	55（40.1）
雇用状況	常勤	97（71.3）
	非常勤	39（28.7）
平均担当ケース数	30.4	

※ 2012 年調査結果（不明を削除）

表 3-6-9　在宅生活継続の自信

	維持・増進	減少
2010 ～ 2011 年	73（61.9％）	45（38.1％）
2011 ～ 2012 年	98（73.7％）	35（26.3％）
2010 ～ 2013 年	69（57.5％）	51（42.5％）

表 3-6-10　2010 ～ 2011 年での在宅生活継続の自信の変化に影響を与えた要因

項　　目	オッズ比	オッズ比の 95％信頼区間		有意確率
		下　限	上　限	
食事能力の変化	3.519	1.159	10.679	0.026 *
排泄能力の変化	3.704	1.090	12.590	0.036 *

＊：$P < 0.05$

第 6 章　ケアマネジメントの評価と将来への提案　　449

表 3-6-11 2011 ～ 2012 年での在宅生活継続の自信の変化に影響を与えた要因

項　　目	オッズ比	オッズ比の 95％信頼区間		有意確率
		下　限	上　限	
排泄の能力	4.222	1.247	14.301	0.021 *

＊：$P < 0.05$

表 3-6-12 2010 ～ 2012 年での在宅生活継続の自信の変化に影響を与えた要因

項　　目	オッズ比	オッズ比の 95％信頼区間		有意確率
		下　限	上　限	
ケアマネジャーとしての経験年数	7.310	1.625	32.871	0.031 *
家族の介護負担感の変化	4.088	1.369	12.211	0.041 *

＊：$P < 0.05$

力の変化が影響していた（**表 3-6-11**）。一方，2010 年から 2012 年の 2 年間での自信の変化には，介護支援専門員の経験年数と家族の介護負担感の変化が影響していた（**表 3-6-12**）。

　以上の結果から，要介護・要支援者が在宅生活を継続していく自信を維持していくためには，利用者自身の食事能力や排泄能力をできる限り維持・増進させていく予防的視点が必要であり，一方で，介護支援専門員は家族の介護負担が過度になっていないかの確認をモニタリングしながら，介護者のニーズにも応えながら支援していくことが重要であることがわかった。さらに，介護支援専門員の経験年数が高いほど，在宅生活を継続していく自信を得ることができることについては，介護支援専門員の能力も要介護・要支援者の在宅生活の自信を維持していくうえで貢献できることを意味している。

そのため，介護支援専門員の能力を高める研修やスーパービジョンが，在宅志向の介護保険制度を確立するうえで有効であるといえる。

＊＊＊

　ケアマネジメントは要介護・要支援者の在宅生活をできる限り長く維持できるよう支援することが目的の一つであるが，施設入所や死亡等で調査対象者は減少しているが，介護サービスの利用を始めてから在宅生活を2年6カ月続けている者で，約6割弱が在宅生活維持の自信を維持・増進していることを，逆に，4割近くの者が在宅生活維持の自信を低くしていることを，どのように評価するのか，改めて検討する必要がある。また，在宅生活への自信を得るためには，利用者側の食事と排泄のADLを維持や強化することや，家族の介護負担感を重くしないことが重要であることがわかった。一方，要介護・要支援者の在宅生活を継続することにケアマネジャーの資質も影響していることがわかった。

（出典）M. Shirasawa, R. Hata, K. Masuda, S. Yoshie, K. Kishida, K. Tanno, H. Shiraki, H. Takasuna, K. Yamada, A. Yonezawa and Y. Takase（2015）*Factors Associated with Frail Elderly Patients' Confidence to Live at Home*, 23rd Asian and Pacific Association for Social Work Education Conference, Growth & Crisis Social Work And Policy Discourses Book of Abstract, Bangkok, Thailand, p.69-70（2015.10.20-24）.

コラム9　利用者の QOL 変化について，利用者とケアマネジャーでどの程度評価が一致するのか？

　利用者の QOL を身体面・心理面・社会面で維持・改善することとして捉え，ケアマネジメント実施 6 カ月と 1 年 6 カ月の 2 回での身体面・心理面・社会面での変化を利用者自身とケアマネジャーが評価し，1 年間で改善・維持・悪化に分けて整理する調査研究を行った。その結果をもとに，両者の一致度を明らかにし，そこから，利用者に代わってケアマネジャーが代理で利用者の QOL の評価ができるのかについて検討することとした。

＊＊＊

利用者の QOL の変化についての介護支援専門員と利用者間での一致度とケアマネジメント評価を外部化する可能性の検討

　本調査研究の目的は，ケアマネジメントを介して，利用者の QOL の変化について介護支援専門員と利用者との間での一致の程度を明らかにすることで，利用者の主観的 QOL を，身近にいる介護支援専門員が外部から客観的に評価できるかどうかを検証することである。

　調査の方法は，介護支援専門員 1,500 人と、介護支援専門員とをマッチングし，ケアマネジメントを利用して 6 カ月後の要介護・要支援者 1,500 人に対して，2010（平成 22）年の 11 月に，郵送調査を実施した。さらに 2011（平成 23）年 11 月に回答が得られた介護支援専門員と要介護・要支援者に対して同様の調査を実施した。2 回の調査に双方から回答を得られたのは 395 人（26.3％）であった。これらの要介護・要支援者とそれにマッチングしている介護支援専門員を対象にして，以下のような分析を行った。

　調査では，QOL 指標を身体面（身辺自立，健康に対する心配，食事，入浴，排泄，家事の 6 項目），心理面（認知機能低下，生活の意欲，コミュニケーション，社会参加の 4 項目），社会面（家族の介護負担感，生活状況，経済状況の 3 項目）の総 13 項目として，両者に対してそれら 13 項目を 4 件法で尋ね，2 回の調査結果の変化をみることにした（**表 3-6-13**）。介護支

表 3-6-13 要介護・要支援者の QOL 評価項目の 1 年間での変化と変化についての本人とケアマネジャーの一致度

評　価 QOL の項目	介護支援専門員（%）			要介護・要支援者（%）			一致度（ρ）
	改　善	維　持	悪　化	改　善	維　持	悪　化	
身辺自立	34.5	51.1	14.4	29.7	55.3	15.0	0.68 ***
健康に対する心配	48.5	40.9	10.6	48.2	42.9	8.8	0.37 ***
食事	27.6	60.4	12.0	28.4	59.5	12.0	0.45 ***
入浴	42.1	44.4	13.5	36.8	47.1	16.1	0.46 ***
排泄	32.4	52.3	15.3	26.3	58.4	15.3	0.49 ***
家事	28.1	63.6	8.3	26.6	60.9	12.4	0.50 ***
認知機能低下	25.1	58.9	16.0	19.2	61.5	19.2	0.53 ***
生活の意欲	54.6	30.4	14.9	48.1	34.3	17.6	0.58 ***
コミュニケーション	30.8	59.5	9.8	29.3	57.4	13.3	0.51 ***
社会参加	55.4	33.8	10.8	38.6	44.9	16.5	0.53 ***
家族の負担感	48.1	35.6	16.3	40.4	41.8	17.8	0.51 ***
生活状況	45.3	45.3	9.4	46.5	40.6	12.9	0.51 ***
経済状況	24.0	68.1	7.9	26.0	64.9	9.1	0.33 ***

***：$P < 0.001$

援専門員ではこの 1 年間で，50％以上の要介護・要支援者が改善したとする項目は 2 項目（社会参加，生活への意欲），40％以上の要介護・要支援者が改善したという項目は 4 項目（健康に対する心配，家族の介護負担感，生活状況，入浴）あった。要介護・要支援者自身の評価では，40％以上が改善したという項目は 4 項目（健康に対する心配，生活への意欲，生活状況，家族の介護負担感）であった。

　利用者の QOL 項目の 1 年間での改善状況について，介護支援専門員と要介護・支援者の間での一致度をみるために，スピアマンテスト（Spearman Test）を実施したが，身辺自立で 0.68 と最も一致度が高く，経済状況で0.33 と最も一致度が低かった。

第 6 章　ケアマネジメントの評価と将来への提案　　**453**

以上の結果から，介護支援専門員と要介護・要支援者はQOL指標とした多くの項目で改善がみられ，要介護・要支援者よりも介護支援専門員のほうが改善したと認識している傾向が高かった。両者での一致度がすべて0.1％レベルで有意に高かったが，0.68から0.33と一致度に差があり，介護支援専門員に要介護・要支援者のQOLの改善を尋ねることで，要介護・要支援者側が実感している主観的な改善状況を十分に反映するまでには至らないことがわかった。

＊＊＊

　要介護・要支援者側の自己評価でも，介護支援専門員側の外部評価でも，1年で多くが改善されたのは「生活への意欲」や「社会参加」といった心理面や，「家族の負担」「生活状態」といった社会面である。一方，要介護・要支援者および介護支援専門員が，改善が少ないとした項目は，「認知機能低下」と「経済状況」である。また，1年間の改善・維持・悪化についての変化について両者の一致度が高いのは，「身辺自立」「生活への意欲」「社会参加」「家族の負担」「生活状況」「コミュニケーション」と全般にわたっていた。

（出典）Masakazu Shirasawa, Shinichi Okada, Masaki Fukutomi, Kouji Kisida, Satoru Yosie, Chiemi Hata, Kazutaka Masuda, Hiroko Siraki, Asako Yonezawa, Hiroko Takasuna and Keiko Yamada (2011) *A Degree of Agreement on Evaluation of User's QOL Change by Case Managers and Users and a Possibility on Externalization of Case Management Evaluation*, The Gerontological Society of America 64th Annual Scientific Meeting, Boston, USA, p.34（2011.11.18-22）.

コラム 10

ケアマネジメント過程では継続的にモニタリングがなされるが，ケアマネジャーは利用者についての理解が深まっていくのであろうか？

ケアマネジメント過程では，モニタリングを介して利用者とケアマネジャーの信頼関係が強化され，ケアマネジャーは利用者についての理解を深めていくものと仮定できる。結果的に，支援の過程でもって，より適切な社会資源を活用し，同時に自立支援につながっていくものと考えられる。そこで，時間的経過のなかで本当にケアマネジャーは利用者の状況をより把握できるようになるのか，検証することとした。

＊＊＊

要介護・要支援者の状況についての本人と介護支援専門員の間での一致度の時系列的変化に関する研究

本研究は，介護支援専門員はモニタリングを実施している以上，時間の経過とともに，利用者についてより把握できてくるものと思われる。それを実証することを目的に，以下のような研究方法で，調査を実施した。介護支援専門員と利用者をマッチングさせ，介護支援専門員が利用者支援を始めて6カ月後，1年6カ月後，2年6カ月後の2010（平成22）年11月，2011（平成23）年11月，2012（平成24）年11月の3回にわたり両者への郵送調査を実施した。3回の調査で，両者から回答のあったケースについて分析を行った。

調査項目については，利用者の状況を身体面（8項目），心理面（4項目），社会面（3項目），将来の意向（2項目）に分けて，ケアマネジャーと利用者の両者に対して，3段階のリッカート（Likert）尺度でもって尋ねた。3年間について，それぞれの項目で両者が一致するカテゴリーの割合を，身体面，心理面，社会的，将来の意向をもとに合算し，平均値と標準偏差を算出した。その結果，四つの側面での3年間での両者の一致度の平均値は，**表3-6-14** のとおりとなった。また，一元配置分散分析の結果，身体面では有

第6章　ケアマネジメントの評価と将来への提案　　455

表 3-6-14 要介護・要支援者の状態についての介護支援専門員と要介護・要支援者での一致度

(a) 身体面（8 項目）N=95　　　　　$P = \text{n.s.}$

調査年	平均値（means）	標準偏差（SD）
第 1 回調査（2010）	4.20	1.67
第 2 回調査（2011）	4.03	1.53
第 3 回調査（2012）	3.91	1.66

(b) 心理面（4 項目）N=92　　　　　$P < 0.05$

調査年	平均値（means）	標準偏差（SD）
第 1 回調査（2010）	2.46	1.15
第 2 回調査（2011）	2.43	1.18
第 3 回調査（2012）	2.12	1.29

(c) 社会面（3 項目）N=101　　　　　$P < 0.01$

調査年	平均値（means）	標準偏差（SD）
第 1 回調査（2010）	1.77	0.99
第 2 回調査（2011）	1.92	0.91
第 3 回調査（2012）	1.47	1.10

(d) 将来の意向（2 項目）N=98　　　　　$P < 0.01$

調査年	平均値（means）	標準偏差（SD）
第 1 回調査（2010）	1.49	0.60
第 2 回調査（2011）	1.50	0.65
第 3 回調査（2012）	1.25	0.72

意差がみられなかったが，心理面（$P < 0.05$），社会面（$P < 0.01$），将来の意向（$P < 0.01$）では有意差がみられ，これら三つの側面での3年間の変化は，一致度が低くなっていくことがみられた。

　一般的に，両者の関係がモニタリングのもとで深めれば，介護支援専門員の利用者に対する理解が深まるものと考えられるが，現実の介護支援専門員の利用者理解は，逆に浅くなっていく傾向があることがわかった。これには介護支援専門員のモニタリングに問題があることが考えられる。介護支援専門員は要介護者に対して現在1カ月に1回以上（要支援者の場合は3カ月に1回）の家庭訪問が義務づけられている。そのため，モニタリングが画一化され，多くの介護支援専門員は要介護者に対して月に1回，要支援者には3カ月に1回訪問することをモニタリングとして固定化している可能性が高い。

　家庭訪問の頻度が義務化されたのは2006（平成18）年度からであるが，それ以前は介護支援専門員は一人あたりの担当数が100ケースを超えている場合もあり，適正なケアマネジメント業務を実施するための策として，40ケース以上担当した場合には減算するとともに，最低限月に1回のモニタリングを実施することを義務化し，1ケースあたりの報酬単価をアップした背景がある。

　このことが，逆に介護支援専門員の専門職としての自律性を失うことにつながっているとも考えられる。本来，モニタリングは利用者本人や家族のアセスメントから，利用者のニーズの変化を予想し，変化の可能性が高い高齢者には頻回に訪問し，変化がさほど予想されない場合は頻度が少なくなるものである。このように，適正に実施すべくケアマネジメントを制度化したことが，逆に専門職としての自律性を損なうことになっている可能性もある。それでは，制度化しなければ，利用者の生活ニーズの変化に合わせて適切な頻度のモニタリング行動ができるのだろうか。介護支援専門員の専門職としての自律性が問われているといえる。

第6章　ケアマネジメントの評価と将来への提案　　457

* * *

　介護支援専門員は，要介護者に対しては月に1回以上の訪問を義務づけられているが，利用者の状況をもとに，モニタリングの頻度を，月に1回を最低限として，利用者への訪問の必要度に応じて，個別的に決めて実施していくことが求められる。この必要度は，利用者の心身の状態や家族等の環境の変化による，生活ニーズの変化の程度を予測して決定されるものである。

（出典）Masakazu Shirasawa, Ryousuke Hata, Kazutaka Masuda, Satoru Yoshie, Kouji Kishida, Katsuko Tanno, Hiroko Takasuna, Hiroko Siraki, Keiko Yamada, Yoshimasa Takase and Asako Yonezawa（2013）*The Degree of Consensus Between Users and Case Managers in Grasping the User's situation over Time*, The Gerontological Society of America 66th Annual Scientific Meeting, pp.135, 201（2013.11.20-24）.

おわりに

　ここ十数年で書いた論文をベースに，現在的課題を中心に加筆しながら，また，一部の章や節はオリジナルとして書き込みながら，今までのケアマネジメントに関係する論文等を体系的に整理してみることにした。その過程で，従来の論文はほとんど原形を残すことなく，さまざまなパーツに化してしまったが，結果として，このような著書としてまとめあげることができた。

　ここでは，各章がどのような論文をベースにまとめられたのか，出典を一覧として示しておくと同時に，各出版団体に修正・加筆のうえで掲載許可のご了解を頂戴した。

—第 1 編—

第 1 章　ケアマネジメントとは

・白澤政和（2007）「ケアマネジメントとは」『ケアマネジメント論』全国社会福祉協議会，2-8.

第 2 章　ケアマネジメントの定義とケアマネジメントに求められること

※書き起こし

第 3 章　ケアマネジメントの目的と焦点

・白澤政和（2007）「ケアマネジメントの目的と焦点」『ケアマネジメント論』全国社会福祉協議会，9-20.

第 4 章　ケアマネジメントの構造

・白澤政和（2007）「ケアマネジメントの構造」『ケアマネジメント論』全国社会福祉協議会，21-26.

第 5 章　ケアマネジメントの過程

・白澤政和（2007）「ケアマネジメントの過程」『ケアマネジメント論』全国社会福祉協議会，27-38.

第 6 章　ケアマネジメントを可能にする地域のネットワークづくり

・白澤政和（2017）「地域援助技術」白澤政和・岡田進一・川越正平・白木裕子・福富昌城編『介護支援専門員現任研修テキスト第 3 巻　主任介護支援専門員研修』，中央法規出版.

第7章　ケアマネジメントにおける価値と倫理的対応

- 「資料11　ケアマネジメント・プロセスの手引き」4-9．日本ケアマネジメント学会（2016）「ケアマネジメントにおける基本理念と倫理的な姿勢」『ケアマネジメントの効果的運用に関する調査研究　報告書（平成27年度老人保健推進費等補助金　老人保健健康増進等事業）』．
- 白澤政和（2015）「相談援助とは」社会福祉士養成講座編集委員会編『相談援助の理論と方法Ⅰ』中央法規出版，12-13．

―第2編―

第1章　自立の支援とQOLの促進

- 白澤政和（2004）「真の自立とその支援とは：ケアマネジメントにおける自立支援の意義と方法」『介護支援専門員』6（1），17-22．

第2章　生活の連続性への支援

- 白澤政和（2013）「ケアにおける分断化の諸相とそれへの対応」『現代の社会病理』（28），3-19．

第3章　支援する利用者を捉える―医学モデルから生活モデルへ

- 白澤政和（2002）「生活支援としてのケアマネジメントの方法：生活ニーズを中心にして」『ケアマネジメント学』1（1），1-12．
- 白澤政和（2005）「ICFに学ぶケアプラン作成：生活機能を高めるケアプランとは：第1回 ICFとは？ ICFとケアプランとの関係とは？」『介護支援専門員』7（1），52-55．

第4章　生活ニーズを考える

- 白澤政和（2002）「生活支援としてのケアマネジメントの方法：生活ニーズを中心にして」『ケアマネジメント学』1（1），1-12．

第5章　社会資源について考える

- 白澤政和（2002）「第2編第3章第1節　社会資源の活用」介護支援専門員テキスト編集委員会編『介護支援専門員基本テキスト第3巻　高齢者保健医療・福祉の基礎知識』長寿社会開発センター，468-473．
- 白澤政和（1999）「ニーズと社会資源の選好調整」古川孝順編『社会福祉21世紀のパラダイム2』誠信書房，36-54．

第6章　ケアマネジメントが捉える家族

・白澤政和（2015）「介護の不安を解消するために」『高齢者の不安とその対策：経済・健康・孤独：Advances in Aging and Health Research 2014』長寿科学振興財団，115-125.

第7章　ケアマネジメントが捉える地域社会―地域包括ケアシステムでのケアマネジメントの位置

・白澤政和（2017）「地域援助技術」白澤政和・岡田進一・川越正平・白木裕子・福富昌城編『介護支援専門員現任研修テキスト第3巻　主任介護支援専門員研修』，中央法規出版，169-241.

―第3編―

第1章　ストレングスを活用したケアマネジメント

・白澤政和編著（2009）『ストレングスモデルのケアマネジメント：いかに本人の意欲・能力・抱負を高めていくか』ミネルヴァ書房，1-233.

第2章　認知症のある人へのケアマネジメント

・白澤政和（2008）「第1章　認知症の人のためのケアマネジメント」日本認知症ケア学会監修，本間　昭編著『認知症ケアのためのケアマネジメント』ワールドプランニング，1-32.

第3章　障害者ケアマネジメントの方向性

・白澤政和（2002）「障害者ケアマネジメントがめざすべきこと」『介護支援専門員』4（5），17-22.

・白澤政和（2002）「障害者ケアマネジメントに関する国の考えと政策展望」『ケアマネジャー』4（6），62-65.

・白澤政和（1999）「障害者ケアマネジメントの必要性と課題」『月刊福祉』82（8），32-39.

第4章　ケアマネジメントにおける予防の意味と方法

・白澤政和（2007）『ストレングスモデルによる介護予防ケアマネジメント：理論と実際』白澤政和編，中央法規出版，1-59.

・白澤政和（2008）「ケアマネジメントにおけるセルフケアの活用：介護予防の議論をてがかりに」大正大学社会福祉学会記念誌編集委員会編『しなやかに，凛として：今，「福祉の専門職に伝えたいこと」橋本泰子退任記念論文集』中央法規出版，122-141.

おわりに　　461

・白澤政和（2007）「介護予防ケアマネジメントの課題と展望」『総合ケア』17（11），19-25.
第 5 章　施設のケアプランを考える
・白澤政和（2003）『生活支援のための施設ケアプラン：いかにケアプランを作成するか』中央法規出版，1-176.
・白澤政和（2014）「施設系サービスにおける介護過程の展開と課題」『介護福祉』96（2014 年冬季号），47-58.
第 6 章　ケアマネジメントの評価と将来への提案
・白澤政和（2015）「ケアマネジメントの現状と将来への提案：効果的・効率的な提供に向けて」『老年精神医学雑誌』26（2），159-167.

なお，一部の章については，その章に関連する調査研究で，海外の学会で報告してきたものをコラムとして掲載することとした。そのため，英語で発表したものを再度日本語に翻訳する作業が必要であった。それは，今後，多くの研究者と実務者が協力し合って，こうした調査研究を重ねていくことで，ケアマネジメントの研究と実践が深化していってほしいとの願いからである。ここでのコラムについても，共同発表者については，本書に転載することの了解を文書でいただいた。

また，ケアマネジメントとケースマネジメントの使い分けは，一般的にはケアマネジメントを使用し，ケースマネジメントに限定して使う場合のみケースマネジメントという用語を使用することとする。

本書の各章を見直し，「おわりに」を書くに当たって，二つのケアマネジメントに対する感慨がある。第一はケアマネジメントの深まりであり，第二はケアマネジメントの広がりである。

第一のケアマネジメントの深まりへの思いは，ケアマネジメントの中身が進化してきたことに対するものである。これは，ケアマネジメントの理念や目標を達成するために，多様な方法が引き出され，それを実際に活用しながら，ケアマネジメントの研究や実践ができるようになってきたということである。一方，そこから残された課題としては，ケアマネジメントの目的を再度確認し合い，その評価方法を確立することにある。そして，その評価研究から，PDCA

462

（plan-do-check-action）サイクルでケアマネジメント実践の改善が図られていくシステムをつくり上げることができるかどうかである。これについて，海外での評価研究は相当進んでおり，そうしたことから多くを学んでいく姿勢が求められている。

特に，評価を介してのケアマネジメントの改善には，ケアマネジメントの実践（practice）とシステム（system）の両方の面で評価が求められることもあり，方法論としても制度論としても評価研究を展開していくことが求められている。

第二のケアマネジメントの広がりへの思いとは，ケアマネジメントがますますソーシャルワーク化していることにある。そもそも，私の研究者としてのスタートはソーシャルワークの研究であったが，この傾向は今回多くの論文をまとめるなかで明らかになっていった。これは，まだ日本でケアマネジメントが確立していない時期に書いた『ケース・マネージメントの理論と実際』で意図したことは，ソーシャルワークの一方法としてケアマネジメントをいかに位置づけるかであった。現状のケアマネジメントは，個人への支援から地域への支援まで，支援範囲を拡大している。その意味では，本書は，ケアマネジメントのソーシャルワーク化を示したことになる。そうすると，私に残された大きな課題は，個人への支援と地域への支援を一体化したソーシャルワークとは何かを明確にすることになる。これについては，今の私の立場からは，彼の世にもっていってからの仕事なのか，何とか大枠だけでも整理して彼の世にいくのか，わからない。

以上のような思いをもって，今後の残り少ない研究者や教育者としての人生を有意義に過ごしていきたい。私の師であり，77歳で『社会福祉原論』（全国社会福祉協議会）を書かれた岡村重夫先生が，亡くなられる数日前，「死んでも仕事は残る」と自信に満ち溢れた顔で私に語られたことが，今でも私の心に鮮明に残っている。ぜひ，死んでも残る仕事をしたいという心境ではあるが，残念ではあるが，私の力では到てい及ばない話である。ただ，先生が原論を出された年までには，もう少し時間があるので，私なりに精進したいと思っている。

本書の刊行にあたり，多くの皆さまからの協力を得たが，編集にあたって

おわりに　463

は，中央法規出版株式会社第1編集部野池隆幸課長には多大なご支援を頂いた。記して，お礼を申し上げたい。実は本書の原稿は6～7年前に書き，ほこりがかぶっていたものを，野池さんの励ましで，このような著書に仕上げることができた。まさに野池さんのおかげであり，心から感謝を申し上げる。

　最後になりましたが，本書は桜美林大学学術出版助成を得て，刊行できた。ついては大阪市立大学を退職後お世話になってきた桜美林大学に対して，心からお礼を申し上げたい。桜美林大学町田キャンパスの玄関口には，創設者清水安三が座右の銘とした「学而事人」（学んで人につかえる）の鉾文が掲げられている。私の常日頃からの研究・教育に対する姿勢はこの鉾文にすべてがこめられている。この鉾文をみると，自然と背筋がピンと伸びるのを実感してきた。この鉾文から，研究や教育において，生活をしている人が動かぬ中心であり，それを支えるべく施策のあり方に対して，またケアマネジャーや時には研究の仲間や学生に対して，厳しい意見を主張することへの勇気をもらってきた。桜美林大学では7年足らずの教員生活ではあるが，感謝の念に堪えない。記してお礼を申し上げたい。

索　引

和文

■あ

アウトカム評価 ……………………………… 435
アウトリーチ ……………………… 58, 61, 296
アクセスサービス …………………………… 250
アセスメント …… 10, 58, 62, 108, 137, 139,
　167, 174, 184, 190, 199, 226, 271, 293,
　302, 316, 390, 396, 402, 408, 431, 444
アセスメントシート ……………… 314, 316, 396
アセスメント力 …………………………… 430, 443
アドボカシー機能 …………………………… 219
アドボケート機能 …………………………… 383, 388
新たな時代に対応した福祉の提供ビジョン
　………………………………………………… 149
安全 ……………………………………………… 319

■い

医学モデル …… 27, 119, 152, 156, 157, 163,
　166, 294, 311
意思決定支援 ………………………………… 357
一般相談支援事業 …………………………… 355
意味了解的アプローチ ……………………… 335
意欲を引き出す支援方法 …………………… 389
入口 ……………………………… 58, 271, 316, 443
インセンティブ ………………… 32, 100, 116, 146
インテーク ………………………… 5, 57, 58, 61
インフォーマルケア …… 44, 129, 143, 210,
　383
インフォーマルサポート … 58, 66, 71, 177,
　202, 209, 244, 428
インフォーマルセクター ………………… 43, 205
インフォームドコンセント ……… 62, 110
インフォームドチョイス ……………… 110

■え

エビデンスベースドメディシン ……… 323

エンパワメント ……… 47, 108, 157, 188, 299,
　383

■お

オルタナティブストーリー …………… 299
オレンジカフェ ……………………………… 344
オンロック・プログラム ………………… 47, 50

■か

介護医療院 …………………………………… 398
介護休業制度 ………………………………… 227
介護給付費 …………………………………… 378
介護サービス事業者 ………………………… 94
介護支援専門員 …… 8, 45, 82, 94, 122, 170,
　217, 246, 258, 270, 357, 361, 368, 378
介護支援専門員（ケアマネジャー）の資質
　向上と今後のあり方に関する検討会
　………………………… 112, 424, 431, 438
介護事故 ……………………………………… 394
介護者支援 …………………………… 238, 427
介護専門職 …………………………………… 167
介護による離職者 …………………………… 428
介護不安 ……………………………………… 234
介護負担感 ………………… 232, 235, 237, 451
介護負担の軽減 ……………………………… 440
介護保険事業計画 ………………… 220, 255
介護保険施設 ………………………… 398, 424
介護保険制度 …… 3, 8, 18, 45, 50, 61, 82,
　106, 135, 144, 202, 211, 217, 227, 232,
　234, 237, 270, 281, 315, 342, 352, 373,
　398, 429
介護保険法 ………… 23, 270, 361, 374, 427
介護予防ケアマネジメント …… 310, 381, 390,
　393
介護予防・生活支援サービス事業対象者
　………………………………………………… 429
介護予防・日常生活支援総合事業 …… 382
介護離職ゼロ ………………………… 236, 241
介護療養型医療施設 ………………………… 421

索　引　465

介護老人福祉施設 ……………… 207, 413, 421
介護老人保健施設 ……………… 413, 421
快適 ……………………………………… 319
開発的機能 ……………………………… 218
回避可能性 ……………………………… 395
家族介護者 ………………………… 48, 224, 440
家族成員 …………………………………… 48
課題解決型アプローチ ………………… 310
価値のハイラキー ………………………… 91
活動 ……………………………………… 155, 311
過程評価 ………………………………… 431
カナダ・モデル ………………………… 162
環境因子 …………………………… 155, 161, 162
看護師 …………………………………… 401
カンファレンス ………………… 401, 422
管理栄養士 ……………………………… 401

■き

キーパーソン ……………………… 45, 62, 123
基幹型相談支援センター ……………… 150
基幹相談支援事業者 …………………… 357
危機管理サービス ……………………… 250
機能・形態障害 …………………… 152, 153
機能障害 …………………………… 162, 165
基本相談支援 …………………………… 356
給付管理 …………………………… 357, 362
共助 ……………………… 44, 204, 211, 239
共生型サービス ………………………… 379
居宅介護支援 ……………………………… 18
　　──サービス ……………………………… 45
　　──事業 …………………………………… 23
　　──事業者 ……………… 8, 82, 377, 431
居宅サービス計画書 …………………… 170

■く

空間的な生活の連続性 ………………… 130
空白の期間 ……………………………… 345
クーリングオフ …………………… 336, 339
クラスアドボカシー …………………… 219
クラスアドボケート …………………… 80
グループホーム ………………………… 413

■け

ケア過程 ………………………………… 404
ケアカンファレンス ……… 50, 80, 84, 325

ケアシステム …………………………… 413
ケアの継続性 …………………………… 128
ケアの連続性 …………………………… 147
ケアハウス ……………………………… 413
ケアプラン …… 29, 65, 76, 137, 139, 188,
　241, 293, 300, 318, 322, 356, 388, 396,
　413, 422
　　──管理表 …………………………… 72
　　──の作成 …… 58, 63, 65, 108, 170, 184,
　　　226, 271, 304, 322, 398, 409, 444
　　──の実施 ……………… 58, 71, 410
　　──用紙 ………………………………… 69
　　──をモデル化 ……………………… 194
ケアマネジメント …………………………… 2
　　──改革 ……………………………… 438
　　──過程 …… 25, 57, 180, 271, 316, 455
　　──従事者 …………………………… 373
　　──における家族 …………………… 222
　　──における倫理的な姿勢 ………… 87
　　──の評価 …………………………… 428
ケアマネジャー …… 8, 41, 44, 136, 144, 147,
　225, 263, 398
　　──資格制度 ………………………… 368
　　──の資質 …………………………… 451
ケアワーカー …………………………… 401
計画相談支援 …………………………… 356
経験年数 ………………………………… 450
経済的自立 ……………………………… 116
経済モデル ………………………………… 28
継続サービス利用支援 ………………… 356
継続性 …………………………………… 34
継続的ケア ……………………………… 129
契約 ………………………………… 58, 271
ケースアドボカシー …………………… 219
ケースアドボケート ……………… 80, 342
ケースカンファレンス …………………… 47
ケースコミッティ …………………… 80, 84
ケースの発見 ……………………… 58, 271
ケースマネージメント ……………… 57, 191
ケースマネジメント …… 3, 244, 296, 351
ケース目標 ………………… 64, 65, 71, 317
ケース目標の設定 ………………… 58, 63, 64
健康状態 …………………… 155, 165, 302, 400
研修体系 ………………………………… 370
権利擁護 …………………………… 336, 382

■こ

公助	43, 204, 211, 239
公正中立	429, 441
公正中立の課題	365
構造評価	429
公的介護保険制度	212
高齢者医療介護統合モデル	33
高齢者虐待防止法	338
高齢者ケアマネジメント	374
高齢者福祉の三原則	128
コーズアドボケート	81, 342
コーディネーション	191, 217
コーディネーションモデル	75
コーディネーション力	430, 443
コーディネーター	45, 275
コーディネート	203, 422
ゴールドプラン	8
国際障害分類	152
国際生活機能分類	152
互助	43, 204, 211, 223, 239
個人因子	155, 161
コストコントロール	32, 313
子育て世代包括支援センター	10, 150
国家資格	357
個別援助計画	396, 413
個別化	414
個別支援	245
個別支援計画	398
個別性	34, 219
コミュニケーション手法	439
コミュニティケア	244
コミュニティワーク	243, 246, 251, 253, 255
雇用支援サービス	361
雇用保険	343

■さ

サービス・オリエンテッド	365, 443
サービス管理責任者	398
サービス事業者	428
サービス担当者会議	13, 50, 82, 267, 270, 377, 396, 404, 431
サービス付き高齢者向け住宅	413, 429
サービスデリバリーシステム	137, 139

サービスニーズ	177, 205
サービスの質	366, 438
サービス優先アプローチ	68
サービス利用過程	77
サービス利用支援	356
再アセスメント	58, 74, 254, 271, 411
財源のコントロール	32
最小限モデル	75
在宅介護支援センター	8, 351, 368
サロン活動	215
参加	155, 165, 311
残存能力の活用	128

■し

シームレスサービス	130
支援困難事例	269, 274
支援相談員	23, 424
支援費制度	9, 353
支援目標	30, 64, 67, 315
——の設定	226, 302
時間的な生活の連続性	130, 131, 141
自己開発	31
自己開発機能	31
自己決定	25, 29, 85, 110, 111, 112, 115, 128, 388, 444
自己決定・選択	173, 323, 416
自己効力感	144
——尺度	119
自己選択	388
自助	43, 204, 211, 223, 239
施設サービス計画書	401
施設のケアプラン	398, 407
——の作成	402
施設の理念	402, 423
自然支援システムの開発	75
実施計画	278
質的データ	258
実務者会議	423
児童虐待	10
児童虐待ケースマネージメントモデル事業	10
児童相談所	10
社会開発機能	31
社会環境的状況	302, 312
社会技能	196

索　引　　467

社会参加 ……………………… 382
社会資源 ……………… 11, 13, 15, 25, 41,
　43, 66, 133, 143, 170, 171, 177, 202, 204,
　222, 250, 257, 263, 343, 428, 439, 455
　──の開発 ……… 76, 83, 133, 218, 267
社会的入院 …………………… 2, 16, 32
社会的不利 ……………… 152, 153, 162, 248
社会福祉法 ……… 9, 243, 249, 338, 353
社会モデル …………… 156, 158, 311
若年性認知症 ……………………… 342
終結 ……………………………… 58, 74
住宅ローン支払い免除 …………… 344
就労移行支援 ……………………… 344
就労継続支援（A 型） …………… 344
就労継続支援（B 型） …………… 344
就労支援事業 ……………………… 344
就労ニーズ ………………………… 344
主体性 ……………………………… 34
主任介護支援専門員 ………… 246, 370
主任相談支援員 …………………… 23
守秘義務 ……………………… 92, 273
障害支援区分 ……………………… 375
障害児相談支援事業者 …………… 353
障害者ケアガイドライン …… 9, 352, 373
障害者ケアマネジメント ………… 351
障害者就労センター ……………… 344
障害者自立支援法 …… 9, 127, 139, 353, 398
障害者総合支援法 … 22, 84, 127, 135, 202,
　344, 352, 361, 373
障害者相談支援事業者 …………… 353
障害者福祉施設 …………… 207, 398
障害者保健福祉計画 ……………… 220
障害程度区分 ……………………… 375
障害年金 …………………………… 344
障害福祉サービス ………… 353, 362
小規模多機能型居宅介護 ………… 239
小規模多機能型施設 ……………… 413
状態像 ……………………………… 391
傷病手当金 ………………………… 343
情報提供・送致サービス …… 57, 225, 250,
　362, 429
ショートステイ ……………… 322, 379
自立 …… 24, 28, 64, 106, 110, 122, 293, 299,
　319, 383, 420

自立支援 …… 106, 238, 384, 410, 415, 423,
　427, 438, 455
自立支援医療 ……………………… 343
自立支援型のケアマネジメント ……… 393
自立支援等施策 …………………… 115
事例検討会 ………………………… 347
ジレンマ ………………… 33, 91, 97, 226
新オレンジプラン ………………… 321
人工知能技術 ……………………… 194
心身機能・身体構造 ………… 155, 165
身体機能的状況 …………… 302, 312
身体障害者生活支援事業 ………… 352
人的資源 …………………………… 206
身辺的自立 ………………… 112, 438
心理社会的アセスメント ………… 63

■す

垂直的ネットワーク ……………… 268
水平的ネットワーク ……………… 268
スーパーバイザー …………… 275, 370
スーパービジョン ………………… 325
スクリーニング ……… 58, 61, 271, 370
ストレングス …… 28, 108, 166, 188, 254,
　292, 302, 384, 392, 400, 415, 418, 420,
　439
ストレングスモデル … 158, 292, 297, 300,
　313

■せ

生活困窮者自立支援法 …………… 10
生活史 …………… 324, 400, 409, 420
生活支援コーディネーター … 84, 217, 246,
　253, 278, 342
生活支援サービス ………… 268, 382
生活障害 …………………… 42, 157
生活相談員 …………… 23, 401, 424
生活ニーズ ………… 2, 42, 170, 414
　──の捉え方 ………………… 190
生活の質 ………… 29, 118, 157, 161, 351
生活の連続性 ……………… 128, 352
生活モデル … 27, 119, 152, 156, 157, 163,
　166, 191, 294, 444
星座理論 …………………………… 161
精神障害者生活支援センター ……… 352
精神障害者保健福祉手帳 ………… 343

精神心理的状況 …………………… 302, 312
精神的自立 ……………………… 117, 438
成年後見制度 ………… 112, 325, 336, 337
セルフケア ……………… 129, 210, 383
セルフケアプランの支援 …………… 357
セルフケアマネジメント …… 47, 222, 367
セルフプラン ………………………… 366
全世代・全対象型地域包括支援体制…281
全体性 ………………………………… 34
全米ソーシャルワーカー協会 … 18, 85, 171
全老健版ケアマネジメント方式 R4 システム
……………………………………… 421

■そ

総合事業 …………………………… 382
相互連関性 ………………… 154, 158
相談支援事業 ………………………… 23
相談支援専門員 …… 23, 139, 355, 361, 369,
378
ソーシャルアクション ……………… 219
ソーシャルキャピタル ……………… 213
ソーシャルサポート ………………… 385
ソーシャル・ファンクショニング …… 161
ソーシャルワークのグローバル定義 …… 172
措置制度 ……………………………… 202

■た

ターミナルケア期 …………………… 438
退院カンファレンス ………… 146, 425
代弁 …………………………………… 72
ダイレクトペイメント ……… 47, 355, 367
短期入所 ……………………………… 428
短期目標 ………………… 260, 315, 411

■ち

地域移行支援 ………………………… 356
地域医療 ……………………………… 11
地域共生社会 ………………………… 149
地域ケア会議 ……………… 269, 274, 393
地域ケア個別会議……… 80, 253, 269, 270,
274, 423
地域ケア推進会議…… 217, 253, 269, 277,
423
地域支援 ……………………………… 245
地域支援計画 ………… 220, 259, 278

地域診断 ……………………………… 243
地域性 ………………………………… 35
地域生活定着支援センター ………… 10
地域生活定着促進事業 ……………… 10
地域相談支援 ………………………… 355
地域づくり ………………… 247, 285
――の担い手 ………………… 370
地域定着支援 ………………………… 356
地域のアセスメント ………… 254, 257
地域のインフォーマルサポート …… 81
地域の課題 …… 79, 216, 254, 257, 269, 277
地域のネットワーク ………………… 81
――づくり …………………… 148
地域福祉 ………………… 11, 15, 243
地域福祉計画 ………………………… 220
地域福祉の推進 ……………………… 243
地域包括ケアシステム …… 147, 203, 239,
243, 246, 252, 264, 280, 423, 425
地域包括支援センター …… 8, 82, 144, 147,
150, 217, 246, 253, 274, 280, 285, 339,
342, 357, 381, 442, 443
地域包括支援センター運営マニュアル
……………………………………… 310
チームアプローチ …………………… 422
チームワーク ………………………… 136
知的障害者療育等支援事業 ………… 352
長期目標 …………… 260, 261, 315, 411
調整機能 ………………… 151, 217

■つ

終の棲家 ……………………………… 399
通所介護 ………………… 379, 396, 428
通所型サービス ……………………… 214
通所リハビリ ………………………… 12

■て

デイサービス ……… 71, 207, 215, 322, 441
デマンド ……………………………… 176

■と

同一性の感情 ………………………… 248
登録看護師 ………………………… 5, 46
特定高齢者 …………………………… 381
特定疾病 ……………………………… 377
特定障害者相談支援事業者 ………… 353

特定相談事業 ·················· 355
ドミナントストーリー ·············· 299

■な

内的資源 ······················ 210
ナラティブアプローチ ···· 114, 299, 417, 439

■に

ニーズ ······ 16, 85, 167, 170, 173, 176, 246,
　367, 399
ニーズ・オリエンテッド ············ 365
ニーズ優先アプローチ ·············· 68
二重構造 ······················ 405
二次予防事業対象者 ··············· 381
2014 年ケア法 ········ 48, 63, 240, 441
日常生活圏域 ··················· 264
日常生活自立支援事業 112, 325, 336, 338
ニッポン一億総活躍プラン ········· 236
日本介護支援専門員協会 ············ 86
入所者 ························ 398
認知症 ···· 61, 321, 347, 417, 430, 438, 443
認知症カフェ ················ 215, 344
認知症初期集中支援チーム ·········· 443

■ね

ネゴシエーション ·················· 261
ネットワーキング ·············· 147, 263
ネットワーク ···················· 203

■の

能力障害 ·············· 152, 153, 162
能力的自立 ···················· 117
ノーマティブニーズ ······· 176, 226, 323
ノーマライゼーション ·········· 27, 32

■は

パクトモデル ··················· 296
80・50 問題 ···················· 281
パッケージ ····················· 11
バリデーション ················· 328
ハローワーク ··················· 344

■ひ

ビッグデータ解析技術 ············· 194
ヒヤリハット ·············· 402, 415, 422

評価 ························ 410
評価・予測 ···················· 391
標準化 ······················ 414

■ふ

ファシリテーター ················ 275
ファシリテート ·················· 422
フィデリティ尺度 ················ 314
フェースシート ··············· 61, 62
フェルトニーズ ········· 176, 226, 323, 367
フォーマルケア ···· 44, 129, 143, 210, 383
フォーマルサービス ··· 13, 58, 66, 71, 177,
　202, 209, 244, 428
フォーマルセクター ············ 43, 205
フォローアップ ·············· 58, 66, 73
福祉コミュニティ ················ 247
福祉事務所 ····················· 13
福祉住宅 ······················· 2
福祉用具 ···················· 428
物的資源 ···················· 206
プランニング ·················· 259
ブローカーモデル ················ 296
分断化 ····················· 128, 132

■へ

弁護的な役割 ··················· 341

■ほ

保育所 ······················· 10
包括的ケア ···················· 129
包括的・継続的ケア ··········· 129, 281
包括的自立支援プログラム ······· 399, 400
包括モデル ················· 75, 246
訪問介護 ············· 207, 379, 396, 428
訪問型サービス ················· 214
訪問看護 ················· 12, 71, 396
保険優先 ···················· 375
ボランティア ·············· 30, 44, 71

■ま

マニュアル ·········· 400, 402, 406, 422
マネージドケア ················ 4, 32

■み

民生委員 ················· 258, 270

■も

目標指向 ………… 305, 307, 384, 416, 418
目標指向型アプローチ ………………… 310
目標指向型の生活ニーズ …………… 326
モチベーション ……………………… 313
モニタリング …… 58, 72, 135, 141, 239, 271,
　364, 410, 444, 455
モラールスケール ……………………… 119
問題指向 …………………………… 305, 416
問題指向型 ……………………………… 418

■や

役職者会議 ……………………………… 423

■ゆ

有する力 ……………………… 113, 439
有料老人ホーム ……………… 413, 429
ユニットケア …………………………… 412
ユマニチュード ………………………… 328

■よ

要介護者 …… 8, 48, 143, 145, 386, 393, 437
要介護認定 ……………………………… 377
要支援者 ………………………… 8, 143, 145
予見可能性 ……………………………… 395
予防給付 ………………………………… 381

■り

リアリティオリエンテーション ……… 328
リアルニーズ …………………………… 176
リスク …………………………………… 318
リスク管理 ……………………………… 423
リスクマネジメント ……………… 88, 395
リスク予防 ……………………………… 381
リスク予防のケアマネジメント ……… 394
リハビリテーションモデル …………… 296
リフレーミング ………… 114, 384, 417, 439
利用者 …………………………… 41, 42
利用者の尊厳 ………………… 29, 107, 397
利用者満足度評価 ……………………… 435
量的データ ……………………………… 258
リラベリング ………… 114, 384, 417, 439
倫理的ジレンマ ………………………… 91, 94

■れ

レジスタードナース …………………… 46
レスパイトサービス …………………… 441
連続性 ……… 128, 370, 375, 378, 401, 413

■ろ

老人福祉計画 …………………………… 220

■わ

「我が事・丸ごと」地域共生社会
　………………………… 149, 283 359, 379
ワンストップサービス ………………… 14

欧文

■A

ADL …… 28, 63, 106, 118, 143, 166, 293,
　302, 400, 412, 420, 436, 438, 451
AI ……………………………………… 193

■B

BPSD …………… 183, 325, 329, 419, 430

■C

Care Act 2014 …………… 48, 63, 240, 441
CS評価 ………………………………… 435

■I

IADL ………… 63, 113, 143, 293, 302, 420
ICF ………… 152, 156, 157, 158, 164, 298
ICIDH ……………… 152, 153, 157, 298

■M

MDS-RAPs ……………………………… 400

■N

NASW …………………………… 18, 191

■P

PDCA …… 25, 57, 254, 256, 279, 404, 408

■Q

QOL ……… 29, 64, 85, 106, 118, 157, 162, 166, 171, 210, 296, 313, 351, 402, 435, 452

QOL 尺度 ……………………………… 118

■W

WHO ………………………… 29, 118, 152, 310

人名索引

■あ行

イブ・ジネスト …………………………… 329
岩崎隆彦 …………………………………… 335
上田敏 ……………………………………… 163
大川弥生 …………………………………… 310
岡村重夫 ……………………………… 172, 218
オスボーネ ………………………………… 196
オレム ……………………………………… 384

■か行

ガーハート ………………………………… 389
カーン ……………………………………… 178
カウガー …………………………………… 316
桑原裕一 …………………………………… 440
小松源助 …………………………………… 188
コロピー …………………………………… 108

■さ行

サリービー …………………………… 297, 317
シポリン …………………………………… 204
ジャーメイン ……………………………… 172
シュナイダー ……………………………… 65
ジョンソン ………………………………… 57
杉原陽子 …………………………………… 440
スタインバーグ …………………………… 46
諏訪さゆり ………………………………… 311
妹尾弘幸 …………………………………… 310

■た行

千野直一 …………………………………… 159
チャールズ・ラップ ………… 296, 300, 314
辻一郎 ……………………………………… 310
トーマス …………………………………… 204
トール ……………………………………… 171

ドナベディアン …………………………… 429
ドルゴフ …………………………………… 92

■は行

パーカー …………………………………… 57
パウエル …………………………………… 22
バルマー ……………………… 45, 132, 214
広瀬寛子 …………………………………… 324
ピンカス ……………………………… 172, 205
ブラッドショウ …………………………… 176
フラナガン ………………………………… 29
フレイ ……………………………………… 196
フローランド ……………………………… 45
ベッキー・ファースト ………… 294, 317
ヘップワース ……………………………… 92
ホルト ……………………………………… 185

■ま行

マズロー …………………………………… 173
松尾豊 ……………………………………… 193
マデリン・M・レイニンガー ………… 408
モクスレー ………………………………… 33
モルド ……………………………………… 309

■ら行

ラムボルド ………………………………… 268
リーマー …………………………………… 92
リチャード・ゴスチャ …………………… 314
リッチモンド ………………………… 172, 191
リットワク ………………………………… 45
ルソー ……………………………………… 179
ローズマリー・チャピン ………… 294, 317
ロス ………………………………………… 75
ロゼット・マレスコッティ ……………… 329
ロバート・D. パットナム ……………… 213

472

●著者略歴

白澤　政和（しらさわ・まさかず）
博士（社会学）

1949 年　三重県名張市生まれ
1974 年　大阪市立大学大学院修了（社会福祉学専攻）
1994 年　大阪市立大学生活科学部教授
2011 年　 4 月より，大阪市立大学名誉教授，桜美林大学大学院
　　　　　老年学研究科教授
一般社団法人日本ケアマネジメント学会理事長，一般社団法人日
本社会福祉学会元会長，日本在宅ケア学会前理事長，日本介護福
祉学会副会長，一般社団法人日本ソーシャルワーク教育学校連盟
会長，日本学術会議第 19 ～ 21 期会員

●著書
『ケースマネージメントの理論と実際──生活を支える援助シス
テム』（中央法規出版，1992 年）第 7 回吉村仁賞，第 3 回福武直
賞受賞
『「老人保健福祉計画」実現へのアプローチ──サービスの利用促
進にむけて』（中央法規出版，1994 年）
『ケアマネジメントハンドブック』（医学書院，1998 年）
『介護保険とケアマネジメント』（中央法規出版，1998 年）
『生活支援のための施設ケアプラン──いかにケアプランを作成
するか』（中央法規出版，2003 年）
『介護保険制度のあるべき姿──利用者主体のケアマネジメント
をもとに』（筒井書房，2011 年）
『キーワードでたどる 福祉の 30 年』（中央法規出版，2011 年）
『地域のネットワークづくりの方法──地域包括ケアの具体的な
展開』（中央法規出版，2013 年）
等多数

ケアマネジメントの本質
―生活支援のあり方と実践方法―

2018 年 1 月 20 日　発行

著　者　白澤政和
発行者　荘村明彦
発行所　中央法規出版株式会社
　　　　〒 110-0016　東京都台東区台東 3-29-1　中央法規ビル
　　　　営　　業　　TEL03-3834-5817　　FAX03-3837-8037
　　　　書店窓口　　TEL03-3834-5815　　FAX03-3837-8035
　　　　編　　集　　TEL03-3834-5812　　FAX03-3837-8032
　　　　https://www.chuohoki.co.jp/

印刷・製本　永和印刷株式会社

定価はカバーに表示してあります。
ISBN978-4-8058-5544-7

本書のコピー，スキャン，デジタル化等の無断複製は，著作権法上での例外を除き禁じら
れています。また，本書を代行業者等の第三者に依頼してコピー，スキャン，デジタル化
することは，たとえ個人や家庭内での利用であっても著作権法違反です。

落丁本・乱丁本はお取り替えいたします。